Schlimmer
geht immer

Schlimmer *geht* immer

365 UNGLÜCKSTAGE *der* WELTGESCHICHTE

EINE FRÖHLICH GRIMMIGE CHRONIK *von* MISSGESCHICKEN, CHAOS *und* PECH

MICHAEL FARQUHAR

ILLUSTRATIONEN VON GIULIA GHIGINI

NATIONAL GEOGRAPHIC

Schlimmer geht immer

Verantwortlich: Dr. Birgit Kneip, Lena Wacht
Übersetzung: Simon Yblagger, München
Redaktion, Satz und Korrektorat: Verlagsservice
Dietmar Schmitz GmbH
Umschlaggestaltung: Christa Thieser

Titel der amerikanischen Originalausgabe:
*Bad Days in History. A gleefully grim chronicle of misfortune, mayhem,
and misery for everyday of the year*

Text-Copyright der Originalausgabe © 2015,
Michael Farquhar
All rights reserved.
Text-Copyright der deutschen Ausgabe © 2015,
Michael Farquhar
All rights reserved.
Illustrationen-Copyright ©2015 Giulia Ghigini
All rights reserved.
Illustrationen-Copyright der deutschen Ausgabe ©2015 Giulia Ghigini
All rights reserved.

Deutsche Ausgabe veröffentlicht von :
NG Buchverlag GmbH, München 2019
Lizenznehmer von: National Geographic Partners, LLC

Die Deutsche Nationalbibliothek verzeichnet diese Publikation in der
Deutschen Nationalbibliografie; detaillierte bibliografische Angaben
sind im Internet über http://dnb.d-nb.de abrufbar.

Druck: Florjancic Tisk
Printed in Slovenia

ISBN 978-3-86690-684-6

★ ★ ★ ★ ★
Sind Sie mit diesem Titel zufrieden? Dann würden wir uns über Ihre
Weiterempfehlung freuen. Erzählen Sie es im Freundeskreis, berichten Sie Ihrem Buchhändler oder bewerten Sie bei Onlinekauf. Und
wenn Sie Kritik, Korrekturen, Aktualisierungen haben, freuen wir
uns über Ihre Nachricht an:
NG Buchverlag, Postfach 40 02 09, D-80702 München oder per
E-Mail an info@nationalgeographic-buch.de.

Unser komplettes Buchprogramm finden Sie unter

www.nationalgeographic-buch.de

Alle Angaben dieses Werkes wurden vom Autor sorgfältig recherchiert
und auf den neuesten Stand gebracht sowie vom Verlag geprüft. Für
die Richtigkeit der Angaben kann jedoch keine Haftung übernommen
werden, weshalb die Nutzung auf eigene Gefahr erfolgt. Insbesondere bei
GPS-Daten können Abweichungen nicht ausgeschlossen werden. Sollte
dieses Werk Links auf Webseiten Dritter enthalten, so machen wir uns
die Inhalte nicht zu eigen und übernehmen für die Inhalte keine Haftung.

*Für meinen Freund Andy Sullivan – einen guten Mann,
der bewiesen hat, dass durch Mut, Glaube und guten Humor
Licht selbst in die dunkelsten Tage gebracht werden kann.*

*»Das Leben ist voll von Unglück, Einsamkeit und Leid –
und es ist viel zu schnell vorbei.«*

Woody Allen

Inhalt

Einführung

Auf den ersten Blick scheint es simpel und klar, um was es in dieser Sammlung geht: schlimme Tage in der Geschichte der Menschheit. Wenn man aber genauer hinsieht, wird es erstaunlich tiefgründig. Es gibt Milliarden von historischen Unglücksfällen, aus denen man auswählen kann – schon allein mit Vorfällen aus dem 20. Jahrhundert könnte man Hunderte von Bänden füllen. Daher der Untertitel. Auch dieser stellt sich ein wenig finster dar. »Fröhlich und grimmig zugleich?« Was genau bedeutet das? Nun, untersuchen wir es am Beispiel »Völkermord« – ein todsicher düsteres Thema und gewiss nicht mit Heiterkeit verbunden. Außer … außer, der Täter einer solchen Grausamkeit hat einen schlechten Tag, wie etwa der Nazi-Propagandaleiter Joseph Goebbels am 26. Oktober 1928, als er in seinem Tagebuch jammerte: »Ich habe keine Freunde.«

Obwohl die hässlichsten Momente der Geschichte hier weitgehend ausgespart bleiben, waren einige Tage, über die berichtet wird, sicherlich dunkler als andere. Ein Kindermörder bleibt beispielsweise immer ein Kindermörder, auch wenn ironischerweise Baron Gilles de Rais ein enger Verbündeter Jeanne d'Arcs war und am 15. August 1434 einen Ort der Verehrung einweihte, den er selbst ins Leben gerufen hatte: die »Kapelle der Heiligen Unschuldigen«. Für den Leser mag die Nebeneinanderstellung dieses unheiligen Tages mit dem folgenden Kalendertag, an dem Beatles-Schlagzeuger Pete Best im Jahr 1963 aus der Band geworfen wurde, ein wenig makaber erscheinen. Und diese Tatsache zieht sich durch die gesamte »fröhlich grimmige Chronik«.

Das Schreckliche, Groteske, Aufregende, Absurde und auch das Erhabene ergeben zusammengefügt einen heiklen Querschnitt durch die Zeit. Mit Geschichten aus unterschiedlichsten Epochen und Gegenden der Welt möchte *Schlimmer geht immer* amüsieren, quälen und erleuchten – und dabei schwer vorhersehbar sein. Als Beispiel für einen berühmten und wirklich schlechten Tag sei etwa kurz die Ermordung Lincolns genannt. Seien Sie gespannt darauf, welchen grässlichen Effekt die Ermordung ein paar Tage später auf zwei weitere Präsidenten hatte. Und seien Sie gespannt darauf zu erfahren, inwieweit der Untergang der Titanic im Nachhinein den öffentlichen Ruf eines Überlebenden des Schiffsunglücks ruinierte. Und darüber hinaus: Denken Sie beim Lesen dieser Sammlung daran: Egal, wie schlimm Ihr Tag auch gewesen sein mag, irgendwo irgendwann hatte irgendwer garantiert noch viel mehr Pech als Sie.

Washington, D.C.

Januar

»Januar, Monat der leeren Taschen!
Lasst uns diesen bösen Monat ertragen,
sorgenvoll wie die Stirn eines Theaterproduzenten.«
»Colette«

1. JANUAR

Mieses neues Jahr!

Ah, Neujahr: ein Tag neuer Hoffnung und neuer Anfänge – aber so ist es nicht immer. Für einige Unglückliche in der Geschichte nahm der 1. Januar einen tödlichen Verlauf – und einen grauenhaft-tödlichen noch dazu. So etwa für den Mönch und Märtyrer Telemachus aus dem 15. Jahrhundert, der im antiken Rom in einen Gladiatorenkampf eingriff und versuchte, das Abschlachten der Menschen zu verhindern – nur, um von der blutdürstigen Menge gesteinigt zu werden. Oder Karl II. von Navarra, bekannt als »der Böse«, der im Jahr 1387 in seinem Bett verbrannte, nachdem ein Bediensteter aus Versehen die mit Brandy durchtränkten Verbände angezündet hatte, mit denen der kranke König von Kopf bis Fuß umwickelt war. Und dann gab es da noch König Ludwig XII. von Frankreich, der – trotz fortgeschrittenen Alters und dementsprechender Schwäche – im Jahr 1514 das Glück hatte, eine junge englische

Prinzessin zu heiraten: die kleine Schwester von Heinrich VIII., Maria. Doch – oh weh – die Versuche, einen Erben zu zeugen, waren zu viel für den von Gicht geplagten alten König. Nur drei Monate nach der Heirat starb er vor Erschöpfung.

2. Januar 1811

Ein Dämpfer für den Verkünder der Wahrheit

Timothy Pickering, Außenminister der jungen Vereinigten Staaten, war ein rechthaberischer Mann, der zur Abspaltung von New England drängte und fleißig die Arbeit der ersten vier US-Präsidenten untergrub – George Washington etwa nannte er einen »völlig überbewerteten, halb-analphabetischen Dutzendmenschen«. John Adams sah sich gezwungen, Pickering als Außenminister zu feuern, wegen dessen geringer Loyalität gegenüber der Regierung – und nachdem er sich geweigert hatte, zurückzutreten. In der Tat war Pickering so widerlich, dass selbst sein eigener Biograf ihn nicht leiden konnte. Aber es war nicht nur seine Persönlichkeit, die dem Gründervater seinen äußerst schlechten Ruf einbrachte: Er war der erste von nur neun US-Senatoren, die jemals offiziell verurteilt wurden. Und dies geschah, weil Timothy Pickering es wagte, die Wahrheit auszusprechen.

Am 27. Oktober 1810 verkündete US-Präsident James Madison die Annexion von West Florida, das damals unter spanischer Herrschaft stand, wobei er behauptete, dass es Teil des »Louisiana Purchase«-Vertrages gewesen sei. Pickering stellte sich gegen eine derartige einseitige Ausübung der exekutiven Macht. Als Störenfried par excellence trat er vor den Senat und reichte ein altes Dokument des französischen

Außenministers, Charles-Maurice de Talleyrand ein. Dabei erklärte er, dass West Florida nicht Teil des Louisiana-Verkaufs gewesen sei. Das einzige Problem bestand darin, dass das Dokument noch freigegeben werden musste – trotz der Tatsache, dass es noch in der Regierungszeit von Jefferson verabschiedet worden war. Das Dokument dennoch öffentlich zu verwenden, war ein belangloser Regelverstoß, doch es goss Wasser auf die Mühlen von Pickerings Feinden.

Henry Clark, Senator aus Kentucky, veranlasste eine Zensur. Wäre Mister Pickering bei seinen Kollegen weniger unbeliebt gewesen, wäre der Beschluss wahrscheinlich nicht verabschiedet worden. Doch es war eben Pickering, und so erhielt er am 2. Januar 1811 seinen Eintrag in den Annalen des Senats als öffentlicher Schandfleck.

3. JANUAR 1977

Apple-Pie für zwei

Ronald Wayne betrachtete sich als glücklichen Mann, als am 3. Januar 1977 Apple Computers gegründet wurde. Nicht etwa, weil er sich Gewinn dadurch erhoffte, sondern weil er sich einige Monate vorher von einer Partnerschaft mit Steve Jobs und Steve Wozniak befreit hatte, die er als potenziell risikoreich eingestuft hatte. Als reifster und erfahrenster Mitbegründer der Firma hatte Wayne zehn Prozent der Anteile erhalten, um als Apples Mutterfirma zu fungieren. Als »alter Hase« war es seine Aufgabe, zwei exzentrische Genies unter Kontrolle zu halten. Doch dies war, als versuche man, »einen Tiger am Schwanz zu packen«, schrieb Wayne später. Da die anderen zu zweit waren und er der einzige Teilhaber mit Vermögenswerten war, die gepfändet werden konnten, war Wayne das Risiko zu hoch. Er war froh, aus dem Vertrag freizukommen und noch dazu einen Scheck von 800 Dollar zu erhalten!

Obwohl der Firmenanteil, auf den er verzichtet hatte, schließlich über 30 Milliarden US-Dollar wert werden sollte, versicherte Wayne stets, er habe niemals gehadert mit seiner Entscheidung. »Wenn ich bei Apple geblieben wäre und die Einschränkung meiner Lebensphilosophie akzeptiert hätte, hätte ich leicht als reicher Mann auf dem Friedhof landen können.«

4. JANUAR 1903

Topsy auf dem elektrischen Stuhl

Im Rausch des technischen Fortschritts im 19. Jahrhundert startete Thomas Edison den sogenannten »Stromkrieg« – eine erbitterte Kampagne gegen den Gebrauch von Wechselstrom – ein Elektrizitätssystem, das von Nikola Tesla, einem ehemaligen Mitarbeiter Edisons perfektioniert worden war. Zudem wurde das System von George Westinghouse unterstützt und drohte, das von Edison erfundene Gleichstromsystem bei der US-amerikanischen Stromversorgung abzulösen. Edisons Geld und Ruf standen auf dem Spiel, und er hatte keineswegs vor, beides zu verlieren. Der ansonsten so gesellige Erfinder war knallhart in seinen Bemühungen, das System seines Konkurrenten zu diskreditieren, und versuchte es so darzustellen, als sei es tödlich wie ein Blitz. Zu diesem Zweck starteten Edison und Kollegen eine Reihe von geschmacklosen öffentlichen Spektakeln, in denen Hunde und andere Tiere mit der Elektrizität, die Tesla produzierte, zugrunde gerichtet wurden.

Der Stromkrieg erreichte 1890 einen grotesken Höhepunkt, als Edison seinen beträchtlichen Einfluss geltend machte, um dafür zu sorgen, dass der zum Tode verurteilte Axtmörder William Kemmler als erster Mensch auf dem mit neumodischer Elektrizität betriebenen elektrischen Stuhl exekutiert wurde – natürlich mit Wechselstrom. Edison prägte sogar »westinghousiert werden« als Synonym für die Hinrichtung auf dem elektrischen Stuhl, in der Hoffnung, dass der Begriff sich im Volksmund durchsetzen würde. Aber dem war nicht so.

Anfang 1903 hatte Edison die Schlacht so gut wie verloren, und sein Gleichstromsystem wurde zunehmend verdrängt. Dennoch startete er einen letzten Versuch, der Welt zu beweisen, dass Wechselstrom der Ruin der Menschheit sei. Eine Zirkuselefantin mit Namen »Topsy« hatte drei ihrer Pfleger getötet, daher entschied man, Topsy für ihre Vergehen büßen zu lassen. Der Plan war, sie öffentlich auf Coney Island zu erhängen. Aber als die amerikanische Tierschutzgesellschaft einschritt, schlug Edison vor, Topsy »auf Westinghouse-Art« das Leben zu nehmen. Und so wurde die Elefantin vor einer riesigen Menschenmenge am 4. Januar 1903 mit einer 6600-Volt-Ladung getötet – ein trauriges Spektakel, das die *New York Times* als »unrühmliche Angelegenheit« bezeichnete. Und Edison, der die schmutzige Episode initiiert hatte, fing alles mit einer seiner großartigsten Erfindungen ein: einer Filmkamera.

5. JANUAR 1895

Säbelbruch und Inselhaft

Es war nur eines der vielen Exempel von virulentem Antisemitismus, was als »Dreyfus-Affäre« in die Geschichte einging. Aber für einen Mann von Ehre war es vielleicht das qualvollste. Am 5. Januar 1895 wurde Alfred Dreyfus, ein Artillerie-Hauptmann mit jüdischen Wurzeln, der dem französischen Generalstab angehörte, heimlich vor ein Kriegsgericht gestellt und wegen Verrats aufgrund gefälschter Beweise verurteilt. Er wurde gezwungen, ein grausames Ritual der Degradierung über sich ergehen zu lassen, bevor er eine lebenslange Haftstrafe in der gefürchteten Strafkolonie auf Devil's Island absitzen musste.

Um 9 Uhr vormittags wurde Dreyfus in das Zentrum des Hofes der École Militaire gebracht, wo seine, laut eigener Beschreibung, »schreckliche Folterung« begann – vor Repräsentanten des gesamten französischen Militärs und Tribünen mit noblen Gästen. »Ich litt furchtbar, hielt mich aber mit aller Kraft aufrecht«, erinnerte er sich. »Um mich selbst zu stützen, dachte ich an meine Ehefrau und meine Kinder!«

Gerade wurde das Urteil der Degradierung laut verlesen, als Dreyfus plötzlich in Richtung seiner Kameraden ausrief: »Soldaten! … Ich bin unschuldig, ich schwöre, dass ich unschuldig bin. Ich bin es auch weiterhin wert, in der Armee zu dienen. Lang lebe Frankreich! Lang lebe die Armee!« Trotz seiner Proteste nahm man Dreyfus seine Knöpfe, Borten und Schulterklappen ab, bis seine Uniform keine seiner Auszeichnungen mehr aufwies. Dann zerbrach man seinen Säbel und krönte die Demütigung mit einem Gang der Schande. »Ich wurde gezwungen, eine Runde über den gesamten Platz zu drehen«, erinnerte sich Dreyfus. »Ich hörte das Heulen des Mobs, ich spürte die Begeisterung, die diese Leute erfasst haben musste, die glaubten, einen überführten Verräter Frankreichs vor sich zu haben. Und ich kämpfte darum, in ihren Herzen den Glauben an meine Unschuld zu wecken.«

Nach fünf Jahren, die er auf Devil's Island vor sich hinvegetiert hatte, und vielen weiteren Jahren, in denen er versucht hatte, seinen guten Ruf wiederherzustellen, wurde er in der Affäre, die Frankreich geradezu in zwei Hälften gespalten hatte, entlastet. Doch das französische Militär stand niemals vollständig zu seiner eigenen Schuld und lehnte noch 1985 eine Statue von Dreyfus mit zerbrochenem Säbel auf dem Hof der École Militaire ab – genau an dem Platz, an dem Dreyfus so grausam entehrt worden war. Da das Denkmal im Jahr 2002 mit antisemitischen Schmierereien verunstaltet wurde, steht es mittlerweile einsam und verlassen auf einer Verkehrsinsel in Paris.

Köpfet den Kuppler!

Thomas Cromwell war ein Handlanger von Heinrich VIII. Knallhart setzte er die Scheidung des Königs von dessen erster Frau Katherine von Aragon durch, die Abspaltung von Rom und die Entmachtung seiner zweiten Frau, Anne Boleyn. Aber als Kuppler war Heinrichs Minister ein Versager – eine Tatsache, die ihn das Leben kosten sollte.

Heinrich hatte drei Mal aus Liebe geheiratet, doch nach dem Tod seiner dritten Frau, Jane Seymour, fand der einflussreiche Minister, dass eine politische Hochzeit angebracht sei, um die protestantischen Verbindungen Englands mit Deutschland zu stärken. Und obwohl Heinrich die Braut nie zu Gesicht bekommen hatte, stimmte er der Heirat zu – Berichten über ihre außergewöhnliche Anmut Glauben schenkend, die er von Cromwell und anderen Beratern zu hören bekam – und auf ein Porträt der Prinzessin vertrauend, erstellt von dem Hofmaler Hans Holbein.

Heinrich brach eifrig an die Küste auf, um seine zukünftige Gemahlin zu treffen, und, wie er es ausdrückte, die »Liebe am Laufen zu halten«. Cromwell, der erfolgreich eine politische Allianz mit der Kleve-Familie geschmiedet hatte, wartete angespannt. Doch als Heinrich seine Braut, Anne von Kleve, zum ersten Mal sah, wich alle Farbe aus seinem Gesicht. »Ich mag sie nicht!«, wetterte er unheilvoll und brachte Cromwell damit zweifelsohne zum Zittern.

Was genau der König an der armen Anne derart abstoßend fand, bleibt ein Rätsel. Vielleicht passte ganz einfach die Chemie nicht. Offensichtlich aber war Heinrich überaus entrüstet. »Ich sehe nichts an ihr aus den Berichten und wundere mich, dass kluge Männer derartige Darstellungen in die Welt setzen konnten!«, schäumte er. »Wenn ich das vorher gewusst hätte, wäre sie nie hierher nach England gekommen. Was für Möglichkeiten habe ich jetzt noch?« Es blieb ihm in der Tat keine Wahl, wenn er die Allianz mit dem Hause Kleve nicht gefährden wollte. Heinrich VIII., der sonst so mächtige König, saß in der Zwickmühle: »Wenn sie nicht von so weit her gekommen wäre – und hätten meine Leute nicht so viel Aufwand für sie betrieben, und aus Angst, dass ich einen Aufruhr in der Welt verursache und dass ich ihren Bruder in die Reihen des Kaisers und französischen Königs treibe, würde ich sie nicht heiraten. Doch jetzt ist alles zu weit fortgeschritten.« Und da Cromwell seinen Herrn unters Joch gespannt hatte, wie Heinrich es formulierte, konnte er nur verhalten sein Bedauern darüber ausdrücken, dass der König »nicht besonders zufrieden sei«.

Am Tag der Hochzeit, dem 6. Januar 1540, war Heinrich Anne gegenüber nicht gnädiger gestimmt. »Meine Herren«, sagte er vor der Kapelle am Greenwich Palast, »wenn ich nicht meinem Königreich Genüge tun müsste, würde ich nicht das machen, was ich heute um jeden Preis der Welt tun muss.« Und falls Cromwell gehofft haben sollte, dass des Königs Stimmung sich nach der Hochzeitsnacht bessern würde, erlebte er am nächsten Morgen eine herbe Enttäuschung. »Ich mochte sie davor nicht besonders«, offenbarte ihm Heinrich, »jetzt mag ich sie noch weniger.« In der Tat stellte der König klar, dass die Hochzeitsnacht nicht besonders erotisch verlaufen war: »Ich habe ihren Bauch und ihre Brüste berührt, und sie dürfte keine Jungfrau mehr sein, soweit ich es beurteilen kann. Dies hat mich so sehr getroffen, dass ich, als ich sie berührte, weder Willen noch Mut verspürte, in anderer Hinsicht weiterzumachen. Ich ließ sie in so jungfräulichem Zustand, wie ich sie vorgefunden hatte.«

Glücklicherweise war Anne nicht enttäuscht wegen der Zurückhaltung ihres Ehemannes, denn als überbehütete junge Frau wusste sie gar nicht, was hätte passieren *sollen*. Heinrich bemühte sich nicht darum, sie aufzuklären, was vermutlich ein Glück war, angesichts dessen, wie fett und niederträchtig er zu jenem Zeitpunkt geworden war. Dennoch ließ das Ganze Anne ein wenig albern aussehen, da sie glaubte, dass ihre Ehe vollständig vollzogen worden sei. »Warum, wenn er doch ans Bett kam und mich küsste«, fragte sie ihre älteren Hofdamen, »ist das nicht genug?« Eine der Edelfrauen hatte die unangenehme Aufgabe, der neuen Königin zu erklären, dass es keineswegs genug gewesen sei. »Madam«, sagte sie, »da muss mehr kommen als das, oder es wird lange dauern, bis wir einen Duke of York bekommen.«

Sechs Monate später ließ Heinrich die Ehe aufgrund von »fehlendem Vollzug« annullieren. Anne willigte ein, wofür der dankbare König sie netterweise mit einer saftigen Abfindung belohnte und ihr den Vorzugsstatus als seine »gute Schwester« am Hofe gewährte.

Cromwell hatte nicht so viel Glück: Während der König seinen Minister, der aus einfachen Familienverhältnissen stammte (er war Sohn eines Schankwirtes), in den Stand eines Grafen erhob, war dies hauptsächlich das Vorspiel seiner finalen Absetzung. Die Adeligen des Königreiches,

Anne von Kleve: War ihre Schönheit nur ein Fake?

stets verärgert über die Macht und den Einfluss des Emporkömmlings Cromwell, wandten sich jetzt in heftiger Weise gegen ihn.

Der einst mächtige Minister wurde unter falscher Anklage wegen Häresie verurteilt. Von seiner Gefängniszelle im Tower of London aus sorgte er für eine wertvolle Zeugenaussage im Zuge der Bemühungen des Königs, seine vierte Gattin loszuwerden. Es war Cromwells letzter Dienst an dem König, den er so mächtig gemacht hatte. Weniger als drei Wochen, nachdem Heinrichs Ehe mit Anna von Kleve annulliert worden war, wurde Cromwell am 28. Juli 1540 geköpft, seine Bitten um Gnade wurden ignoriert. Als Cromwells Kopf auf eine Lanze gespießt auf der London Bridge zur Schau gestellt worden war, konnte den gefallenen Minister die Gesinnungsänderung des Königs posthum auch nicht mehr retten. Wie der französische Botschafter überlieferte, bedauerte es Heinrich im Nachhinein, den »treuesten Diener, den er je gehabt habe«, exekutiert zu haben.

7. JANUAR 1945

Monty, der prahlende Narr

Hitlers Drittes Reich lag bereits in den letzten Zügen, als deutsche Streitkräfte im Rahmen der Ardennenoffensive einen brutalen Angriff starteten, um die westalliierten Armeen im nur spärlich verteidigten Südbelgien zu treffen. Eigentlich waren es die US-Truppen, die den größten Teil der Attacke abfingen und zurückschlugen, aber es war der britische Feldmarschall Bernard Law Montgomery, der in einer Pressekonferenz am 7. Januar 1945 vortrat, um unverdienten Ruhm einzuheimsen.

Montgomery hatte vorübergehend das Kommando über die nördliche Flanke der alliierten Streitkräfte gehabt, aber nur zögerlich angegriffen. »Monty ist ein schwacher kleiner Feigling«, notierte General George S.

Patton in seinem Tagebuch. »Krieg bedeutet, dass man Risiken auf sich nehmen muss, und genau das hat er nicht gemacht.«

Trotz der nur marginalen Beteiligung an der Schlacht und der zahlreichen amerikanischen Opfer trat der Feldmarschall bei der Pressekonferenz prahlerisch auf. »Gekleidet wie ein Clown« mit Baskenmütze und Fallschirmgurt«, wie ein zeitgenössischer Journalist schrieb, prahlte Montgomery. »Sobald ich gesehen hatte, was geschah (am ersten Tag der Schlacht), unternahm ich bestimmte Schritte, um sicherzustellen, dass die Deutschen nicht den Fluss überschreiten könnten, sobald sie die Maas erreichten … Ich dachte immer zwei Schritte voraus … Die Ardennenoffensive war wahrscheinlich eine der interessantesten und schwierigsten Schlachten, die ich je gefochten habe … Man muss einen sauberen Auftritt hinlegen, wenn man in einen unsauberen Kampf gerät … kein großer Sieg ohne sauberen Auftritt.« Er stellte es dar, als hätten die Briten die Amerikaner aus der Notlage gerettet und nicht umgekehrt, obwohl die GIs den größten Teil der Schlacht gefochten hatten. Dann ließ Monty noch einen Spruch los, der beinahe die »Einheit der Alliierten zerstört hätte«, wie der Historiker Stephen Ambrose betonte: »Montgomery sagte, dass die GIs großartige Kämpfer seien, wenn sie nur den passenden Anführer hätten.«

»Selbst 60 Jahre später bleibt es erstaunlich, dass ein hochintelligenter Mann, der sich in die höchsten Kreise des Militärs hochgedient hatte, dazu fähig war, solch prahlerische Dummheiten von sich zu geben. Angefangen mit Eisenhower war jeder Amerikaner, der Montgomerys Worte las, angewidert«, schrieb der Historiker Max Hastings. In der Tat schienen lange schwelende Spannungen im Oberkommando der Alliierten jetzt zu explodieren – größtenteils verursacht durch Montgomerys Angeberei seine eigene Position in der Hierarchie betreffend. »Dieser Vorfall verursachte mehr Ärger und Sorgen als irgendein anderer in diesem Krieg«, schrieb der Oberkommandant der Alliierten, Dwight D. Eisenhower.

Winston Churchill hatte die undankbare Aufgabe, den Anschein von Harmonie bei den Alliierten wiederherzustellen. Der britische Premierminister setzte alle seine rhetorischen Fähigkeiten in einer Rede ein, die er vor dem britischen House of Commons elf Tage nach dem heftigen Debakel Montgomerys hielt. Dabei stellte er klar, wer die eigentlichen Helden der Ardennenoffensive gewesen waren: »Ich habe festgestellt, dass vorgeschlagen wurde, die schreckliche Schlacht als britisch-amerikanische Schlacht zu betrachten. Tatsächlich aber waren es in der Hauptsache die amerikanischen Truppen, die den Kampf führten und die meisten Verluste erlitten … Es waren 30 bis 40 Amerikaner auf einen von uns an der Schlacht beteiligt, und sie haben 70 bis 80 Mann für jeden Soldaten von uns verloren.«

Churchill setzte seine Rede mit einer Botschaft fort, die direkt an den prahlerischen Montgomery gerichtet zu sein schien. »Wir müssen Sorgfalt walten lassen, wenn wir unsere stolze Geschichte erzählen, damit wir nicht behaupten, dass die britische Armee einen ungebührlich hohen Anteil an einem Einsatz hatte, der zweifelsohne die größte amerikanische Schlacht des Krieges darstellte, und der immer – so glaube ich – als berühmter amerikanischer Sieg betrachtet werden wird.«

8. JANUAR 1992

Kotzen mit Klasse

Das Staatsdinner, das beim japanischen Premierminister zu Hause abgehalten wurde, bestand aus einer appetitlich gedeckten Tafel mit kaltem Lachs und Kaviar, einer klaren Suppe mit Pilzen, Rindermedaillons mit Pfeffersauce und Maracuja-Eiscreme. Unglücklicherweise landete ein guter Teil der verzehrten Speisen wieder auf dem Tisch, als George H. W. Bush sich darauf erbrach, da er an einer Grippe erkrankt war. Der Rest schwappte auf den Schoß seines Gastgebers, der den Kopf des angeschlagenen Präsidenten hielt, als dieser anfing, sich zu übergeben.

Was noch schlimmer war: Während es den meisten Menschen vergönnt ist, in den privaten vier Wänden zu erbrechen, wurde Präsident Bushs schwacher Moment mit Kameras aufgenommen und wieder und wieder im TV gesendet. Late-Night-Talkshows machten den peinlichen Vorfall zum Thema, und ins japanische Wörterbuch wurde ein neues Wort für »sich erbrechen« aufgenommen: »bushu-suru«, was wörtlich so viel wie »das Bush-Ding machen« bedeutet. Doch es war der Präsident selbst, der den heiklen Vorfall mit diplomatischem Humor entschärfte: »Warum verstecken Sie mich nicht unter dem Tisch und ich schlafe eine Runde, während Sie das Abendessen beenden«, soll er zum Premierminister gesagt haben.

9. JANUAR 1980

Kopf runter und wieder rauf

Die Scharfrichter hatten viel zu tun, als am 9. Januar 1980 in Saudi-Arabien 63 Terroristen öffentlich geköpft werden sollten, weil sie im vorangegangenen November die Große Moschee von Mekka besetzt hatten. Und um sicherzugehen, dass das gesamte Königreich die Racheaktion für jenes Verbrechen auch gebührend zur Kenntnis nahm, wurden die Exekutionen in acht saudi-arabischen Städten durchgeführt. Und so – oh weh – war der hektische Tag für die Scharfrichter nicht etwa vorüber, nachdem sie mit kunstvoll verzierten Schwertern alle 63 Köpfe der Frevler abgetrennt hatten: Anschließend mussten die Köpfe für die Beerdigung wieder angenäht werden, da Sitte und Anstand es so verlangten. Noch mal: Wir reden vom Jahr 1980!

Scheidung in XXL

Es war die größte Wirtschaftsfusion der Geschichte, von der Presse atemlos als »königliche Hochzeit« bezeichnet. Am 10. Januar 2000 wurde bekannt, dass AOL, der größte Internetprovider der USA, sich mit dem Kommunikationsriesen Time Warner vereinen wollte, um eine scheinbar perfekte Konsolidierung der alten und neuen Medienwelt zu kreieren. Mit einem Schlag – so schien es – war die Zukunft da.

»Kurz vor 9 Uhr gestern Abend hatte ich die Ehre und das Privileg, ein Papier zu unterzeichnen, das unwiderruflich die Stimmen von 100 Millionen Aktien für diese Fusion widerspiegelte«, schwärmte Ted Turner, ein Direktor bei Time Warner. »Ich tat es und war dabei ähnlich enthusiastisch wie in meiner allerersten Liebesnacht vor 42 Jahren.«

Was folgte, kann jedoch nur mit der schnöden Erkenntnis eines verkaterten Liebespaares verglichen werden, das nebeneinander in heller Morgensonne aufwacht. »Die dümmste Idee, von der ich in meinem ganzen Leben gehört habe«, sagte Don Logan, der Chef von Time Warner Inc., später der *New York Times*. Logan war von der Fusion bis kurz davor nicht in Kenntnis gesetzt worden, genauso wenig wie Timothy A. Boggs, damals Chef für Government-Relations bei Time Warner, der von den Neuigkeiten »mit echtem Bedauern und Furcht« hörte, wie er der *Times* erzählte. »Ich stand dem Geschäft misstrauisch gegenüber.«

Wie zunehmend klar wurde, war der Medienkonzern AOL nicht halbwegs der romantische Partner, als der er aufgetreten war. Sicherlich, sein Aktienkurs schoss in die Höhe, doch es gab einige echte versteckte Pferdefüße – nicht zuletzt die Entdeckung der *New York Times,* dass der Konzern seine Werbeeinnahmen künstlich aufgeblasen hatte. Darauf folgende Untersuchungen der Börsenaufsichtsbehörde und des Justizministeriums resultierten in heftigen Strafen.

Noch dazu fiel die Fusion, die eigentlich eine feindliche Übernahme von Time Warner seitens AOLs war, mit dem Platzen der Technologieblase und der wachsenden Überalterung von AOLs Internetservice zusammen. Und, wie *Times*-Reporter Tim Arango 2010 schrieb: »Die Firmen hatten ein anderes Problem. Beide Seiten schienen einander zu hassen.« Während einer Phase, die Arango als »Pfad der Verzweiflung in den folgenden Jahren« beschrieb, fielen die Aktienkurse beider Firmen, zahlreiche Angestellte verloren ihren Job, und miteinander verfeindete Führungskräfte gaben einander die Klinke in die Hand. Die Scheidung war unvermeidlich. Und wie die meisten schlechten Ehen endete das Ganze in einer Phase heftigster gegenseitiger Beschuldigungen.

»Ich möchte es vergessen«, sagte Ted Turner der *Times*. Als der größte Aktionär der fusionierten Firmen ging Turner als der größte Verlierer vom Platz – aus einem Geschäft, das er einmal mit seinem ersten Mal verglichen hatte. Es kostete 80 Prozent seines Nettovermögens beziehungsweise etwa 8 Milliarden Euro. »Die Fusion von Time Warner und AOL sollte ebenso in die Annalen der Geschichte eingehen wie der Vietnam–, Irak- oder Afghanistankrieg«, so Turner. »Es ist eines der größten Desaster, die unser Land je sah.«

11. JANUAR 1877

Der Trick mit dem Stahlseil

Die Brooklyn Bridge steht für die Genialität der Ingenieurskunst des 19. Jahrhunderts – was ein völlig korrupter Herr, der bei ihrer Konstruktion eine Rolle spielte, jedoch fast vereitelt hätte.

Am 11. Januar 1877 erteilte das Kuratorium, das für den Brückenbau zuständig war, einem J. Lloyd Haigh den Auftrag, die Stahlseile bereitzustellen, die die enorme Spannweite der Brücke abstützen sollten.

Chefingenieur Washington Roebling hatte wiederholt darauf hingewiesen, dass man Haigh nicht trauen könne, doch seine Warnung wurde vom Mitglied des Kuratoriums und zukünftigen Bürgermeister Abram S. Hewitt ignoriert, über den Roebling schrieb: »Sein Erfolg wird sich noch als Quelle für eine Menge Ärger erweisen.«

Wie sich herausstellte, besaß Hewitt die Hypothek am Stahlwerk von Haigh und stellte mit dem Auftrag folglich stetige Ratentilgungen sicher. Haigh war nun in der Position, einen massiven Betrug zu unterstützen, der den Bau der beeindruckenden Brücke über den East River – die längste, die man jemals versucht hatte zu bauen – auf fatale Weise hätte untergraben können. Damals waren schon weitaus weniger ehrgeizige Hängebrückenprojekte fehlgeschlagen. »Der Trick war schmerzhaft einfach, nachdem er einmal entdeckt worden war«, schrieb der Historiker David McCullough: Haigh präsentierte den Inspekteuren in seinem Stahlwerk eine bestimmte Menge hochwertiger Stahlseile. Doch während sie zu der nahe gelegenen Baustelle transportiert wurden, wurden sie umgeleitet und durch schlechtere ersetzt, die dann für die Brücke eingesetzt wurden. Die vorher getestete Stahlseilrolle wurde heimlich zum Werk zurückgebracht, und der Betrug begann von Neuem.

Zum Glück benötigte man für die Besonderheiten des Designs der Brücke mehr Stahldraht, als man für die Spanne der Brücke benötigt hatte, also musste Haighs Stahl von minderer Qualität nicht ersetzt werden. »Dennoch konnte man den Gedanken niemals vergessen, dass derartige Korruption buchstäblich in die Brücke miteingebaut worden war«, schrieb McCullough, »am wenigsten von Roebling selbst.«

Gentlemen versus Damenwahl

Am 12. Januar 1915 erhob sich der Abgeordnete James Thomas Heflin, um seine Stimme bei dem sexistischen Spektakel zu erheben, das sich im US-Abgeordnetenhaus anbahnte. Zur Debatte stand ein Verfassungszusatz, der Frauen das Wahlrecht einräumen sollte – ein entsetzlicher Fehler für die Mehrheit der damals ausschließlich männlichen Politiker. »Die meisten Frauen haben jetzt schon eine Stimme«, sagte Heflin zu seinen Kollegen, wobei er sich voll in Szene setzte. »Wie ich einer beschämten Frauenrechtlerin zuletzt erklärt habe: ›Wenn ihr das Wahlrecht bekommt, kontrolliert ihr zwei Stimmen in jedem Haushalt – und das wäre zu viel.‹«

Viele der Abgeordneten spielten während des Verlaufs der Debatte die perfekten Gentlemen, indem sie erklärten, dass sie nur daran interessiert seien, Frauen vor dem »Übel des Wahlrechts zu beschützen und ihnen ihren von Gott gegebenen Platz zu erhalten – nämlich den am Herd«. Dabei beherzigten, wie die *New Republic* berichtete, »die Sprecher für keinen Moment die realen Tatsachen: nämlich dass Millionen amerikanischer Frauen unterbezahlt in der Industrie arbeiteten. Derlei Fakten hätten die Rhetorik der Redner ins Wanken gebracht. Wenn man hier außerdem die heiligen Rechte der Mütter, der loyalen Ehefrauen und der Frauen im Allgemeinen und im großen Umfang ehren will, so scheinen Herren wie Mr. Bowdle außerstande, zehn Minuten eine Rede zu halten, ohne dabei völlig respektlos zu sein«, schloss der Artikel. Einer der besagten Herren war der Abgeordnete Stanley E. Bowdle, der seine borniere Ansicht der Angelegenheit erläuterte, was ihm viel Beifall von seinen Kollegen einbrachte: »Männer und Frauen sind verschieden«, bemerkte er. »Sie unterscheiden sich in jeder Faser ihres Körpers. Genau an dieser Stelle fangen Frauen an zu meckern. Viele sind verärgert über die Geschlechtergrenzen. Doch warum sich mit Gott streiten? Da könnte ich ja ebenso gut jammern, weil ich kein Kind gebären kann.«

Der Antrag zur Einführung des Frauenwahlrechts wurde an diesem Tag abgelehnt, mit 204 : 174 Stimmen.

13. JANUAR 1920

Geistesblitze mit Düsenantrieb

Der französische Schriftsteller Louis Aragon notierte einmal: »Wir wissen, dass es bei Genies in der Natur der Sache liegt, Ideen zu entwickeln, die 20 Jahre später von Idioten aufgegriffen werden.« Damit hatte er nicht ganz Unrecht. Oft schon blieben einige der brillantesten Köpfe zu Lebzeiten unverstanden. Van Gogh hungerte als verarmter Künstler, bevor er schließlich Selbstmord beging. Bachs Zeitgenossen hörten ihn gerne Orgel spielen, ignorierten aber weitgehend seine Kompositionen. Und Poe konnte mit seinen makabren Geschichten kaum seinen Lebensunterhalt finanzieren.

Manchmal wurden Genies auch schlichtweg verspottet. So etwa der Physiker Robert H. Goddard, als er 1920 seine revolutionären Ideen und Anwendungen für die Raumfahrt veröffentlichte. Die *New York Times* ging besonders hart mit ihm ins Gericht. In einem Leitartikel mit dem Titel »Eine harte Bewährungsprobe für die Leichtgläubigkeit«, der am 13. Januar 1920 veröffentlicht wurde, erklärte die Zeitung, dass Goddard »selbst das grundlegende wissenschaftliche Wissen zu fehlen scheint, das an jeder Highschool gelehrt wird«. Getroffen von der unberechtigten Kritik, antwortete Goddard einige Tage später einem Reporter: »Jede Vision ist ein Witz, bis der Erste sie in die Tat umsetzt. Ist sie erst einmal realisiert, wird sie Normalität.«

24 Jahre nach Goddards Tod, im Jahr 1945, setzte der erste Astronaut seinen Fuß auf den Mond – und war dorthin gelangt durch die Raketentechnologie, die von Goddard erfunden worden war. Am Tag nach dem historischen Ereignis, fast 50 Jahre nach dem verletzenden Artikel, veröffentlichte die *Times* eine Richtigstellung: »Weitere Studien und weiteres Experimentieren haben die Forschung von Isaac Newton aus dem 17. Jahrhundert bestätigt, und es steht jetzt zweifelsohne fest, dass eine Rakete im Vakuum funktionieren kann wie in der Atmosphäre. Die *Times* bedauert den Irrtum.«

14. JANUAR 1963

Rassismus als Erfolgsrezept

»Es passt unbedingt, dass wir von dieser Wiege der Konföderation aus, diesem Zentrum des großartigen angelsächsischen Südens, heute die Trommel rühren für die Freiheit: Dies haben Generationen unserer Vorfahren immer wieder in der Geschichte getan. Lasst uns aufstehen für den Ruf der Freiheit – wobei wir das Blut lieben, das in unseren Adern fließt, und lasst uns eine Antwort an die Tyrannei senden, die den Süden in Ketten legen will. Im Namen der großartigsten Leute, die je über diese Erde gewandelt sind, ziehe ich eine Linie im Staub und werfe den Fehdehandschuh vor die Füße der Tyrannei, und ich sage Rassentrennung jetzt, Rassentrennung morgen, Rassentrennung für immer.«

Antrittsrede des Gouverneurs von Alabama
George Wallace am 14. Januar 1963

Eine Weile bevor er zum leidenschaftlichen Verfechter der Rassentrennung wurde, war Wallace um einiges gemäßigter. »Wenn ich nicht hätte, was man braucht, um einen Mann fair zu behandeln, unabhängig von seiner Hautfarbe, dann habe ich nicht das, was man benötigt, um der Gouverneur Ihres großartigen Bundesstaates zu sein«, erklärte er während der Kampagne zur Wahl des Gouverneurs von Alabama im Jahr 1958. Doch dann verlor er das Rennen deutlich an seinen giftigen, vom Ku-Klux-Klan unterstützten Konkurrenten John Patterson. Es war eine bittere Erfahrung für einen ambitionierten Politiker, der mit 14 geschworen hatte, eines Tages Staatsoberhaupt zu sein. Im Zuge dieser Niederlage erfand sich Wallace neu – als glühender Verfechter der Rassentrennung. »Wissen Sie«, sagte er damals, »ich versuchte über Straßen und Schulen zu sprechen, und all das war Teil meiner Karriere, aber niemand hörte zu. Und dann begann ich über Nigger zu schimpfen, und man rannte mir die Türen ein.«

Nachdem er einen »Pakt mit dem Teufel geschlossen hatte«, wie sein Biograf Dan Carter, Professor an der Emory University, die geschmacklose Transformation in der *Huntsville Times* beschrieb, »und seine Seele dem Teufel für die Rassendiskriminierung verkauft hatte«, gewann Wallace seinen lange begehrten Platz im Gouverneurs-Haus. Und am 14. Januar 1963 hielt er die oben zitierte Amtsantrittsrede, die ihn für immer als Populisten entlarven sollte.

15. Januar 1919

Klebrige Flut in Boston

Der Tod kam plötzlich am 15. Januar 1919, in Form einer schrecklichen, klebrigen und zuckersüßen Welle. Die Einwohner und Arbeiter in Bostons Stadtteil North End waren mit ihren täglichen Geschäften zugange, an diesem außergewöhnlich warmen Wintertag. Dann, um etwa 12:30 Uhr, war ein lautes

Rumpeln zu hören, wie von einem Schnellzug, begleitet von einem Geräusch, das sich wie das »Rat-ta-ta-ta« eines Maschinengewehres anhörte. Wie sich herausstellte, handelte es sich dabei um das Herausspringen von Nieten, die einen riesigen Melassetank zusammengehalten hatten, der drei Jahre lang das Viertel überragt hatte und mehr als neun Millionen Liter Melasse enthielt. Der Tank barst auseinander, und eine klebrig-braune Woge ergoss sich auf die Straßen, 2–4,5 Meter hoch und beträchtlich schwerer als Wasser, raste mit 55 Stundenkilometern durch die umliegenden Straßen und zerstörte alles auf ihrem Weg. Zugwaggons wurden von Schienen gehoben, Gebäude wurden von Fundamenten gerissen. Menschen, die der klebrigen, braunen Flut in die Quere kamen, hatten nicht die geringste Chance. Insgesamt starben 21 Personen – andere konnten tagelang nicht aus der braunen Masse befreit werden – und weitere 150 wurden verletzt. »Das, was die ersten Rettungskräfte zu sehen bekamen, ist schwer in Worte zu fassen«, schrieb ein Reporter der *Boston Post*. »Melasse bedeckte die Straßen meterhoch und wirbelte und blubberte um Wrackteile herum. Hier und da bewegte sich etwas darin – ob es ein Mensch oder ein Tier war, konnte man unmöglich sagen.

Neun Millionen Liter Melasse überfluteten Bostons North End.

Nur ein Wühlen im klebrigen Dreck zeigte, wo es noch Leben gab …
Pferde starben wie Insekten auf klebrigen Fliegenfallen. Je mehr sie dagegen ankämpften, umso tiefer wurden sie in der Melasse begraben. Menschen – Männer und Frauen – erlitten das Gleiche.«

United States Industrial Alcohol, der der Tank gehörte, versuchte, die Verantwortung für den Vorfall von sich zu weisen, und beschuldigte stattdessen einen Anarchisten, eine Bombe gelegt zu haben. Doch nach jahrelanger Untersuchung wurde die Firma für schuldig befunden und musste eine stattliche Wiedergutmachungssumme an die Überlebenden zahlen. Obwohl der Unglücksort seit Langem in einen Park umgestaltet worden ist, munkelt man, dass an warmen Tagen noch immer der Geruch der klebrigen Melasse in der Luft liegt.

16. JANUAR 1547

Iwan, der Schreckliche

Bevor Iwan IV. zu »Iwan, dem Schrecklichen« wurde (als er noch ein Kind war und als der relativ machtlose Prinz von Moskau regierte), hatten nur Tiere unter dem fiesen kleinen Monster im Palast zu leiden, das Katzen und Hunde von hohen Türmen stieß. Die Lage wurde prekärer, als am 16. Januar 1547 Iwan im Alter von 16 Jahren zum ersten »Zaren von ganz Russland« gekrönt wurde. Schon bald verwandelte der neue Herrscher sein Königreich in ein Land des Schreckens.

Ganze Städte litten unter dem zunehmenden Jähzorn des Zaren – am schlimmsten Nowgorod im Jahr 1570. Der gefährlich paranoide Iwan, der davon überzeugt war, dass die Menschen in Nowgorod planten, ihn an den König von Polen zu verraten, ordnete an, die Stadt systematisch heimzusuchen: Tausende Männer, Frauen und Kinder aus allen Bereichen der Gesellschaft – von der Elite zu den niedrigsten Bauern –

wurden ermordet, während die Nahrungsversorgung von denen, die dem Gemetzel entgehen konnten, zerstört wurde. Wenig war noch übrig von Nowgorod nach Iwans sechs Wochen währendem Angriff, dessen Ende mit dem 23. Jahr seiner Krönung zusammenfiel. Im Sommer jenes Jahres wurden auf dem Roten Platz in Moskau Feierlichkeiten abgehalten, während Hunderte von Feinden des Zaren gehäutet, gekocht, verbrannt oder geviertteilt wurden.

17. Januar 1912

Das Südpol-Debakel

Es war eines der größten Vorhaben in der Geschichte der Forschungsreisen: eine schwierige Expedition ans eine Ende der Welt. Als Robert Falcon Scott am 17. Januar 1912 den Südpol erreichte, musste er zu seinem Entsetzen feststellen, dass er und sein britisches Team nicht die Ersten waren, die es dorthin geschafft hatten.

»Das Schlimmste ist eingetreten, oder beinahe das Schlimmste«, notierte Scott in seinem Tagebuch, nachdem er die ersten vagen Anzeichen dafür entdeckt hatte, dass ein anderes Team ihm zuvorgekommen war. Schon bald wurde die Lage klar: »Wir marschierten weiter«, so Scott, »und fanden heraus, dass eine schwarze Flagge an die Stütze eines Schlittens gebunden war – nahe den Überresten eines Camps – Schlitten- und Skispuren gingen hin und her, und es gab deutliche Spuren von den Pfoten zahlreicher Hunde. Das hat uns alles klargemacht. Die Norweger unter der Führung von Roald Amundsen waren uns zuvorgekommen und als Erste am Pol.«

Die Natur schien die britischen Abenteurer an diesem bitteren Januartag zu verspotten, da ein starker Sturmwind einsetzte und die bereits bitterkalten Temperaturen weiter absackten. »Großer Gott! Das ist ein erbärmlicher Ort, und es ist schrecklich genug, dass wir uns hierher gequält haben und nicht einmal die Ersten sind«, beklagte sich Scott in seinem Tagebuch. Da ihre Hoffnungen auf Ruhm begraben waren und keine Flagge am Pol gehisst werden konnte, blieb den vom Frost gepeinigten Forschern nichts weiter, als umzukehren: »Es wird eine mühselige Rückkehr«, schrieb Scott. Zuletzt stellte sie sich sogar als tödlich heraus: Die fünf Männer erlagen einer nach dem anderen der Kälte, einer Krankheit oder der Erschöpfung. Bevor er starb, notierte Scott noch eine letzte »Botschaft für die Öffentlichkeit«: »Ich bedauere diese Reise nicht, die bewiesen hat, dass Engländer Widrigkeiten trotzen, einander helfen und dem Tod mit derselben Tapferkeit begegnen können wie seit jeher. Wir wussten, dass wir Risiken eingingen – die Situation ist gekippt, und das ist kein Grund zur Klage, wir haben uns dem Willen der Vorsehung gebeugt, aber gaben bis zum Schluss unser Bestes … Hätten wir überlebt, hätte ich die Geschichte unseres Mutes, unseres Durchhaltevermögens und der Tapferkeit meiner Gefährten erzählen können, eine Geschichte, die das Herz jeden Engländers gerührt hätte. Nun müssen diese knappen Notizen und unsere Leichname die Geschichte erzählen.«

18. Januar 2002

Schlecht kopiert

Die Historikerin Doris Kearns Goodwin klang ziemlich erbost, als sie 1993 den Autor Joe McGinnis beschuldigte, Passagen aus ihrem Bestseller von 1987 *The Fitzgeralds and the Kennedys: An American*

Saga für seine Biografie über Senator Edward Kennedy entnommen zu haben: »Er benutzt es in vollem Umfang, ohne zu erwähnen, dass es aus meinem Werk stammt«, beschwerte sich Goodwin im *Boston Globe*. »Man sollte erwarten, dass ein Schriftsteller dies zugibt«, fuhr sie fort. »Es ist mir unerklärlich, warum er es nicht tat.«

Es stellte sich heraus, dass *The Fitzgeralds* gar nicht vollständig Goodwins Werk war, sondern das Gedankengut zahlreicher anderer Autoren enthielt. Am 18. Januar 2002, 15 Jahre, nachdem *The Fitzgeralds* zum ersten Mal veröffentlicht worden war, deckte *The Weekly Standard* Goodwins offenkundige Plagiate auf – vielleicht am deutlichsten sichtbar bei Texten von Lynne McTaggart in ihrer Biografie über Kathleen Kennedy aus dem Jahr 1983. Die Zeitung veröffentlichte eine Liste von sich ähnelnden Passagen, dazu eine Stellungnahme Goodwins: »Ich habe alles von Hand geschrieben in jenen Tagen, einschließlich der Notizen, die ich Sekundärquellen entnommen habe. Als ich die fraglichen Passagen schrieb, hatte ich das Buch von McTaggart nicht vor mir. Ich realisierte nicht, dass einige Passagen enge Paraphrasen anderer Texte waren.«

Goodwin gab auch zu, später mit McTaggart vereinbart zu haben, mehr Fußnoten und einen Paragrafen hinzuzufügen, der für die folgende Taschenbuchausgabe McTaggarts Urheberrechte benannte, allerdings ohne die übernommenen Passagen mit Anführungen kenntlich zu machen. Unerwähnt blieb jedoch ihre finanzielle Vereinbarung mit McTaggart. Dies wurde einige Tage später vom *Boston Globe* in einem Artikel aufgedeckt, in dem Goodwin darauf bestand, »auf keinen Fall« plagiiert zu haben, und erklärte, dass *The Fitzgeralds* das »erste große historische Werk gewesen sei, das sie je verfasst habe«. Doch, wie die Zeitung klarstellte, hatte sie tatsächlich schon eines im Jahr 1976 – elf Jahre zuvor – veröffentlicht, nämlich *Lyndon Johnson and the American Dream*.

Goodwin schadete ihrem guten Ruf dadurch mehr, als ihn zu retten. Ihre euphemistische Erklärung, dass sie nur »Anleihen gemacht habe, genau wie ihre ständige Entschuldigung, nur »schlampig Notizen gemacht zu haben«, erzürnten ihre Kritiker nur umso mehr. Als sie versuchte, die Glaubwürdigkeit ihres Buches *No Ordinary Time: Franklin and Eleanor Roosevelt* – das den Pulitzerpreis gewonnen hatte – zu retten, wobei sie wiederholt bekräftigte, sie sei darin ohne Plagiate ausgekommen, deckte unter anderem die *Los Angeles Times* einige Beispiele dafür auf, dass sie in diesem Buch ebenfalls »Anleihen gemacht habe«. Dann gab es noch ihr Versprechen, sie werde die verbliebenen Exemplare von *The Fitzgeralds* einstampfen lassen, was jedoch unerfüllt blieb.

Bo Crader, der die Geschichte ursprünglich für *The Weekly Standard* brachte, fasste die Situation zu einem verheerenden Urteil zusammen, als er Goodwins eigene Worte benutzte, die sie an Joe McGinnis gerichtet hatte: »Es gibt daran nichts auszusetzen, dass ein Autor Material von einem früheren Buch verwendet. So funktioniert Geschichtsschreibung, solange man die Quellen angibt … ich verstehe nur nicht, warum das nicht gemacht worden ist.«

19. JANUAR 1990

D.C.'s Bürgermeister – ein
Fachmann für Drogen

Marion S. Barry, der Bürgermeister von Washington D.C., war high, wobei er sich selbst als unantastbar darstellte, als die Stadt von einer regelrechten Kokain-Epidemie heimgesucht wurde. Gerüchte darüber, dass Barry selbst eine Schwäche für Drogen habe, wurden verbreitet. Er frequentierte häufig Stripclubs und in Drogenhöhlen umgewandelte Hotelzimmer. »Kokaaaaiin?«, rief Barry aber in der *Los Angeles Times*. »Wie kann man nur solches Zeug nehmen? Man steckt es sich in die Nase? Oh je!«

Die Haltung des Bürgermeisters gegenüber Drogen wurde als »spöttisch, neckisch und überhaupt protzend« präsentiert, während er später in dem Artikel angab, von den Vorwürfen gegen ihn beleidigt worden zu sein: »Ich bin nicht so dumm, dass ich die Dinge, die mir vorgeworfen werden, getan hätte! Gott gab mir einen funktionierenden Verstand. Keiner weiß, was ich getan habe, weil ich mich nicht erwischen lasse.«

Und dennoch, weniger als zwei Wochen nach diesem Kommentar in der *Times*, gab es Neuigkeiten: Barry sei dabei aufgenommen worden, wie er in einem Hotel in einer Vorstadt von Washington D.C. in Begleitung seiner Geliebten, Hazel Diane »Rasheeda« Moore, Crack und Kokain konsumiert habe.

Barry war erzürnt über die offensichtliche Kooperation von Moore in der Angelegenheit, die sich als eine FBI-Ermittlung herausstellte: »Verdammt«, murmelte er immer wieder, als er verhaftet wurde: »Die Schlampe hat mich hochgehen lassen.« Barry wurde am nächsten Tag angeklagt, am 19. Januar 1990 – genau ein Jahr, nachdem er vor einer Jury geschworen hatte, niemals Crack mit seinem Kollegen Charles Lewis geraucht zu haben, der bezeugte, dass er es doch getan hatte. Einen Monat später wurde Barry wegen dreimaligen Meineids angeklagt.

Solch eine Blamage wäre mehr als genug gewesen, um die Karrieren der meisten Politiker zu ruinieren. Aber für den Mann, der vom *Washington City Paper* zum »Bürgermeister auf Lebenszeit« ernannt wurde, war es nur ein kleiner Ausrutscher. Nachdem Berry seine sechsmonatige Haftstrafe abgesessen hatte, wählten ihn seine loyalen Anhänger zum Stadtrat, und so wurde er, zur Verblüffung vieler, ein zweites Mal Bürgermeister!

»Ich werde wie dieser Löwe sein, den die Römer hatten«, sagte Barry der *Times* vor seinem zwar schändlichen, aber keineswegs dauerhaften Absturz. »Sie können mich ruhig mit Dreck bewerfen, wissen Sie? Aber ich werde Ihnen in den Arsch treten, jedes verdammte Mal! Am Ende werde ich mir ins Fäustchen lachen!«

20. Januar 1953

Eisenhower versus Truman

Eine Demokratie zeichnet sich dadurch aus, Macht verteilen zu können. Dennoch fanden in den USA nur wenige Präsidenten echten Gefallen daran, die Rolle an ihre Nachfolger abzugeben – besonders wenn der abtretende Politiker den neu antretenden nicht leiden konnte. John Adams schuf einen Präzedenzfall, indem er heimlich vor der Antrittszeremonie seines Rivalen Thomas Jefferson die Stadt verließ. Sein Sohn Quincy Adams tat dasselbe, nachdem er einen harten Wahlkampf an Andrew Jackson verloren hatte. Doch wenige Übergänge von einem Präsidenten zum nächsten waren so angespannt wie der, als Dwight D. Eisenhower am 20. Januar 1953 Harry S. Truman ablöste. Als Berater des Präsidenten erinnerte sich Clark Clifford: »Der Hass zwischen den beiden an diesem Tag war wie ein Gewitter mit Starkregen.« Die Beziehung zwischen General Eisenhower und seinem früheren Oberbefehlshaber hatte sich 1952 während des Wahlkampfes verschlechtert, als der Republikaner Eisenhower gegen den Demokraten Adlai Stevenson kandidierte: »Der General hat von Politik so viel Ahnung wie ein Schwein vom Sonntag«, schnaubte Truman, während Eisenhower Trumans Politik als »das Truman-Chaos in Washington« bezeichnete.

Truman zeigte sich entsetzt von mancherlei Aktionen Eisenhowers, insbesondere von einer Friedensmission nach Korea, die er in einer Pressekonferenz als »Volksverführung« bezeichnete. Und als Eisenhower dem republikanischen Druck nachgeben musste, seinen Mentor General George C. Marshall nicht gegen unflätige Attacken von Senator Joseph McCarthy zu verteidigen, wuchs Trumans Verachtung rapide, und er sagte: »Dies war eines der schockierendsten Dinge in der Geschichte dieses Landes. Das Problem mit Eisenhower ist: Er ist ein Feigling … und sollte sich dafür schämen, was er getan hat.«

Die Fehde der beiden Männer erreichte einen Höhepunkt am Tag des Amtsantritts von Eisenhower, als die beiden gezwungen waren, Seite an Seite zum Kapitol zu fahren. »Ob ich es aushalten werde, neben diesem Kerl zu *sitzen?*«, fragte Eisenhower laut und weigerte sich dann, ins Weiße Haus auf einen Kaffee zu kommen. Stattdessen wartete er außerhalb des Gebäudes im Auto: »Es war ein Schockmoment«, erinnerte sich der CBS-Korrespondent Eric Sevareid, der den Vorfall beobachtete – ein Affront, den Truman niemals vergessen sollte. »Ich bin keiner von Eisenhowers Bewunderern«, schrieb er später, »ich versuchte, freundlich zu sein, als ich mein Amt an Eisenhower abgab, aber er verhielt sich, als sei ich ein Feind anstatt sein Amtsvorgänger.« Obwohl Eisenhowers und Trumans Kommentare nicht darin übereinstimmten, wie die Konversation verlief, während sie zum Kapitol fuhren, war das Klima vermutlich frostig. Wie der Saaldiener des Weißen Hauses, J. B. West, es formulierte: »Ich war froh, nicht im Auto dabei zu sein.«

21. JANUAR 1535

Unchristliche Christenheit, Teil I

Vergleichbar mit der Art und Weise, wie heutzutage Computerviren mittels E-Mails verschickt werden, verteilte im 16. Jahrhundert eine Bande von Protestanten anonyme Botschaften in ganz Frankreich und darüber hinaus. Dabei machten sie die Doktrin bekannt, dass Christus in der Eucharistie wirklich gegenwärtig sei. Eine der Botschaften schaffte es sogar ins Schlafgemach des Königs Franz I., ebenso eine zweite Runde von Nachrichten, die den Papst und die katholischen Geistlichen als »eine Brut von Ungeziefer, Abtrünnigen, Wölfen, Lügnern, Gotteslästerern und Seelenmördern« bezeichneten. Der erzürnte Monarch stellte eine Belohnung für die Namen derjenigen in Aussicht, die das Sakrileg der »Affaire des Placards« begangen hatten, und am 21. Januar machte der glatzköpfige König, ganz in Schwarz gekleidet und mit einer brennenden Wachskerze in der Hand, eine feierliche Prozession durch die Straßen von Paris zur Kathedrale von Notre-Dame, begleitet von seinen Söhnen, den hochrangigsten Würdenträgern Frankreichs und heiligen Reliquien, wie dem Kopf des heiligen Ludwig und einer »echten Dornenkrone Jesu«. Dann, nach einer Sühnemesse und während der König zu Abend aß, wurden sechs der Häretiker vor der Kathedrale exekutiert – »durch eine Methode, die als geeignet beurteilt wurde, Gott zu beschwichtigen«, wie der Historiker Will Durant es ausdrückte.

Die Verurteilten wurden über ein loderndes Feuer gehängt, wie Kastanien, und immer wieder in die Flammen gesenkt. Die Angeklagten wurden so ausgiebig gequält, dass selbst der streng anti-reformatorisch eingestellte Papst Paul III. schließlich den »christlichsten aller Könige« ermahnen musste, die Prozedur zu beenden.

22. JANUAR 2010

Ein Flop in der TV-Geschichte

Aus dem Telefonhörer kam die Stimme von Johnny Carson: »Hallo Kindchen«, sagte der »König der Late-Nigh-Shows«, der anrief, um Conan O'Brien zu gratulieren. O'Brien war zum Talkmaster der NBC-Show schlechthin ernannt worden, der *Tonight Show,* und diese Position hatte Carson drei Jahrzehnte vor ihm innegehabt. »Für O'Brien war dieser Anruf im Jahr 2004 ein wenig, wie vom Papst in den Priesterstand erhoben zu werden«, schrieb der Fernsehreporter der *New York Times*, Bill Carter, in seinem Buch *Desperate Networks.* Doch die Sache musste um fünf Jahre verschoben werden: Dann erst ging nämlich der damalige Gastgeber Jay Leno in den Ruhestand. Der jüngere Mann riss bei Carson Witze über die verspätete Übernahme: »Wenn ich das noch erlebe!«, worauf der pensionierte Talkmaster antwortete: »Ja, es sieht wie eine lange Verlobung vor einer Hochzeit aus.« Die Scheidung sollte dann sehr viel schneller kommen.

Am 1. Juni 2009 lief die *Tonight Show* mit O'Brien zum ersten Mal mit brandneuer Bühnenbesetzung und dem Komiker Will Ferrell als erstem Gast, und, was das Wichtigste war, mit beeindruckenden Einschaltquoten. O'Briens Traum hatte sich erfüllt. Doch schon am nächsten Tag fielen die Quoten, und sie taten es weiter, bis zu dem Punkt, an dem die *Tonight Show* laut der *New York Times* die geringsten Einschaltquoten in ihrer mehr als 50-jährigen Geschichte verzeichnete.

Im September folgte dann ein weiteres Desaster. Anstatt in Rente zu gehen, übernahm der vorherige Talkmaster Jay Leno ein Varietéprogramm zur besten Sendezeit auf NBC. Es war ein massiver Flop, der die Quoten aller darauffolgenden Sendungen herunterzog – einschließlich der O'Briens.

Um aus dem Tief herauszukommen, trafen die Verantwortlichen bei NBC eine Entscheidung, die weithin als fatal angesehen wurde: Leno sollte mit einer modifizierten Version seiner Varietésendung ins Spätprogramm zurückkehren, und die *Tonight Show* sollte auf 0:05 Uhr verlegt werden. O'Brien, der im Vorfeld nicht über die Sache informiert worden war, wurde störrisch: »Ich glaube, wenn wir die *Tonight Show* nach Mitternacht schieben, um ein weiteres Comedy-Programm unterzubringen, werden wir der Franchise entscheidend schaden, die als die bedeutendste in der Geschichte des Fernsehens angesehen wird«, sagte er in einem Statement. »Die *Tonight Show* um 0:05 Uhr ist einfach nicht die *Tonight Show*.«

Am 22. Januar 2010 – nicht mal acht Monate nach seiner ersten Show – trat O'Brien zum letzten Mal in der *Tonight Show* auf. Der Filmschauspieler Will Ferrell war unter seinen letzten Gästen, und in einer Art von Ironie schnellten die Einschaltquoten in die Höhe.

23. JANUAR 1968

Subtile Grüße aus Nordkorea

Am 23. Januar 1968 erbeutete Nordkorea die *USS-Pueblo*, ein kleines Aufklärungsschiff, das gerade auf seiner ersten Erkundungsmission war. Ein Mitglied der Besatzung, Duane Hodges, wurde bei dem Überfall getötet, und 82 andere, einige davon schwer verwundet, wurden gefangen genommen – eine erniedrigende Katastrophe im Kalten Krieg für die USA, die bereits tief in der Vietnamkrieg-Misere steckten. Es wurde jedoch auch ein Propaganda-Debakel für den nordkoreanischen Führer Kim Il-Sung – aufgrund der subversiven Bemühungen der amerikanischen Gefangenen, die die einzigen Waffen verwendeten, die ihnen zur Verfügung standen, um die Autorität des sogenannten »großartigen Führers« zu untergraben: ihr agiles Denken und ihre Mittelfinger. Da Kim Il-Sung seine Mini-Muskeln spielen lassen wollte, stellte er seine

Die Besatzungsmitglieder der USS-Pueblo senden einen subtilen «Gruß» an ihre Entführer.

Gefangenen zur Schau, wobei er sie vor Kameras hin- und hertrotten ließ und sie zu bekennen zwang, dass sie üble Absichten gegenüber der Demokratischen Republik Korea gehegt hätten.

Angesichts der heftigen Schläge und anderen Foltermethoden, die die unterernährten Soldaten während ihres elfmonatigen Martyriums ertragen mussten, gab es wenig, was sie tun konnten, um ihren Geiselnehmern – zumindest direkt – zu trotzen. Ihr subtiler Widerstand jedoch sprach Kims niederdrückender Taktik schließlich Hohn.

Die Gefangenen bauten subversive Botschaften in die erzwungenen Geständnisse mit ein. In einer Nachricht beispielsweise versicherten sie den Nordkoreanern, dass sie nicht nur ihr Land ehren wollten (das Wort »paen«, das im Englischen verwendet wurde, bedeutet gemäß seiner Definition »Ehre zuteil werden lassen«, aber klingt im Englischen wie »pee-on«, also »darauf pissen«), sondern auch ihren Anführer. In einer anderen Nachricht baute der Kommandeur der *Pueblo*, Lloyd Bucher, in winzigen Morsecodes ein: »Dies ist eine Lüge.«

Doch was die Männer wirklich beflügelte, war, dass ihre Unterdrücker keine Ahnung hatten, was der erhobene Mittelfinger bedeutete. »Wir hatten jetzt eine Waffe!«, schrieb das *Pueblo*-Mannschaftsmitglied Stu Russell. Von da an bauten die Männer den Stinkefinger in alle erzwungenen Fotos von sich mit ein, die Nordkorea in den Rest der Welt sandte, um diese mit seiner Macht zu beeindrucken.

24. Januar 41 n. Chr.

Küss dies, Caligula!

Zwar mag der römische Kaiser Caligula einer der verdorbensten Herrscher der Geschichte gewesen sein – ein selbst ernannter Gott, der mit seinen eigenen Schwestern schlief und das Abschlachten von Freund wie Feind fröhlich feierte – aber es war simpler Spott, der den monströsen Kaiser schließlich zu Fall brachte. Den meisten historischen Berichten zufolge war Casius Chaerea ein starker und tapferer Soldat der Prätorianergarde, der jedoch eine Behinderung hatte: eine weiblich hohe Stimme, die man einer Wunde im Genitalbereich zuschrieb, die er sich im Krieg zugezogen hatte. Caligula ließ kaum eine Gelegenheit aus, seine Wache zu verspotten, indem er ihn als »Venus« bezeichnete, was umgangssprachlich für Kastrat stand, oder als »Priapus«, ein römischer Gott, der oft mit einer enormen Erektion dargestellt wurde. Und, wie der antike Historiker Sueton berichtete: Wann immer der Kaiser Chaerea seinen Ring küssen ließ, »streckte er seine Hand aus und machte dabei obszöne Gesten«. Als Chaerea von den ständigen Spötteleien die Nase voll hatte, zettelte er eine Verschwörung zur Ermordung des Kaisers an und setzte am 24. Januar 41 n. Chr. den ersten Stich mit dem Messer.

Polarlichter und rote Knöpfe

Ein schlechter Tag, der gerade noch glimpflich ausging, war der 25. Januar 1995, als die Welt nur einen Wimpernschlag von der nuklearen Auslöschung entfernt war. Ein norwegisches Forschungsteam hatte eine Rakete von einer Insel vor der norwegischen Westküste gestartet, um Polarlichter zu beobachten. Das Problem war allerdings, dass die Russen nicht über den Start informiert worden waren – und das Erscheinen der Rakete bereitete ihnen enorme Magenschmerzen. Sie hatte nämlich Ähnlichkeit zu US-Trident-Raketen und kam aus einer Gegend, die die Russen lange für besonders bedrohlich gehalten hatten. Was folgte, war »der gefährlichste Moment des nuklearen Zeitalters«, wie Peter Pry, ein früherer FBI-Mitarbeiter, es in seinem Buch *War Scare* beschrieb. Bei Alarmstufe Rot blieben Präsident Boris Jelzin und dem russischen Oberkommando – ihre Finger schwebten bereits über dem Knopf, der zum Weltuntergang hätte führen können – nur Minuten, um zu entscheiden: Sollten sie mit den 4700 ihnen zur Verfügung stehenden strategischen Gefechtsköpfen zurückschlagen? Zum Glück für die Menschheit stürzte die Forschungsrakete ins Meer, und der rote Knopf wurde nie gedrückt.

Ein blaues Kleid mit weißen Flecken

Schon viele Politiker haben gelogen, aber vielleicht keiner schamloser als Bill Clinton am 26. Januar 1998, als er vehement abstritt, eine Affäre im Weißen Hauses gehabt zu haben. »Ich möchte den Amerikanern eines sagen«, erklärte der US-amerikanische Präsident mit gerötetem

Gesicht, den Finger empört nach oben gereckt: »Ich möchte, dass Sie mir zuhören. Ich sage es noch einmal: Ich hatte mit Frau Lewinsky keinen Geschlechtsverkehr!« Jedoch konnte Frau Lewinsky beweisen, dass sie mit dem Präsidenten durchaus sexuelle Spielchen getrieben hatte, da sich Beweise auf einem blauen Kleid fanden, das sie während eines solchen Treffens getragen hatte. Sieben Monate später sah sich Clinton gezwungen, eine andere Geschichte zu erzählen: »Ich hatte eine Affäre mit Frau Lewinsky, die nicht angemessen war«, gab er am 27. August zu. »In der Tat, es war ein Fehler.«

27. JANUAR 1595

Bloß nie Bruder des Sultans!

» Dulden Sie keinen Bruder in der Nähe des
Throns, wie die Türken es machen. «

ALEXANDER POPE (in einem Brief an Dr. Arbuthnot)

Sultan Mehmed II. hatte in der Mitte des 15. Jahrhunderts eine einfache Lösung parat für die wilden Streitigkeiten, die das Osmanische Reich lange in Sachen Thronfolge gequält hatten: Brudermord. »Und an wen auch immer von meinen Söhnen das Sultanat geht, so gehört es sich für die Ordnung der Welt, dass er seine Brüder töten soll«, verfügte Mehmed. Zuvor hatte er seinen eigenen Bruder im Kleinkindalter strangulieren lassen. Nahezu 150 Jahre später hatte die mörderische Politik verheerende Auswirkungen auf die 19 Brüder von Mehmed III., als er den Thron am 27. Januar 1595 bestieg. Die jungen Prinzen, manche von ihnen noch Babys, wurden zeremoniell mit einer Bogensehne stranguliert und dann in demselben Grab wie ihr verschiedener Vater bestattet.

Kostümdrama

Im Jahr 1393 zeigte Karl VI. von Frankreich bereits besorgniserregende Anzeichen einer Psychose, die ihn schließlich jeder Vernunft beraubte. Sein Arzt befand, dass Wege gefunden werden müssten, den zunehmend unausgeglichenen Monarchen bei Laune zu halten, und so wurde am Abend des 28. Januar ein Maskenball veranstaltet, an dem er teilnahm. Man feierte die vierte Hochzeit einer Hofdame von Königin Isabeau, und wie sich herausstellte, wurde das Ereignis, das unter dem Namen »Ball der brennenden Männer« bekannt wurde, der Ausloser, der entscheidend zur vollständigen geistigen Umnachtung von Karl führte.

Traditionellerweise war die Hochzeit einer Witwe eine Gelegenheit zur Narretei, begleitet von »allen Sorten der Freizügigkeit, der Verkleidungen, Verwirrungen, lauter, misstönender Musik sowie dem Aneinanderschlagen von Becken«, erläutert die Historikerin Barbara Tuchman in *Der ferne Spiegel. Das dramatische 14. Jahrhundert*. Die Maskerade hatte einen besonderen, heidnischen Beigeschmack. Fünf hochrangige Ritter waren zusammen mit dem König als wilde Menschen aus dem Wald verkleidet. Die Kostüme, die den Männern auf den Leib genäht worden waren, waren aus Leinen gefertigt und mit Harz getränkt, an das Flachs geklebt worden war. »Daher«, so schrieb Tuchman, »erschienen sie zottelig und haarig von Kopf bis Fuß«. Außerdem trugen sie Masken. Die Aufmachung war lustig und festlich, aber leider auch leicht entzündbar. Als die verkleideten Ritter und der König wie Wölfe heulten und wild umhertanzten, stieß der jüngere Bruder des Königs, Ludwig, der Fürst von Orléans, betrunken dazu und hatte eine Fackel bei sich, was den anderen Gästen strikt untersagt worden war. Der Fürst ging zu einem der Tänzer und hielt ihm die Fackel vors Gesicht, um seine Identität herauszufinden. Er kam dem harzgetränkten Kostüm des Ritters dabei allerdings zu nahe, und es fing sofort an zu brennen. Das Feuer griff schnell auf die Männer über, die in seiner Nähe tanzten.

Der Mönch von St. Denis, ein zeitgenössischer Chronist, beschrieb anschaulich, was folgte: »Vier Männer verbrannten bei lebendigem Leib, und ihre brennenden Genitalien fielen auf den Boden.« Nur einem Ritter gelang es, den »Ball der brennenden Männer« zu überleben – indem er in ein Fass voll Wein sprang. König Karl hatte das Glück, ein Stück von seinen tanzenden Rittern entfernt zu stehen, und er wurde vor dem flammenden Inferno durch seine Tante geschützt, die ihren Rock über ihn warf. Dennoch war der französische Herrscher von da an nicht mehr der Gleiche. Geisteskrankheit befiel ihn schließlich vollständig und machte ihn regierungsunfähig. Der arme König war nicht mehr in der Lage, seine eigene Ehefrau zu erkennen. Er verbrachte seine letzten Jahre in dem Glauben, vollständig aus Glas zu sein.

29. Januar 904 n. Chr.

Ach du heiliger Stuhl!

Es waren schlechte Nachrichten für den abgesetzten Pontifex Leo V. und dessen Rivalen Christopher (später von der katholischen Kirche als »Antipapst« verschrien), dass am 29. Januar 904 n. Chr. Sergius III. den Heiligen Stuhl bestieg. Beide Männer wurden erdrosselt, um Sergius den Weg dorthin zu ebnen. Einem weiteren früheren Papst erging es unter Sergius ebenfalls schlecht. Einem Bericht des Schriftstellers Bartolomeo Platina aus dem 15. Jahrhundert zufolge wurde der Leichnam des lange verstorbenen Papstes Formosus wieder ausgegraben (nachdem er bereits zuvor einmal exhumiert worden und in einem grausigen Spektakel, bekannt als »Kadaversynode«, angeklagt worden war) und anschließend geköpft und in den Tiber geworfen, da er der »Ehre eines Begräbnisses für unwürdig befunden« wurde.

30. Januar 1649 und 1661

Die Exekution

eines Toten

An diesem kalten Januartag im Jahr 1649 trat König Karl I. aus dem Banqueting House des Whitehall Palace zu einem Schafott, das draußen errichtet worden war und auf dem ihm der Kopf abgeschlagen werden sollte – als dem ersten und einzigen Monarchen in der britischen Geschichte, der ein solches Schicksal erleiden musste. Dies geschah, nachdem Charles in einem langen Bürgerkrieg mit dem Parlament besiegt und in der Folgezeit des Hochverrates für schuldig befunden worden war. Eine Menschenmenge hatte sich versammelt, um das noch nie da gewesene Spektakel zu verfolgen.

Genau zwölf Jahre später wurde Oliver Cromwell, welcher die Nemesis des verstorbenen Königs und der Strippenzieher von dessen Untergang gewesen war, ebenfalls öffentlich hingerichtet, ohne den geringsten Mucks von sich zu geben … und zwar, weil er schon Jahre tot war. Obwohl er die Monarchie abgeschafft hatte, und trotz seiner eigenen puritanischen Haltung, lebte Cromwell wie ein König, als er als »oberster Beschützer des Königreiches« gedient hatte. Er besetzte die königlichen Paläste, und als er 1658 starb, wurde er unter den verschiedenen Monarchen des Königreichs in der Westminster Abbey beigesetzt. Doch als die Monarchie unter Charles III. wiederhergestellt worden war, wurde Cromwells Leichnam exhumiert und nach Tyburn gebracht, wo Kriminelle begraben wurden – genau am Jahrestag der Exekution von Karl I. Cromwells Leichnam wurde aufgehängt, dann wurde der Kopf abgehackt, auf einen Pfahl gespießt und über der Westminster Hall zur Schau gestellt, wo er für die nächsten 20 Jahre blieb – eine grausige Warnung für all jene, die es jemals wieder wagen sollten, einen König zu bedrohen.*

31. Januar 1999

Eine anrüchige Sneaker-Werbung

Am 31. Januar 1999 geriet der US-amerikanische Schuhhersteller und Branchenriese Just for Feet ins Straucheln und fiel auf die Nase – und das vor gut 127 Millionen Fernsehzuschauern. Die im amerikanischen Birmingham beheimatete Firma war sehr um ihr Image bemüht. Und was gab es für eine bessere Gelegenheit, als eine spektakuläre Werbesendung während des Super Bowls laufen zu lassen – die Kosten waren exorbitant, aber ein guter Ruf war mit keinem Geld der Welt zu bezahlen, und Just for Feet wagte den Sprung. »Wir wollten damit anfangen, unsere eigene Marke zu kreieren«, sagte CEO Harold Ruttenberg

---

* *Ein schlimmer Sturm blies das grausige Überbleibsel von Cromwell vom Dach der Westminster Hall; nachdem der Kopf, einbalsamiert und in einer Keksdose aus Zink, über die Jahrhunderte von Ort zu Ort gegangen war, wurde er 1960 im Sidney Sussex College beigesetzt.*

in einem Interview auf *Salon.com* vom Mai 1999. »Wir wollten, dass die Leute sagten: ›Wow, das war sagenhaft. Jetzt sind wir eure Kunden.‹«

Anstatt die Firma jedoch ausgefallen und trendy wirken zu lassen, stellte der aufwendig produzierte Werbespot, der schließlich während des vierten Viertels des Super Bowls lief, Just for Feet als hochgradig rassistisch dar. Der Spot begann mit einer Szene, in der vier augenscheinlich weiße Männer in einem Militärwagen auftauchen, auf dessen Nummernschild »just for feet« zu lesen ist. Der Militärwagen folgt den Fußspuren eines barfüßigen farbigen Läufers in der kenianischen Savanne, ein Löwe beobachtet das Ganze. Als die Verfolger den Läufer eingeholt haben, bieten sie ihm Wasser an, das offensichtlich mit K.-o.-Tropfen versetzt wurde. Nachdem er es getrunken hat, kollabiert der Läufer sofort und sackt zu Boden. Danach zwingen die Männer dem Läufer ein paar Nike-Schuhe auf. Als der Läufer dann wieder zu sich kommt und die Schuhe an seinen Füßen sieht, beginnt er zu rufen: »Neeeeein!« Der Spot endete damit, dass der Läufer immer noch versucht, die Schuhe von seinen Füßen abzustreifen, während er davonläuft.

Die Reaktionen darauf kamen sofort, und sie waren heftig: »Extrem unsensibel!«, wetterte Stuart Elliott in der *New York Times*. Im Magazin *Advertising Age* nannte Bob Garfield den Werbespot »neo-kolonialistisch … kulturell imperialistisch und wahrscheinlich rassistisch.« Das *Des Moines Register* schlug vor, Just for Feet umzubenennen in »Just for Racists«, und in einem Leitartikel hieß es, dass die »Anzeigenagentur, die den Vertrag abgeschlossen hätte, gezwungen werden sollte, eine Kampagne zu starten, die nur die schlechtesten Facetten der eigenen Kultur beleuchtet«. Dies war natürlich bei Weitem nicht die Reaktion, die Just for Feet bei seinem ersten Vorstoß in die Königsliga der Werbung hatte erzielen wollen.

Entsprechend verklagte Just for Feet die Werbeagentur Saatchi and Saatchi, die den Spot konzipiert hatte. »Als direkte Konsequenz von Saatchis absolut unakzeptabler und schockierend unprofessioneller

Leistung«, so stand es in der Beschwerde, »ist Just for Feets guter Ruf unter Beschuss geraten, die Reputation der Firma hat gelitten, und es wurde völlig unberechtigt und unbeabsichtigt der Öffentlichkeit suggeriert, dass das Unternehmen rassistisch und ethisch unsensibel sei.«

Der Werbebetreuer Grand Richards hatte weder Mitleid für die eine noch für die andere der beiden Seiten des Disputs: »Die Agentur war dämlich genug, so etwas vorzuschlagen, und der Klient war dämlich genug, dafür zu bezahlen«, sagte er der *Advertising Age* im Jahr 2000. Am Ende war Just for Feets Beschwerde nicht mehr relevant – die Firma ging 1999 bankrott und kollabierte mitten in einem massiven Bilanzbetrug.

Februar

»Ihr habt ja solch ein Februargesicht,
So voll von Ernst und Sturm und Nachtgewölk.«

WILLIAM SHAKESPEARE

»Viel Lärm um nichts«

———◆———

1. FEBRUAR 2004

Ein Blitzer
in den Nachrichten

Obwohl es an diesem Tag zwei Selbstmordattentate im zuvor ruhigen Kurdistan gab, Hunderte von Pilgern in Mekka von einem umstürzenden Kran erdrückt wurden und es in Darfur zum Völkermord kam, war die Aufmerksamkeit der Medien auf etwas völlig anderes gerichtet: Janet Jacksons Nippelblitzer während des Halbzeitauftritts beim 38. Super Bowl. Man fand das Ereignis in der Tat so fesselnd, dass es alle Rekorde für Internetsuchen brach. Terror und Massenhungersnot, so schien es, konnten da nicht mithalten.

Zu Tode gedoktort

Charles II. von England war bekannt für seine robuste Natur, aber am 1. Februar 1685 ging der Monarch zu Bett und fühlte sich nicht ganz auf der Höhe. Dann, nach einer unruhigen Nacht, wachte er »blass wie Kreide auf und sah schauderhaft aus, unfähig, ein Wort zu sagen, und sein Gesicht totenbleich«, wie sein Stallmeister berichtete.

Und so begann eine fünftägige Tortur für den Monarchen, während derer ihm die Aufmerksamkeit der besten Ärzte des Landes zuteil wurde. Nachdem der König bewusstlos geworden war, öffnete ihm ein Arzt eine Vene und zapfte ihm knapp einen halben Liter Blut ab. Als Charles kein Zeichen von Besserung zeigte, traten noch mehr »Experten der Medizin« auf den Plan. Lord Macauley schrieb: »Die Mehrheit nannte ihn apoplektisch und folterte ihn einige Stunden lang wie einen Indianer am Marterpfahl.« Eine Unzahl von »Heilmitteln« wurde verschrieben – fast 60 insgesamt, einschließlich eines orientalischen Bezoarsteins aus dem Magen einer Ziege und Geistern aus einem menschlichen Schädel. Einige der Behandlungsmethoden waren so drastisch, dass Lippen und Zunge des armen Charles verbrannt und eine siedend heiße Blasenentleerung ausgelöst wurden.

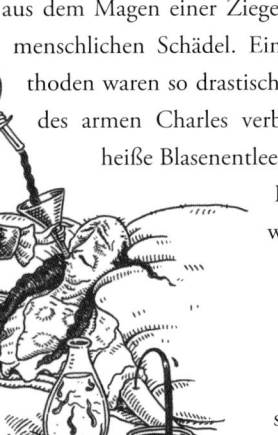

Das Haupt des Königs wurde rasiert und heißes Eisen angelegt, um die schlechte Stimmung aus seinem Gehirn zu ziehen. Mit heißen Tassen wurden andere Teile seines Körpers auf ähnliche

Weise malträtiert. Charles wurde gezwungen, verschiedene Brechmittel zu schlucken. Und natürlich wurde er mehrfach zur Ader gelassen. Trotz aller »Behandlungsversuche« ging es Charles weiterhin schlecht. Am 6. Februar verschied er schließlich, doch nicht, ohne vorher eine Entschuldigung dafür abgegeben zu haben, dass er »so eine lange Zeit im Sterben gelegen habe«.

3. Februar 1959

Der Tag, an dem die Musik starb

Waylon Jennings hatte glücklicherweise seinen Sitz in dem Charterflugzeug aufgegeben und überlebte, um eine Legende der Outlaw-Countrymusik zu werden. Bandmitglied Tommy Allsup flog ebenfalls nicht mit, nachdem er zum Glück beim Münzewerfen gegen Ritchie Valens verloren hatte. Und Dion DiMucci entschied einfach, dass das Flugticket zu teuer sei. Es war so viel Glück im Spiel an diesem Tag, aber das Unglück schlug dennoch zu. Es traf die Rock'n'Roll-Pioniere Buddy Holly und J. P. Richardson sowie Ritchie Valens, als ihr Flugzeug am 3. Februar 1959 auf ein Feld in Iowa abstürzte. »Der Tag, an dem die Musik starb«, wie Don McLean es so unvergesslich in seinem Song »American Pie« von 1971 ausdrückte.

4. Februar 1998

Wut auf Windows 98?

Als wäre die leibliche Sicherheit für eine Person des öffentlichen Lebens nicht schwierig genug zu wahren, besteht immer auch die

Gefahr von Angriffen auf deren Würde. Queen Elisabeth II. von England etwa wurde während ihres Staatsbesuches in Neuseeland mit Eiern beworfen. Tom Cruise wurde auf dem roten Teppich mit einer Wasserpistole ins Gesicht gespritzt, und Präsident George W. Bush wurde von einem irakischen Reporter während einer Pressekonferenz mit Schuhen beworfen, unter dem Zuruf: »Das ist ein Abschiedskuss der Menschen im Irak, Hund!« Bill Gates bekam am 4. Februar eine Sahnetorte ins Gesicht gepfeffert, als er in Belgien an einer Konferenz teilnahm. Rupert Murdoch, auch er Milliardär, wurde ebenfalls mit Torte beworfen, genau wie der Oberbürgermeister von San Francisco, Willie Brown, und Anita Bryant, eine Schönheitskönigin, die sich einem Kreuzzug gegen Homosexuelle gewidmet hatte. Beworfen wurden außerdem der konservative

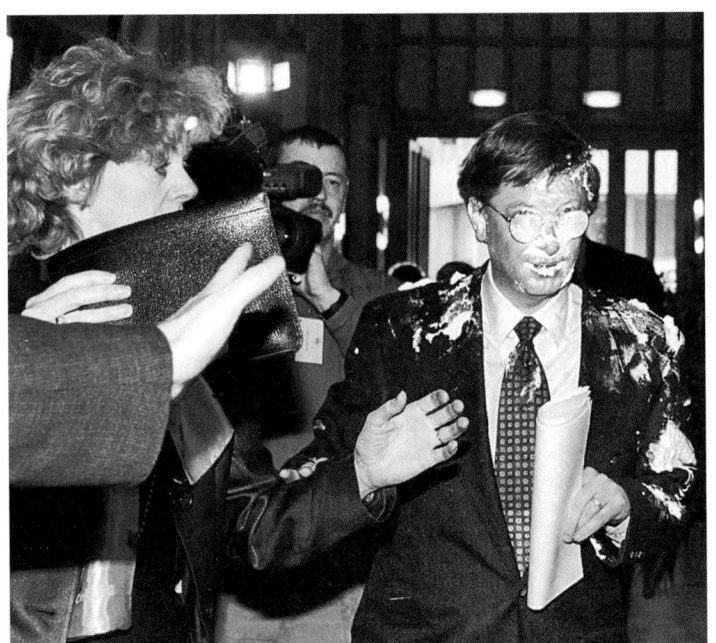

Bill Gates ist bekleckert mit den süßen Überresten eines Sahnetortenangriffs in Belgien.

Kommentator Willliam F. Buckley, König Carl XVI. Gustaf von Schweden, Modedesigner Calvin Klein (mit einer Torte, die eigentlich seinem Kollegen Karl Lagerfeld galt), US-Senator Daniel Patrick Moynihan, Verbraucheranwalt und Präsidentschaftskandidat Ralph Nader sowie Filmstar Sylvester Stallone – um nur einige wenige zu nennen.

5. FEBRUAR 1969

Nicht bereit für die beste Sendezeit

Am 5. Februar 1969 gab es bei ABC zum ersten Mal *Turn-On* zu sehen, eine Sketch-Show, die einer ihrer Produzenten als eine »visuelle, komödiantische Attacke auf die Sinne« bezeichnete, die Animation, Videokassette, Einzelbildschaltung, elektronische Verzerrung und Computergrafik miteinbezog – selbst Menschen.

Hauptsächlich jedoch war es eine peinliche Aneinanderreihung pubertärer Sexwitze, die keiner lustig fand. Tatsächlich war WEWS-TV, ein Ableger von ABC in Cleveland, so wenig amüsiert über das Programm, dass es *Turn-On* nach der ersten Werbepause absetzte und dem Management des Senders ein wütendes Telegramm schickte: »Wenn Ihre unanständigen kleinen Jungen schmutzige Worte verbreiten müssen, benutzen Sie dafür bitte nicht unseren Kanal. *Turn-On* wird abgeschaltet, jedenfalls soweit es WEWS betrifft.«

Der Aufstand ging weiter. KBTV in Denver zog es nicht einmal in Betracht, die Sendung auszustrahlen. KATU in Portland, Oregon, und Seattles KOMO-TV trafen dieselbe Entscheidung. Binnen einer Woche zog ABC nach und nahm *Turn-On* nach einer einzigen, nur teilweise gesendeten Folge, aus dem Programm.

Crash an der Tulpenbörse

Einer der spektakulärsten Markteinbrüche in der Geschichte betraf nicht etwa Immobilien- oder Aktienspekulanten, sondern Tulpenhändler. Die Blume hatte in den Niederlanden zahlreiche Anhänger gefunden, nachdem sie im späten 16. Jahrhundert aus dem Osmanischen Reich eingeführt worden war. Tulpenzwiebeln wurden ziemlich teuer gehandelt – je nachdem, wie begrenzt die Lieferkapazitäten waren oder wie schwierig die Sorte zu züchten war. Die Tulpen wurden sogar noch begehrter, nachdem ein botanischer Virus lebhafte farbige Adern an den Blüten bestimmter Arten verursacht hatte.

In der Manie, die daraus entstand, schien jeder zumindest eine wertvolle Zwiebel als ultimatives Statussymbol besitzen zu wollen. Als Spekulanten die Bühne betraten, schossen die Preise noch mehr in die Höhe – die Sache nahm groteske Züge an, als Menschen ihr Hab und Gut verkauften, um auf dem Tulpenmarkt mitzumischen.

Dann, am 6. Februar 1637, platzte im niederländischen Haarlem die Tulpenblase. Niemand tauchte auf dem Markt auf, um für die kostbaren Tulpen zu bieten, vielleicht, weil sich die Leute wegen eines Pestausbruchs vom Marktplatz fernhielten. Panik brach aus, und mit der Popularität der Tulpen schwand auch das ein oder andere Vermögen.

Geröstete Meisterwerke

Am 7. Februar 1497 wurde in Florenz dem Vergnügen der Kampf angesagt – und zwar in Form eines Spektakels, das als »Fegefeuer der Eitelkeiten« in die Geschichte einging. In einem Versuch, den Stadt-staat von seinem als sündhaft erachteten Faible für Luxus, Schönheit und Amüsement zu säubern, zwang der fanatische Dominikanermönch Girolamo Savonarola – der die Republik mit Geschick regierte, nach-dem die Medici vorübergehend vertrieben worden waren – die Bewoh-ner von Florenz, ihr wertvollstes Hab und Gut einem Scheiterhaufen auf der Piazza della Signoria zu übergeben. Auf dem mehrstufigen Scheiterhaufen landeten wertvolle Gemälde (einigen Berichten zufolge sogar Werke von Botticelli), Statuen, Bücher von Petrarca, Dante und Boccaccio, Möbel, Wandteppiche, Kosmetik, aufwendige Kleidung, Musikinstrumente, Spieltische, Spielkarten und andere Dinge, die zur Lebensfreude beitrugen. Während die Anhänger des Mönches ekstatisch um den Scheiterhaufen tanzten, brannte große Kunst nieder.

Es war Ironie des Schicksals, dass Savonarola etwa ein Jahr später – exkommuniziert vom Papst und verurteilt als Häretiker – selbst den Flammen übergeben wurde, und zwar auf dem öffentlichen Platz, den bald darauf Michelangelos völlig nackter (und, wie der Mönch es ohne Zweifel gesehen haben würde, sehr unzüchtiger) *David* zieren sollte.

8. Februar 1587

Eine vermasselte Enthauptung

Der Tod tendiert dazu, stinklangweilig zu sein, doch für Maria Stu-art, Königin der Schotten, war er ein Fiasko. Nachdem sie 1568 aus ihrem rebellischen Königreich geflohen war, wurde sie Gefangene ihrer Cousine Elisabeth I. von England – für nahezu zwei Jahrzehnte. Dann, nachdem man ihr vorgeworfen hatte, sich in einem Mordkom-plott gegen die Königin verschworen zu haben, um an deren Stelle den Thron einzunehmen, wurde Maria zum Tode verurteilt.

Am 8. Februar 1587 wurde die Monarchin in die Große Halle von Fotheringhay Castle gebracht, wo ein Schafott errichtet worden war und der Henker bereits wartete. Die versammelten Zeugen standen grimmig darum herum, als Maria sich vorbereitete und ihren Kopf auf den Block legte. Danach holte der Henker zu einem mächtigen Schlag mit der Axt aus und … traf daneben. Der Schlag traf den Hinterkopf der Königin anstatt ihren Nacken. Zeugen berichteten, dass die fassungslose Königin murmelte »Heiliger Jesus!«, bevor auch der zweite Schlag ihr keineswegs den Kopf abtrennte. Der Henker, entnervt von seiner eigenen Inkompetenz, war gezwungen, die verbleibenden Sehnen einzeln abzutrennen, um den Job endlich zu Ende zu bringen.

Doch leider war die Angelegenheit noch nicht vorüber. Nach einer Enthauptung war es gang und gäbe, den Kopf vor den Zeugen in die Höhe zu halten. Doch als der Henker den der Königin anhob, entglitt er ihm und fiel zu Boden. Maria hatte eine Perücke getragen – und diese war alles, was in der Hand des unglücklichen Henkers zurückblieb.

Als letzte Entwürdigung lag der Leichnam der schottischen Königin monatelang vor sich hin modernd in einem versiegelten Sarg nahe beim Schloss, bevor man sie schließlich beerdigte.

9. FEBRUAR 1973

Der Wolkenkratzer, der die Wolken nicht so recht kratzen wollte

Der Himmel stürzte herab – so schien es zumindest. Ganze 500 Pfund verspiegelter Scheiben krachten am 9. Februar 1973 vom John Hancock Tower in Boston herab. Dies war nur der letzte Fall einer langen Reihe herabstürzender Scheiben, sodass eine riesige Fläche der glänzenden Fassade aufgrund provisorisch aufgenagelter schwarzer Sperrholzplatten aussah wie von Pockennarben überzogen. Das Timing an diesem Tag war besonders schlecht, da das Ereignis zeitlich mit der Weigerung der Firma zusammenfiel, die das Gebäude gebaut hatte, die gesamte Glasfassade zu ersetzen, was schließlich aber unabdingbar war, da dieses einen massiven Konstruktionsfehler aufwies.

Doch, wie Robert Campbell im *Boston Globe* berichtete, waren herabstürzende Fenster eigentlich das geringste von den Tausenden von Problemen des Gebäudes. Alles begann, noch bevor der neue Wolkenkratzer gebaut worden war. Drei Seiten des mit Stahl verankerten Grundgerüsts brachen zusammen, mit einem ungünstigen Dominoeffekt auf die umliegenden Gebäude, wobei besonders die Dreifaltigkeitskirche, ein architektonisches Meisterwerk aus dem 19. Jahrhundert, ernsthaften Schaden nahm. »Wir kriegen sie nie mehr so hin, wie sie mal war«, klagte der Schatzmeister der Kirche, Robert Kennard, dem *Globe* 1973. »Wenn man den Hancock Tower mit dem Hubschrauber in den Atlantik versenken würde, wären die meisten meiner Gemeinde mitglieder glücklich.«

Von da an wurde die Situation immer schlimmer. »Der Turm bewegte sich unter normalen Windbedingungen zu schnell, als dass man sich darin wohlfühlen konnte«, schrieb Campbell. »Er führte eine Art Schlangentanz auf, schwang immer ein paar Zentimeter vor und zurück, wobei er sich gleichzeitig im Wind krümmte.«

Das Problem wurde erst behoben, nachdem eine

äußerst düstere Prognose gestellt worden war: Der Hancock Tower – so informierte man seine Besitzer – lief Gefahr, umzustürzen. Die extreme Länge des Bauwerks (fast 90 Meter) machte es verwundbar – sollte sich nur die leichteste Verlagerung in der Senkrechten aufbauen, könnte die Schwerkraft schließlich das ihre tun und den Turm zum Kollabieren bringen. Zum Glück war genügend Platz im Herzstück des Gebäudes, um 1500 Stahlstreben einzubauen, die das Gebäude verstärkten.

Doch wie der *Globe* berichtete, hatten die statischen Defizite des Wolkenkratzers mit den herabkrachenden Fenstern nichts zu tun. Sie fielen herunter, so stellte sich heraus, weil das reflektierende Chrom, das zwischen doppelt verglasten Scheiben angebracht worden war, nicht flexibel genug war, um hohen Windstärken zu trotzen. Die Fenster wurden alle ersetzt, und der einst als »Sperrholz-Palast« verlachte Wolkenkratzer ragt nun endlich imposant in den Himmel empor.

10. Februar 1971

My Sweet Lord – their sweet Notes

Er war als der »ruhige Beatle« bekannt, aber nach dem Aus der legendären Band im Jahr 1970 gelangen George Harrison eine Reihe eigenständiger Hits, die bewiesen, dass er musikalisch brillant war. Ben Gerson vom Magazin *Rolling Stone* würdigte Harrsions Solo-Tripel-Album »All Things Must Pass« als »fantastisches Werk über Frömmigkeit, Opfer und Freude, dessen bloße Größe und Zielstrebigkeit ihm den Ritterschlag zu einem absoluten Klassiker des Rock 'n' Roll geben könnten«. Musikfans liebten das Album, das weltweit zur Nummer eins in den Musikcharts avancierte. Aber Harrison blieben weniger als vier Monate, um seinen mehrfach mit Platin ausgezeichneten Erfolg zu genießen, bis eine Klage die Sache verdarb. Die erste Single aus dem Album war »My

Sweet Lord«, eine einprägsame spirituelle Hymne, die sich als ein bisschen zu prägnant herausstellte und einer anderen eingängigen Melodie, »He's So Fine« von den Chiffons sehr ähnelte – so behauptete jedenfalls eine Klage auf Copyright-Verletzung vom 10. Februar 1971.

»Ich war mir der Ähnlichkeit zwischen ›He's So Fine‹ und ›My Sweet Lord‹ nicht bewusst, als ich den Song schrieb, da er eher improvisiert und nicht so festgelegt war«, erinnerte sich Harrison später in seiner Autobiografie *I Me Mine*. »Trotz der Tatsache, dass die Leute, als meine Version des Songs herauskam und ein wenig Sendezeit erhielt, darüber zu tuscheln anfingen und ich zu denken begann: ›Warum habe ich es nicht realisiert?‹ Es wäre ganz einfach gewesen, hier und da eine Note zu ändern, ohne die Identität des Songs zu verletzen.«

Nachdem einige Runden von Vergleichsverhandlungen mit Bright Tunes Music Corp., dem Besitzer der Rechte an »He's So Fine«, gescheitert waren, ging der Fall schließlich 1976 vor Gericht. Harrison, eine Gitarre in der Hand, zeigte im Zeugenstand, wie er »My Sweet Lord« komponiert hatte, während Musikexperten jede Note analysierten. Der Richter kam zu dem Schluss, dass es »vollkommen offensichtlich sei, dass die beiden Songs quasi identisch seien«. Er gestand jedoch ein, dass der frühere Beatle den Song der Chiffons nicht absichtlich plagiiert habe, sondern eher des »unterbewussten« Plagiierens schuldig zu sprechen sei.

Der Vorfall hatte eine tiefgreifende Wirkung auf Harrison. »Ich wurde ganz paranoid beim Songschreiben«, gestand er später. »Und ich dachte, ›Gott, ich mag das Piano oder die Gitarre nicht einmal berühren, wenn ich dabei das Werk von jemand anderem verletze. Jemand könnte die Rechte an diesen Noten haben, also pass besser auf!‹«

2001 starb Harrison an Krebs, aber er hatte seinen Frieden gemacht mit der Sache: »Ich fühle mich nicht schuldig oder schlecht deswegen«, sagte er in seiner Autobiografie. »Tatsächlich rettete ›My Sweet Lord‹ das Leben vieler Heroinabhängiger. Das Motiv, das hinter dem Song steht, und dann sein Effekt übertreffen die rechtlichen Probleme bei Weitem.«

Auf jeden Fall 'ne Menge Gas

Eine Erdgasexplosion in Greene County, Pennsylvania, erschütterte den Erdboden und verursachte ein fünftägiges Inferno. Kein Grund zur Sorge. Der Ölriese Chevron, Besitzer des Frackingbohrlochs, der das Unglück verursacht hatte, fand einen Weg, um sich mit den Nachbarn zu »versöhnen«, die unmittelbar von der Explosion betroffen waren: Gratis-Pizza! Einhundert Gutscheine wurden mit einem schönen Gruß von Chevron versendet – eine Geste, die man laut Will Bunch von der *Philadelphia Daily News* so interpretieren konnte: »Eine Garantie von Chevron: Ihr Bohrloch explodiert nicht – und falls doch, bekommen Sie umsonst Pizza!«

Vom Lagerfeuer ins Leichenhaus

König Adolf Friedrich hatte das Pech, Schweden in einer Zeit zu regieren, als die Monarchie offensichtlich machtlos geworden war, also hatte er eine Menge Freizeit. Als bloße Repräsentationsfigur gab es für ihn kaum mehr zu tun, als Schnupftabakdosen zu dekorieren (sein Lieblingshobby) und zu essen. Eine Mahlzeit im Jahr 1771 stellte sich als besonders denkwürdig heraus, da sie des Königs letzte werden sollte: Hummer, Kaviar, Sauerkraut und Räucheringe wurden allesamt mit Champagner runtergespült. Doch es war zweifelsohne das Dessert, das Adolf Friedrichs Schlaganfall verursachte, kurz nachdem er seine Mahlzeit beendet hatte – er vertilgte 14 Portionen einer extrem fettreichen, süßen Gebäckspezialität namens Semla.

Nackte Fakten der Kunst

Obwohl er heute als einer der großartigsten amerikanischen Porträtmaler gilt, schenkte im Jahr 1886 niemand dem Künstler Thomas Eakins allzu große Beachtung. Man sah Eakins eher als unkonventionellen Kunstlehrer – denjenigen, der es gewagt hatte, seinen Studenten, sowohl Männern als auch Frauen, die Aktmalerei nahezubringen – und dies in einer Ära, in der Nacktheit rigide unterdrückt wurde und schon der blanke Knöchel einer Frau als skandalös galt.

»Zwar war es der Geist jener Zeit, alles bedeckt zu halten, aber Eakins' Geist entsprach es, alles nackt zu zeigen, es auf das Natürliche und Wesentliche zu reduzieren«, schrieb sein Biograf Lloyd Goodrich. Eakins selbst schrieb einmal: »Ich sehe nichts Schlechtes darin, das Schönste und Natürlichste am Menschen zu betrachten: seine Nacktheit.« Und genau deshalb verlor er seine Position als Direktor der Pennsylvania Academy of Fine Arts.

Eakins hatte lange Ärger verursacht, da er die Nacktheit in der Akademie eingeführt hatte. In besonders frappierender Weise im Frühjahr 1886, als er das Lendentuch eines männlichen Aktmodells entfernte, um einer Klasse von Studentinnen die genaue Stellung des Beckens zu demonstrieren.

Nachdem Eakins vor die Direktoren der Akademie zitiert und intensiv und unerbittlich wegen seiner Lehrmethoden befragt worden war, wurde er am 13. Februar 1886 gezwungen, seine Lehrtätigkeit aufzugeben. »Die Angelegenheit war ein Albtraum«, sagte er später. Kein Protest der zahlreichen Studenten, die ihrem Professor treu ergeben waren, konnte die Entscheidung kippen: »Wir werden Mr. Eakins nicht bitten, zurückzukommen«, sagte einer der Direktoren zur Presse. Presse. »Die Angelegenheit ist beschlossen, und mehr gibt es dazu nicht zu sagen.«

Der Verlust seiner prestigereichen Position war für Eakins ein Schlag ins Gesicht, insbesondere da er als Künstler noch kein besonderes Ansehen erlangt hatte. »Keiner sammelte Eakins außer Eakins«, merkte ein Kritiker an. Und obwohl er in den Hörsaal zurückkehren sollte – vor einer kleinen studentischen Gefolgschaft, die sich von seiner Entlassung nicht beeindrucken ließ –, erfuhr er viel Missachtung. Dies traf ihn sowohl als Künstler als auch als Mensch, da sogar die eigene Familie sich gegen ihn verschwor. »Was ich ernte, sind Verkennen, Verfolgung und Vernachlässigung«, schrieb der Künstler über sich selbst, »was dadurch noch gesteigert wird, dass ich unerwünscht bin.«

14. Februar 1779

»Cook al dente« auf Hawaii

Kapitän James Cook, von dem weithin behauptet wird, dass er der größte Entdecker aller Zeiten gewesen sei, schrieb einmal, dass ihn sein Ehrgeiz »nicht nur weiter geführt habe, als irgendjemand vor ihm gekommen sei, sondern so weit, wie ein Mensch nur gelangen könne«.

Stolze Worte, und damals sicherlich zutreffend. Während seiner drei Expeditionen in den 1770er-Jahren überwanden Cook und sein Team auf Segelschiffen riesige Distanzen in bis dahin unbekannte Gefilde – von den lieblichen tropischen, bis dahin unbekannten Pazifischen Inseln bis zu den unwirtlichen Eismeeren der Arktis und Antarktis –, wobei er Aufzeichnungen machte, Karten erstellte und auf den neuesten Stand brachte, was Europa von der Welt wusste. Als er die sagenumwobene Nordwestpassage finden wollte, wurde seine Forschungsreise allerdings abrupt in Hawaii gestoppt. Die Einheimischen hießen Cooks Expedition willkommen, als diese am Kealakekua-Strand vor Anker ging, an der Küste der größten hawaiianischen Insel. Augenscheinlich grenzte das Verhalten der Einheimischen gegenüber Cook »fast schon an Verehrung«, berichtete James King, zweiter Leutnant an Bord der *Resolution*. Was King und seine Männer allerdings nicht wussten: Ihre Ankunft fiel zeitlich mit einer kurzen Zeitspanne zusammen, in der die Insulaner ihrem Gott Lono die Vormacht über den Kriegsgott Ku verleihen – eine Reihe friedlicher und vergnüglicher Feiertage. Die Insulaner betrachteten Cook als die physische Inkarnation von Lono, und das erklärte die »sklavische« Art und Weise, wie King es nannte, mit der sie den Ankömmlingen Respekt zollten.

Cook genoss einige Monate lang die Gastfreundschaft der Hawaiianer und fuhr dann weiter, um die Expedition in nördlicher Richtung fortzusetzen – just in dem Moment, als die Regierungszeit von Lono durch die von Ku abgelöst wurde. Die Schiffe der Briten waren noch nicht sehr weit gesegelt, als einer ihrer Masten brach. Es blieb keine andere Wahl, als an den Kealakekua-Strand zurückzukehren, um die Schiffe zu reparieren. Leider sahen die Einheimischen Cooks (in ihren Augen Lonos) unerwartete Rückkehr als Bedrohung für Ku an, allen voran der Häuptling der Eingeborenen mit dem Namen Kalai'opu'u.

Das Blatt hatte sich gewendet, und die vormals gastfreundlichen Hawaiianer waren Cook nun feindlich gesonnen. Sie warfen Steine auf die Eindringlinge und bestahlen sie. »Seitdem wir hier zum zweiten Mal gelandet sind, haben wir die stärkere Bereitschaft der Eingeborenen zu stehlen festgestellt«, notierte Cooks zweiter Offizier Charles Clerke. »Sie versuchen jeden Tag immer zahlreichere und dreistere Plünderungen.«

Am 14. Februar 1779 erreichten die Feindseligkeiten einen Höhepunkt, als die Inselbewohner Cook und vier seiner Matrosen gefangen nahmen, ertränkten und ihre Leichen ins Innere der Insel verschleppten. Dort wurden Leichname einer entsetzlichen postmortalen Prozedur unterworfen, die zu Ehren von Kriegern angewandt wurde: Cook und seine Männer wurden gekocht, ihr Fleisch wurde von den Knochen gelöst und von den verschiedenen Häuptlingen verspeist.

Nach längeren Verhandlungen wurden Cooks Überreste an seine Mannschaft zurückgegeben. King berichtet:»Er (der Häuptling) gab uns ein schwarzes, mit weißen und schwarzen Federn gespicktes Bündel. Als wir es öffneten, fanden wir darin die Hände des Kapitäns, die wir an einem auffallenden Schnitt identifizierten, Skalp und Schädel, Oberschenkel- und Armknochen fehlten. Als Einziges hatten noch die Hände Fleisch, in das man Löcher geschnitten und Salz hineingefüllt hatte. Das war alles, was von unserem Kapitän noch übrig war.«

15. Februar 1942

Der Rauswurf aus Singapur

»Die desaströseste Kapitulation der britischen Geschichte.«
Der britische Premierminister Winston Churchill, als er sich an die
bedingungslose Aufgabe seiner Kolonialmacht in Singapur und an die
randalierenden Massen erinnerte – im angeblich unbezwingbaren
»Gibraltar des Ostens« am 15. Februar 1942

Ein Rückschlag für die Alliierten in den Anfangstagen des Zweiten Weltkrieges (siehe 7. und 8. Dezember) und ein heftiger Schlag für das Ansehen Großbritanniens im asiatischen Raum.

16. Februar 1899

Ende! Doch was für ein Weg dahin ...

Der französische Präsident Félix Faure hatte einen wunderbar vergnüglichen Tag, den er mit seiner Geliebten, Marguerite Steinheil, vertändelte. Damals passierte ihm in dem Moment, den die Franzosen euphemistisch den »kleinen Tod« nennen, etwas Schlimmes: Faure erlitt einen schweren Schlaganfall, und obwohl er diesen kleinen Tod zweifelsohne sehr genossen hatte, stellte sich dieser im Endeffekt als etwas weit weniger Reizvolles heraus.

17. FEBRUAR 1673

Molière: Die letzte Rolle seines Lebens

Vielleicht hat das Leben die Kunst niemals mit so viel Ironie nachgeahmt wie an dem Abend des 17. Februar 1673, als der berühmte französische Schauspieler und Schriftsteller Jean-Baptiste Poquelin (besser bekannt als Molière) seine absolut letzte Vorstellung gab. Dabei spielte er die Rolle des Hypochonders Argan in seiner eigenen Scharade *Der eingebildete Kranke*. Während er Argans Krankheiten nachspielte, erlag Moliére einem realen Hustenanfall und brach auf der Bühne zusammen. Als erfahrenem Profi gelang es ihm dennoch, seine Rolle in dieser Vorstellung zu Ende zu spielen. Doch dann, nur ein paar Stunden später, starb er an einer Blutung, als ihm ein Blutgefäß platzte.

18. FEBRUAR 2001

Spion im Haus

Bonnie Hanssen war in einen derart dunklen und schrecklichen Abgrund von Betrug geraten, der sie fassungslos machte. Als sie sich Sorgen machte, weil ihr Mann noch nicht zum Abendessen zurück war, nachdem er am Abend des 18. Februar 2001 seinen Freund zum

Flughafen gebracht hatte, zog sie los: Sie wollte nachsehen, ob er immer noch dort war. Statt auf ihn traf sie auf eine Meute von FBI-Agenten, die sie sofort in Gewahrsam nahmen und darüber informierten, dass ihr Ehemann als einer der ihren wegen Spionage verhaftet worden sei.

Wie sich herausstellte, war Robert Hanssen jedoch kein gewöhnlicher Spion. Vielmehr war der FBI-Agent zur Abwehr von Spionage einer der schlimmsten Verräter, den die USA jemals gesehen hatten: ein moderner Benedict Arnold, dessen Verrat darin bestand, seit Jahren Geheimnisse an die Sowjetunion verkauft zu haben. Er hatte sein Land immens gefährdet, und so fiel unvermeidlich auch Verdacht auf seine Ehefrau. Darüber hinaus wartete eine weitere unerfreuliche Offenbarung auf Bonnie: ein persönlicher Verrat der demütigendsten und beleidigendsten Art und Weise.

Der Freund, den Robert Hanssen an diesem schicksalhaften Februarnachmittag am Flughafen abgesetzt hatte – der Trauzeuge auf ihrer Hochzeit, Pate eines ihrer sechs Kinder und beständiger Gast in ihrem Haus –, hatte Bonnie ausspioniert, als sie Sex mit ihrem Ehemann hatte, was er mit einer versteckten Kamera beobachtete. Der Freund – ein überzeugter Kirchgänger – wollte einen Kumpel zusehen lassen und hatte dies seit 1970 so gehandhabt, seit ihm Hanssen Nacktaufnahmen von Bonnie geschickt hatte, als er in Vietnam diente. Dieser schrieb auch darüber und stellte Bilddateien für Voyeure ins Internet. Darunter befand sich auch eines von Bonnie und seinem Freund, das er mit dem Titel versah: »Pornostar wider Willen.«

»Sie reagierte zutiefst entsetzt«, schrieb David Wise in seinem Buch *Spy. The Inside Story of How the FBI's Robert Hanssen Betrayed America.* »Ihre Familie reagierte ebenso, und das mit gutem Grund. Was Bonnie ihrer Schwester erzählte … war kurz und bündig: »Mein Ehemann ist ein Verräter – und ein Perverser.«

Ticket to say goodbye

Den Song erkennt man sofort: »Sky rockets in flight … afternoon delight« – die Musiker andererseits kennt kaum einer: Vielleicht kann das dem »Best New Artist«-Grammy angekreidet werden, der der Starland Vocal Band am 19. Februar 1977 verliehen wurde – »ein Kuss des Todes«, wie das Bandmitglied Taffy Danoff es in einem Interview mit dem US-amerikanischen Fernsehsender VH1 beschrieb. »Mir tut seitdem jeder leid, der ihn verliehen bekommt.«

Ihr Bedauern wurde zweifelsohne von vielen anderen Künstlern geteilt, die den Preis erhielten und deren hoffnungsvolle Karrieren im Zuge dieses Grammys beinahe zunichte gemacht wurden. Besonders jene »One-Hit-Wonders«, die den Preis unmittelbar in den Jahren nach der Starland Vocal Band erhielten.

Mit einigen bemerkenswerten Ausnahmen, wie den Beatles (1965) oder Mariah Carey (1991), stellte sich der Preis oft geradewegs als Ticket in die Vergessenheit dar: »Der Fluch des Christopher Cross«, wie die *Washington Post* ihn einmal nannte und sich dabei auf den Gewinner im Jahr 1981 bezog. Dieser – wie die Zeitung bemerkte – hat »mehr als ein Dutzend Alben nach seinem Gewinn herausgegeben, doch es wären sogar seine eigenen Eltern nicht mehr in der Lage, ihn bei einer Gegenüberstellung zu erkennen.«

Vielleicht gibt es keinen besseren Beweis für den Unheil bringenden Fluch des Preises als das Schicksal von Milli Vanilli, die ihn 1990 gewonnen und sofort wieder verloren hatten, als es ans Licht kam, dass sie offenbar nicht einen Ton ihres vielfach ausgezeichneten Albums »Girl You Know It's True« selbst gesungen hatten. Zum Glück für die anderen Nominierten in diesem Jahr entschied sich das Komitee dagegen, den Preis an den Zweitplatzierten weiter zu geben – »wobei man vielleicht einsah«, wie die *Post* bemerkte, »dass jedermann genug gelitten hatte.«

20. Februar 1939

Hitler auf einer Präsidentenparty

George Washington hätte vor Wut geschäumt, wäre er an der Geburtstagsfeier noch am Leben gewesen, die zu seinen Ehren am 20. Februar 1939 im Madison Square Garden veranstaltet wurde. Sicher, es kamen ganz schön viele Leute – etwa 20 000 –, und die Stimmung war bestens. Aber die Organisatoren des Abends, der German-American

Der German-American Bund feierte George Washington und Adolf Hitler.

Bund, schienen vielmehr die Absicht zu haben, Adolf Hitler zu ehren, als das eigentliche Geburtstagskind. Unter einem gigantischen Banner des ersten Präsidenten, flankiert von Nazi-Hakenkreuzen, spuckte eine Folge von Sprechern genug antisemitisches Gift, um das Ereignis im Herzen von New York einem Naziaufmarsch in Nürnberg ähnlich zu lassen.

Als die Zuhörer vollends tobten, erschien schließlich Fritz Kuhn, Präsident des Bundes und Gastgeber der nächtlichen Aktion. In all dem Tumult machte er immer wieder Anspielungen auf »Frank D. Rosenfeld« und dessen »Judenvertrag«. Zum Glück war es Kuhns letzter Auftritt im Rampenlicht. Bald nach der Versammlung wurde er wegen einer Reihe von Anklagen, verschiedene Verbrechen begangen zu haben, verhaftet – einschließlich Veruntreuung der Gelder aus genau dem gleichen Ereignis im Madison Square Garden, das seine Gruppe gesponsert hatte. Er wurde schließlich nach Deutschland zurück verbracht.

Das Kommunistische Manifest

Platon träumte vom Staat als einer idealen Gesellschaft, ebenso Thomas More in *Utopia* und Voltaire in *Candide*. Dies waren philosophische Träumereien – interessant, aber praktisch nicht durchführbar. Karl Marx und Friedrich Engels zogen nach, aber als ihr *Kommunistisches Manifest* am 21. Februar 1848 veröffentlicht wurde, versuchten die Menschen, diesen halbfertigen Entwurf für ein Paradies der Arbeiterklasse realiter anzuwenden, beziehungsweise anderen aufzuzwingen. Also wurde die Theorie, die wohl besser eine akademische Spielerei geblieben wäre, zu einer gefährlichen treibenden Kraft des 20. Jahrhunderts.

Das tödliche Traktat brachte Diktatoren wie Mao und Stalin an die Macht, breitete sich in Form totalitärer Regime auf der ganzen Welt aus und verursachte den Tod von etwa 100 Millionen Menschen durch Morde und Massenhungersnöte. Und obwohl die Misere in Nordkorea und anderswo noch weitergeht, brach das sozialistische System, das von Marx und Engels im Jahr 1848 so vehement verteidigt worden war, schließlich unter dem Gewicht seiner Nicht-Umsetzbarkeit zusammen.

»Lassen Sie uns nicht über Kommunismus sprechen«, erklärte der russische Präsident Boris Jelzin nach dem Kollaps der Sowjetunion, »Kommunismus war nur eine Idee, eine unrealistische Hoffnung.«

Blamage am Broadway

Am 22. Februar 1983 wurde Arthur Bicknells *Moose Murders: A Mystery Farce in Two Acts* am Broadway uraufgeführt und noch in derselben Nacht abgesetzt – eine legendäre Blamage, die die *New York Times* später als »Prototyp eines Desasters« beschrieb: Eine, »nach der alle anderen Broadway-Flops gemessen werden.« Die Kritiker erbosten sich in ihren Rezensionen über das Stück, wie Frank Rich, der es als das »schlechteste« beschrieb, das er »jemals am Broadway gesehen habe«.

• »Falls Ihr Name Arthur Bicknell ist, ändern Sie ihn.« – Dennis Cunningham, WCBS

• »So unbeschreiblich schlecht, dass ich niemandes Zeit damit verschwenden möchte, es zu beschreiben.« – Clive Barnes, *New York Post*

• »Ich werde die Besetzung nicht bekannt geben, bevor ich nicht die nächsten Verwandten davon in Kenntnis gesetzt habe.« – Jay Sharbutt, Associated Press

• »Ein Besuch der *Moose Murders* wird diejenigen, die Broadway-Katastrophen von geringeren Dilettanten unterscheiden können, für zahlreiche Monate voneinander trennen.« – Frank Rich, *New York Times*

- »Es würde die Intelligenz eines Publikums herabsetzten, das komplett aus Amöben besteht.« – Brendan Gill, *The New Yorker*
- »Es gibt schlechte Stücke, schreckliche Stücke und Stücke wie die *Moose Murders.*« – *Variety*

Clive Barnes lobte zumindest die Schauspielerin Eve Arden, da sie genug Verstand bewiesen habe, die Rolle abzugeben, bevor die Sache aus dem Ruder lief. »Manche Leute haben einfach Glück«, schrieb er. Holland Taylor jedoch hatte das Pech, sie ersetzen zu müssen. Sie sagte der *New York Times*: »Es gab Dinge, da konnte man mit der Faust auf den Tisch hauen und sie ändern. Aber es gab auch Dinge, die ich nicht ändern konnte. Wie die Aufführung an sich«.

»War es wirklich so schlecht?«, fragte der Autor des Stückes, Bicknell, der sich daran erinnerte, dass seine Freunde und seine Familie, genau wie die ganze Besetzung, sich von einer Party im Sardi's Restaurant in der Nacht der Premiere davonschlichen. »Die einfache Antwort ist: Ja!«

23. Februar 1669

Wie man eine (tote) Königin küsst

Als Tochter, Ehefrau, Mutter und Großmutter von Königen dürfte Königin Catherine de Valois erwartet haben, nach ihrem Tod im Jahr 1437 mit ein wenig Respekt behandelt zu werden. Aber es kam anders. Catherines Grab wurde während der Regentschaft ihres Enkels Heinrich VII. zerstört, um den Weg freizumachen für seine prächtige neue Kapelle. Und für Jahrhunderte wurde der Leichnam der Königin ausgestellt wie eine Touristenattraktion – wobei ihre Knochen »noch ganz beisammen und dünn mit Fleisch bedeckt waren, wie Reste von gegerbtem Leder«. »Catherine, Königin von England, liegt hier«, schrieb John Weever im Jahr 1631, »in einer Kiste oder einem lose abgedeckten Sarg. Sie kann von jedem gesehen und angefasst werden, der es will«.

Die arme Catherine lag hilflos da, wurde von den Massen angegafft, und Teile ihrer vertrockneten Haut wurden von gemeinen Schuljungen abgerissen. Doch die endgültige Gottlosigkeit kam am 23. Februar 1669, als der berühmte Tagebuchautor Samuel Pepys seinen 36. Geburtstag feierte und die tote Königin dabei schwer belästigte.

»Hier sehen wir durch besondere Gunst die Leiche von Königin Catherine de Valois«, schrieb Pepys bei der Gelegenheit, »und ich hielt den oberen Teil ihres Körpers in meinen Händen und küsste ihren Mund, wobei ich daran denken musste, dass ich eine Königin küsste«.

Nicht vor 1878 – nahezu viereinhalb Jahrhunderte nach ihrem Tod – wurde Catherine endlich in eine angemessene Grabesstätte in der Abtei überführt, in der Nähe des Grabs ihres Ehegemahls König Heinrich V. Doch man kann noch immer ihr Bestattungsbildnis sehen – ohne Haare und etliche Körperteile, ausgestellt im Abbey Museum.

24. Februar 1868

Eine beschwipste Vereidigung

Andrew Johnson trank drei Gläser Whiskey, bevor er zum zweiten Mal als Abraham Lincolns Vizepräsident vereidigt wurde. Vollkommen betrunken, mit knallrotem Gesicht, schwankte Johnson zum Podium in der Senatskammer, um eine Rede zu halten, die seine ruhmreichste hätte werden sollen. Stattdessen war es ein Gefasel und eine zusammenhangslose Tirade über seine »bürgerlichen Wurzeln« – sie wurde »in der Sprache eines Clowns gehalten«, wie die *London Times* berichtete, »mit wilden Gesten und kurzen Schreien« von einem Mann, dessen »Verhalten das eines Analphabeten, ja das eines vulgären und betrunkenen Rowdys war«.

Senator Zachariah Chandler befand sich unter den entsetzten Zeugen des Spektakels. »Niemals zuvor war ich so beschämt«, schrieb er an seine Frau. »Hätte ich mich in ein Loch verkriechen können, hätte ich es getan.«

Nachdem er seine eigene zweite Antrittsrede gehalten hatte – sie wurde als eine der beeindruckendsten in der Geschichte betrachtet –, sah sich Abraham Lincoln gezwungen, das Verhalten des von ihm ernannten Vizepräsidenten zu entschuldigen. »Ich kenne Andy Johnson seit vielen Jahren«, sagte er, »er hat neulich einen großen Fehler gemacht, aber Sie müssen sich keine Sorgen machen – Andy ist kein Trunkenbold.«

Einen Monat später war der Präsident tot, und die delikate Aufgabe, die geteilte Union wieder zu vereinen, fiel auf seinen selbstgefälligen Nachfolger. Dieser verflixte Trunkenbold Andrew Johnson blieb im politischen Geschäft, und seine peinliche Antrittsrede sollte den Rest seiner unglücklichen Präsidentschaft symbolisieren – die ihren Höhepunkt in seinem Amtsenthebungsverfahren am 24. Februar 1868 hatte.

Der neue Präsident, ein Demokrat aus dem Süden, hatte ein überwältigendes Ziel: Nämlich, die rebellischen Staaten so reibungslos und behutsam wie möglich in die Union zurückzubringen. Die Not zahlreicher befreiter Afroamerikaner, von denen viele brutale Knechtschaft zu ertragen hatten, die nur knapp nicht als Sklaverei bezeichnet werden konnte, interessierte ihn in keinster Weise. Der Präsident legte sein Veto bei nahezu jedem Gesetz ein, das den befreiten Sklaven zugutekommen sollte – von der Verleihung des Wahlrechts bis hin zum vollen Bürgerrecht. Dies brachte ihm die tiefe Feindschaft einiger Republikaner ein und führte indirekt zu seiner Amtsenthebung. »Andrew Johnson ist die personifizierte tyrannische Sklaverei«, erklärte Senator Charles Summer, »in ihm lebt sie wieder auf«.

Der unmittelbare Grund für seine Amtsenthebung war jedoch der Versuch des Präsidenten, den Kriegsminister Edwin Stanton zu entlassen, ein Überbleibsel aus der Lincoln-Zeit und ein loyaler Verbündeter der Republikaner. Die Entlassung des Ministers, der sich weigerte, zurückzutreten, und sich in seinem Büro verbarrikadierte) war eine direkte Verletzung des Tenure of Office Acts: Dieser verbot, dass der Präsident einen Minister seines Kabinetts entließ, ohne dafür die Zustimmung des Senats einzuholen. Obwohl er vor den Konsequenzen gewarnt worden war, dass er mit Stanton in eine Sackgasse geriet, blieb der Präsident hart. »Entlassen Sie mich, und seien Sie verdammt«, schnaubte er. Der Kongress reagierte entsprechend. Ein Kongressabgeordneter aus Indiana erklärte während der Debatte: »Ich bin für das offizielle Ende von Andrew Johnson. Es überrascht mich nicht, dass einer, der seine Präsidentschaft betrunken begonnen hat, sie mit einem Vergehen beendet.«

Alle Arten von Invektiven folgten, man verglich den Präsidenten sogar mit dem dementen römischen Kaiser Nero. Die giftigen Reden während des gesamten Amtsenthebungsprozesses – den Johnson verächtlich die

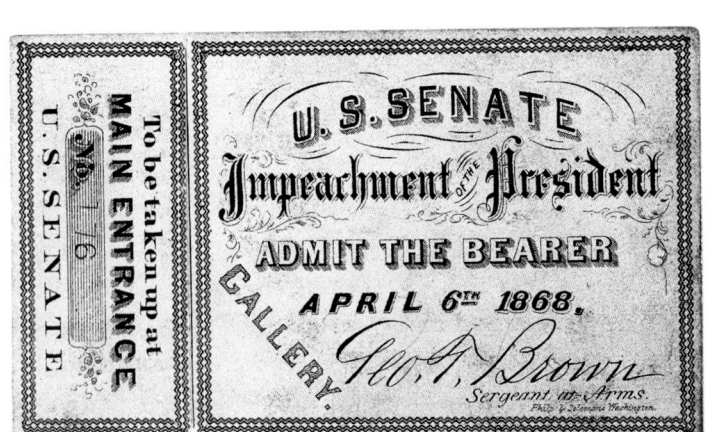

Ein sehr begehrtes Ticket für Andrew Johnsons Amtsenthebungsverfahren.

»Show« nannte und an dem er nur selten teilnahm – regte den zukünftigen Präsidenten James A. Garfield dazu an, zu bemerken: »Die wahnsinnige Leidenschaft, öffentlich zu sprechen … Wir waten knietief in Worten, Worten, Worten … und befinden uns nur knapp über einem daraus bestehenden Sumpf.« Am Ende waren Worte aber nicht genug. Andrew Johnson blieb im Amt – mit nur einem Stimmchen Mehrheit.

25. Februar 1836

P. T. Barnum: Die Autopsie einer Lüge

Joice Heth hatte Zirkusdirektor P. T. Barnum ziemlich gut als Attraktion seiner Show gedient – wobei sie Possen für ein begeistertes Publikum im Nordwesten der USA riss: als die angeblich 161 Jahre alte Amme von George Washington. Als die nahezu blinde, fast komplett gelähmte alte Sklavin starb, sah Barnum seine Gelegenheit gekommen, die Frau weiter auszubeuten, die er als »die großartigste Natur- und Nationalsehenswürdigkeit in der ganzen Welt« angepriesen hatte. Er veranstaltete eine öffentliche Autopsie von ihr im New Yorker City Saloon am 25. Februar 1836. Über 1000 Menschen, die alle 50 Cent pro Ticket zahlten, versammelten sich um das grässliche Spektakel, das vom Chirurgen David L. Rodgers ausgeführt wurde. Er kam zu dem Schluss, dass Heth nur knapp 80 Jahre alt war und ein Betrug vorlag.

Barnum war jedoch unbeeindruckt von dem Humbug, den die New Yorker Zeitung *The Sun* als einen der teuersten bezeichnete, der jemals an einer gläubigen Gemeinde ausprobiert worden war. Tatsächlich wälzte er sich genüsslich in der kostenlosen Publicity, die die Medien erzeugt hatten, welche die Autopsie mitverfolgt hatten. Er heizte sie sogar noch an, wobei er einem ahnungslosen Redakteur andeutete, dass Heth noch am Leben sein und in Connecticut weile.

Tage der Schande

Der 26. Februar war oft in der Geschichte ein jammervoller Tag:
• 1577: Eric XIV., der wahnsinnige und abgesetzte König von
Schweden, nahm seine letzte Mahlzeit ein – eine Schüssel mit vergifteter
Suppe.

• 1616: Zwei Tage, nachdem die Römische Inquisition einstimmig
erklärt hatte, dass die Entdeckung des Kopernikus – dass die Erde um
die Sonne kreist– »eine dumme und absurde Philosophie sei, und im
Grunde auch ketzerisch, da sie an vielen Stellen dem Sinn der heiligen
Bibel entgegensteht«, ordnete Papst Paul V. an, Galileo von dieser Entscheidung zu informieren. Zudem wies er ihn an, dass »er sich vollständig von der Lehre oder der Verteidigung dieser Doktrin und Meinung
und auch von deren Diskussion fernhalten solle«.

• 1815: Napoleon Bonaparte, die Geißel Europas und der Schrecken
zahlreicher Könige, entkam seinem Exil auf der kleinen Insel Elba im
Mittelmeer, um weitere 100 Tage Chaos zu stiften – bis er schließlich bei
Waterloo endgültig besiegt wurde.

• 1860: An einem Ort, der heute als Indian Island bekannt ist, in der
Nähe von Eureka in Kalifornien, werden etwa 100 Mitglieder des friedlichen Wiyot-Stammes von weißen Siedlern im Schlaf abgeschlachtet. Die
Zeitung *Northern Californian* berichtet von dem Massaker: »Es gab überall Blutlachen – die Wände der Hütten waren blutbefleckt, und das Gras
war rot vor Blut. Leichen lagen herum, Männer und Frauen jeden Alters
von Greisen bis hin zu Babys, die noch gestillt werden mussten. Einige
Köpfe waren von Äxten gespalten worden undere waren mit Keulen zu
Brei geschlagen worden, wieder andere waren aufgespießt oder in Stücke
geschnitten mit Bowie-Messern. Einige wurden niedergestreckt, als sie

im Schlamm stecken blieben undere hatten fast das Wasser erreicht, als sie eingeholt und abgeschlachtet wurden.«

• 1918: In einer der schlimmsten Katastrophen bei einem Sportereignis, einem Pferderennen, wurden über 600 Leute getötet, als Tribünen im Hong Kong Jockey Club zusammenbrachen und Feuer fingen.

• 1936: Japan sah sich der größten Revolte in seiner modernen Geschichte ausgesetzt, als eine Gruppe radikaler Armeeoffiziere 1400 Soldaten unter ihrem Kommando zu einem Angriff auf das Haus des Premierministers führten und auf andere Regierungs- und Militärgebäude in Tokio. Dabei kamen Innenminister Saito Makoto, Finanzminister Takahashi Korekiyo, und Armeeinspektor und Truppenübungsgeneral Watanabe Jotaro ums Leben.

• 1965: Präsident Lyndon Johnson genehmigte den Einmarsch amerikanischer Bodentruppen nach Vietnam, wobei er die scharfe Warnung von Botschafter Maxwell Taylor außer Acht ließ: »Weiße Soldaten, mit ihrer speziellen Ausbildung, sind nicht geeignet für asiatische Dschungel und Wälder. Die Franzosen haben es versucht … und sind gescheitert. Ich bezweifle, dass die amerikanischen Truppen es besser hinbekommen.« Nachdem er erfahren hatte, dass zwei Marinebataillons erfolgreich ausgehoben worden waren, verspottete der Präsident den nordvietnamesischen Anführer – ein wenig voreilig, wie sich herausstellte: »Jetzt habe ich Ho Chi Minh an den Eiern.«

• 1987: Präsident Ronald Reagan erhielt einen heftigen Rüffel im abschließenden Bericht der Tower Commission, die gebildet worden war, um in der sogenannten Watergate-Affäre zu ermitteln. Dies war ein komplizierter Fall, in dem Waffen an den Iran verkauft worden waren im Austausch gegen amerikanische Geiseln, die man im Libanon festgehalten hatte. Dabei wurden die Gewinne abgezweigt, um Rebellen in Nicaragua gegen die dortige linke Regierung zu unterstützen. Anstatt dass man ihn als besessenen Intriganten ansah, der die Gesetze unterlief, wurde Reagan von der Kommission genau in umgekehrtem Sinn attackiert: Als tattriger Kauz, der ahnungslos blieb, als die Mitglieder seiner Regierung bereits Amok liefen, mit Terroristen verhandelten und illegal einen Krieg im Ausland finanzierten.

• 1993: In der Parkgarage im nordwestlichen Turm von New Yorks World Trade Center explodiert eine Autobombe der Al-Qaida. Obwohl der Terroranschlag das Gebäude und den Südturm nicht zum Einsturz brachte – wie es geplant war –, wurden sechs Menschen getötet und über 1000 verletzt.

• 1995: Barings, Großbritanniens älteste Bank, bei der auch Königin Elisabeth II. ihr Geld angelegt hatte, geht bankrott. Es ist kaum zu glauben, aber die Pleite wurde größtenteils von einem einzelnen Schurken und Derivatenhändler verursacht: Nick Leeson, dessen betrügerische und unautorisierte spekulativen Käufe und Verkäufe zu Verlusten von insgesamt 1,3 Milliarden Dollar führten.

27. FEBRUAR 1859

Die Rache eines gehörnten Gatten

Die Hauptstadt der USA ist Zeugin so vieler Sexskandale geworden, dass ein ganzer Kalender gefüllt werden könnte, der an die kompromittierendsten Ereignisse erinnert. Doch einer, der Washington D.C. besonders in Erregung versetzte, stellte sich als ulkig skurril heraus – abgesehen von der Tatsache, dass der Hauptprotagonist dabei starb.

Philip Barton Key Junior, Sohn des Komponisten Francis Scott Key, hatte eine glühende, äußerst indiskrete Affäre mit der jungen Ehefrau eines Freundes, dem Abgeordneten Daniel Sickles. Dieser war selbst ein wenig verrufen, weil er seine Geliebte (eine Bordellbesitzerin mit dem Namen Fanny White) Königin Victoria bei einem Empfang im Buckingham Palace vorgestellt hatte. Obwohl es schon die Spatzen von den

Dächern pfiffen, hatte der gehörnte Kongressabgeordnete keine Ahnung von dem Betrug. Dann aber erhielt er eines Tages einen anonymen Brief, der die ganze schmutzige Affäre im Detail dokumentierte: »Ich sichere Ihnen zu, Key hat viel mehr Umgang mit Ihrer Frau als Sie selbst.«

Am nächsten Tag, am 27. Februar 1859, tauchte ein ahnungsloser Key draußen vor dem Hause der Sickles auf und gab seiner Geliebten Zeichen, eingelassen zu werden. Dieses Mal jedoch kam der erzürnte Ehemann aus dem Haus gelaufen, bewaffnet mit zwei Pistolen. »Key, du Schuft!«, schrie Sickles, als er seinen ehemaligen Freund am helllichten Tag durch den Lafayette Park jagte. »Du hast mein Heim entehrt – du musst sterben!« Mit diesen Worten schoss er auf Key, doch die Kugel streifte diesen nur. »Mörder, Mörder!«, schrie Key. Einige Schüsse mehr trafen Key in die Leisten und den Brustkorb. Dann fiel er um. »Ist der Schurke tot?«, fragte Sickles einen Zeugen des Mordes, »er hat meine Gattin entehrt!«

In der Zwischenzeit lief ein junger Mann mit dem Namen Bonitz zum nahe gelegenen Weißen Haus und informierte Präsident James Buchanan, was sein alter Freund Sickles gerade getan hatte. Buchanan versuchte mit allen Mitteln Bonitz einzuschüchtern. Dieser glaubte, er sei der einzige Zeuge des Mordes. Buchanan warnte den naiven Burschen vor der Tortur, der er als Zeuge vor Gericht ausgesetzt sein würde – auch werde er ohne Kaution während des Prozesses eingesperrt –, und drängte den jungen Mann, nach Carolina zu fliehen, um ein Unglück zu vermeiden.

Buchanans Bemühungen stellten sich als unnötig heraus, weil ein reueloser

Sickles sich ihm sofort stellte. »Natürlich wollte ich ihn töten«, so der Abgeordnete. »Er hat's verdient«. Die dreiwöchige Verhandlung, die folgte, war eine Sensation, besonders die romanhafte Verteidigung, die vorübergehende Umnachtung geltend machte. Die Jury ließ den Mörder nach noch nicht einmal einer Stunde Bedenkzeit laufen.

Doch dann tat der freigelassene Mörder das Undenkbare: Er versöhnte sich mit seiner Frau, und der gute Wille der Öffentlichkeit verflog. »Falls Mrs. Sickles vor dem Tod von Key schuldig war, so ist sie es immer noch, und falls man ihr jetzt vergeben kann, hätte man Key im Februar vergeben sollen«, schrieb der Korrespondent von Washington für die *Philadelphia Press*, wobei er größtenteils die Meinung der Leser traf.

Sickles wurde nicht erneut in den Kongress gewählt und wurde aus der Stadt vertrieben. Ein Teil von ihm ist jedoch in der Hauptstadt verblieben: Das Bein, das er während des Bürgerkrieges verlor, wird jetzt im Nationalmuseum für Gesundheit und Medizin ausgestellt.

28. FEBRUAR 1927

Monströse Experimente

Im Jahr 1927 geschah im Namen der Wissenschaft Schreckliches, als Ilya Iwanowitsch Iwanow, unterstützt von der sowjetischen Regierung unter Stalin, versuchte, eine völlig neue Kreatur durch die Kreuzung zweier Lebewesen zu erschaffen, die die beiden Pole des humanoiden Entwicklungsspektrums repräsentierten: Einen Hybriden aus Mensch und Affe. Nachdem er Jahrelang vergeblich von der Erschaffung eines Menschen-Schimpansen geträumt hatte, bekam Iwanow endlich seine Chance, als der Gouverneur von Französisch-Guyana ihm freie Hand ließ, um ein monströses Zuchtprogramm in den botanischen Gärten nahe der Hauptstadt Conakry durchzuführen.

Am 28. Februar fixierten der Pseudowissenschaftler und sein Sohn zwei weibliche, gefangene Schimpansen mit den Namen Babette und Syvette mithilfe von Netzen und führten Sperma von einem nicht bekannten Einheimischen in sie ein. »Das Experiment wurde von den beiden in einer besonders grausamen und hastigen Art und Weise ausgeführt«, schrieb der russische Gelehrte Kirill Rossiianov, »sodass die Tat einer Vergewaltigung glich«.

Zum Glück für die Menschheit wurde keine der beiden Schimpansinnen trächtig – auch ein Versuch mit einem dritten Affenweibchen blieb erfolglos. Also beschloss Iwanow, seine Taktik zu ändern. Er trat an den Gouverneur mit der Idee heran, Patientinnen, die ins Krankenhaus eingeliefert worden waren, ohne deren Wissen mit Schimpansen-Sperma zu befruchten. Wie Iwanow in seinem Tagebuch vermerkte, war es für ihn ein »Schock«, als der Gouverneur Nein sagte, »ein schrecklicher Schlag ins Gesicht«.

Iwanow kehrte in die Sowjetunion zurück und erhielt dort die Erlaubnis, Frauen mit Affen-Sperma zu schwängern – vorausgesetzt, dass sie sich einverstanden erklärten und bereit waren, für ein Jahr isoliert zu leben. Unglaublicherweise fand er eine solche Freiwillige. »Da mein Privatleben ruiniert ist, sehe ich keine Zukunft für mich mehr«, schrieb eine Frau, nur bekannt als »G«, an Iwanow. »Aber wenn ich daran denke, dass ich der Wissenschaft einen Dienst erweisen kann, fühle ich mich dazu ermutigt, Sie zu kontaktieren. Bitte lehnen Sie mich nicht ab!«

Iwanow hatte nur einen potenziellen Zuchtaffen für »G«, einen Orang-Utan mit dem Namen Tarzan. Aber als Tarzan plötzlich an einer Gehirnblutung starb, starb das Mensch-Affe-Projekt mit ihm. Danach überdachten die Regierungsbeamten ihre Unterstützung für Iwanows groteske Experimente – er wurde sogar inhaftiert wegen angeblicher gegenrevolutionärer Aktivitäten. Schon bald nach seiner Entlassung im Jahr 1930 starb Iwanow – zum Glück ohne eine Kreuzung aus Affe und Mensch als sein monströses Vermächtnis zu hinterlassen.

März

»März ist der Monat, den Gott schuf, um denjenigen,
die nicht trinken, zu zeigen, wie sich ein Kater anfühlt«.

GARRISON KEILLOR

———◆———

1. MÄRZ 1938

Gar nicht so super

Jerry Siegel und Joe Shuster erschufen einen der weltweit beliebtesten Superhelden – *Superman*. Dann verkauften sie ihn für die armselige Summe von 130 Dollar, die sie noch dazu untereinander aufteilen mussten. Und während *Superman* seinen neuen Besitzern Milliarden einbrachte, verstarben Siegel und Shuster nahezu mittellos. Es war entweder ein Akt von Gesetzesübertretung, die es Lex Luthor wert war, sich die Rechte am Mann vom Planeten Krypton unter den Nagel zu reißen, oder das Resultat von Naivität seitens der beiden jungen Autoren, die ihre Erfindung unbedingt auf dem Weltmarkt positionieren wollten.

Superman war Siegel lange Zeit durch den Kopf gegangen – er war ein einsamer Außenseiter aus Cleveland, bevor er Shuster traf, einen ebenfalls weltfremden Träumer, dessen lebendige Illustrationen dieses Musterbeispiel an Tapferkeit aus einer anderen Welt anschaulich machten (ebenso wie sein dümmliches Alter Ego Clark Kent mit dessen Flamme Lois Lane, die den einen, aber nicht den anderen wollte). »Als Joe und ich das erste Mal aufeinandertrafen, hat die Chemie einfach gestimmt«, erinnerte sich Siegel. Das einzige Problem war, dass es bei den Verlegern nicht ebenso funkte. Sechs Jahre lang wurde *Superman* von einer Reihe von Verlagen abgelehnt, bis schließlich Vin Sulliwan, der Redakteur von National Allied Publications (Vorläufer von DC Comics) zustimmte, ihn auf das Cover der Juni-Ausgabe 1938 zu setzen, und zwar von National's Action Comics 1. *Superman* hatte endlich gen Himmel abgehoben, doch ohne dass Siegel und Shuster etwas davon hatten.

Am 1. März 1938, kurz bevor ihr Superheld an den Zeitschriftenständen aufschlug, unterzeichneten die jungen Männer einen Vertrag, um ihre Rechte an ihrer Schöpfung abzutreten – dabei wurden ihre Namen auf dem dazugehörigen Scheck noch dazu falsch geschrieben. Dennoch stimmten sie dem Angebot zu, ihnen für zehn Jahre einen festen Lebensunterhalt im Rahmen einer Festanstellung im Verlag zu garantieren. Es war ein riesengroßer Fehler – eine Fehlentscheidung, die dazu führte, dass Siegel und Shuster jahrzehntelang vor Gericht darum kämpften, ihre Rechte an ihrer Figur wiederzubekommen. Zuletzt zahlten die Warner Communications der 1970er-Jahre, als sie schließlich Besitzer der Superman-Franchise geworden waren, jedem der beiden 20 000 Dollar pro Jahr plus Krankenversicherungsleistungen, als beide in eine wirtschaftlich schwierige Lage gekommen waren.

»Es besteht keine rechtliche Verpflichtung«, sagte Jay Emmett, damals stellvertretender Vorsitzender von Warner, »doch natürlich empfinde ich eine moralische von unserer Seite aus«.

Joe Shuster starb 1992 und Jerry Siegel 1996. Ihre Erben setzten den Rechtsstreit noch Jahre fort.

2. MÄRZ 2001

Die Buddha-Schlächter der Taliban

Maya-Tempel platt gemacht für Straßenaufschüttung in Belize ... antike Mumien von Dieben in Ägypten beschädigt ...

Noch intakt, konkurriert eine der heiligen Statuen in ihrer Höhe mit der Bergkulisse.

unersetzliche Antiquitäten im Irak geplündert – die Beispiele kultureller Entweihung entsprechen nicht gerade dem Konzept einer zivilisierten modernen Gesellschaft – vielleicht nirgendwo frappierender als in
Afghanistan, wo am 2. März 2001 die Taliban einen Anschlag auf eine
weltberühmte Kulturstätte verübten: die Buddha-Statuen von Bamiyan.

In Stein gemeißelt in einer Umgebung, die einst eine buddhistische
Pilgerstätte war, überragten die Statuen mehr als 15 Jahrhunderte lang
die Region, eine fast 52 Meter, die andere fast 36 Meter hoch. Die Taliban zerstörten sie binnen weniger Wochen. »Diese Idole waren Götter
der Ungläubigen«, so Mullah Mohammed Omar, der oberste Anführer
der Taliban, der ihre Zerstörung anordnete. »Der wahre Gott ist Allah«.

Nachdem internationale Bitten für die Erhaltung der kolossalen Statuen ignoriert worden waren, sah die Welt erschrocken zu, als die Attacke mit Flugabwehrgeschützen und Artillerie begann.

Doch die Buddhas standen nach dem Beschuss immer noch. »Diese
Statuen zu zerstören ist nicht so einfach, wie die Leute glauben mögen«,
jammerte der Informationsminister der Taliban, Qudratullah Jamal.
»Man kann die Statuen durch Beschuss nicht herunterbekommen, weil
beide in den Stein gemeißelt sind – sie sind fester Bestandteil des Berges«. Am Ende platzierte man Sprengstoff, um die Zerstörung voranzu-
treiben, und was übrig blieb, waren zwei leere Nischen, die den Buddhas
einmal Zuflucht geboten hatten. »Muslime sollten stolz darauf sein,
Idole zu zerstören«, sagte Mullah Omar zu dieser Zeit, »es gereicht Gott
zur Ehre, dass wir sie zerstört haben«.

Koichiro Matsuura, Generaldirektor bei der Organisation der Vereinten Nationen für Bildung, Wissenschaft und Kultur (UNESCO),
brachte das internationale Bedauern genau auf den Punkt, als er den
Akt der Zerstörung ein »Kulturverbrechen« nannte. »Es ist grauenhaft,
die eiskalt berechnete Zerstörung von Kulturbesitz, der das Erbe der
Bevölkerung von Afghanistan und tatsächlich auch das der ganzen Welt
gewesen ist, bezeugen zu müssen«.

3. März 2006

»Ola la vista, Baby!«

Gouverneur Arnold Schwarzenegger verfolgte eine etwas seltsame Art der Pro-Hispanic-Policy. »Sie kommt entweder aus Puerto Rico oder aus Kuba, ich meine, die sind alle echt hot. Sie haben, wissen Sie, einen Teil schwarzen Blutes in sich und einen Teil Latinoblut. Dieser Mix macht den Unterschied«, ließ Schwarzenegger verlauten und bezog sich damit keineswegs auf Mildred Patricia Baena, die – wie sich später herausstellte – die Mutter seines unehelichen Kindes war, sondern auf die kalifornische Abgeordnete Bonnie Garcia. Und zwar zitiert nach einer heimlich aufgezeichneten Tonbandaufnahme, die am 3. März 2006 veröffentlicht wurde.

4. März 1841

Eine todlangweilige Antrittsrede

Er war Amerikas erster maßgeschneiderter Kandidat: ein Aristokrat aus Virginia, der von der Whig Party in einen Kandidaten verwandelt worden war, der Apfelwein schlürfte, in einer Blockhütte lebte und jedermanns Liebling wurde. Sicherlich hatte William Henry Harrison fähig als General im Krieg von 1812 gedient, genau wie im Krieg gegen Tecumsehs Konföderation verschiedener indigener Stämme, doch es hatte nur wenig gegeben, was man ihm in den Jahrzehnten danach hätte positiv anrechnen können. Es war diese pure Freundlichkeit, die ihn tatsächlich zum perfekten Präsidentschaftskandaten machte – eine weiße Leinwand, auf der die Whig Party ihr eigenes Gemälde malen konnte. Also war Harrison eine Kriegslegende geworden und ein Held der mysteriösen Schlacht bei Tippecanoe. Und alles, was er während der Kampagne gegen den Amtsinhaber, Martin Van Buren, tun musste, war, kontroverse Themen zu meiden und den Mund zu halten. Harrison hielt sich so sorgfältig an das vorgeschriebene Prozedere, dass die Demokraten ihn »General Schweigsam« nannten. Doch leider blieb ihm der Spitzname nicht lang erhalten. Harrison und sein Kandidat für das Amt des Vizepräsidenten, John Tyler, schlugen Van Buren mit Leichtigkeit. Danach jedoch brach ein Schwall von Worten aus dem so lange schweigsamen Kandidaten hervor – und zwar in der längsten und langweiligsten Amtsantrittsrede, die jemals gehalten wurde. Die Menschenmenge, die sich auf dem US-Kapitol an einem eisigen Morgen im März 1928 versammelt hatte, musste schon geahnt haben, welche Folter nun folgen sollte, als Harrison seine Rede mit dem Satz begann: »Weil ich aus der Rente gerufen wurde, welche ich eigentlich für den Rest meines Lebens hätte fortsetzen sollen, um die Rolle des Präsidenten auszuüben für diese großartige und freie Nation, erscheine ich vor Ihnen, liebe Mitbürger. Dabei will ich den Eid ablegen, den die Verfassung als notwendige Bedingung vorschreibt. Außerdem will ich den Brauch ehren, der genauso alt ist wie unsere Regierung und den Erwartungen, die Sie wahrscheinlich haben werden, Genüge tun. So fahre ich fort, um die Prinzipien zusammenzufassen, die mich dabei lenken werden, die Pflichten auszuüben, die nun meine Aufgabe sind«.

Über zwei Stunden laberte Harrison in diesem Stil weiter, seine Rede war durchzogen von Anekdoten aus der römischen Antike. Doch es hätte noch schlimmer kommen können. Der Präsident hatte Daniel Webster erlaubt, die Rede zu überarbeiten, der sie zumindest ein wenig gekürzt hatte. In der Tat prahlte Webster später damit, dass er »siebzehn römische Prokonsuln« ausgemerzt habe. »Ich habe sie völlig entfernt, jeden von ihnen«.

Zwar war die schier endlose Rede eine Quälerei für die Zuhörer, für Harrison stellte sie sich jedoch als geradezu fatal heraus. Er hatte sie ohne

Mantel gehalten und sich deshalb erkältet. Diese Erkältung wurde zu einer Lungenentzündung, und innerhalb eines Monats wurde Harrison zum ersten Präsidenten, der im Amt starb – todlangweilig im wahrsten Sinne des Wortes also.

5. MÄRZ 1854

Monumentale Vorurteile

Der prächtige Steinobelisk des Washington Monuments war im Jahr 1854 noch lange nicht so prächtig, er war eher nur ein kleiner Sockel. Und wegen der Aktivitäten einer Gruppe von antikatholischen Aktivisten, die sich gegen die Einwanderung einsetzten und als American Party beziehungsweise als »Know-Nothings« bezeichnet wurden, blieb er es für über zwei Jahrzehnte. Der Ärger begann, als Papst Pius IX. einen schwarzen Marmorstein für das Denkmal stiftete. Dieser stammte aus den Ruinen des Concordiatempels

auf dem Römischen Forum. Obwohl viele andere Staaten und Organisationen beschriftete Steinplatten gestiftet hatten, sah die Know-Nothing-Party das Geschenk des Papstes als widerwärtige Erklärung der Absichten des Vatikans an, die USA durch die massenhafte Zuwanderung von katholischen Immigranten kontrollieren zu wollen.

Aufgebracht durch diese vermeintliche Anmaßung des Heiligen Vaters, erschien eine Gruppe dieser »Nichtswisser« auf der Baustelle am Abend des 5. März 1854, überwältigte die Wache und stahl den Stein des Vatikans. Laut einiger Berichte meißelten die Räuber dann Stückchen als Souvenir heraus und warfen den Rest in den Potomac River. Das Geschenk des Papstes ward nie wieder gesehen. Und nicht genug mit diesem dreisten Diebstahl: Als Nächstes ergriff die Know-Nothing-Party die Kontrolle über die Washington Monument Society durch eine gefälschte Wahl und übernahm den Bau des Monuments. Und doch kam sie nicht weit – sie konnte nur ein paar Schichten von minderwertigem Marmor verarbeiten (der später ersetzt werden musste), bevor ein empörter Kongress sich weigerte, das Projekt finanziell zu unterstützen.

Mehr als zehn Jahre, nachdem der Bau abgebrochen worden war, beschrieb Mark Twain das unfertige Monument als »plumpen alten Schornstein, der … keinerlei Nutzen für irgendjemanden darstellt und sicherlich nicht die geringste Zierde ist. Es hat nur die allgemeine Größe und Form und besitzt die Würde des Schornsteins einer Zuckermühle … es ist eine Beleidigung für jedermanns Auge. Es sollte entweder abgerissen oder aufgebaut und vollendet werden«.

Erst 1877, als sich die Know-Nothing-Party seit Langem aufgelöst hatte, wurde die Arbeit am Washington Monument wieder aufgenommen. Im Jahr 1884 wurde es endlich vollendet und ragt nun als größte frei stehende Steinkonstruktion der Welt hoch in den Himmel empor. Jedoch sieht man noch immer deutliche Spuren von den Aktivitäten der »Nichtswisser«: Das Äußere des Obelisken besteht aus zwei unterschiedlichen Schattierungen von Marmor. Der Stein, der in der ersten Phase des Baus verwendet wurde, war nicht mehr verfügbar, als die Arbeit so viele Jahre später fortgesetzt wurde.

6. MÄRZ 1835

Feuertaufe für eine Freundschaft

Der englische Philosoph John Stuart Mill hatte am Abend des 6. März 1835 eine unangenehme Aufgabe zu vollbringen: Er musste einem Freund eine schreckliche Hiobsbotschaft überbringen und dabei einen persönlichen Fehler gestehen, der so schrecklich war, dass nur die großherzigsten Männer ihn vergeben könnten. Die verkohlten Reste eines verbrannten Manuskripts umklammernd – die einzige Ausgabe einer richtungsweisenden Geschichte der Französischen Revolution, die ihm Thomas Carlyle anvertraut hatte –, kam Mill im Heim des Historikers an.

Totenbleich, zitternd und verzweifelt beichtete Mill, dass das Manuskript aus Versehen von einer Dienstmagd als Zunder benutzt und verbrannt worden sei. Doch obwohl der Verlust Carlyle zahllose qualvolle Stunden bescherte, war es an ihm, seinen Freund bis spät in die Nacht hinein zu trösten. »Mill, der arme Kerl, war schrecklich niedergeschlagen«, sagte Carlyle zu seiner Ehefrau, nachdem der beschämte Philosoph schließlich gegangen war. »Wir müssen vor ihm unbedingt verbergen, wie schwerwiegend die Angelegenheit wirklich für uns ist«.

Und tatsächlich sandte Carlyle seinem Freund am nächsten Tag eine äußerst milde Nachricht: »Du bist letzte Nacht von mir gegangen und sahst so schrecklich aus, dass ich es nie vergessen werde«, schrieb er. »Gibt es irgendetwas, das ich tun oder sagen könnte, um deine Pein zu lindern? Denn ich fühle, dass deine Trauer viel tiefer reicht als meine … nur Mut, mein Freund!«

Eine Nachricht von Mill, die ihm eine großzügige Entschädigung für die verlorene Arbeit anbot, kam als Antwort. Und obwohl der Historiker dankbar annahm, blieb noch immer die unvorstellbar schwere Aufgabe, das Manuskript erneut zu schreiben. Der Autor war überzeugt, dass er es nicht tun könne. »Ich denke zurück und kann mich dennoch an nichts erinnern, was ich mit solcher Mühe geschrieben habe«, jammerte er, »es ist weg«. Trotzdem biss er sich durch: »Sicherlich die bleiernste, entmutigendste, praktisch am wenigsten auszuhaltende Aufgabe, die ich jemals meistern musste«, wie er an seinen Bruder schrieb. Und nachdem die Inspiration »direkt und flammend aus dem Herzen gekommen war«, vollendet Thomas Carlyle eines der bedeutendsten Werke in der englischsprachigen Literatur. Wie man vielleicht nicht anders erwarten könnte, gab Mill ihm darauf eine äußerst positive Kritik.

7. MÄRZ 1997

Der magische Penisklau

Vielleicht war Heinrich Kramer gar nicht so verrückt. In seinem maßgebenden Reiseführer in die Welt der Hexen, *Malleus maleficarum* (siehe 5. Dezember), wies der Inquisitor aus dem 15. Jahrhundert darauf hin, dass Übeltäter, die genauso schlimm seien wie Satan selbst, das beste Stück eines Mannes verschwinden lassen könnten. Und 500 Jahre später berichteten einige westafrikanische Nationen, bei denen noch immer starker Aberglaube vorherrschte, von einer Epidemie von »Penisdiebstählen«. Zum Glück waren die Menschen der Elfenbeinküste vor der Gefahr gewarnt und ergriffen entsprechende Maßnahmen. Am 7. März 1997 wurde ein Magier in Koumassi verbrannt, und ein anderer in Port Bouet erschlagen. Dennoch verbreitete sich das Gerücht von den Genitaldiebstählen im nahe gelegenen Benin weiter, und die panischen

Einwohner bewaffneten sich mit Benzin, Macheten und magischen Elixieren, um der Bedrohung entgegenzutreten. Immer mehr mutmaßliche Hexer wurden denunziert, eliminiert und zahlreiche Penisse infolgedessen gerettet – zumindest bis zum Sommer, als das Problem im Senegal wieder auftauchte.

8. März 1702

Der tödliche Maulwurfshügel

Für Wilhem III. hatte ein Maulwurfshügel mehr Bedeutung als der höchste Berg. Tatsächlich starb der König infolge von Verletzungen, die er sich zugezogen hatte, nachdem sein Pferd über einen Maulwurfshügel gestolpert war. Und infolgedessen wurde auf den nichts ahnenden kleinen Nager, der für diesen tödlichen Hügel verantwortlich war – »der kleine Gentleman im Samtmantel« –, von Williams politischen Gegnern angestoßen, da er seinen Tod verursacht hatte.

9. März 1974

Verspätete Rückkehr

Die Demütigung, die die meisten Japaner am 15. August 1945 erlitten – als die dünne Stimme ihres Kaisers, der niemals zuvor im Rundfunk gesprochen hatte, sie ermutigte, »das Unerträgliche zu erdulden und das Untragbare zu tragen«, als die qualvolle Niederlage kurz bevorstand –, traf nicht bei Leutnant Onoda Hirō ein, der auf den Philippinen stationiert war.

Tatsächlich führte der loyale Soldat, der von der bedingungslosen Kapitulation Japans im Zweiten Weltkrieg nichts wusste, 30 Jahre lang einen Guerillakrieg im Dschungel weiter, bis an einem schrecklichen Tag der Wahrheit sein früherer Kommandant auftauchte und ihm erklärte, dass der Krieg seit Langem vorbei sei. »Mir wurde plötzlich schwarz vor Augen«, erinnert sich Hirō in seinem Buch *No Surrender.* »Ein Sturm tobte in mir. Ich fühlte mich wie ein Idiot, weil ich so angespannt und vorsichtig gewesen war. Was hatte ich nur all die Jahre getan?«

10. MÄRZ 1962

Eddie Fisher erhält ein wenig Karma von »Cleopatra«

D ie Affäre zwischen Elizabeth Taylor und Richard Burton – die begann, als man in Rom das Filmepos *Cleopatra* drehte – war so heiß, dass es den vierten Ehemann Taylors, Eddie Fisher, regelrecht zur Weißglut brachte. Der frühere Frauenschwarm hatte die Untreue seiner Gattin entdeckt, als er sie im Winter 1962 unangekündigt am Filmset besuchte. »Es hätte keinen Unterschied gemacht, wenn ich ihnen eine schriftliche Benachrichtigung geschickt und den genauen Zeitpunkt genannt hätte, zu dem ich kommen wollte«, erinnerte sich Fisher. »Sie konnten ihre Augen, geschweige denn ihre Hände, nicht voneinander lassen«.

Der Betrug war erniedrigend – nicht unähnlich jenem, den Fishers frühere Frau, Debbie Reynolds, hatte erdulden müssen, als er sie für Elizabeth Taylor verließ –, doch es gab nichts, was der gehörnte Schlagersänger dagegen machen konnte. Weder die Diamanten, die er für Elizabeths Geburtstag gekauft hatte, konnten helfen, noch, ihr die

Pistole an die Brust zu setzen. Alles, was ihm übrig blieb, war, sich einen Rest von Würde zu bewahren und die leidenschaftliche Affäre, die ihm Burton hämisch unter die Nase rieb, geheim zu halten. Doch Fisher gelang auch das leider nicht.

»Es stimmt«, berichtete die Klatschkolumnenschreiberin Louella Parsons am 10. März, »Elizabeth Taylor hat eine Liebesaffäre mit Richard Burton. Damit endet die Beziehung zwischen Liz und Eddie Fisher«.

Fisher stritt dies am selben Tag ab, doch bald nachdem er Rom in Richtung New York verlassen hatte, musste er wegen einer Überdosis Amphetamine ins Krankenhaus eingeliefert werden. Nachdem er wieder entlassen worden war, startete der Sänger einen letzten öffentlichen Versuch, »Le Scandale«, wie Burton die Affäre nannte, zu leugnen.

»Die einzige Romanze zwischen Elizabeth Taylor und Richard Burton besteht in der zwischen Marcus Antonius und Kleopatra«, erzählte er einer Versammlung von Reportern. Dann erhielt Fisher, als die Konferenz weiterging, einen Anruf von Taylor aus Rom – er hatte ihn zuvor arrangiert mit der Bitte, dass sie die Affäre leugnen sollte. Aber Liz weigerte sich, der Gerüchteküche nicht weiter Nahrung zu geben. »Wissen Sie«, sagte der gekränkte Sänger, »man kann eine Frau bitten, etwas zu tun, sie wird es jedoch nicht immer machen«.

11. MÄRZ 222 N. CHR.

Der unbeliebteste Knabe Roms

Es scheint unglaublich, dass ein Knabe ebenso unbeliebt war wie die berüchtigten Bösewichte der römischen Geschichte Nero und Caligula, aber während seiner vierjährigen Regentschaft, die Kaiser Elagabal im Jahr 218 n. Chr. begann, als er gerade einmal 14 Jahre alt war, schaffte er genau das.

Vielleicht waren es die fünf Ehen des Teenagers – einschließlich einer, die einer frommen Vestalin aufgezwungen wurde –, seine zahlreichen männlichen Liebhaber oder seine Vorliebe, sich wie ein Lustknabe zu kleiden. Vielleicht teilten die Menschen in Rom auch einfach nicht seinen »subtilen« Humor, wenn etwa nachts wilde Tiere sie aus dem Schlaf rissen, die der junge Kaiser auf sie gehetzt hatte. Jedenfalls war Elagabal äußerst unbeliebt. Selbst Elagabals Großmutter wandte sich von ihm ab und half dabei, seine Ermordung zu arrangieren.

Am 11. März 222 n. Chr. erschien der 18-Jährige mit seinem Cousin Alexander in der Öffentlichkeit, als ein Trupp Soldaten Alexander applaudierte, Elagabal aber komplett ignorierte. Wütend über diesen Frevel, ordnete der Kaiser an, sie alle zu exekutieren. Doch stattdessen wurde er selbst umgebracht. Der antike Schriftsteller Cassius Dio hinterließ eine lebhafte Darstellung der brutalen Abrechnung mit Elagabal: »Seine Mutter, die ihn liebte und umklammerte, ging mit ihm zugrunde – ihre Köpfe wurden abgeschnitten, und ihre Körper, nachdem man sie aller Kleidung beraubt hatte, wurden durch die ganze Stadt geschleift, dann wurde der Leichnam der Mutter irgendwo auf die Seite geworfen, während der von Elagabal im Tiber versenkt wurde«.

12. MÄRZ 1951

Verrat unter Geschwistern

Es ist möglich, dass Ethel Rosenberg tatsächlich in den 1940ern mit ihrem Mann Julius Rüstungsspionage betrieben hatte, um ihr Land an die Sowjetunion zu verraten. Doch die Regierung hatte verdammt wenige Beweise dafür – bis Ethels Bruder David Greenglass sich zu einem Meineid hinreißen ließ, der seine Schwester direkt auf den elektrischen Stuhl brachte.

Nachdem er Informationen über das Manhattan-Projekt, an dem er in Alamos, New Mexico, als Armeemechaniker gearbeitet hatte, hatte durchsickern lassen, hatte Greenglass viel zu verlieren, als er im Zeugenstand gegen seine Schwester aussagte. Ihm war Nachsicht versprochen worden, genauso wie seiner Ehefrau und Mitverschwörerin Ruth. Allerding wollte man etwas als Gegenleistung: Ethel Rosenberg.

Und am 12. März 1951, während des zweiten Tages, an dem er als Zeuge vernommen wurde, servierte David Greenglass ihnen seine Schwester auf dem Silbertablett. Bis dahin gab es wenige Anzeichen dafür, dass Ethel etwas Illegales getan hatte. Ja, sie war aktives Mitglied der Kommunistischen Partei, und logischerweise musste sie auch etwas über die Spionageaktivitäten ihres Mannes Julius gewusst haben. Aber nicht einmal abgefangene und entschlüsselte Botschaften der Sowjets – später als Venona-Projekt bekannt geworden – konnten ihre offensichtliche Kooperation aufdecken.

»Das Justizministerium glaubt nicht, dass es genügend Beweise gegen Ethel Rosenberg gibt«, notierte William Whelan vom FBI. Dennoch wurde sie festgenommen, als Geisel, um Julius Rosenberg zu zwingen, die Namen anderer Spione preiszugeben.

Doch auch Rosenberg kooperierte nicht, und deshalb war es jetzt wichtig, Beweise gegen Ethel zu finden. Zum Glück für die Beamten erinnerte sich Ruth plötzlich an ein Detail, das sie zuvor nicht erwähnt hatte: Es sei ihre Schwägerin Ethel gewesen, sagte sie, die die Notizen abgetippt habe und die

Ethel and David, 1931

Zusammenfassungen dessen, was David Greenglass in Los Alamos in Erfahrung bringen konnte. Nun hatte die Staatsanwaltschaft etwas in der Hand, doch leider war es eine Lüge.

Zwei Jahre später, als sämtliche Appelle nichts nutzten und eine Begnadigung durch den Präsidenten abgelehnt worden war, wurde Ethel Rosenberg zusammen mit ihrem Ehemann am 19. Juni 1953 exekutiert. Der Bruder, der sie auf den elektrischen Stuhl gebracht hatte, war äußerst verärgert über die 15-jährige Haftstrafe, zu der er verurteilt wurde, aber er war froh, dass seine Frau und Mitverräterin nicht hinter schwedischen Gardinen sitzen musste. Nach zehn Jahren wurde er freigelassen.

»Wissen Sie, ich gebrauche das Wort ›Schwester‹ nur noch selten«, sagte Greenglass dem Journalisten Sam Roberts Jahre später, wobei er zugleich zugab, über Ethel Lügen verbreitet zu haben. »Ich habe das aus meinem Gedächtnis gestrichen«.

13. MÄRZ 1881

Das unglückliche Ende eines Zaren

Man schoss wiederholt auf ihn, plante, eine Bombe unter seinen Zug zu legen, und sprengte sogar sein Esszimmer in die Luft – doch die Terroristen konnten Russlands Zaren Alexander II. einfach nicht töten – auch wenn ihre Attacken bei ihm schreckliches Nervenflattern verursachten. »Bin ich ein wildes Tier, dass man mich zu Tode hetzen muss?«, klagte der erschütterte Zar nach einem weiteren gescheiterten Versuch, ihn zu töten. »Ja!«, muss die Antwort leider lauten.

Am 13. März 1881 sollten die Mörder mehr Glück haben: Als Alexander durch St. Petersburg fuhr, warf ein junger Mann eine Bombe auf seinen Pferdewagen. Diese explodierte und tötete und verstümmelte einige Passanten, doch der Zar blieb unverletzt. Doch als er aus der übel zugerichteten Kutsche ausstieg, um dem Attentäter entgegenzutreten, warf ein zweiter Mörder eine weitere Bombe: Dieses Mal traf er den Zaren Alexander II. – bekannt als »der Befreier«, weil er die Leibeigenschaft in Russland abgeschafft hatte – wurde mit zertrümmerten Beinen zurück zum Palast gebracht. Und dort verblutete er.

14. MÄRZ 1899

Ein Baseball-Fiasko

Chris von der Ahe war ein echtes Baseball-Original – der Besitzer der St. Louis Browns (später Cardinals), der nahezu nichts von dem Spiel verstand und dabei ziemlich prahlerisch auftrat. »Ich bin der Boss bei den Prowns!«, betonte er stolz mit deutschem Akzent. Traurigerweise verlor von der Ahe seine geliebten »Prowns« am 14. März 1899, als seine zahlreichen Gläubiger eine Versteigerung des Teams erzwangen. Der selbst ernannte Boss – später von Charles Comiskey als »die großartigste Figur, die es je im Baseball gegeben hat« gepriesen – war untröstlich. Dennoch war der Verkauf der Browns für ihn weniger verheerend als für die Rivalen der Mannschaft – die Cleveland Spiders.

Um eine Monopolstellung zu erlangen – was damals völlig legitim war –, wurden die Browns von Frank DeHaas Robison gekauft, der »zufälligerweise« auch die Spiders besaß – ein ziemlich gutes Team mit einer Reihe ziemlich brillanter Spieler, einschließlich des späteren Mitglieds der Hall of Fame, Cy Young. Das einzige Problem der Spiders waren die halbherzigen Fans in Cleveland. Sie hassten Robison, und er hasste sie. Die Situation in St. Louis war genau umgekehrt: eine Stadt voller enthusiastischer Baseball-Fans mit einem Team von Verlierern. Robison löste das Problem, indem er die besten Spieler von den Spiders abzog, einschließlich Young, und sie den Browns einverleibte. Dieses

Manöver traf die Spiders hart. In der Tat waren sie in der Saison von 1899 das schlechteste Team in der Geschichte des Baseball.

Zwei Iden und zwei sorgenvolle Kaiser

»Hüte dich vor den Iden des März«.

Shakespeare, *Julius Caesar*, 1. Akt, 2. Szene

Dank Shakespeare wurde Caesars wahrlich schlechter Tag im März 44 v. Chr. weltberühmt. Und sicherlich hatte Caesar an den Iden des März nichts zu lachen, wurde er doch von Brutus verraten und im römischen Senat erstochen, aber die Iden des März waren auch für einen russischen Kaiser kein Honigschlecken. Zar Nikolaus II. wurde am 15. März 1917 gezwungen, abzudanken – nach einer chaotischen Regentschaft über zwei Jahrzehnte hinweg und infolge einer massiven Revolution, die durch einen Mangel an Brot und aufgrund der Unzufriedenheit über die russischen Niederlagen im Ersten Weltkrieg ausgelöst worden war. Somit war Nikolaus II. der Letzte einer jahrhundertealten Adelsdynastie. Am 17. Juli 1918 wurde der entmachtete Zar mitsamt seiner Familie von Bolschewiki ermordet.

Ein tapferer Mann

Sam Houston kämpfte tapfer für die texanische Unabhängigkeit von Mexiko, diente der Republik zweimal als Präsident, sorgte für die

Aufnahme in die Vereinigten Staaten, repräsentierte Texas im US-Senat und wurde dann Gouverneur – ein Texaner par excellence also. Doch am 16. März 1861 wandten sich die Texaner gegen ihn.

Die Glut der Abspaltung hatte seit der Wahl von Abraham Lincoln im Jahr 1860 lange im Staat geschwelt. Houston stellte sich der Bewegung tapfer entgegen – nicht weil er Gegner der Sklaverei gewesen wäre (er besaß selbst Sklaven), sondern weil er glaubte, diese würde in eine Katastrophe münden. Keiner hörte ihm zu.

In der Tat wurde der Widerstand des Gouverneurs nicht nur ignoriert, sondern auch aktiv umgangen von Mächten, die noch stärker waren als er. Am 1. Februar 1861 erklärte eine illegale Versammlung von Abgeordneten die Abspaltung von Texas aus dem Staatenbund – eine Position, die später von einer Volksabstimmung gestützt wurde. Jetzt lag es an Houston, entweder die Entscheidung offiziell anzuerkennen und der Konföderation die Treue zu schwören oder die Konsequenzen zu tragen.

Am Morgen des 16. März, nach einer schlaflosen Nacht, hatte der Gouverneur sich entschieden. »Margaret«, sagte er zu seiner Frau, »das mache ich niemals«. Anschließend ging er zum State Capitol, nahm in seinem Büro Platz und erwartete mit stoischer Gelassenheit die unvermeidliche Verbannung und Amtsenthebung.

Bevor er an diesem Märztag aus dem Büro zitiert wurde, hatte er eine Botschaft an die Menschen von Texas vorbereitet: »Liebe Mitbürger, im Namen eurer Rechte und eurer Freiheit, von denen ich glaube, dass man darauf herumgetrampelt hat, weigere ich mich, diesen Eid abzulegen … denn ich liebe Texas zu sehr, um einen Bürgerkrieg und Blutvergießen über den Staat zu bringen. Ich werde nicht darum kämpfen, oberster Staatsdiener zu bleiben … ich bin … niedergeschlagen, weil diese Prinzipien, für die ich gekämpft habe, nicht weitergetragen werden … das Schlimmste daran ist, dass der Schlag im Namen des Staates Texas kommt«.

Zwei Sekunden vor dem Sieg

Der Kampf lief unter dem Motto »Blitz und Donner« – der ultimative Showdown zwischen zwei gleich starken, unbezwungenen Weltmeistern, Julio César Chávez und Meldrick Taylor. Runde um Runde machte der Kampf dem Hype alle Ehre, den er verursacht hatte: Chávez ließ seine Donnerschläge krachen, und Taylor vergalt ihm dies mit seinen typischen blitzschnellen Schlägen. Taylor führte nach Punkten, aber die gnadenlosen Hämmer von Chávez forderten ihren Tribut und ließen ihn ermüden. Dann, in der zwölften Runde, wurde das bereits spannende Match historisch – nicht wegen Chávez oder Taylor, sondern wegen Richard Steele, dem Schiedsrichter, der schließlich den Kampf entschied. Da Chávez einen Knock-out benötigte, um zu gewinnen, musste Taylor die Runde lediglich überstehen. Doch sein Coach

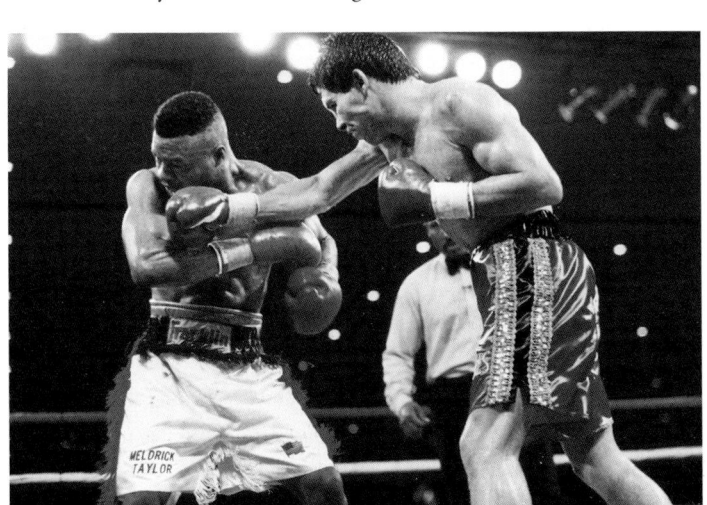

Taylor kassiert eine Rechte von Chávez, bevor der Schiedsrichter ihm noch einen Schlag versetzt.

drängte ihn, nicht auf Sicherheit zu gehen. Obwohl er verbeult war und blutete, gehorchte Taylor und ging aufs Ganze. Und genau dann traf ihn Chávez mit seiner Rechten so stark, dass Taylor in einer Ecke zu Boden ging. Er stand sofort wieder auf, doch war entweder zu benommen oder zu abgelenkt, als dass er auf die Frage, die Steele ihm stellte, hätte antworten können.

In diesem Augenblick traf der Schiedsrichter eine der kontroversesten Entscheidungen in der Geschichte des Boxens, eine, von der viele behaupteten, dass sie Taylor seines verdienten Sieges beraubt habe. Steele beendete den Kampf – es waren nur noch zwei Sekunden bis zum Ende.

18. MÄRZ 1990

Museumsgaunerei

J a, es war schlimm, als im Jahr 1911 die »Mona Lisa« aus dem Louvre entwendet wurde. Aber nach zwei Jahren, die sie in einem Koffer im Verborgenen verbracht hatte (bei einem Museumsangestellten, wie sich herausstellte), kehrte Leonardo da Vincis geheimnisvolle Lady an ihren rechtmäßigen Platz in Paris zurück. Es gab (bislang?) noch kein so glückliches Ende für die unbezahlbaren Gemälde und andere Kunstwerke, die aus dem Isabella Stewart Gardner Museum in Boston gestohlen wurden – der größte Diebstahl dieser Art in der amerikanischen Geschichte.

Kurz nach Mitternacht am 18. März 1990 tauchten zwei Diebe, die sich als Polizeibeamte verkleidet hatten, im Museum auf. Durch die Gegensprechanlage behaupteten sie, es hätte eine Störung gegeben. Ein Museumswächter mit Drogenproblemen ließ sie herein. Dann, nachdem sie erfolgreich die erste Verteidigungslinie durchbrochen hatten, setzten die Diebe effizient die zweite außer Kraft: Sie bauten sich vor dem Wachmann auf und gaben vor, gegen ihn läge ein Haftbefehl vor.

Dann befahlen sie ihm, vom Tisch zurückzutreten. Er gehorchte, ohne auch nur daran zu denken, den Notruf auszulösen.

Nachdem die Diebe das Wachpersonal mit Handschellen an ein Rohr im Keller gefesselt hatten, begannen sie ihren Raubzug durch die mit Schätzen gefüllten Räume. Dabei rissen sie Werke von Rembrandt, Vermeer, Manet und Degas aus ihren Rahmen, schnappten sich eine wunderschöne chinesische Vase und die Zierspitze eines Fahnenmastes einer napoleonischen Fahne.

Obwohl das FBI einer Reihe von vielversprechenden Hinweisen nachging, sind die großartigen Werke seitdem nicht mehr aufgetaucht.

»Denken Sie daran, wie langweilig ihnen sein muss«, schrieb der Romanautor John Updike über die gestohlenen Kunstwerke, »wenn sie in einem Warenhaus irgendwo, z.B. in Mattapan, aufgestapelt liegen und auf die Rückseite des Butterbrotpapiers starren, in das sie eingewickelt sind, anstatt auf die glücklichen Gesichter derjenigen, die Kunst lieben«. Leere Rahmen, in denen sich einmal die Meisterwerke befanden, hängen jetzt an den ursprünglichen Ausstellungsorten. Sie symbolisieren die schmerzliche Erinnerung an den schrecklichen Verlust – und die Hoffnung auf die Rückkehr der Gemälde.

19. MÄRZ 1919

Uncle Sam *wants* you!

Es schien damals eine großartige Idee zu sein – zumindest für die hohen Offiziere der US-Marine. Das Gerücht kursierte am Flottenstützpunkt von Newport auf Rhode Island, dass bestimmte Matrosen unzüchtigen Umgang hätten, jedoch nicht mit Frauen der Stadt, sondern untereinander. Ein parlamentarischer Untersuchungsausschuss wurde einberufen und kam am 19. März 1919 zu dem Schluss, dass die

Regierung »jeglichen zeitlichen Aufwand« dafür verwenden müsse, um eine »äußerst sorgfältige und gründliche Untersuchung einzuleiten …, die von hocherfahrenen Ermittlern geleitet werde«.

Und wer sollten diese furchtlosen Aufdecker der Wahrheit sein? Nun undere Matrosen natürlich. Wie der Chef der Untersuchung notierte, wäre ein »gut aussehender Mann«, irgendwo zwischen 19 und 24 Jahren, geeignet für »diese Art Arbeit«.

Doch den jungen Männern, die für diese verdeckte Operation ausgewählt worden waren, wurde noch mehr abverlangt. Sie sollten nicht nur den »Untergrund der Homosexuellen« auskundschaften und ihre »missratenen Kollegen« identifizieren – sie wurden außerdem angewiesen, Beweismaterial vorzulegen, indem sie mit den Verdächtigen eine Beziehung eingingen – und zwar eine intime. Nachdem Franklin D. Roosevelt – damals stellvertretender Marineminister (und zukünftiger US-Präsident) das Prozedere abgesegnet hatte, begannen die jungen Agenten ihre Aufgabe mit patriotischem Eifer. Die Matrosen, die sie überführten, wurden dann vor ein Gericht gestellt, wobei die Agenten Beweisstücke ihrer künstlich herbeigeführten »Beziehungen« mit den Matrosen vorlegten.

Die Geheimoperation war so erfolgreich, dass die Marine sie ausweitete, um damit auch Zivilisten zu überführen. Und genau damit bekamen sie Probleme. Ein beliebter örtlicher Minister wurde verhaftet, der seinen Freunden und Unterstützern versprach, einen Brief an Präsident Woodrow Wilson zu senden, der auch im *Providence Journal* abgedruckt wurde: »Es muss jedem Menschen mit halbwegs gesundem Verstand klar sein, dass der Einsatz solch niederträchtiger Methoden darauf hinausläuft, den Charakter der unglückseligen Jugendlichen, denen diese Aufgabe zugewiesen wurde, zu verderben und ihre Moral zu ruinieren. Sie stellen jeden Bürger der Staatsgemeinschaft unter Verdacht und ruinieren seinen Ruf, bringen Schande über die Stadt und erschüttern den Glauben der Leute an die Integrität der US-Marine«.

Eine Reihe von offiziellen Anhörungen folgte, was in einer Untersuchung des Senats seinen Höhepunkt fand. Diesmal standen nicht homosexuelle Matrosen im Rampenlicht, sondern die Methoden, die ihre Vorgesetzten eingesetzt hatten, um sie aufzuspüren. Roosevelt wurde scharf für seine Haltung in der Sache gerügt, und die *New York Times* riet den Bürgern: »Wenden Sie sich in Sachen Marineskandal an F. D. Roosevelt … Details können nicht veröffentlicht werden«.

20. MÄRZ 1966

Ein herber Schlag für Fußballfans

Der britische Nationalstolz wurde am 20. März 1966 schwer beschädigt – nicht ganz so schlimm wie durch Englands beständig schrumpfendes Weltreich, aber beinahe. Irgendwann zwischen 11 und 12 Uhr mittags schafften es Diebe, die wertvolle Jules-Rimet-Trophäe zu stehlen, der Preis, mit dem die Gewinner der Fußballweltmeisterschaft geehrt wurden. Dies gelang ihnen trotz des angeblich sicheren Ausstellungsorts in der Westminster Central Hall in London. Die Fußballwelt war entsetzt, dass man in Großbritannien – das Gastgeberland der Weltmeisterschaft später in diesem Sommer – so

nachlässig mit der wertvollen Trophäe umgegangen war.

»In Brasilien wäre das nicht passiert«, erklärte Abrain Tebel von der brasilianischen Föderation, die damals den amtierenden Weltmeister stellten. »Selbst brasilianische Schurken lieben Fußball und würden ein solches Sakrileg niemals begehen«. Zum Glück wurde die Trophäe eine Woche später gefunden, als ein Hund mit dem Namen Pickles sie zufällig aufspürte, während er mit seinem Herrchen Gassi ging. Da das Image von Großbritannien heftig Schaden erlitten hatte, wurde Pickles ein Nationalheld. Doch die Jules-Rimet-Trophäe sollte kein so gutes Schicksal haben: Sie wurde nach Brasilien geschickt, wo sie im Jahr 1983 gestohlen wurde.

21. MÄRZ 1349, 1556, 1861, 1925, 1933 UND 1960

Es lebe die Intoleranz!

Falls jemals ein internationaler »Tag der Intoleranz« eingerichtet werden sollte, wäre der 21. März möglicherweise die perfekte Wahl:

- 1349: Tausende Juden wurden in der deutschen Stadt Erfurt abgeschlachtet, nachdem man sie angeklagt hatte, den »Schwarzen Tod« (die Pest) verursacht zu haben.
- 1556: Erzbischof Thomas Cranmer, eine treibende Kraft der englischen Reformation und Verfasser des *Book of Common Prayer,* wurde auf dem Scheiterhaufen verbrannt, nachdem ihm von Königin »Bloody« Maria I. Häresie vorgeworfen worden war.
- 1861: Der Vizepräsident der konföderierten Staaten Alexander Stephens erklärte in seiner Grundsatzrede, dass »unsere neue Regierung auf genau den entgegengesetzten Ideen der Verfassung der Vereinigten Staaten von Amerika beruht – unsere Prinzipien basieren auf der Tatsache, dass der schwarze dem weißen Mann nicht gleichgestellt ist, denn Sklaverei, die Unterordnung gegenüber der überlegenen Rasse, ist seine Natur und ein ganz normaler Zustand«.
- 1925: Der Gouverneur von Tennessee, Austin Peay, unterzeichnete den Butler Act, der es für illegal erklärte, in öffentlichen Schulen

»jegliche Theorie zu unterrichten, die die Geschichte der heiligen Schöpfung des Menschen verneint, wie sie in der Bibel steht, und stattdessen lehrt, dass der Mensch von einer niederen Tierrasse abstammt«. In anderen Worten: Darwins Theorie der Evolution wurde aus den Klassenräumen verbannt.

- 1933: Die Nazis verkünden in Deutschland die Eröffnung ihres ersten Konzentrationslagers in Dachau.
- 1960: Die Polizei in der südafrikanischen Wohnsiedlung für Farbige in Sharpeville eröffnet das Feuer auf eine Gruppe von Demonstranten, die gegen die Rassentrennungspolitik der Regierung auf die Straße gingen. Dabei wurden 69 Menschen getötet und 180 verletzt – ein schrecklicher Blutzoll, den ein höherer Polizeibeamter später zu rechtfertigen versuchte: »Die angeborene Mentalität erlaubt ihnen nicht, sich friedlich zu Demonstrationen zu versammeln«, ließ Lieutenant Commander D. H. Pienaar da verlauten.

Und falls das noch nicht reicht an Gräueltaten, um den 21. März zum Tag der Intoleranz zu erklären … es gibt ja noch den 22. März.

22. MÄRZ 1144, 1630, 1692, 1871, 1943 UND 1984

Warten Sie, es gibt noch mehr!

Der 22. März hat auch einiges an üblen Geschehnissen gesehen, die ihn als Tag der Intoleranz ins Rennen bringen:

- 1144: Der Körper eines zwölf Jahre alten Jungen namens William wurde in einem Wald knapp außerhalb von Norwich, England, gefunden. Dies war in den damaligen dunklen und brutalen Zeiten ein völlig normales Ereignis – bis ein diensteifriger Mönch auftauchte und ihn zum Märtyrer machte. In seiner epischen Biografie *The Life and Passion of William of Norwich* gab der Mönch an, dass das Kind von Juden geopfert worden sei. Dies sei in einem grausigen Ritual geschehen, das die Kreuzigung Jesu verspotte – eine Fantasterei mit verheerenden Folgen. Viele Experten bezeichnen das Buch als Ursprung jener Legende, die der Historiker Alan Dundes als »eine der bizarrsten und gefährlichsten« bezeichnete, »die jemals einem menschlichen Geist entsprungen seien« – die Bibel des Blutes. Der weit verbreitete Irrglaube, dass Juden immer wieder Kinder von Christen in geheimen Ritualen töteten, hat sich für beinahe neun Jahrhunderte gehalten. Er beeinflusste Antisemiten von Martin Luther bis zu Adolf Hitler – und verursachte Elend unbekannten Ausmaßes für Millionen unschuldiger Menschen über die Jahrhunderte hinweg.

- 1630: Anne Hutchinson – »das Instrument Satans«, wie Gouverneur John Winthrop sie nannte – wurde aus Massachusetts verbannt, weil sie es gewagt hatte, die theokratische Regierung der Kolonie herauszufordern. Hutchinson glaubte, dass eine Person Gott durch persönliche Intuition erreichen könne, jedenfalls eher als durch den Gehorsam gegenüber institutionalisierten Gesetzen und den Vorschriften von Ministern. Sie schrieb: »Soweit ich es verstehe, sind Gesetze, Befehle, Regeln und Edikte für jene da, die nicht selbst über ein Licht verfügen, das ihnen den Weg leuchtet.

- 1692: Noch mehr Aufklärung aus Massachusetts, Gouverneur Winthrops »leuchtender Stadt, die auf einem Hügel liegt«: Ein Aufgebot von Einwohnern aus Salem ging zum Haus von Rebecca Nurse, um sie darüber in Kenntnis zu setzen, dass sie der Hexerei angeklagt worden sei. Unterdessen, am selben Tag, sei der Geist von Rebecca Nurse aufgetaucht, um Ann Carr Putnam zu sehen und ihr laut Putnam zu drohen, »meine Seele aus meinem Körper zu reißen«, wenn sie sich weigerte, Satan zu dienen.

- 1871: William Woods Holden aus North Carolina wurde der erste US-Gouverneur, der aus seinem Amt vertrieben wurde. Sein

Verbrechen: eine zu harte Vorgehensweise gegen den Ku-Klux-Klan.

- 1943: Die Nazis pferchten die ganze Bevölkerung des Dorfes Katyn in Weißrussland in einem Schuppen zusammen, bedeckten das Gebäude mit Stroh und zündeten es an. Diejenigen, die es schafften, dem Inferno zu entkommen, wurden auf der Stelle erschossen.

- 1984: Eine Massenhysterie in Manhattan Beach, Kalifornien, kulminierte in der Anzeige von sieben Lehrern und Verwaltern in der McMartin-Vorschule. Ihnen wurde vorgeworfen, Hunderte von Kindern missbraucht zu haben. Weil ihnen von »Experten« des Internationalen Instituts für Kinder gut zugeredet worden war, berichteten die Kleinen nicht nur von sexuellem Missbrauch, sondern auch von satanischen Ritualen: Diese betrafen die Verstümmelung von Babys und die Exhumierung von Leichen. Der Prozess der »McMartin Sieben«, einer der längsten und teuersten in der Geschichte, endete mit vollständigem Freispruch der Angeklagten.

23. MÄRZ 1989

Massive Kon-Fusion

Es war der wissenschaftliche Durchbruch schlechthin in diesem Jahrhundert, oder schien es zumindest zu sein. Am 23. März 1989 gaben zwei angesehene Chemiker, B. Stanley Pons, Professor für Chemie an der Universität Utah, und sein Kollege Martin Fleischmann von der Universität Southampton in England bekannt, dass sie eine prometheische Entdeckung gemacht hätten: Man habe Sonnenenergie repliziert in einem Prozess, den sie »kalte Fusion« nannten. Und, was umso erstaunlicher war, man habe dies bei Zimmertemperatur geschafft, in einem einfachen Glasgefäß mit Wasser. »Wir haben eine anhaltende Fusionsreaktion eingeleitet mit Mitteln, die beträchtlich einfacher als konventionelle Methoden sind«, erklärte Professor Pons. Anstatt Energie mit der Spaltung von Atomen zu gewinnen, wie etwa bei der konventionellen Kernreaktion, zwinge die kalte Fusion Atome dazu, sich zu vereinigen, in einem relativ einfachen Prozess, der billige, saubere Energie ermöglichen könne.

Die Zeitungen verkündeten die Entdeckung auf ihren Titelblättern, aber andere Wissenschaftler waren skeptisch ... sehr skeptisch. Dr. Steven E. Koonin von der Caltech etwa sagte unverblümt, dass der Bericht über kalte Fusion eher ein Fall von »Inkompetenz und Täuschung von Pons und Fleischmann« sei. Der Streit begann unmittelbar, nachdem die beiden ihre Neuigkeiten auf einer Pressekonferenz mitgeteilt hatten. Die Massenmedien verhielten sich definitiv nicht in derselben Art wie die Wissenschaftler, wenn sie Informationen über wichtige Entdeckungen erhielten. Normalerweise wurden solche Dinge zuerst zum Zweck der Überprüfung in Wissenschaftsjournalen veröffentlicht. Dies hatten die Sponsoren von Pons und Fleischmann an der Universität von Utah jedoch nicht getan. Was noch schlimmer war: Sie weigerten sich, spezifische Fragen zu beantworten oder Details über den Prozess der kalten Fusion preiszugeben.

»Dies war nicht nur ein Bruch mit der Tradition«, schrieb Robert L. Park, Autor von *Voodoo Science: The Road From Foolishness to Fraud.* »Die Integrität von Wissenschaft basiert auf der Bereitschaft von Wissenschaftlern, ihre Ideen und Ergebnisse in direkter Auseinandersetzung mit Kollegen zu testen. Dieser wissenschaftliche Standard wurde von der Universität von Utah schamlos verletzt«. Dann gab es noch einen kleinen Haken: die Strahlung, die von einer Kernreaktion verursacht wurde. Falls das, was Pons und Fleischmann behaupteten, wahr sein sollte, bemerkte Kernphysiker Frank Close, wäre ihr Labor »die extremste Quelle von atomarer Strahlung westlich von Tschernobyl gewesen«. Selbst die Physiker an der Universität von Utah spotteten untereinander über die verdächtigen Thesen ihrer Kollegen. Doch trotz all der Zweifler gab es eine große Anzahl von Labors in der ganzen Welt, die die Experimente der kalten Fusion zu wiederholen versuchten. Allerdings gab es darüber nur wenige Informationen. Alle scheiterten, doch die Frage blieb bestehen: Hatten Pons und Fleischmann eine massive Täuschung begangen, oder hatten sie einfach wichtige Daten falsch interpretiert? »Ich war für eine Weile davon überzeugt, dass es ein totaler Betrug war«, sagte Richard D. Petrasso, Wissenschaftler am MIT, in einem Interview mit der *New York Times* im Jahr 1991. »Jetzt bin ich etwas milder gestimmt. Sie glaubten wahrscheinlich an das, was sie taten«.

24. MÄRZ 1603

Günstling der Krone – hinter Gittern

Elisabeth I. liebte ihren schneidigen Höfling, den Mann, der so viel für den Aufbau Großbritanniens als Weltreich geleistet hatte: Sir Walter Raleigh. Aber die Gunst der Königin starb mit ihr. »Raleigh, Raleigh, ich habe nur rawly von Euch gehört«, witzelte Jakob I., als er dem großen Dichter und Entdecker zum ersten Mal begegnete. Tatsächlich hatten Raleighs zahlreiche Neider an Elisabeths Hof – verärgert über seine Macht und seinen Einfluss auf die Königin – die Meinung des nächsten Monarchen bereits stark beeinflusst. Und so begann es nach Elisabeths Tod und der Thronbesteigung von Jakob I. am 24. März 1603 mit dem bislang vom Schicksal begünstigten Raleigh steil bergab zu gehen. Dennoch sollte es weitere 15 Jahre dauern, bis er tatsächlich einen Kopf kürzer gemacht wurde.

Jakob begann seine Herrschaft mit einem kleinen Angriff auf Raleighs Privilegien, sicherte sich dessen lukrative Handelsrechte –

die Hauptquelle seines Einkommens – und bestand auf der Rückgabe seiner Londoner Immobilie, des Durham House. Vier Monate später stand Raleigh vor Gericht – angeklagt auf Leben und Tod wegen Königsverrats, wonach er sich mit Spanien verschworen haben sollte, um Jakob zu entthronen und durch seine Cousine Arbella Stuart zu ersetzen – ein solch unfairer Prozess war eine wirkliche Schande. Einer der beteiligten Richter sagte später darüber: »Die Justiz Englands wurde noch nie so erniedrigt und verletzt«.

Der Staatsanwalt Sir Edward Coke, der entschlossen war, das von König Jakob gewünschte Urteil zu erwirken, ließ jede Art von Beschimpfung auf das Symbol der goldenen Elisabethanischen Ära vom Stapel: »Eine Viper ... der ranghöchste Verräter in ganz England ... eine Spinne aus der Hölle ... ein Monster ... (Urheber) der schrecklichsten Praktiken, die je aus dem Abgrund der tiefsten Hölle gekommen sind«.

Aber trotz allem hatte Coke keine Beweise – nur Mutmaßungen von Raleighs Feinden. Die Bitten des Angeklagten um eine Gegenüberstellung mit seinem Hauptankläger wurden abgelehnt. »Es darf kein solches Einfallstor für die Zerstörung der königlichen Gewalt (also des Staates) geben. Es entstünde aber, wenn wir dies zulassen würden«, erklärte der Oberste Richter. Trotz des feststehenden Schuldspruchs hielt sich Raleigh während der gesamten manipulierten Verhandlung tapfer. »Niemals sprach ein Mann besser für sich selbst«, erinnerte sich ein Beobachter. »So würdig, so weise, so maßvoll hat er sich benommen, dass die Meinung aller sich von Hass in Mitleid wandelte«. Am Tag vor der geplanten Hinrichtung gewährte der König Raleigh eine Art Gnaden-frist. Anstatt zum Schafott wurde er in den Tower of London verbracht, wo er für die nächsten 13 Jahre bleiben und seine bahnbrechende *History of the World* (*Geschichte der Welt*) schreiben sollte. Dann, im Jahr 1616, wurde Raleigh freigelassen und er begab sich auf eine Reise in die Neue Welt, um erneut zu versuchen, das sagenumwobene El Dorado zu fin-den. Der Reiz des Goldes in dieser mystischen Stadt war offenbar stärker als der langjährige Groll des Königs.

Während der Expedition gerieten die englischen Abenteurer in Kon-flikt mit den Spaniern in Südamerika. Raleigh war weit weg von den Kämpfen gewesen, bei denen sein Sohn getötet worden war, aber der spanische Botschafter forderte dennoch Vergeltung, und Jakob war nur zu gerne bereit, dem nachzukommen. Es sollte diesmal keinen offe-nen Prozess geben, denn der König erinnerte sich noch gut daran, wie Raleigh »durch seine Wortgewandtheit den Hass der Menschen in Mit-leid verwandelt hatte«.

Kurz gesagt: Im Wesentlichen wurde Raleigh wegen der alten Anklage des Verrats hingerichtet – am 29. Oktober 1618 und trotz aller Bitten der Frau des Königs selbst. Raleigh betrachtete die Axt, die ihn in weni-gen Augenblicken enthaupten sollte, und sinnierte: »Das ist eine scharfe Medizin, aber sie ist ein Arzt für alle Krankheiten und jedes Elend«.

25. MÄRZ 1988

... und Ebolaviren sind Peanuts!

»Dieser Virus ist ein Miezekätzchen«.

Peter Duesberg, Professor für Molekularbiologie,
Universität von Kalifornien, Berkeley, am 25. März 1988,
in einer Ausgabe des Journals »Science«, als er die Daten zurückwies,

die den menschlichen Immunschwächevirus,
bekannt als HIV, als Ursache für AIDS identifizierten.

26. MÄRZ 1953

Nicht immun gegen Kritik

Der anerkannte Wissenschaftler Roger Revelle sagte über den Entwickler des Impfstoffs gegen Kinderlähmung, Jonas Salk: »Er ist ein Volksheld, auch wenn er … nun ja … nicht grade der Hellste ist«. Die Panik war groß und weit verbreitet, da das Poliovirus weiterhin Tausende von Jugendlichen lähmte und diese in einigen Fällen nicht ohne künstliche Beatmung überleben konnten. Aber im Winter 1953 – im selben Jahr wurden in den Vereinigten Staaten 35 000 zusätzliche Fälle von Polio gemeldet – schien die Rettung vor der schrecklichen Geißel unmittelbar bevorzustehen: Nachrichten über einen potenziellen Impfstoff aus Pittsburgh begannen durchzusickern. Das beunruhigte Jonas Salk – oder, wie zahlreiche seiner Kritiker behaupteten, erregte ihn. Der junge Forscher hatte zwar einige positive Ergebnisse mit seinen Studien erzielt, aber der Impfstoff war noch nicht ausgereift. So ging Salk zu seinem Gönner, Basil O'Connor, Mitinitiator (zusammen mit dem an Polio erkrankten Präsidenten Franklin D. Roosevelt), was als »March of Dimes« bekannt wurde. Er hielt eine Rede im Radio, um öffentliche Erwartungen zu mäßigen. Die Resonanz auf die Sendung

vom 26. März 1953 war wie zu erwarten unterschiedlich. »Salk wurde zur Verkörperung eines Impfstoffs, der bald die Welt vor Polio retten würde«, schrieb der Autor Paul A. Offit. »Für die Öffentlichkeit war er ein Held. Aber Mitglieder der wissenschaftlichen Gemeinschaft kritisierten ihn, weil er in den Medien über unveröffentlichte Dinge sprach. Die Radiosendung markierte den Beginn einer Feindseligkeit, die Salk für den Rest seines Lebens zu spüren bekommen würde. Ein anderer Kritiker behauptete: »Jonas ging in dieser Nacht an die Öffentlichkeit, um als Held aufzutreten«. Albert Sabin, Salks Rivale in der Polioimpfstoff-Forschung*, urteilte später besonders gehässig: »Es war reine Kindergartenchemie. Salk hat nichts entdeckt«.

Salks Ruf unter seinen Kollegen als unbedeutender Angeber war so schwerwiegend, dass wenig von seiner späteren Forschung jemals ernst genommen wurde – er gewann weder einen Nobelpreis, noch wurde er als Mitglied in die angesehene National Academy of Sciences aufgenommen. Die Zurückweisungen machten ihm zu schaffen, aber einige Jahre vor seinem Tod 1995 schien Salk philosophisch zu werden: »Ich erhielt eine übermäßige Aufmerksamkeit und Anerkennung, die in keinem Verhältnis zu dem stand, was ich wissenschaftlich beigetragen habe«, sagte er 1991 in einem Interview. »Sie entstand ganz und gar durch die Befreiung von der Angst. Es war eine menschliche Reaktion seitens der Öffentlichkeit. Aber aus der Sicht der Wissenschaft wurde es anders gesehen. Das war eine unerwünschte Nebenwirkung. Aber es sind auch zahlreiche Türen aufgegangen. Das ist der Preis – man muss sowohl für die positiven als auch für die negativen Wirkungen bezahlen«.

---

* Sabin entwickelte einen oralen Polio-Impfstoff, der geschwächte Formen des Virus enthielt, der schließlich für eine Weile den »getöteten« Impfstoff von Salk verdrängte.

27. MÄRZ 1908

Apropos Unbeherrschtheit!

Wenn es zwei Dinge gibt, die der Repräsentant James Thomas »Baumwoll-Tom« Heflin nicht ertragen konnte (außer Frauen, die wählen – siehe 12. Januar), dann waren es Schwarze, die sich öffentliche Verkehrsmittel mit Weißen teilten, und grundsätzlich der Konsum alkoholischer Getränke. Daher war der Alkoholgegner und Kongressabgeordnete aus Alabama, der gerade eine Maßnahme eingeführt hatte, die die Rassentrennung in den Straßenbahnen von Washington D.C. legalisierte, etwas beunruhigt, als er am Abend des 27. März 1908 (unterwegs zu einem Abstinenzlertreffen) in eine Straßenbahn in der Nähe des Kapitols stieg: Denn darin saß Lewis (oder Thomas) Lumby – und nicht nur das, er trank auch Whiskey.

Als Heflins Aufforderungen, die Flasche wegzustecken, mit »unflätigen Beleidigungen des Negers« beantwortet wurden, wie die *New York Times* im damaligen Ton der Zeit schrieb, warf der wütende Abstinenzler Lumby aus der Straßenbahn. Dann, als sein Gegner ihn weiterhin von der Straße aus beschimpfte, schoss der Kongressabgeordnete auf ihn. Die Kugel verfehlte jedoch und traf einen Passanten in die Zehe. Unerschrocken feuerte Heflin erneut, diesmal verwundete er Lumby am Kopf. Er wurde verhaftet und der Körperverletzung mit Tötungsabsicht angeklagt. Nachdem ihm auf der Polizeistation alle gebührende Höflichkeit entgegengebracht worden war, wurde er auf Kaution freigelassen. Baumwoll-Tom wurde nie wegen der Schießerei angeklagt, was er später als eine der größten Errungenschaften seiner Karriere bezeichnete. Nach weiteren zwölf Jahren im Repräsentantenhaus wurde er in den Senat berufen und war Mitglied des Ku-Klux-Klans.

28. März 193 n. Chr.

Zum Ersten, zum Zweiten, zum Dritten!

Nach etwa einem Jahrhundert häufiger Morde an Kaisern erreichte das Römische Reich am 28. März 193 einen Tiefpunkt: Die elitäre und prahlerische Prätorianergarde schlachtete Kaiser Pertinax – der nur drei Monate lang geherrscht hatte – ab, weil dieser versucht hatte, Ordnung und Disziplin in den Reihen der Garde wiederherzustellen. Dann, später am selben Tag, tat die Wache etwas noch Schändlicheres, als sie den Kaiserthron dem Höchstbietenden auf einer Auktion anbot.

»Als diese Nachricht bekannt wurde«, schrieb der antike Historiker Herodian von Syrien, »blieben die ehrenhafteren und bedeutenderen Senatoren, und alle Personen edler Herkunft und die vermögend waren, der Kaserne (der Garde) fern. Sie wollten nicht auf so abscheuliche Weise Geld für die besudelte Würde eines Kaisers bieten«.

Aber es gab einen Senator, Didius Julianus, der nicht besonders ehrenhaft war, vielmehr durch und durch verkommen. Angetrieben von seiner ehrgeizigen Frau und seiner Tochter, eilte er zu den Baracken, um sein Gebot abzugeben, wurde von den Wachen jedoch nicht eingelassen. Also schrie Julianus, außerhalb der Mauern, gegen einen konkurrierenden Bieter auf dem Gelände an und machte seine Gebote.

Nachdem Julianus ein Vermögen geboten hatte, gewann er schließlich Wettbieten und Kaiserthron – obwohl in diesem Fall der Sieg als relativ einzuschätzen war. Das römische Volk war angewidert von dem Schauspiel. Anstatt dem neuen Kaiser Ehrerbietung zu zollen, bewarfen sie ihn mit Steinen. Dabei, wie Herodian berichtete, »jagten und beschimpften sie ihn, weil er den Thron mit schnödem Mammon ersteigert hatte«. Zwei Monate später wurde er von Septimius Severus entthront. »Aber was habe ich getan?«, soll Julianus gejammert haben, als er weggeschleppt wurde, um enthauptet zu werden. »Wen habe ich getötet?«

29. MÄRZ 1683

Tokios kleines Streichholzmädchen

Es gab nichts Besonderes an Yaoya Oshichi, der Tochter eines Lebensmittelhändlers im Japan des 17. Jahrhunderts. Tatsächlich wäre ihr Name zweifellos nicht in die Geschichte eingegangen, wenn es nicht die außergewöhnlichen Umstände ihres Todes gegeben hätte – eine Liebesgeschichte, die so tragisch war, dass sie das 16-jährige Mädchen für immer in der japanischen Literatur und im Theater verewigte.

1682 brach in Edo (heute Tokio) ein großes Feuer aus, das Yaoya und ihre Familie zwang, in einem Tempel Zuflucht zu suchen: Dort traf sie Ikuta Shonosuke, einen Tempeldiener, in den sie sich bald verliebte. Leider war die aufkeimende Romanze jedoch nur so lange von Dauer, wie die Familie im Tempel Zuflucht fand, und als Yaoya und ihre Familie nach Hause zurückkehrten, wurde das junge Paar getrennt. In der verzweifelten Hoffnung, ihren Liebsten wiederzusehen, tat das Mädchen etwas, was nur für einen Teenager mit extremem Liebeskummer Sinn machen konnte: Sie entfachte ein Feuer in ihrem eigenen Haus und hoffte, die Umstände nachzuahmen, unter denen sie Ikuta zum ersten Mal getroffen hatte.

Damals wurde in Japan Brandstiftung mit dem Tod auf dem Scheiterhaufen bestraft, aber nur Personen über 15 Jahren durften hingerichtet werden. Der Richter, der Yaoyas Fall verhandelte, wollte dem Mädchen die fürchterliche Strafe ersparen. »Du musst 15 Jahre alt sein, nicht wahr?«, sagte er. Leider verstand Yaoya seinen Wink mit dem Zaunpfahl nicht und antwortete, dass sie in Wahrheit 16 Jahre alt sei. Verärgert versuchte der Richter es erneut: »Du musst 15 Jahre alt sein, nicht wahr?«, wiederholte er mit fester Stimme. Wiederum gab die verängstigte Yaoya ihr wahres Alter an – und so wurde sie am 29. März 1683 von den Flammen verzehrt.

Ein »blendender« Augenarzt

Er war der Augenchirurg des Adels und hatte unter anderem so berühmte zufriedene Patienten wie den britischen König George II. und den Papst – so behauptete er. In Wirklichkeit war John Taylor jedoch kaum mehr als ein Quacksalber – »ein Beispiel dafür, wie weit man es mit Vermessenheit in Kombination mit Unwissenheit bringen kann«, wie der berühmte Schriftsteller Samuel Johnson Taylor schrieb. Mit selbst zugeschriebenen Titeln wie »Königlicher Augenarzt« fuhr Taylor in einer Kutsche mit darauf gemalten Augäpfeln von Stadt zu Stadt, hielt vor jeder Operation grandiose Reden und hinterließ hinter sich eine lange Spur von erblindeten Menschen. Einer von ihnen war Johann Sebastian Bach. Der große Komponist hatte lange Zeit ein schlechtes Sehvermögen gehabt, und als sich sein Zustand verschlechterte, hatte er das Pech, auf den umherziehenden Taylor zu stoßen. Dieser war gerade mit großem Tamtam in Leipzig angekommen. Am 30. März 1750 steckte der selbst ernannte Augenarzt seine geschärften Instrumente in die Augen des Musikgenies. Dann trug er einen »Heilumschlag« aus Taubenblut, pulverisiertem Salz und ein wenig Quecksilber auf. Nach mehreren Tagen wurde der Vorgang wiederholt – ohne Erfolg. Bach war völlig blind und wurde von unerträglichen Schmerzen geplagt. Vier Monate später war er tot. Aber Taylor war noch lange nicht fertig mit den großen Komponisten der Welt. Acht Jahre später ließ er auch Händel für immer erblinden.

Die Goldene Himbeere: Hollywoods »Bähscars«

Es gab einmal eine Zeit, in der schreckliche Filme mit ebenso schrecklichen Schauspielleistungen still und leise an uns vorrübergingen und kaum Aufsehen erregten. Aber dann kam die Preisverleihung der Golden Raspberry (Goldenen Himbeere), auch »Razzies« genannt, um filmische Fauxpas in den Mittelpunkt zu stellen und die Flops von Hollywood ins Rampenlicht zu rücken. Die Zeremonie der Schande, die erstmals am 31. März 1981 abgehalten wurde, findet immer am Vorabend der Oscarverleihung statt, als ob man den Kontrast zwischen brillanten und bodenlos schlechten Leistungen verstärken wolle. Und so wurde sie zum Fluch so einiger schlechter Schauspieler.

Madonna und Sylvester Stallone wurden besonders oft für ihre hölzernen Darbietungen prämiert, und beide erhielten eine Rekordzahl von Goldenen Himbeeren. Das »Material Girl«, das vermutlich besser bei der Popmusik hätte bleiben sollen, erhielt beeindruckende 15 Nominierungen und gewann neun davon in der Kategorie »Schauspiel« in besonders schlechten Filmen wie *Swept Away* und *Body of Evidence.* Sie gewann die Himbeere sogar, als sie sich selbst in *In Bed with Madonna* spielte. Auch die Arbeit von Stallone wurde von der Raspberry Academy honoriert: 30 Nominierungen und zehn Auszeichnungen für so ausgefallene Rollen wie Rocky/Rambo. Um ihre spektakulär erfolgreiche Jagd auf die Himbeere zu komplettieren, erhielten die beiden im Jahr 2000 eine besondere Auszeichnung: Sie wurden als schlechtester Schauspieler und schlechteste Schauspielerin des gesamten 20. Jahrhunderts ausgezeichnet. Keiner von beiden tauchte auf, um den Preis entgegenzunehmen.

April

»April ist der grausamste Monat.«

T. S. ELIOT

Das wüste Land

---

1. APRIL 1988

Tag der Grausamkeit

Wer hätte geahnt, dass Udai Hussein, Sohn des irakischen Diktators Saddam Hussein, ein umwerfend komischer Mensch war? Wenn er sich nicht seinen Kick dabei holte, Menschen zu Tode zu foltern, oder den Staat ausplünderte, um seinen üppigen Lebensstil zu finanzieren, liebte er offenbar einen guten Scherz. Und was gäbe es dafür einen besseren Anlass als den 1. April – oder, wie man es im Irak nennt, Kithbet Neesan, einen Aprilscherz.

An diesem besonderen Tag im Jahr 1988 veröffentlichte die Zeitung *Babil*, die sich im Besitz von Udai befand, einen Artikel auf der Titelseite, der erklärte, dass die Sanktionen der USA nach der irakischen Invasion in Kuwait gemildert werden würden. Dann, auf der zweiten Seite, wurde den Lesern klargemacht, dass dies nur ein Witz sei. Dieser ließ zweifelsohne Tausende niedergeschlagener und unterernährter Iraker in tosendes Gelächter ausbrechen.

Es dürfte eigentlich schwierig sein, diesen gelungenen Scherz noch zu toppen, doch Udai schaffte es im nächsten Jahr mit der Anzeige in *Babil*, dass die mageren Essensrationen von nun an durch Bananen,

Schokolade und Softdrinks ergänzt würden. Wie lustig! Udai schienen die Ideen auszugehen, da er die gleichen Witze an den beiden nächsten Kithbet Neesans wiederholte. Glücklicherweise war Udai nicht der einzige Witzbold, denn Abbas Khalaf Kunfuth, der irakische Botschafter in Russland, führte, im Geiste des 1. April, Udais »Humor« auf einer Pressekonferenz, die er am 1. April 2003 gab, weiter – nur wenige Wochen, nachdem eine von den USA geführte Koalitionstruppe in sein Heimatland eingedrungen war. Der Botschafter verlas: »Die Amerikaner haben versehentlich eine Atomrakete auf britische Streitkräfte abgefeuert und sieben getötet«. Dann, nachdem er innegehalten hatte, um die schockierende Nachricht bei den versammelten Medien sacken zu lassen, rief er: »APRIL, APRIL!«

2. APRIL 1992

Der dingfest gemachte »Don Teflon«

Er war ein Star-Gangster – »Mr. Elegant«, wie er von den Tageszeitungen wegen seiner teuren Anzüge und seines charmanten Benehmens genannt wurde. Doch John Gotti, Oberhaupt des Verbrecherclans der Gambinos, war ein knallharter Mörder, der jahrelang nahezu über dem Gesetz zu stehen schien. Drei Freisprüche in genauso vielen öffentlichen Verhandlungen trugen zu seiner Arroganz und zu seiner Prahlerei bei und verschafften ihm einen weiteren Spitznamen: »Don Teflon«, einen Namen, den er bis zum 2. April 1992 trug. Dann bewies das Urteil einer Jury in einem vierten Prozess, dass Gotti keineswegs unantastbar war. Schwerwiegende Beweise von einem Unterboss des Gambino-Clans und belastende mitgehörte Unterhaltungen ermöglichten es dem FBI, den Lack des »Herrn Teflon« anzukratzen. Infolgedessen wurde Gotti in 13 Fällen schuldig gesprochen, darunter auch Mord und organisiertes Verbrechen. Die Folge war eine lebenslange Freiheitsstrafe. »Don Teflon ist jetzt mit Klettstreifen versehen«, sagte James Fox, stellvertretender Direktor des FBI-Büros in New York nach dem Prozess, »und jede Anschuldigung blieb fest daran haften«.

3. APRIL 1895

Wie man Oscar Wilde zu Fall brachte

D ie sozialen Sitten im späten Viktorianischen Zeitalter, die der Autor und Bühnenschriftsteller Oscar Wilde so oft satirisch porträtierte, brachten ihn fast unmittelbar nach seinem größten künstlerischen Erfolg zu Fall. Und das alles wegen einer Liebe, die Wildes intimer Feund, Lord Alfred Douglas, einst in einem Gedicht beschrieb als eine, die »man nicht aussprechen sollte«.

Der Vater von Lord Douglas, der Marquis von Queensberry, initiierte Wildes raschen Absturz – wobei er im Juni 1894 eine böse Kampagne anzettelte: Er ging zum Haus des Schriftstellers und konfrontierte ihn erzürnt mit dem Gerücht, er habe eine romantische Liaison mit seinem Sohn. Er und Wilde stritten und drohten sich gegenseitig mit körperlicher Gewalt, bevor Wilde den Marquis vor die Tür setzte und ihm Hausverbot erteilte.

Gerade einmal siebeneinhalb Monate nach diesem Vorfall, am 14. Februar 1895, wurde sein Meisterwerk *Ernst sein ist alles* in London uraufgeführt und war sofort ein Erfolg. Queensberry hatte geplant, die Premiere zu verderben, indem er ein Bündel verdorbenen Gemüses auf die Bühne werfen wollte. Allerdings hatte Wilde von dem Plan erfahren und den Marquis vom Theater fernhalten lassen. Nichtsdestotrotz inszenierte Queensberry vier Tage später etwas bei Weitem Skandalöseres, als er eine Visitenkarte in Wildes Club fallen ließ, auf der stand: »Für Oscar Wilde, der homosexuell ist«. Da Homosexualität damals in England illegal war, klagte Queensberry Wilde damit öffentlich an, ein Verbrechen begangen zu haben. Ermutigt von Lord Douglas, der selbst Streit mit seinem Vater hatte, klagte der Schriftsteller Queensberry wegen übler Nachrede an.

Die Verhandlung, die am 3. April 1895 eröffnet wurde, war das erste einer Reihe von Ereignissen, die schließlich mit einer Verurteilung Wildes endeten. Um sich erfolgreich gegen eine Anklage wegen übler Nachrede zu verteidigen, musste Queensberry beweisen, dass seine Anschuldigungen gegen Wilde wahr seien und dass seine Anklage zum Wohle der Gesellschaft beitrüge. Seine Anwälte verfolgten dieses Ziel lebhaft und sammelten eine Reihe von Beweisen, dass Wilde ein homosexueller Lüstling sei, der die Jugend verderbe. Wilde konnte vor Gericht so überzeugend sein, wie er wollte, die Beweislast war so erdrückend, dass er die Verleumdungsklage schließlich mitten während des Prozesses fallen ließ. Daraufhin wurde Wilde sofort inhaftiert und beschuldigt, »grobe Sittlichkeitsvergehen begangen zu haben«.

Begleitet vom enormen Interesse der Presse wurde der Prozess am 26. April 1895 eröffnet. Wilde konnte sich so eloquent verteidigen, dass die Jury ihn nicht verurteilen konnte. Erst nach einem zweiten Prozess im Folgemonat jedoch wurde er für schuldig befunden und zu zwei Jahren Zwangsarbeit verurteilt. Die darauffolgende Qual im Gefängnis brach ihn physisch, doch geistig schien sie ihn sogar zu stärken. Er feierte die Erfahrung in einem Brief an Lord Douglas, der später unter dem Titel *De Profundis* veröffentlicht wurde:

»Ich wollte die Früchte von allen Bäumen im Garten der Welt essen … und so zog ich in der Tat aus, und so habe ich gelebt. Mein einziger

Fehler war, dass ich mich dabei so sehr auf die Bäume beschränkt habe, die mir auf der Sonnenseite des Gartens zu stehen schienen, und ich habe die andere Seite wegen ihres Schattens und ihrer Düsternis gemieden«.

Nach seiner Entlassung aus dem Gefängnis im Mai 1897 lebte Wilde drei Jahre in einem Exil, das er sich selbst auferlegt hatte, verachtet und verarmt. Kurz vor seinem Tode im Jahr 1900 berichtete er Reginald Turner, einem seiner wenigen verbliebenen Freunde: »Ich habe geträumt, ich wäre gestorben und dinierte mit den Toten!«, sagte Wilde.

»Ich bin mir sicher«, antwortete Turner, »dass du das Herz und die Seele der Party gewesen sein musst«.

Fatale Kritik am Architekten

In seinem Buch von 1969, *Die Wiener Oper,* lobte der Historiker Marcel Prawy die Architekten Eduard van der Nüll und August Sicard von Sicardsburg über den grünen Klee. »Miteinander«, schrieb Prawy, »haben sie ein prächtiges Opernhaus (in Wien) erschaffen, eine perfekte Mischung aus Schönheit und absolutem Funktionalismus«. Dennoch waren die Kritiken, als das Gebäude mit Kultcharakter ein Jahrhundert zuvor gebaut worden war, weit weniger positiv ausgefallen – mit tragischen Konsequenzen für das Architekten-Duo. Die Leute kritisierten die Wiener Staatsoper dafür, dass sie im Vergleich zu den opulenten Gebäuden um sie herum zu niedrig sei: »Eine vergrabene Schatzkiste« nannten einige sie – ein Urteil, dem der österreichische Kaiser Franz Joseph zugestimmt haben soll. Die Kritik, besonders die des Kaisers, erwies sich als zu heftig für van der Nüll, der sich selbst am

Die Wiener Staatsoper, ein Objekt harscher Kritik in ihren frühen Tagen.

4. April 1868 in einem letzten Akt der Oper erhängte. Zehn Wochen später starb sein privater und beruflicher Partner Sicardsburg – an gebrochenem Herzen, wie viele glaubten. Der Kaiser war von dem verheerenden Effekt, den seine Worte auf van der Nüll gehabt hatten, so betroffen, dass er von da an alles, was er sah, mit dem lobenden Kommentar bedachte: »Es war sehr schön, es hat mir sehr gefallen.«

5. April 1993

Die »fantastischen Fünf«

Sie waren Star-Basketballer: fünf fantastische Wolverine-Spieler – alle im zweiten Studienjahr an der Universität von Michigan, gekleidet in ihre durchhängenden Hosen, schwarzen Nike-Schuhe und schwarzen Socken, die ganz nach oben gezogen waren. Die »fantastischen Fünf«, wie sie genannt wurden, hatten bereits ein Jahr zuvor Ruhm als die ersten Studienanfänger erlangt, die ein NCAA-Meisterschaftsfinale erreichten. Sie verloren dann gegen Duke, aber nun waren sie zurück – sich ihrer Sache völlig sicher, als sie über den Platz schlenderten, um das Team der Tar Heels der Universität von North Carolina herauszufordern. »Ihr werdet verlieren«, betonte der Wolverine-Stürmer Chris Webber vom All-Star-Team des NCAA-Basketballverbundes der Männer.

Bevor der Abend jedoch zu Ende ging, sollte sich die arrogante Äußerung Webbers als Bumerang erweisen.

Weniger als 30 Sekunden vor dem Ende des Spiels, als Michigan bereits zwei Punkte im Rückstand lag, schnappte sich Webber einen Abpraller. Da die restlichen Wolverine-Spieler bereits auf der anderen Seite des Spielfeldes standen, lief Webber in ihre Richtung und warf den Ball zur Grundlinie. Doch er wurde von zwei Spielern in Doppeldeckung genommen, was dazu führte, dass er einen der größten Fehler in der Geschichte des Basketballs beging: Obwohl keine Time-outs mehr zur Verfügung standen, verlangte er ein solches.

Die Tar Heels bekamen zwei weitere Punkte für das daraus resultierende technische Foul, und unmittelbar danach kassierten sie durch zwei weitere erfolgreiche Strafwürfe den Sieg ein. Als der Rest der »fantastischen Fünf« wie vom Donner gerührt dastand, schrie Webber: »Ich habe unsere Niederlage verschuldet«.

6. APRIL 1199

(Fast) alles vergeben und vergessen

König Richard I., genannt »Löwenherz«, fand sein Ende nicht in der Schlacht, wie man vielleicht annehmen könnte, sondern an einem Tag, der relativ frei von kriegerischen Auseinandersetzungen war; nämlich, als er in der Nähe einer Burg im französischen Châlus ohne Rüstung spazieren ging. Plötzlich schoss ein junger Mann mit seiner Armbrust von einem Brückengeländer aus auf ihn und verwundete den König an der Schulter. Obwohl der Schuss nicht unmittelbar tödlich war, entzündete sich die Wunde, und Richard erkannte bald, dass er sterben würde. Laut den zeitgenössischen Chroniken tat der König etwas völlig Unerwartetes: Er rief den Mann, der den Bolzen auf ihn abgeschossen hatte, zu sich, vergab seinem Mörder und ordnete an, ihn freizulassen – ein Akt der Gnade, der viel mehr an einen gütigen Monarchen aus der Robin-Hood-Saga denken lässt als an den, der Richard wirklich war. An dieser Stelle hätte die wunderschöne Geschichte der Versöhnung enden können – wäre es ein anderer Tag und eine andere Zeit gewesen. Aber im finstern Mittelalter der englischen Geschichte hatte Gnade wenig Platz. Des Königs Gefolge kam dem letzten Willen Richards nicht nach, ergriff den jungen Mann und ließ ihm bei lebendigem Leib die Haut abziehen.

7. APRIL 1990

Zensiert von der Kunstpolizei

Es war eine Ausstellungseröffnung, die ihresgleichen suchte – zumindest in den Vereinigten Staaten. Am 7. April 1990 um 9:25 Uhr eröffnete das Museum für zeitgenössische Kunst in Cincinnati seine Tore für eine Zeitreise in die Vergangenheit: Ausgestellt waren die Werke von Robert Mapplethorpe unter dem Titel »Der perfekte Moment«. Später am Nachmittag schlossen die Behörden, ausgestattet mit Anklageschriften einer Grand Jury, die Ausstellung vorläufig. Es ging dabei weniger um Mapplethorpes Blumen-Fotografien, sondern mehr um jene mit homoerotischem Inhalt – einige davon sehr anschaulich, oder, wie viele konservative Bürger, die Pornografie aus der Stadt verbannen wollten, es sahen: obszön. »Diese Fotografien sind in unserer Gemeinde einfach nicht willkommen«, sagte der Polizeichef Lawrence Whalen, als es Debatten um die Ausstellungseröffnung gab. »Die Leute dieser Gemeinde sind nicht einverstanden mit dem, was andere als Kunst bezeichnen«.

Für einige besorgte Bürger war die Mapplethorpe-Ausstellung ein Angriff auf ihre Werte. Für andere jedoch war der Polizeieingriff ein Angriff auf die künstlerische Freiheit. Museumsdirektor Barrie, der später wegen der angeblich obszönen Darstellungen, die mit der Ausstellung verbunden waren, vor Gericht gestellt und entlassen wurde, argumentierte später, dass »die Polizei im übertragenen Sinne in jede Kunstinstitution des Landes eingedrungen sei«, als sie gegen die Ausstellung vorging.

8. APRIL 1991

Kitty fährt die Krallen aus

Nachdem sie bereits sorgfältig Jackie O und Liz Taylor durch den Kakao gezogen hatte, ging die Prominentenbiografin Kitty Kelley noch schärfer gegen Nancy Reagan vor: Am 8. April 1991 veröffentlichte das Verlagshaus Simon & Schuster ihr 603 Seiten langes bissiges Pamphlet über die frühere First Lady. Unter Kelleys pikanten Vorwürfen waren: Nancys Affäre mit Frank Sinatra (der ebenfalls Gegenstand ihrer Biografien war), ihre anerkannten schauspielerischen Talente auf der »Casting-Couch«, der »rabenmutter-ähnliche« Umgang mit ihrer Tochter Patti und ihre bösartigen Bemerkungen über George H. W. Bush, Reagans Vizepräsidenten.

Die leckeren Häppchen, die Kelley in dem Buch serviert hatte, erwiesen sich als unwiderstehlich für die Presse. Selbst die seriöse *MacNeil/ Lehrer NewsHour* griff sie auf, ebenso wie die *New York Times*.

Man muss nicht betonen, dass die Reagans darüber nicht glücklich waren: »Nancy und ich sind sehr traurig und verärgert über die absolute Unehrlichkeit Kitty Kelleys und ihres Buches«, schrieb Ronnie an seinen Kollegen, den Ex-Präsidenten Richard Nixon, der ihm schriftlich sein

Mitleid bekundet hatte: »Dein Brief wird mir dabei helfen, Nancy davon abzuhalten, vor Sorge krank zu werden. Sie ist Kelleys Hauptopfer und sehr verärgert«. Mehr Beileidsbekundungen erreichten die Reagans – von anderen Freunden und Kollegen, darunter auch Personen, die Kelley als Quellen angegeben hatte. Eine Welle der öffentlichen Empörung brach über das Buch herein.

»Ich werde im Dank als Person genannt, die die Beschuldigungen bestätigt«, beklagte sich Lou Cannon, Autor des Buches *President Reagan: The Role of a Lifetime*, in der *Entertainment Weekly*. »Doch sie hat nie mit mir gesprochen. Nie«. Kelley löschte zumindest einige der Quellenangaben undere Proteste ignorierte sie einfach. Wenn man die journalistische Integrität mal beiseite lässt, warum hätte es Kelley auch kümmern sollen? Sie hatte einen Volltreffer gelandet, der ihr bereits im Vorfeld Lizenzgebühren von 3 Millionen Dollar eingebracht hatte. Zudem gab es noch andere berühmte Persönlichkeiten, über die man sich auslassen konnte. Als Nächstes folgten das britische Königshaus, die Bush-Familie, und Oprah Winfrey.

9. APRIL 1483

Richard III., der trickreiche Schuft

Richard III. mag nicht der fieseste Schurke in der Geschichte des britischen Königshauses gewesen sein, doch dank des gleichnamigen Theaterstückes von Shakespeare bekam Richard in Sachen schlechter Ruf mit Sicherheit die Krone aufgesetzt.

Das Bild, das Shakespeare zeichnet, das einer intrigierenden Spinne, die über Leichen krabbelt (einschließlich der Leichen der beiden Söhne seines Bruders, Edward V. und Richard, Duke of York), um sein Zepter zu behalten, wurde oft infrage gestellt. Dies taten insbesondere

Mitglieder der Richard III. Society, die mit Hoch-
achtung an den mittelalterlichen Monarchen
denken, der in ihren Augen von Shakespeare
und von der Geschichtsschreibung verleumdet worden worden sei. »Ich weiß nur, dass
ich eine Tasse Zucker von Richard hätte bor-
gen können, wenn ich im 15. Jahrhundert
gelebt hätte«, schwärmte Carol Rike, Verleger
des Newsletters der Society, der alle drei Monate
erscheint.

Obwohl es letztlich keinen Beweis dafür
gibt, dass Richard III. tatsächlich den Tod
seiner jungen Neffen angeordnet hat, so
steht es außer Frage, dass er ihnen das Leben zur Hölle gemacht hat. So
geschehen nach dem Tod ihres Vaters, König Edward IV., am 9. April
1483. Es war Richard, der den neuen König Edward V. auf dessen Weg
in die Hauptstadt abfing. Es war Richard, der den zwölf Jahre alten
Monarchen in den Tower of London werfen ließ, wohin ihn sein jün-
gerer Bruder begleitete. Es war Richard, der beide jungen Männer zu
Bastarden erklären ließ, die für den Thron nicht infrage kämen. Und es
war Richard, der schließlich gekrönt wurde.

Was mit den jungen Prinzen geschah, darüber kann letztlich nur spekuliert werden. Das Einzige, was man sicher weiß, ist, dass sie nie wieder
lebend gesehen wurden. Im Jahr 1674 wurden die Knochen von zwei
jungen Männern – es sollen die von Edward V. und seinem Bruder,
Richard, Duke of York, gewesen sein – neben einer Treppe gefunden,
als der Tower of London renoviert wurde. Sie wurden mit allen Ehren in
der Westminster Abbey beigesetzt. Hatte ihr Onkel ihren Tod befohlen,
wie viele Historiker glauben? Vielleicht wird das Geheimnis nie gelöst
werden. Jedenfalls täte Carol Rike vermutlich gut daran, keinen Zucker
von Richard anzunehmen.

10. April 1917

Deutschlands Geheimwaffe: Lenin

Die Revolution in Russland hatte bereits Zar Nikolaus II. gestürzt, doch an dem Krieg, den er gegen Deutschland initiiert hatte, änderte sich nichts. Die Anführer der provisorischen Regierung, die Nikolaus ersetzt hatte, verfolgten die Politik des Monarchen weiter. Deutschland jedoch witterte eine Geheimwaffe, die stark genug war, um den Konflikt zu beenden, der seit 1914 tobte. Und zwar: Wladimir Iljitsch Lenin – der bolschewistische Agitator, der Russland in ein kommunistisches Land verwandeln wollte.

Am 10. April 1917 stieg Lenin in Zürich in einen Zug, der durch heimlich Deutschland fahren und ihn zurück nach Russland bringen sollte, aus dem er verbannt worden war. Und so konnte er die heftigen Aufstände initiierten, die Geschichte schrieben. Als Winston Churchill Jahre später an die Ereignisse erinnerte, sagte er in einer Rede: »Lenin wurde von den Deutschen nach Russland geschickt wie eine Phiole mit einer Ladung Typhus oder Cholera, die in die Wasserversorgung einer großen Stadt gekippt wird – und es hat großartig funktioniert«.

11. April 2003

Kann passieren – oder auch nicht

»Stuff happens«

So der Verteidigungsminister Donald Rumsfeld
am 11. April 2003 nach dem Chaos, das in Bagdad
nach der US-Invasion im Irak und nach
dem Sturz von Saddam Hussein ausgebrochen war.

12. APRIL 1945

Ein tragischer Tag für Eleanor

Eleanor Roosevelt befand sich am 12. April 1945 im Schockzustand. Eigentlich hatte es drei Schockmomente gegeben. Die First Lady hatte am Nachmittag an einem Treffen in Washington teilgenommen, als sie den dringenden Anruf erhielt, ins Weiße Haus zurückzukommen. »Ich stieg ins Auto und hatte den ganzen Weg über kalte Hände«, erinnerte sie sich später. »Tief in meinem Herzen wusste ich, was geschehen war«. Zu einem früheren Zeitpunkt des Tages war Präsident Franklin D. Roosevelt, der sich wegen Erschöpfung in Warm Springs in Georgia erholen wollte, einem massiven Schlaganfall erlegen.

Mrs. Roosevelt kam später in dieser Nacht in Warm Springs an, nur um mehr erschreckende Nachrichten zu hören: Ihr Ehemann war nicht alleine verstorben, sondern es hatte sich Lucy Mercer Rutherford bei ihm befunden. Die First Lady hatte bereits vor fast 30 Jahren von der Affäre ihres Mannes mit Lucy erfahren, als sie Liebesbriefe gefunden hatte. Die Liason hatte die Ehe schwer beeinträchtigt, die nur halten konnte, weil Franklin versprochen hatte, die Geliebte nie wieder zu sehen. Nun mischte sich ein massives Gefühl, betrogen worden zu sein, in Eleanors Trauer. Und es sollte noch schlimmer kommen.

Die Cousine des Präsidenten, Laura Delano, hatte ihn ebenfalls nach Warm Springs begleitet, und sie hatte die Neuigkeiten überbracht – einige behaupten, mit boshafter Fröhlichkeit –, dass Lucy gerade noch da gewesen sei. Dann bohrte sie noch tiefer in der Wunde und erzählte Eleanor, dass der Präsident seine Geliebte jahrelang regelmäßg gesehen habe. Zudem seien ihre Treffen, einschließlich dem in Warm Springs, von Eleanors eigener Tochter, Anna, arrangiert worden.

»Mutter war so bestürzt über das alles und sehr verärgert wegen mir«, erinnerte sich Anna. Ihr Gesicht war »so ernst, wie es nur sein konnte, wenn sie zornig war«. Für Annas Sohn Curtis war das alles völlig verständlich: »Er war ihr Ehemann. Sie war seine Ehefrau. Sie war die First Lady. Und jetzt ist Anna auf den Plan getreten und hat es Lucy ermöglicht, ins Leben des Präsidenten zurückzukehren. Es muss wie eine unverzeihliche Untat gewirkt haben«.

13. APRIL 1981

Kein Pulitzer-Preis für Lügenmärchen

Es gibt keinen prestigeträchtigeren Preis im Journalismus als den Pulitzer-Preis. Daher feierte man in der Nachrichtenredaktion der *Washington Post* natürlich, als am 13. April 1981 bekannt wurde, dass »Jimmys Welt«, die erstaunliche Titelstory von Janet Cooke über einen achtjährigen Heroinsüchtigen, den angesehenen Preis gewonnen hatte. Dennoch wurde innerhalb weniger Tage klar, dass diese besondere Auszeichnung das Schlimmste war, was der *Post* je passiert war.

»Jimmys Welt« hatte für enorme Furore gesorgt, als die Story am 28. September 1980 veröffentlicht worden war. Die Leser waren sowohl fasziniert als auch aufgebracht von Cookes Bericht, der folgendermaßen begann: »Jimmy ist acht Jahre alt und ein Heroinsüchtiger in der dritten Generation, ein frühreifer kleiner Junge mit rötlich gelbem Haar, sanften braunen Augen und Narben von Nadeln, die die babyglatte Haut seiner dünnen braunen Arme bedecken«. Es war eine journalistische Goldgrube, die die *Washington Post* dem Pulitzer-Preis näher gebracht hatte.

Doch fast genau an dem Tag, an dem man die Auszeichnung erhalten hatte, begann Janet Cookes Geschichte auseinanderzufallen. Die äußerst hübsche junge Reporterin war ein Hauptgewinn für die *Post* und hatte frischen Wind in die Redaktion gebracht: Sie war klug, ehrgeizig und schwarz, mit untadeligen Zeugnissen und einem bemerkenswerten schreiberischen Talent. Sie war allerdings auch eine fabelhafte Lügnerin, wie der leitende Redakteur Benjamin C. Bradlee es später formulierte – eine verheerende Wahrheit drohte ans Licht zu kommen, als andere Zeitungen ihre Berichte über Cookes Pulitzer-Preis recherchierten und zahlreiche Diskrepanzen in der Story aufdeckten, die auf den ersten Blick perfekt zu sein schien. Und alles wurde sofort der *Post* berichtet.

Cooke war weder je auf der Sorbonne gewesen, wie sie behauptet hatte, noch besaß sie einen Masterabschluss von der Universität von Toledo. Außerdem war sie weit davon entfernt gewesen, in Vassar mit *magna cum laude* bestanden zu haben, denn sie hatte das Institut nach einem Jahr verlassen. Dann, als Bradlee begann, der Journalistin Fragen auf Französisch zu stellen, entdeckte er, dass Cooke auch hinsichtlich ihrer angeblichen Fremdsprachenkenntnisse gelogen hatte.

Es dauerte nicht lange, bis die Redakteure zu dem Schluss kamen, dass Cooke »Jimmy« ebenfalls erfunden hatte. »Auf bestimmte Weise waren sowohl sie selbst als auch die Story zu gut, um wahr zu sein«, sagte der Redakteur der *Post*, Bob Woodward, der zuvor mit Carl Bernstein für

Die Reporterin Janet Cooke erfindet eine weitere tolle Geschichte.

seine Berichterstattung in der Watergate-Affäre bekannt geworden war. »Ich hatte gesehen, wie sie sich um eine komplizierte Story bewarb und eine Stunde später mit einem Meisterstück in der Hand zurückkehrte. Diese Story war so gut geschrieben, dass bei mir einfach keine Warnglocken schrillten. Meine kritische Haltung hatte mich verlassen«.

Und damit war Woodward nicht alleine. Obwohl mehrere Redaktionsmitglieder ihre Besorgnis darüber geäußert hatten, ob Cookes Story wahr sei, passierte sie dennoch alle Kontrollstellen bis hin zum leitenden Redakteur. »Als sie Bradlees Schreibtisch passiert hatte«, wie der unabhängige Ombudsmann des Verlages, Bill Green, es formulierte, »hatte die Story mit Bravour die letzte und mächtigste Hürde genommen«.

Also begann das »dunkelste Kapitel während meiner Zeit bei der Zeitung«, wie Bradley es in seiner Autobiografie beschrieb. Der Pulitzer-Preis wurde schließlich zurückgegeben, und der Ruf der großartigen Zeitung war schwer beschädigt. »Die Wahrheit ist«, hieß es in einem Leitartikel der *Post*, »dass so, wie sich viele Leser von der Publikation von Jimmy und dem darauffolgenden Klamauk schlecht behandelt fühlen, wir uns ebenso in der Zeitungsredaktion gleichzeitig wütend, verärgert und missbraucht fühlen. Gleichzeitig fühlen wir uns dazu aufgefordert, jene Art von kritischem investigativen Journalismus, den Cooke vorgeblich befolgt hatte, fortzusetzen und die höchsten Standards der direkten und fairen Berichterstattung aufrechtzuerhalten.«

14. April 1865

Zwei Attentate in einer Nacht

Die Hauptstadt der USA befand sich in der Nacht vom 14. April 1865 in einem Zustand höchster Unruhe. Jedoch konzentrierte sich der Schrecken nicht nur auf das Ford's Theater, wo John Wilkes Booth aus nächster Nähe Präsident Abraham Lincoln in den Kopf geschossen hatte, denn in unmittelbarer Nähe wurde der Außenminister William H. Seward bei sich zu Hause wüst attackiert. Der Täter war Lewis Powell, auch bekannt als Lewis Paine, einer von Booths Komplizen.

Der Plan der Mörder war es gewesen, die Regierung erfolgreich zu entmachten, indem man den Präsidenten, den Vizepräsidenten und den Außenminister ermordete. Um dieses Ziel zu erreichen, wurde Powell in Sewards Haus am Lafayette Place geschickt: Dort erholte sich der Außenminister im Bett gerade von einem beinahe tödlichen Unfall mit der Postkutsche, der neun Tage vorher stattgefunden hatte. Kurz vor 10 Uhr erschien der Mörder in spe an der Tür, als angeblicher Überbringer eines Rezepts von Sewards Arzt.

Der Hausdiener wollte ihn nicht einlassen und erklärte, dass der Außenminister schliefe. Powell stieß ihn beiseite und begann, die Treppen hinaufzumarschieren. Dort traf er auf den Sohn des Außenministers, Frederick, der dem hünenhaften Powell, der ganz rot im Gesicht war, erklärte, dass sein Vater nicht gestört werden dürfe.

»Natürlich, Sir«, antwortete Powell und heuchelte Resignation. »Ich gehe nicht hinauf«. Dann jedoch wirbelte er plötzlich herum, zielte mit seiner bis dahin versteckten Pistole auf Fredericks Kopf und drückte ab. Die Pistole ging aber nicht los. Erzürnt begann Powell, mit der Pistole auf Frederick einzuschlagen. Dabei platzte Fredericks Schädel auf, als er sich erfolglos darum bemühte, den viel stärkeren Mann von seinem Mordvorhaben abzuhalten.

Nachdem er in Sewards Schlafzimmer gestürmt war, stach Powell ziellos mit einem Messer auf einen Soldaten namens Robinson ein, der dort als Wache postiert worden war. Er schlitzte dessen Stirn auf und brachte ihn zum Taumeln. Dann stieß er Sewards Tochter Fanny zur Seite und sprang auf das Bett des Ministers: Dabei hielt er ihn mit einer Hand fest, und mit der anderen stach er ihm immer wieder in Kopf und Nacken. Dabei trennte er ihm ein Stück Fleisch an der Wange ab.

Mittlerweile hatte sich Robinson von dem Messerstich erholt und warf sich mit Augustus, einem weiteren von Sewards Söhnen, auf den Angreifer. Powell stach Robinson zweimal in die Schulter und Augustus in den Kopf, bevor er aus dem Haus stürzte. Dabei tötete er fast noch einen Botschafter des Auswärtigen Amtes, der gerade angekommen war.

Es ist unglaublich, doch alle fünf Männer, die von Powell angegriffen worden waren, überlebten die Begegnung, obwohl der Außenminister fortan entstellt war. »Er sah aus wie eine blutleere Leiche«, erzählte Sewards Arzt, nachdem er dem niedergestreckten Minister unmittelbar nach dem Mordversuch begegnet war. »Als ich mich ihm näherte, watete ich mit den Sohlen durch Blut. Blut strömte aus einer klaffenden Wunde in seiner geschwollenen Wange – die Wange war eine einzige Wunde«.

Obwohl Seward dem beinahe tödlichen Vorfall entkam – und Alaska für die USA einkaufte –, war die Last, die es zu ertragen galt, für seine Frau Francis zu viel: »Die furchtbare Angst, die ich um Mr. Seward und Frederick habe (der in einem kritischen Zustand blieb, nachdem Powell ihm den Schädel zertrümmert hatte), verbraucht meine Kräfte«, schrieb sie an einen Freund. Dann, zwei Monate nach dem Mordversuch, starb sie – und war damit vielleicht der einzige Todesfall, der von Powells wilder Raserei verursacht worden war.

15. April

Mord, Überflutung und Terror

Es war, wie es war, an diesem wahrhaft schlimmen Tag: Abraham Lincoln erlag den Wunden, die ihm sein Mörder 1865 zugefügt hatte. 1912 sank die *Titanic*. 1927 kam es zur Großen Überflutung am Mississippi. Und im Jahr 2013 verübten an diesem Tag Bombenleger ihren üblen Terrorakt beim Marathon von Boston.

Böswilligkeit, die viele traf

Das tödliche Attentat auf Abraham Lincoln am 14. April 1865 hatte einen Dominoeffekt auf zwei seiner Amtsvorgänger einige Tage später. Umherstreifende Mobs verliehen ihrer Trauer über den schockierenden Präsidentenmord Ausdruck – dem ersten in der amerikanischen Geschichte. Dabei griffen sie jeden an, den sie im Verdacht hatten, Sympathien für die Südstaaten zu hegen. Im ganzen Land wurden Menschen verprügelt, erstochen und in einigen Fällen sogar gelyncht. Einige der Marodeure tauchten am 16. April vor dem Haus des früheren Präsidenten Franklin Pierce in Concord, New Hampshire, auf.

Pierce war ein scharfer Kritiker Lincolns gewesen, hatte ihn das »Instrument allen Übels« genannt. Und er beschrieb die Ausrufung des Endes der Sklaverei als »den Höhepunkt des Aberwitzes und der Schlechtigkeit«, weil es Schwarze einlade »zu morden und zu verwüsten, und das ganz unabhängig von Alter oder Geschlecht«.

Nun war der Präsident tot, und der bedrohliche Mob wollte wissen, warum Pierces Haus nicht mit schwarzem Stoff verhängt sei, wie tausend andere es wären, und warum keine Flagge auf Halbmast hing. Der frühere Präsident kam nach draußen und stellte sich den Unruhestiftern entgegen. Er sagte ihnen, dass auch er um Lincoln trauere. Dann wies er deutlich darauf hin, dass er keine Flagge brauche, um seinen Patriotismus zu beweisen. Entwaffnet von diesem starken Auftritt, löste sich die Menge auf.

Am selben Tag befand sich der frühere Präsident Millard Fillmore in einer ähnlich prekären Lage. Wie Pierce war er ein scharfer Kritiker Lincolns, den er als »Tyrannen, der sein Blut zum Kochen bringe«, beschimpft hatte. Und auch er hatte sein Haus nicht schwarz verhüllt. Von diesem Affront erzürnt, bestrich eine Menschenmenge sein Haus mit schwarzer Farbe. Fillmore vermied weitere Gewalt nur dadurch, dass er sich entschuldigte und erklärte, dass er damit beschäftigt gewesen sei, seine kranke Ehefrau zu versorgen.

Selbst Julia Tyler, die Witwe des zehnten US-Präsidenten, kam unter Beschuss. Ihr verstorbener Ehemann, John Tyler, hatte die Sezession befürwortet und wurde schließlich in den Kongress der Konföderierten gewählt. Dennoch starb er, bevor er seinen Platz einnehmen konnte. Als sich das Gerücht verbreitete, dass Julia eine Konföderiertenflagge in ihrem Haus in Staten Island gehisst habe, stürmte eine Meute von keulenschwingenden Schlägern den Wohnsitz und schnappte sich ein Banner, von dem sie glaubte, es sei das anrüchige Banner der Rebellen.

»Die Flagge war eine Trikolore, die wir vor zehn Jahren gemacht hatten«, berichtete Mrs. Tyler. »Sie hing rein zur Zierde über einem Bild. Es gab keine andere Flagge in unserem Haus als eine große der USA«.

17. April 1961

Alamo? Vergessen Sie's!

An jenem Tag, an dem Präsident John F. Kennedy die verheerende Invasion auf Kuba einleitete, kämpfte John »Duke« Wayne mit einem eigenen Fiasko. Sein epischer Film *Alamo* – ein Projekt, in das er mit Herz und Seele den größten Teil seines persönlichen Vermögens als Produzent, Regisseur und Schauspieler investiert hatte – scheiterte in fast jeder Oscar-Kategorie, für die er nominiert worden war, außer in der Kategorie »Ton«. »Verdammt«, beklagte sich Wayne bei einem Freund bei ein paar Drinks in dieser tristen Nacht. »Nach all der Arbeit dachte ich, wir gewinnen etwas«.

Wayne hatte seine eigene Theorie dazu, warum seine etwas moralisierende, aber unbestreitbar ernsthafte Arbeit, hinter der viel Liebe steckte, in den Kritiken zerrissen worden und bei der Verleihung der Oscars am 17. April 1961 fast völlig leer ausgegangen war. »Die linken Kritiker an der Ostküste hatten es immer noch auf mich abgesehen. Sie mochten es nicht, dass ich sagte, dass die Freiheit von der Diktatur mit Blut erkauft wurde«, sagte er dem Biografen Michael Munn. »Sie mochten es nicht, dass ich *Alamo* als Metapher für Amerika benutzte. Obwohl ich die Mexikaner würdevoll zeigen wollte, war es eine Warnung vor allem, was unsere Freiheit stahl, und ja, das beinhaltete den Kommunismus. Das gefiel ihnen nicht. Sie kritisierten meine politische Haltung, nicht meinen Film«.

Die Kritiker waren tatsächlich gnadenlos gewesen, als *Alamo* im Herbst 1960 veröffentlicht wurde. *Newsweek* nannte ihn »das üppigste B-Movie, das je gemacht wurde … B für banal«. *The New Yorker* hingegen sagte, dass Wayne »ein großartiges Kapitel unserer Vergangenheit in sentimentalen Schwachsinn verwandelt hatte … Nichts an *Alamo* ist ernst … nichts daran ist wahr. *Alamo* liefert ein verzerrtes und simplifiziertes Bild der Wirklichkeit«.

Aber es gab noch etwas anderes als die fragwürdigen Eigenschaften des Films, das laut Meinung vieler Filmhistoriker zur endgültigen Ablehnung desselben durch die Akademie beigetragen habe: eine Wahlkampagne, die sich als eine der übertriebensten in der Oscar-Geschichte erwies. Um *The Alamo* an die Akademie zu verkaufen, beauftragte Wayne Russell Birdwell, dessen wichtigste frühere Werbekampagne darin bestand, Jane

Russells Brüste in den Mittelpunkt von Howard Hughes' Film *Geächtet* zu stellen. Jetzt war es reiner Patriotismus, den Birdwell aggressiv sowohl gegenüber der Öffentlichkeit als auch gegenüber der Akademie vertrat. Im Wesentlichen sei es die Pflicht jedes Amerikaners, *The Alamo* anzuschauen, und die Verantwortung jedes Akademiemitglieds, dafür zu stimmen – die Demokratie hinge davon ab.

»Was wird der Oscar der Welt dieses Jahr sagen?«, so eine Bannerüberschrift über einem Bild des ramponierten *Alamo*. Eine weitere Anzeige lautete: »Oscar, jetzt liegt es an dir!« Wayne selbst wurde in Birdwells hurrapatriotischer Kampagne wie folgt zitiert: »Das sind gefährliche Zeiten. Die Augen der Welt sind auf uns gerichtet. Wir müssen Amerika Ländern anpreisen, die von kommunistischer Herrschaft bedroht sind. Unser Bild ist auch wichtig für die Amerikaner, die den Kampf unserer Vorfahren für die kostbare Freiheit, die wir jetzt genießen, zu schätzen wissen«.

Dieser ganze Hokuspokus erwies sich als zu viel für Dick Williams, ein Kolumnist des *Los Angeles Mirror*. Er wandte sich gegen die Aufforderung zum Patriotismus mit dem Statement, dass der eigene Amerikanismus infrage gestellt werden würde, wenn man nicht für *Alamo* stimme, was äußerst ungerecht sei. »Klar kann man der glühendste amerikanische Patriot sein und trotzdem der Meinung sein, dass *Alamo* nur ein mittelmäßiger Film ist«.

Dennoch war der Hurrastil von Birdwells Kampagne subtil im Vergleich zu der von Chill Wills, der in *Alamo* den trinkfesten »Beekeeper« spielte. In einer Veröffentlichung griff Wills' Pressesprecher eine Anzeige auf, die alle Mitglieder der Akademie auflistete. »Ob Sieg, Niederlage oder Unentschieden«, lautete es in einer anderen Anzeige, »ihr seid immer noch meine Cousins, und ich liebe euch alle«. Die Reaktion auf die selbstherrliche Anzeige fiel so heftig aus, dass John Wayne sich gezwungen sah, darauf zu antworten: »Ich möchte sagen, dass Chill Wills' Anzeige … eine unwahrheitsgemäße und verwerfliche Behauptung ist.

Niemand in der Batjac-Organisation (Waynes Produktionsfirma) oder im Russell-Birdwell-Büro war an dieser Werbeaktion beteiligt. Ich verzichte auf deutlichere Worte, weil ich sicher bin, dass seine Absichten nicht so schlecht waren wie sein Geschmack. John Wayne«.

Trotz dieser versuchten Schadensbegrenzung gab es keinen Oscar, was für Wayne bitter war. »Es gab viel Gedränge um die Oscars«, sagte er zu Michael Munn. »Es gab immer eines, und es wird immer eines geben. Aber der einzige Film, der für seine Oscar-Kampagne kritisiert wird, ist *Alamo*. Warum ist das so? Und welcher Film gewann in diesem Jahr? *Das Appartement*. Eine Komödie darüber, wie lustig es ist, seinem Chef zu ermöglichen, Ehebruch zu begehen. In *Alamo* ging es um Courage, Gerechtigkeit und Freiheit. Hingen die Früchte zu hoch? Darauf kannst du wetten!«

Kein Rettungsboot für seinen Ruf

J. Bruce Ismay mag den Untergang der *Titanic* überlebt haben, doch sein guter Ruf ging mit dem Schiff unter. Fast zum gleichen Zeitpunkt, als er das Rettungsschiff *Carpathia* mit den anderen 705 Passagieren verließ – es waren hauptsächlich Frauen und Kinder, die es geschafft hatten, der dem Untergang geweihten *Titanic* vier Tage früher zu entgehen –, begannen die Attacken der Presse.

Der Vorsitzende und geschäftsführende Direktor der White Star Line wurde sofort zum am meisten verunglimpften Mann der Welt. Er wurde nicht nur als Feigling dargestellt, sondern auch als der Architekt des Desasters, denn er habe es nicht geschafft, das Schiff mit genügend Rettungsbooten auszustatten. Zudem habe er angeblich dem Kapitän der *Titanic* befohlen, die Geschwindigkeit des Schiffes zu erhöhen, um New York schneller zu erreichen.

»Trotz der Tatsache, dass tapfere Männer, edle Frauen und hilflose Kinder um ihn herum zum Tode verurteilt waren, weil das Schiff nicht genug Rettungsboote besaß, gab es genügend Platz für diesen einen MANN«, empörte sich die *Denver Post* am 18. April. Der Inhalt der Titelseite schloss dann mit dieser Anklage: »J. Bruce Ismay – erinnern Sie sich an diesen Namen – der Verräter des Meeres schlechthin«.

Innerhalb der nächsten Tage wurden die Attacken noch giftiger. Die Medienkooperation Hearst veröffentlichte einen ganzseitigen Cartoon, der Ismay zeigte, während er in einem Rettungsboot saß und beobachtete, wie die *Titanic* sank. Die Bildunterschrift lautete: »Das ist J. Bruce Ismay« und »Mit allem Respekt schlagen wir vor, dass das Emblem der White Star Line in das einer Fettleber geändert wird«.

Nachfolgende Untersuchungen in New York und London brachten keine klaren Ergebnisse, was Ismays Rolle in dem Desaster anging. Es gab z.B. keinen Beweis dafür, dass er rücksichtslos angeordnet hatte, dass die *Titanic* volle Fahrt aufnehmen solle, und die begrenzte Zahl der Rettungsboote überstieg die nautischen Gepflogenheiten jener Zeit. Dennoch trug die Art und Weise, wie Ismay überlebt hatte, zu seiner Verdammung bei – selbst wenn es stimmt, dass keine Frauen und Kinder das Rettungsboot umstanden, als er hineinstieg. Zumindest behauptete er das.

Da es genug Geschichten von tapferen Männern gab, die ihr Schicksal im eiskalten Wasser mit Würde ertrugen, so war das Bild von diesem einen Mann, der sich heimlich, still und leise in Sicherheit gebracht hatte, nicht gerade schön. Tatsächlich verbrachte er die verbleibenden Jahrzehnte seines Lebens damit, unter dem Schwall an Verachtung zu leiden – und es gab kein Rettungsboot, das ihn davor retten konnte.

Ein Snob ist ein Snob ist ein Snob

Die gefeierte, aber häufig verkannte Autorin Gertrude Stein erhielt am 19. April 1912 das folgende Ablehnungsschreiben von dem Londoner Verleger Arthur C. Field:

Sehr geehrte Dame,

ich bin nur einer, einer, einer. Nur ein Wesen zur selben Zeit. Nicht zwei, nicht drei, nur eines. Ich habe nur ein Leben zu leben, nur sechzig Minuten in einer Stunde. Nur ein paar Augen. Nur ein Gehirn. Ich bin eben nur ein Wesen. Da ich nur ein Wesen bin, nur ein Paar Augen habe, nur eine Lebenszeit besitze, nur ein Leben, deshalb kann ich ihr Manuskript nicht drei oder vier Mal lesen. Nicht einmal einmal. Nur ein Blick, nur ein Blick ist genug. Kaum eine Ausgabe würde sich hier verkaufen. Kaum eine. Kaum eine. Vielen Dank. Ich schicke Ihnen das MS per Einschreiben zurück. Nur ein Manuskript pro Einschreiben.

Am Tag von Hitlers Geburt

Adolf Hitler wurde in Braunau am Inn, Österreich, am 20. April geboren. Hätte er doch das Schicksal seiner Geschwister Gustav, Ida, Otto und Edmund geteilt – sie starben alle vor ihrem sechsten Lebensjahr. Stattdessen überlebte Klein-Adolf nicht nur seine Kindheit, sondern auch zwei ernsthafte Verletzungen im Ersten Weltkrieg und wenigstens sechs Mordversuche vor seinem Aufstieg zur Macht im Jahr

1933. Da er durch seine Widerstandsfähigkeit, die der einer Küchen-schabe gleichkam, geschützt war, wurde der zweitklassige Künstler eine erstklassige Plage für die Menschheit.

Ein Engländer namens Henry Tandey unterstützte möglicherweise unbewusst den zukünftigen »Führer«, als beide während der Schlacht bei Marcoing 1918 auf entgegengesetzten Seiten als Soldaten kämpf-ten. Der verletzte Hitler geriet in die Schusslinie von Tandey. »Ich zielte schon«, erinnerte er sich Jahre später, »aber ich konnte keinen Verwun-deten erschießen, also ließ ich ihn entkommen«. Seine humane Ent-scheidung sollte Tandey für den Rest seines Lebens verfolgen. »Wenn ich nur gewusst hätte, zu was er sich entwickeln würde«, sagte er. »Als ich all die Leute, Frauen und Kinder sah, die er hatte ermorden und quälen lassen, tat es mir in der Seele Leid, dass ich ihn hatte gehen lassen«.

21. April 2013

Eine sehr kurze Karriere

An einem Tag, der vermutlich einer der miesesten seines Berufsleben überhaupt war, zerstörte der Nachrichtensprecher A. J. Clemente – noch völlig neu im Job – innerhalb weniger Momente seine Fernseh-karriere. Und zwar, als er zum ersten Mal beim Fernsehsender KFYR-TV in North Dakota auftrat. »Verfluchte Scheiße«, murmelte der nervöse Nachrichtensprecher – und war sich offensichtlich der Tatsache nicht bewusst, dass das Nachrichtenprogramm – sein letztes, wie sich heraus-stellen sollte – bei seinem Fluch bereits gesendet wurde. »Das hätte nicht schlimmer ausgehen können!«, twitterte Clemente und wurde Barkeeper nach seinem Karriereaus als Nachrichtensprecher – vielleicht die kür-zeste Karriere in der Geschichte des Fernsehjournalismus. Der neue Job bot seinem losen Mundwerk vermutlich etwas mehr Freiraum.

22. APRIL 2009

Dem Planeten einheizen

Folgende Nachricht sendete Michele Bachman anlässlich des Earth Day während einer Sitzung des US-Repräsentantenhauses am 22. April 2009: »Es steht schon seit Langem fest: CO_2 wird als schädlich dargestellt! Doch es gibt keine Studie, die beweisen kann, dass CO_2 ein schädliches Gas ist – es ist ein harmloses Gas. CO_2 ist etwas Natürliches. Es ist nicht schädlich. Es ist Teil des natürlichen Kreislaufs der Erde«.

23. APRIL 1014

Brian Boru: Siegreich
und tot zugleich

Es gab eine gute und eine schlechte Nachricht für Brian Boru am 23. April 1014. Die gute: Der mächtige irische Hochkönig besiegte seine Feinde – einschließlich der einfallenden Wikinger – in der hart umkämpften Schlacht von Clontarf. Die schlechte: Er fiel auf dem Schlachtfeld, ebenso wie sein Sohn und sein Enkel. Dieser traurige und zugleich freudvolle Tag veranlasste einen Barden zu folgender Zeile: »Brjánn fell ok helt velli« (»Brian fiel und war siegreich«).

Noch viel schlechtere Neuigkeiten trafen um einiges später ein: Zwar galt Boru jahrhundertelang als irischer Held, doch Historiker der

Moderne begannen, seinen guten Ruf zu demolieren: Die Schlacht von Clontarf sei kein so bedeutender Sieg über die dänischen Horden gewesen, so die Historiker, eher eine weitere Plänkelei mit einem rivalisierenden König. Borus Biograf Sean Duffy weist diese Mutmaßung zurück. Laut ihm verdient der König den größten Teil der Lobeshymnen, mit denen die Legende ihn versah.

»Lassen Sie uns hoffen, dass die Sicht auf den wahren Brian Boru und seine Errungenschaften im Zuge der Gedenkfeiern, die dieses Jahr (2014) stattfinden, nicht verloren geht«, schrieb Duffy in der *Irish Times*. »Er ist in der irischen Seele so verankert, dass das Wappen der Nation, das überall zu sehen ist, von Münzen über die Präsidentenfahne bis hin zum einfachen Glas Guinnes-Bier – und das im Trinity College ausgestellt wird – die Brian-Boru-Harfe ist. Kaum vorstellbar, dass das Wappen etwas anderes enthält«.

Der Manager von Badfinger

Wenige Bands in der Geschichte des Rock begannen so verheißungsvoll wie Badfinger. Die Beatles verehrten sie und gaben ihnen 1968 einen Plattenvertrag. Paul McCartney komponierte und produzierte ihre erste Single, die ein Riesenerfolg wurde: »Come and Get It«. Währenddessen demonstrierte Sänger und Gitarrist Pete Ham seine eigenen Fähigkeiten im Songschreiben mit den darauffolgenden Hits »No Matter What«, »Day after Day« (produziert von George Harrison) und »Baby Blue«. Zusammen mit Bandmitglied Tom Evans komponierte Ham auch »Without You«, einen Song, der von McCartney als »der beste Song aller Zeiten« beschrieben wurde. Er nannte ihn außerdem einen der erfolgreichsten, die je geschrieben wurden.

Doch 1970 unterzeichneten Badfinger, als eine offensichtlich glänzende Zukunft vor ihnen lag, einen Vertrag mit einem Manager und Gauner namens Stan Polley. Es war ein Pakt mit dem Teufel, der innerhalb von fünf Jahren die Band finanziell ruinieren sollte.

Pete Ham »war aufgeregt, als man einen Vertrag mit dem Manager aus New York (Polley) schloss«, erzählte Brian Slater, der leitende Bühnentechniker, dem Biografen Dan Matovina.

»Er fühlte sich, als brauche er sich ums Geld keine Sorgen zu machen, da sein Kumpel sich um alles kümmern würde«. Sicherlich kümmerte sich Polley um alles – allerdings nur im Eigeninteresse. Denn er veruntreute nicht nur Geld der Band, sondern auch Geld der Plattenfirma.

Badfinger löste sich als Folge des Ganzen in einem Meer von Finanzchaos und rechtlichen Problemen auf. Pleite, mutlos und verlassen ging Ham am 4. April 1975 zu seiner Garage und erhängte sich – drei Tage vor seinem 28. Geburtstag. »Es ist ein Fehler, jeden zu lieben und jedem zu vertrauen«, schrieb er in seinem Abschiedsbrief. »Es ist besser so«. Es gab auch ein P. S.: »Stan Polley ist ein seelenloser Bastard. Ich werde ihn mit mir ins Grab nehmen«.

Doktor unterhalb der Gürtellinie

Nur ein Jahr, nachdem man dem durchaus abscheulichem Boxpromoter Don King einen Ehrendoktor verliehen hatte, entschied sich die Central State University von Ohio, dieselbe Ehre Kings damaligem Klienten Mike Tyson zuteil werden zu lassen. Dieser hatte die Highschool ohne Abschluss verlassen und war wegen Vergewaltigung angeklagt und verurteilt worden. Als man ihm den akademischen Rang zugestand, zitierte der Präsident der Universität, Arthur Thomas, den positiven Einfluss des Schwergewichtschampions auf junge Leute, die üppige 25 000-Dollar-Spende des zum Jähzorn neigenden Boxers sehr wohl im Hinterkopf. Am 25. April 1989 also stand Dr. Tyson mit seiner burgunderroten und goldenen Kappe in eine Robe gekleidet da und hielt eine »rührende« Rede vor den Absolventen der Uni: »Ich weiß nicht, welchen Doktortitel ich habe«, sagte er, »aber wenn ich all diese wundervollen Schwestern hier sehe, überlege ich, ob es der eines Gynäkologen sein sollte«.

26. April 2007

»Richard Gier« in Indien

Ein Kuss, das muss – außer in Indien, wo man häufig die Stirn über das Zurschaustellen von öffentlicher Zuneigung runzelt. So geschah es auch, als der Schauspieler Richard Gere der indischen Schauspielerin

Richards sehr öffentliche Zuneigungsbekundung entfacht in mehreren indischen Städten Zorn.

Shilpa Shetty während einer Benefiz-Veranstaltung in Delhi einen dicken Schmatz auf die Wange drückte. Einigen Leuten gefiel das ganz und gar nicht. In einigen indischen Städten wurden Bilder von Gere verbrannt, und am 26. April 2007 erließ der Richter im Bundesstaat Rajasthan einen Haftbefehl gegen ihn und Shetty. Der Kuss sei »hochgradig sexuell und erotisch« gewesen, betonte der Richter, und habe »alle Grenzen des Anstands gebrochen«. Zum Glück für alle Betroffenen hob der indische Oberste Gerichtshof die Haftbefehle im folgenden Jahr wieder auf.

27. April 1578

Duell der Lieblinge

Henri III. von Frankreich liebte gewisse Damen – oder genauer gesagt, eine Gruppe von jungen Männern, die sich wie Damen kleideten, schminkten und puderten. Diese engen Gefährten des Königs, die spöttisch als die *Mignons* (»Lieblinge«) bezeichnet wurden, nahmen viel auf sich, um schön auszusehen.

»Sie tragen ihr Haar lang«, berichtete der zeitgenössische Chronist Pierre de L'Estoile, »künstlich mehrfach gelockt und mit kleinen Häubchen aus Samt wie Huren in den Bordellen, und die Rüschen ihrer Leinenhemdchen sind gut 15 cm lang. Ihre Köpfe sehen aus wie der von Johannes dem Täufer auf einem Tablett«.

Der Zugang der Mignons zum König und ihr Einfluss auf ihn verursachten tiefe Ressentiments bei den ältesten und mächtigen Familien Frankreichs. Und diese vergiftete Stimmung übertrug sich auf die gesamte Bevölkerung, wie L'Estoile schrieb: »Der Name der Mignons begann sich durch Mundpropaganda zu verbreiten, und die Menschen fanden sie abscheulich wegen ihres Verhaltens, das ständig auf Witze ausgelegt und hochmütig war, ebenso wegen ihres Make-ups und ihrer femininen und unkeuschen Kleider ... ihre Beschäftigung ist Glücksspiel, Blasphemie ... Hurerei und besteht darin, dem König überallhin zu folgen. Dabei versuchen sie ihn mit allem zufriedenzustellen. Sie scheren sich wenig um Gott oder Tugend, sondern wollen nur in der Gnade ihres Herrn stehen, den sie mehr als Gott fürchten und ehren«.

Der Aufstieg der Mignons war geprägt von einer Phase heftiger religiöser Auseinandersetzungen in Frankreich, die auf höchster gesellschaftlicher Ebene stattfanden. Henri III. und seine Truppe mussten dabei einer erzkatholischen Fraktion unter der Führung der mächtigen Herzöge von Guise Paroli bieten.

Und am 27. April 1578 entlud sich der schwelende Konflikt in einer gewalttätigen Episode, die als »Duell der Mignons« bekannt ist. Was das Duell auslöste, ist unklar, aber das Ergebnis war für vier der sechs Teilnehmer tödlich. Ein Mignon, Louis de Maugiron, starb in dem Kampf, während ein anderer, Jacques de Caylus, über einen Monat lang qualvoll litt, bevor er seinen Wunden erlag. Henri III. war untröstlich über den Verlust seiner Gefährten.

»Der König hatte eine wunderbare Freundschaft zu Maugiron und (Caylus)«, schrieb L'Estoile, »denn er küsste sie beide, als sie tot waren. Dann ließ er ihnen die Köpfe scheren, die blonden Haare abnehmen und sie sicher verwahren; er nahm Caylus die Ohrringe ab, die er selbst ihm zuvor gegeben und mit eigenen Händen angelegt hatte«.

28. APRIL 1983

Stallone und die Tabakwerbung

Da waren sie – die Cartoon-Ikonen Fred Flinstone, Barney Geröllheimer und auch Wilma, die fleißig Zigaretten pafften und die

Qualitäten jener Tabakmarke anpriesen, die ihre Show sponserte: »Die schmecken«, schwärmte Fred, »wie eine Zigarette schmecken sollte«. Baseball-Held Mickey Mantle machte gleich für zwei Zigarettenmarken Werbung. Und sogar der Weihnachtsmann liebte es anscheinend zu rauchen, wie es Hunderte von Zigarettenanzeigen, die sein fröhliches Gesicht zeigten, die Kinder glauben machten. Dann, am 28. April 1983, signalisierte Sylvester »Rocky/Rambo« Stallone seine Bereitschaft, zur jahrzehntelangen Infiltration des Jugendmarktes durch die Tabakindustrie beizutragen, mit dem folgenden Memo, das an Bob Kovoloff von Associated Film Promotion gerichtet war:

Lieber Bob,

wie besprochen, garantiere ich, dass ich (…) Tabakprodukte in nicht weniger als fünf Spielfilmen verwenden werde. Ich gehe davon aus, dass das Unternehmen mir (…) dafür eine Gebühr von 500 000 $ zahlen wird. Ich hoffe, bald von dir zu hören.

Mit freundlichen Grüßen, Sylvester Stallone

29. APRIL 1996

Eine tödliche Diät?

»Ich sagte: ›Nun, Sie können es versuchen. Es wird nie in dieses Land kommen. Die FDA würde niemals ein Medikament zulassen, das wenig Nutzen und ein schreckliches Risiko auf den amerikanischen Markt bringt. Die FDA ist Ihr Wachhund, der sich um Ihre Sicherheit kümmert. Ihre Hauptaufgabe ist die Sicherheit‹«.

Stuart Rich, Doktor der Medizin, unabhängiger Berater der Food and Drug Administration, über seine Reaktion auf die Bemühungen des

Pharmaunternehmens American Home Products (heute Wyeth),
das Diätmittel Redux, allgemein bekannt als Fen-Phen,
herzustellen und zu vermarkten.

Am 29. April 1996 genehmigte die FDA nach langer interner Diskussion Redux dann doch. Und wie Dr. Rich und andere gewarnt hatten, entwickelte eine Reihe von Patienten, die das Mittel anwendeten, schwere Herzfehler sowie die unvermeidlich tödliche pulmonale arterielle Hypertonie. »Meine Reaktion (auf die Entscheidung der FDA) war Verzweiflung«, äußerte Dr. Rich in der TV-Sendung *Frontline*. »Warum Verzweiflung? Meine Spezialität ist die Behandlung von Patienten mit pulmonaler Hypertonie. Das sind die bedauernswertesten Herz-Kreislauf-Patienten, die es gibt … Es ist ein langsamer Tod, ein Dahinsiechen über Monate bis Jahre«.

30. APRIL 1978

Eine etwas andere »Catwoman«

Am 30. April 1978 heiratete Alec Wildenstein, Spross einer äußerst wohlhabenden Familie von Kunsthändlern, Jocelyne Périsset. Sie wurde später für ihre Bemühungen, ihr Gesicht chirurgisch in das einer Katze zu verwandeln, bekannt. Die Verbindung sollte Wildenstein später 2,5 Milliarden Euro kosten, als 1999 die Scheidung vollzogen wurde. Jocelyne wurde spöttisch als die »Braut von Wildenstein« bekannt, die sich zufrieden die Schnurrhaare leckte.

Mai

1. MAI 1948, 14. MAI 1961 UND 1963

Ein wütender » Bulle «

Es muss etwas an dem schönen Monat Mai geben, was das Blut von Theophilus Eugene » Bull « Connor zum Kochen brachte. Sobald der Frühling in der Luft lag, schien der Beauftragte für öffentliche Sicherheit aus Birmingham, der sich extrem für die Rassentrennung einsetzte, saisonal bedingt besonders viel Energie zu haben.

Beginnen wir mit dem 1. Mai 1948, als Glen Taylor, ein Senator aus Idaho, nach Birmingham kam. Dies war damals » die Stadt, die am stärksten von Rassentrennung betroffen war «, wie Martin Luther King es später formulierte. Er versuchte, ein Treffen des Jugendkongresses für junge Schwarze durch eine Tür für Schwarze zu betreten anstatt durch den Eingang, der mit » nur für Weiße « gekennzeichnet war. Der Senator, der sich damals um die Stelle des Vizepräsidenten auf Seiten der Fortschrittspartei bewarb, wurde prompt von der Polizei, die unter Connors Kontrolle stand, verhaftet. » Halt bloß den Mund, Sportsfreund «, ordneten sie an, bevor sie Taylor ins Gefängnis warfen.

Dann kamen noch bewegtere Tage in einem Mai der frühen 1960er-Jahre, als Connors Bigotterie wahrhaft aufblühte. Die Freedom Riders kamen in die Stadt, und Connor hatte sich gut auf sie vorbereitet:

Bull Connors Schläger greifen Bürgerrechtsdemonstranten in Birmingham an.

Er hatte mit dem Ku-Klux-Klan eine denkwürdige Begrüßungspartie für den 14. Mai 1961 geplant – am Muttertag. Laut einem Informanten des Klans waren den Terroristen von Connors Birminghamer Polizeiabteilung 15 Minuten zugesichert worden, »um brandschanzen, Bomben werfen, töten und verstümmeln zu können … Ich garantiere ihren Leuten, dass kein einziger während dieser 15 Minuten verhaftet wird«. Die Anführer des Klans nutzten die ihnen gewährte Zeit und griffen die Freedom Riders mit Eisenrohren, Baseballschlägern und Ketten an.

Zwei Jahre später erregten während der ersten Maiwoche die Bürger Birminghams den Zorn von Connor, als sie zu Tausenden friedlich in den Straßen protestierten. Massenverhaftungen folgten, nach massiven Angriffen auf die Demonstranten mit Wasserwerfern und Kampfhunden – die Bilder gingen um die ganze Welt. Die Entrüstung der Medien und der Zorn in den USA, die dies begleiteten, machten Birmingham zu einem zu heißen Pflaster für Connor in diesem Mai. Veränderung lag in der Luft, und diese hatte Connor selbst bewirkt. Am Ende des Monats war er arbeitslos. Was noch schlimmer war: Seine Boshaftigkeit hatte die zuvor nachlässige Regierung unter Kennedy dazu bewogen, endlich die großen Ungerechtigkeiten im Süden anzugehen, die Connor so grausam in Birmingham repräsentierte.

»Die Bürgerrechtsbewegung sollte Gott für Bull Connor danken«, sagte Kennedy. »Er hat ihr ebenso sehr geholfen wie Abraham Lincoln«.

2. MAI 2004

Ein äußerst unfairer Fußballer

Es war schon eine große »Leistung«, das schwarze Schaf einer Familie zu sein, die so verachtenswert ist wie die der Gaddafis. Doch Saadi al-Gaddafi, der berüchtigte dritte Sohn des libyschen Diktators, schaffte es, selbst diese zweifelhafte Errungenschaft noch zu toppen: Er erwies sich als einer der schlechtesten Profifußballer aller Zeiten, der sich jemals ein Paar Fußballschuhe angezogen hatte: »Selbst mit doppelter Geschwindigkeit wäre er immer noch eine mehr als lahme Ente«, schrieb die italienische Tageszeitung *La Repubblica* am 2. Mai 2004. Damals hatte der junge Gaddafi seinen ersten (und einzigen) Auftritt als Auswechselspieler für das italienische Team aus Perugia. Schlimmer noch war jedoch die atemberaubend schlechte sportliche Einstellung des jungen Mannes, die er vier Jahre vor seinem flüchtigen, völlig überflüssigen und zweifellos politischen Auftritt als Profi in einer großen Liga am deutlichsten unter Beweis stellte.

Trotz seines völligen Mangels an Talent nahm Saadi Gaddafi seine Fußballkarriere ernst – auch wenn es sonst niemand tat. Durch familiäre Verbindungen – womit natürlich die Machtposition seines Vaters, des

Diktators der libyschen Nation, gemeint ist – war Gaddafi junior nicht nur Kapitän der Mannschaft von Tripolis, sondern auch Vorsitzender der Libyschen Fußballföderation. Doch Gaddafi wollte mehr als nur gewinnen, er wollte ein Star sein – der David Beckham Libyens. Um ihm zu diesem Status zu verhelfen, war es anderen Spielern untersagt, Trikots mit ihrem Namen darauf zu tragen. Stattdessen identifizierten die Kommentatoren sie anhand ihrer Trikotnummern.

Doch trotz Gaddafis tyrannischer Versuche, den libyschen Fußball zu kontrollieren, untergruben diese die Fans und Spieler einer Mannschaft – der SC al-Ahly Bengasi – mit rasender Häufigkeit. Im Sommer 2000 trieben sie ihn dann zur Weißglut und in einen Zornesrausch. Libyens zweitgrößte Stadt war lange Zeit das Zentrum der brodelnden Unzufriedenheit mit dem Regime des älteren Gaddafi gewesen (und löste schließlich die Revolution aus, die ihn 2011 stürzte) und verachtete auch den fußballbesessenen Sohn in besonders hohem Maße. Nachdem die Fans von al-Ahly viele Niederlagen durch Manipulationen und zu Unrecht verhängte Strafen erduldet hatten, brachten sie ihre Wut schließlich bei einem Spiel zum Ausdruck, bei dem einige afrikanische Würdenträger im Publikum waren. Buhend und johlend stürmten sie das Feld und dann die Stadt. Dann taten sie etwas wirklich Denkwürdiges: Sie zogen einem Esel ein Fußballtrikot an, das dem von Saadi glich, und führten das Tier durch die Stadt. Gaddafi junior ging in die Luft vor Zorn.

»Ich werde euren Club zerstören«, schrie er laut einem Bericht der *Los Angeles Times* den damaligen Vorsitzenden an. »Ich werde ihn komplett lahmlegen!« Mit einer Reihe von Massenverhaftungen machte Gaddafi seine Drohung wahr. Während das Volk von Bengasi betete, rollten Bulldozer an, um seine Rache zu vollziehen. »Gaddafis Männer zwangen kleine Jungen und Mädchen, für sie zu jubeln, als das Stadion niedergerissen wurde«, sagte Ahmed Bashoun, ein ehemaliger al-Ahly-Spieler, der britischen Zeitung *Guardian*. »Alle unsere Aufzeichnungen, unsere Akten, unsere Trophäen und Medaillen wurden zerstört«.

Der Untergang

eines Berges

Einen alten Freund zu verlieren ist niemals einfach, aber die Bevölkerung von New Hampshire war besonders traurig, als einer ihrer unerschütterlichsten und beständigsten Freunde am 3. Mai 2003 unvermittelt in sich zusammenbrach – und zwar ein Felsen aus Granit. Der Felsen, bekannt als »Old Man of the Mountain«, hatte unverkennbar menschliche Züge besessen und wie ein Wächter die ihn umgebende Region überragt – und dies unzählige Jahrtausende lang. Der »Alte Mann des Berges« ziert sowohl Briefmarken als auch die State-Quarter-Gedenkmünzen New Hampshires. Der Redner und Politiker Daniel Webster schrieb einmal darüber: »Menschen hängen Schilder auf, die auf ihr spezifisches Geschäft hinweisen; Schuster einen gigantischen Schuh, Juweliere eine monströse Uhr und Zahnärzte einen goldenen Zahn, aber in den Bergen von New Hampshire hat Gott der Allmächtige ein Schild aufgehängt, um zu zeigen, dass er Menschen erschafft«.

Der »Alte Mann des Berges« hatte bereits ein Jahrhundert früher besorgniserregende Zeichen von Altersschwäche und Gebrechlichkeit gezeigt, sodass man sich bemühte, sein gigantisches Gesicht mit Stahlkabeln und Beton wiederherzustellen. Aber die Elemente setzten sich schließlich durch. »Starke Regenfälle, Stürme und eiskalte Temperaturen in Kombination taten letzten Endes den Rest, um ihn zu zerbröseln«, erzählte Mike Pelchat (ein Angestellter des Nationalparks) der Associated Press: »Wir dachten immer, die Hand Gottes würde ihn aufrecht halten, aber er ließ ihn los«.

4. Mai 1933

Das Ende eines Kunstwerks

Hätte es Wladimir Iljitsch Lenin nicht gegeben, könnte das Rockefeller Center in New York womöglich immer noch mit den Wandmalereien des Künstlers Diego Rivera geschmückt sein. Die Rockefellers, eingefleischte Kapitalisten, hatten Rivera, einen erklärten Kommunisten, damit beauftragt, ein Prunkstück für das Gebäude zu malen.

Das hochgesteckte Thema: »Der Mensch am Scheideweg, der mit Hoffnung und weitem Vorausblick auf die Wahl einer neuen und besseren Zukunft blickt« – und dies inmitten der Weltwirtschaftskrise der 1930er-Jahre, die die Menschen in zwei gegensätzliche Lager gespalten hatte, mit dem Kapitalismus auf der einen und dem Sozialismus auf der anderen Seite. Vielleicht hätten einige Leute besser zweimal über die Sache nachgedacht, aber die Familienmatriarchin Abby Rockefeller war ein großer Fan des Künstlers, trotz der Tatsache, dass er John D. Rockefeller bereits in einem anderen Werk verspottet hatte. So machte sich Rivera an seine Aufgabe – mit einer großen Überraschung im Gepäck.

Da die Arbeiten an dem Wandbild bereits im Gange waren, überprüfte der zukünftige US-Vizepräsident Nelson Rockefeller häufig den Fortschritt des Gemäldes vor Ort. Plötzlich gewahrte er jedoch etwas ganz Unerwartetes, das in das Werk eingeflossen war: ein Porträt von Lenin. Rockefeller war entsetzt und informierte den Künstler am 4. Mai 1933 darüber in einem Brief, in dem er ihn aufforderte, Lenins Züge zu denen einer unbekannten Person abzuändern.

Vorhersehbarerweise lehnte Rivera dies ab und antwortete Rockefeller noch am gleichen Tag: »Anstatt das Konzept zu verschandeln, würde ich die physische Zerstörung des Werks in seiner Gesamtheit vorziehen«. Damit war die »Schlacht um das Rockefeller Center« im vollen

Gange. Rivera wurde angewiesen, die Arbeit am Projekt einzustellen, sein Honorar wurde ihm vollständig ausbezahlt.

Die Welt der Kunst war in Aufruhr, und Nelson Rockefeller schlug vor, das Wandbild abzutragen und dem Museum of Modern Art zu überlassen. Aber die Treuhänder des Museums wollten nichts mit der Sache zu tun haben. Im Februar darauf wurde Riveras Werk zertrümmert und in Fässer geworfen – ein Akt, den ein Kritiker als »Kunstmord« bezeichnete. Die Familie Rockefeller beteuerte, dass die Zerstörung unbeabsichtigt war, das Ergebnis eines erfolglosen Versuches, das Kunstwerk intakt zu entfernen. Aber Rivera nahm ihnen das nicht ab, ebenso wenig wie viele Kunstkenner. In einem Telegramm, das aus Mexiko-Stadt geschickt wurde – wo Rivera das zerstörte Wandbild schließlich reproduzierte – schäumte der Künstler: »Mit der Zerstörung meiner Gemälde haben die Rockefellers einen Akt des kulturellen Vandalismus begangen. Es sollte, ja es wird noch eine Rechtsinstanz geben, die die Vernichtung künstlerischer Schöpfung genauso verhindert wie die Ermordung eines Menschen«.

5. Mai 1806

Witwe in Not

Maharani Raj Rajeshwari Devi war eine mächtige Frau und die Königsgemahlin Nepals, aber dann starb ihr Mann im Jahr 1806, und zehn Tage später folgte sie ihm unfreiwillig nach. In einer Zeit, in der Frauen auf der ganzen Welt eine niedrige Stellung einnahmen, hatten es Witwen in Nepal und Indien besonders schwer, denn sie wurden oft zu dem alten Ritual der Witwenverbrennung gezwungen, an den Scheiterhaufen ihres Mannes gefesselt und mit ihm verbrannt. Im Laufe der Jahrhunderte kamen Hunderttausende von Frauen auf diese Weise ums Leben – einige davon freiwillig, da sie darauf hofften, posthum geehrt und zu Märtyrerinnen erklärt zu werden.

»Wenn die Frau ihre Loyalität und ungeteilte Hingabe an ihren Mann beweisen muss, muss auch der Mann seine Loyalität und Hingabe an seine Frau beweisen«, merkte Mahatma Gandhi im Jahr 1931 an. »Aber wir haben noch nie von einem Mann gehört, der seiner verstorbenen Frau auf den Scheiterhaufen folgte. Es kann daher als selbstverständlich angesehen werden, dass die Praxis der Witwe, die sich nach dem Tod des Mannes opfert, ihren Ursprung in Aberglauben, Unwissenheit und blindem Egoismus des Mannes hat«.

6. MAI 1983

Die Dummkopftagebücher

Aus dem Tagebuch eines Verrückten: »Auf Evas Wunsch werde ich von meinen Ärzten gründlich untersucht. Wegen der neuen Pillen habe ich heftige Blähungen und – sagt Eva – üblen Mundgeruch«. Sicherlich war es ein eher langweiliger Tagebucheintrag, aber dennoch ein verlockender Leckerbissen – Teil dessen, was versprach, ein historischer Höhepunkt der Einsicht in das Innenleben eines der bösartigsten Männer der Geschichte zu werden.

Am 22. April 1983 teilte die Redaktion des deutschen Magazins *Stern* mit, dass sie das persönliche Tagebuch von Adolf Hitler in ihrem Besitz habe – eine lange verschollene Sammlung von etwa 60 Bänden aus den Jahren 1932 bis 1945, für die das Magazin Millionen bezahlt habe. Eine erstaunliche Summe, aber das Prestige, das man durch eine solche Exklusivmeldung bekommen würde, schien ungleich kostbarer.

Der australische Medienmogul Rupert Murdoch gehörte zu denen, die in den Hitler-Tagebüchern ein enormes Gewinnpotenzial sahen, und wollte diese in seiner Londoner *Times* in einzelnen Folgen veröffentlichen. Um die Echtheit der Dokumente zu prüfen, entsandte er den britischen Historiker Hugh Trevor-Roper, einen Spezialisten für das 16. und 17. Jahrhundert, der kaum des Deutschen mächtig war. Nachdem er von den *Stern*-Redakteuren gehört hatte, dass die Tagebücher nach einem Flugzeugabsturz 1945 geborgen und heimlich von einem ostdeutschen Offizier versteckt worden seien, und als er dann den riesigen Stapel von Bänden kritisch begutachtet hatte, war Trevor-Roper »überzeugt, dass die Dokumente echt seien«. Während die Welt gespannt darauf wartete, die privaten Gedanken eines undurchschaubaren Monsters zu lesen, hatten Skeptiker Bedenken. Der Hitler-Biograf Werner Maser sagte Reuters damals: »Alles spricht dagegen. Es riecht nach reiner Sensationslust«. Der Chor der zweifelnden Stimmen wurde lauter, als der *Stern* am 25. April eine aufwendige Sonderausgabe veröffentlichte, in der die Tagebücher angekündigt wurden, und eine Pressekonferenz abhielt.

Statt der erwarteten Hurrarufe wurden die Redakteure jedoch mit Fragen nach der Echtheit der Tagebücher konfrontiert. Und Trevor-Roper legte eine plötzliche und unerwartete Kehrtwende hin: »Als Historiker bedauere ich, dass die, äh, normale Methode der historischen Überprüfung, äh, vielleicht notwendigerweise, bis zu einem gewissen Grad den Anforderungen einer lediglich journalistischen Berichterstattung geopfert wurde«.

Es war eine Katastrophe, die am 6. Mai ihren Höhepunkt fand, als das Deutsche Bundesarchiv die Tagebücher zu »einer groben Fälschung« und »grotesk oberflächlichen« Erfindung eines Fälschers mit »begrenzter intellektueller Kapazität« erklärte. Der *Stern* war von Konrad Kujau überlistet worden, einer »absurden Gestalt«, wie der Autor Robert Harris ihn beschrieb. Der Fälscher hatte anscheinend sehr wenig Zeit und Mühe in seine Arbeit investiert.

Die Hinweise auf eine Fälschung waren offensichtlich, von den verwendeten Papierarten, Tinten und Klebstoffen – die allesamt beträchtliche Zeit nach Hitlers Tod 1945 hergestellt worden waren – bis hin zu manchen inhaltlichen Passagen: Diese waren direkt, wenn auch oft falsch, aus einem Buch über die Reden und öffentlichen Bekanntmachungen Hitlers entnommen worden. Kujau hatte sogar die gotischen Initialen, die auf die einzelnen Bände geprägt waren, falsch geschrieben, sodass einige »FH« und nicht »AH« lauteten.

»Wir haben allen Grund, uns zu schämen«, verkündete der *Stern*-Verleger Henri Nannen nach dem Tagebuch-Fiasko. In der Tat, das hatten sie. Die Redakteure des Magazins hatten ihrem Journalisten Gerd Heidemann gestattet, die Geschichte groß rauszubringen, ohne seine Quelle benennen zu müssen. Sie ignorierten die zahlreichen Warnsignale dafür, dass ein Betrug vorlag, die vor der Veröffentlichung zutage traten. Aber zumindest konnten Nannen und Kollegen ein wenig Trost daraus schöpfen, dass sie wussten, dass zumindest ein paar Behauptungen, die in den »Tagebüchern« aufgestellt worden waren, tatsächlich wahr waren. Hitler litt wirklich unter »kolossalen Blähungen«, wie sein Arzt berichtete, und zwar »in einem Ausmaß, das ich selten zuvor erlebt habe«.

7. MAI 1945

Die Harpyie im Weißen Haus

Es waren zauberhafte Flitterwochen, und noch Jahre danach musste Harry Truman nur »Port Huron« in seine Briefe schreiben, um seine Frau Bess an die romantische Zeit zu erinnern, die sie zusammen verbracht hatten. Aber das Glück endete abrupt, als das frisch verheiratete Paar nach Missouri zurückkehrte und sich bei Bess' Mutter, der herrischen Margaret (Madge) Gates Wallace, niederließ. Von diesem Tag an sollte der zukünftige Präsident der USA sich mit einer ihm stets kritisch gegenüberstehenden Schwiegermutter konfrontiert sehen, die ihn ihre Verachtung stets spüren ließ – sogar im Weißen Haus.

Sie war bekannt als die »königlichste Hoheit, die Amerika je hervorgebracht hatte«, wie eine Zeitgenossin sie beschrieb, und für Mrs. Wallace war Truman nichts anderes als ein elender Bauernjunge, der die Frechheit besaß, nach den Sternen zu greifen und ihre Tochter zu ehelichen. Mrs. Wallace war »ein schwieriger Mensch, und es gab niemanden in der Stadt, auf den sie nicht herabgeblickt hätte«, erinnerte sich die Lehrerin von Harry und Bess, Janey Chiles. »Und Harry Truman stand zu diesem Zeitpunkt, wie ich glaube, keine sehr vielversprechende Zukunft bevor«.

Wallaces Geringschätzung ihrem Schwiegersohn gegenüber änderte sich nie, selbst als sein politischer Stern emporzusteigen begann.

Sie folgte den Trumans nach Washington, als Harry 1934 in den US-Senat gewählt wurde. Ihre Anwesenheit wurde fast unerträglich, als sie und der verachtete Schwiegersohn dann am 7. Mai 1945, etwa einen Monat nach dem Tod von Franklin D. Roosevelt, ins Weiße Haus einzogen. Madge kümmerte sich nicht um die Belastungen, die das Amt des Präsidenten mit sich brachte, und war völlig schonungslos in ihrer Kritik an dem obersten Staatsdiener. »Warum ließ er General MacArthur den Koreakrieg nicht auf seine eigene Art und Weise führen«, überlegte sie laut, nachdem Truman den ungehorsamen Kommandanten der UN-Truppen in Korea gefeuert hatte.

8. Mai 1632

Eine (missratene) Heilige Schrift

Einige Leser einer 1631er-Ausgabe der *King-James-Bibel* waren schockiert (oder angenehm überrascht), als sie im »Buch Exodus« auf das siebte Gebot stießen: »Du sollst Ehebruch begehen«. Und dann gab es da noch die offensichtliche Blasphemie, die sich in »Deuteronomium«, Kapitel 5, fand: »Der Herr hat uns seine Pracht und seinen großen Esel gezeigt«. Das englische Wort »greatnasse« (Herrlichkeit) war irrtümlicherweise als »great asse« gedruckt worden.

Wegen solch übler Fauxpas wurde das Druckwerk als »Böse Bibel« bekannt. Am 8. Mai 1632 wurden die Drucker wegen ihrer blasphemischen Fehler vor den englischen Gerichtshof gezerrt – mit der zusätzlichen Anklage, die Bibel auf minderwertigem Papier gedruckt zu haben.

»Ich kannte die Zeit, in der dem Druck, insbesondere dem von Bibeln, große Aufmerksamkeit geschenkt wurde«, erklärte der entsetzte Erzbischof von Canterbury. »Gute Schriftsetzer und die besten Korrektoren wurden unter Vertrag genommen, weil sie gelehrte Männer waren. Papier und Drucktypen waren von erlesener Art, aber nun ist das Papier von extrem geringer Qualität, und die jungen Schriftsetzer und die Korrektoren sind nicht vom Fach«. Die Drucker wurden schwer bestraft und erhielten Berufsverbot, hatten aber zumindest das Glück, nicht verstümmelt zu werden oder eine ähnlich grausame Strafe zu erleiden.

9. MAI 1914

Dicke Luft um den Muttertag

Anna Jarvis liebte ihre Mutter abgöttisch. Die jungfräuliche Lehrerin setzte sich hingebungsvoll für einen nationalen Tag der Anerkennung für Mütter ein – vor allem für ihre eigene Mutter. Doch dann entsetzte es sie, dass der Muttertag zu einem Tag des schnöden Mammons verkam.

Die Geschichte begann in Grafton, West Virginia, wo Anna Jarvis im Mai 1908 eine Gedenkfeier für ihre geliebte Mutter organisierte, die drei Jahre zuvor verstorben war. Sie bestellte 500 Nelken, Mutter Jarvis' Lieblingsblumen, eine für jedes Mitglied ihrer Kirchengemeinde. Unter der Schirmherrschaft des Philanthropen John Wanamaker begann Anna Jarvis bald, sich für einen Nationalfeiertag einzusetzen, der als ewige Hommage an ihre persönliche Heldin dienen sollte. Sie trat vehement – einige würden sagen besessen – für ihn ein und am 9. Mai 1914 triumphierte sie, als Präsident Woodrow Wilson einen Beschluss im Kongress unterzeichnete. Darin erklärte er den zweiten Sonntag im Mai zum »Ausdruck von Liebe und Ehrerbietung für die Mütter unseres Landes«.

Aber da fing die Lage an, prekär zu werden. Der enorme Erfolg von Anna Jarvis' Mission fiel mit dem Auftauchen abscheulich profitgieriger Menschen zusammen, die begannen, Blumen, Karten und Süßigkeiten für den jährlichen Anlass zu vertreiben. Anna Jarvis drehte durch. In einer Pressemitteilung schimpfte sie: »Was würden Sie unternehmen, um Scharlatane, Banditen, Gauner und anderes Ungeziefer in die Flucht zu schlagen, die mit ihrer Gier eine unserer besten, edelsten und wahrsten Regungen und Feiern untergraben wollen?«

Der Muttertag war für Anna Jarvis zu einem Fest des Schreckens geworden. Aber der ultimative Stein des Anstoßes kam in den 1930er-Jahren, als die US-Bundespost eine Gedenkbriefmarke zum Muttertag ankündigte, die ein Porträt des Malers James McNeill Whistler von dessen Mutter zeigte. Wer um alles in der Welt konnte eine alte Dame mit sauertöpfischem Gesicht für würdiger befinden als die Mutter von Anna Jarvis? Sie ertrug es nicht. Sie forderte eine Audienz bei Präsident Roosevelt, und es gelang ihr, dass das Motiv des »Muttertags« aus der Edition gestrichen wurde. Aber die Tatsache, dass die Briefmarke noch mit den Lieblings-Nelken ihrer Mutter verziert war, wurmte sie zutiefst.

Mit zunehmender Empörung wurde Anna Jarvis immer unausgeglichener: Bei einer Gelegenheit stürmte sie in ein Treffen der amerikanischen Kriegsmütter, um den Verkauf von Nelken zum Muttertag zu stoppen. Die Polizei musste die schreiende Frau wegzerren. Schließlich verbarrikadierte sie sich in ihrem Haus und lauschte stets dem Radio, da sie davon überzeugt war, dass ihre Mutter über Funk mit ihr sprach.

Am Ende blieb für die mittellose und halb demente »Mutter des Muttertags« kein anderer Platz mehr als ein Sanatorium.

10. Mai 1849

Viel Lärm um (fast) nichts

Es begann mit einem Zischen, als der englische Schauspieler James Macready 1846 beschloss, seine Monologe als Hamlet mit einem kleinen Tanz zu untermalen. Plötzlich, als er in Edinburgh auf der Bühne stand, erscholl der unverwechselbare Klang des Unmuts aus dem Publikum – er kam von einem Schauspielerkollegen, einem amerikanischen Bühnenidol namens Edwin Forrest.

»Ich glaube nicht, dass eine solche Aktion in der Theatergeschichte je schon mal da war«, kritzelte Macready brüskiert in sein Tagebuch. »Dieser schwachsinnige Rüpel!« Forrest seinerseits war überhaupt nicht darauf aus, sich zu entschuldigen. »Die Wahrheit ist«, schrieb er der *London Times*, »Mr. Macready hielt es für angebracht, einen ausgefallenen Tanz in seine Darstellung von ›Hamlet‹ einzuführen, den ich für eine Schändung der Szene hielt und immer noch halte. Daher brachte ich meine Missbilligung zum Ausdruck«. So kam eine kleine Fehde zwischen Schauspielern ins Rollen, die in einem blutigen Finale enden sollte.

Drei Jahre nach dem schicksalhaften Pfeifen waren die inzwischen berühmten Akteure in New York Gegenspieler – beide spielten *Macbeth* an verschiedenen Theatern. In einer Ära lange vor dem Aufkommen von Filmstars war Forrest der Held des amerikanischen Publikums; ein bodenständiger Einheimischer, der seine Rollen mit der kernigen Energie spielte, an der es so fehlte bei jenen verweichlichten, so übermäßig auf gute Manieren ausgerichteten Darstellern, die versuchten, die altmodische englische Schule der Schauspielerei am Leben zu erhalten. Und sein englischer Kontrahent Macready wiederum hielt wenig vom amerikanischen Publikum. »In diesem Land«, schrieb er, »sind die Massen, ob reich oder arm, im Wesentlichen ignorant und vulgär, völlig geschmacklos«.

Die Abneigung, besonders angesichts von Macreadys bekannter Feindseligkeit gegenüber dem heimischen Publikum, beruhte auf Gegenseitigkeit. Der hochnäsige englische Schauspieler bekam einen kleinen Vorgeschmack der amerikanischen Missbilligung in jener Nacht, in der sein *Macbeth* im New Yorker Astor Place Opera House Premiere hatte: Das Publikum bewarf ihn mit faulen Eiern und Gemüse und erzwang ein frühes Ende der Vorstellung, als es anfing, Stühle zu schleudern. Erschrocken, aber unbeirrt kehrte Macready am 10. Mai 1849 auf die Bühne des Astor Place zurück. Und da begann das wahre Chaos.

Das Publikum verhielt sich ähnlich wie bei der Premiere – also demonstrativ ungnädig –, aber draußen startete ein immer wilder werdender Mob plötzlich einen Angriff auf das Theater. »Ein Fenster nach dem anderen zerbrach«, berichtete die *New York Tribune*, »es flogen Pflastersteine in die Logen. Zuletzt ähnelte das Opernhaus eher einer von einer Invasionsarmee belagerten Festung als einem Ort, der zur friedlichen Unterhaltung einer zivilisierten Gemeinschaft bestimmt war«.

In dem Bericht ging es folgendermaßen weiter: »Der widerwärtige Schauspieler setzte seine Rolle mit vollkommenem Egoismus fort und achtete nicht auf die turbulente Szene, die sich vor ihm abspielte«.

Als der Aufstand draußen immer heftiger wurde, musste die vor Ort stationierte Polizei durch das Militär verstärkt werden. Sie wurde mit Felsbrocken und Steinen beworfen, und nach mehreren Warnschüssen schoss man schließlich in die Massen. Mehr als 30 Menschen wurden getötet, viele weitere schwer verletzt. Macready beendete unterdessen seinen Auftritt und kam unversehrt davon – sein Eindruck vom rüpelhaften amerikanischen Publikum war nun gefestigt.

11. MAI 1846

Ein Volks- bzw. »Polk«-Märchen

Am 11. Mai 1846 erklärte US-Präsident James K. Polk vor dem Kongress, dass Mexiko eine unmittelbare Bedrohung für die USA darstelle. Ausländische Truppen, sagte er, hätten die Grenze überschritten und amerikanisches Blut auf amerikanischem Boden vergossen. Dabei waren keineswegs mexikanische Truppen auf amerikanischem Territorium eingedrungen, sondern man war auf umstrittenem, mexikanisch besiedeltem Land kriegerisch zusammengestoßen. Tatsächlich war die einzige wirkliche Bedrohung, die Mexiko darstellte, dass es den USA dabei im Weg stand, ihr Einflussgebiet nach Westen auszudehnen. Obwohl Polk seinen Krieg durch Täuschung zu legitimieren versuchte, wurden seine Ansprüche von einem jungen Kongressabgeordneten namens Abraham Lincoln angezweifelt. Er forderte Polk auf, ihm den Ort auf US-Boden zu zeigen, an dem amerikanisches Blut vergossen worden sei. Lincoln wurde in einigen Kreisen als Verräter bezeichnet und großteils ignoriert. Die USA gewannen den Krieg – und ein riesiges Territorium an Neuland.

12. MAI 1937

Eine mühsame Krönung

Das Letzte, was der schüchterne und zurückhaltende Prince Albert Frederick Arthur George wollte, war, die britische Krone zu tragen. Als er erfuhr, dass sein älterer, weitaus charismatischerer Bruder, Eduard VIII., auf den Thron verzichten wollte, um seine amerikanische, zweifach geschiedene Geliebte zu heiraten, »brach der Prinz zusammen und schluchzte wie ein Kind«. Aber die Pflicht rief und zum

Zeitpunkt seiner Krönung am 12. Mai 1937 hatte sich der Prinz trotz der allgemeinen Sorge (wegen seines Stotterns) gefasst, um sich seinem Amt zu stellen. Doch alle anderen um ihn herum schienen nervös und machten es dem angehenden Regenten schwer, seine königliche Würde aufrechtzuerhalten.

Der Tag begann mit einem unfreiwilligen Weckruf um 3 Uhr morgens, da jemand dies für eine gute Zeit hielt, die Lautsprecher vor dem Buckingham Palace zu testen. Es folgten noch mehr Störungen. »Kapellen und Marschtruppen trafen um 5:00 Uhr morgens ein. An Schlaf war nicht zu denken«, schrieb der angehende König Georg VI. in sein Tagebuch. »Ich konnte nicht frühstücken und wurde immer mutloser. Ich wusste, dass ich den schwierigsten Tag und die wichtigste Zeremonie meines Lebens durchlaufen würde«.

Innerhalb der Abtei waren die Bischöfe von Durham und Wells, deren Aufgabe traditionellerweise darin bestand, dem König während der Zeremonie zur Seite zu stehen, alles andere als hilfreich. Wie George sich erinnerte: »Als dieser große Moment kam, konnte kein Bischof die Worte (zum Krönungseid) finden, also hielt mir der Erzbischof sein Buch vor die Augen, damit ich sie ablesen konnte, aber zu meinem völligen Entsetzen überdeckte sein Daumen die Worte des Eides«. Schlimmer noch, als der König aufstand und versuchte, auf seinen Thron zu gelangen, musste er feststellen, dass einer der Bischöfe auf dem Saum seines Gewandes stand. »Ich musste ihn auffordern, von meinem Gewand zu treten, da ich fast hingefallen wäre«.

Auch andere Helfer hatten mit ihren Aufgaben zu kämpfen. Der Graf von Ancaster etwa stach dem König fast in den Hals, als er versuchte, den Ritterschlag zum Königstitel zu vollziehen. Der Herzog von Portland und der Marquis von Salisbury blieben jeweils mit ihren Ordensketten an den Fransen der Kissen hängen, auf denen die Kronen des Königs und der Königin lagen, als sie versuchten, die Kronen dem Erzbischof zu reichen.

Doch trotz der missglückten Zeremonie fühlte sich der König durch den alten Ritus geistig gestärkt – der Erzbischof von Canterbury berichtete, dass er gesagt habe: »Er fühlte sich, als ob überall jemand anderes mit ihm sei«. Und wie sich herausstellte, wurde Georg VI. ein guter Herrscher, der sein Reich tapfer durch die Gefahren des Zweiten Weltkrieges und den Verlust des britischen Weltreichs in dessen Folge führte.

13. Mai 1865

Eine unglückliche Fußnote

General Robert E. Lee hatte bereits einen Monat zuvor im amerikanischen Appomattox Court House in Virginia die Kapitulation unterschrieben, was seinen Kollegen aus den Nordstaaten, Ulysses S. Grant, veranlasste, zu erklären: »Der Krieg ist vorbei. Die Rebellen sind wieder unsere Landsleute«. Der Gefreite John Jefferson Williams hatte das Glück, den schrecklichen Konflikt zwischen den Staaten – bei dem mehr als 620 000 Männer starben – bis zu Lees Kapitulation überlebt zu haben.

Aber erst ein letztes Gefecht sollte den Widerstand beenden. Am 12. und 13. Mai 1865 begegneten sich die Streitkräfte der Nord- und der Südstaaten am Ufer des Rio Grande bei Brownsville, Texas, im Rahmen der sogenannten Schlacht auf der Palmito-Ranch. Es war ein kleiner, unbedeutender Zusammenstoß mit relativ wenigen Todesopfern. Leider war Williams, der für die Union kämpfte, eines von ihnen und erhielt nun eine »besondere« Auszeichnung: Er war der letzte Soldat, der in einem Bürgerkrieg getötet wurde, der bereits beendet war.

14. Mai 1912

Verdammung!

D er Brauch, einen Gegner mit heißem Teer zu beschmieren und ihn mit Federn zu bedecken, war eine alte Bestrafungsmethode in den Kolonialstaaten Amerikas: Damals erlitten britische Steuereintreiber oft diese demütigende, entsetzlich schmerzhafte Tortur. Und eine Gruppe von Mitgliedern einer Bürgerwehr belebte sie 1912 auf berüchtigte Weise wieder, als sie sich während des sogenannten »San Diego Free Speech Fight« Gewerkschaftsaktivisten entgegenstellten.

Die Arbeiterbewegung wurde von vielen damals als gefährliche Untergrabung der bestehenden Ordnung angesehen – vor allem in Südkalifornien, wo 1910 Extremisten das Hauptquartier der *Los Angeles Times* in die Luft gejagt hatten. Um die Rekrutierungsbemühungen insbesondere einer Organisation – der Industrial Workers of the World – einzudämmen, verabschiedete der Stadtrat von San Diego eine Verordnung: Sie verbot die Straßenreden, die die IWW-Mitglieder oder »Wobblies«, wie sie genannt wurden, oft im zentralen Geschäftsviertel der Stadt hielten. Diese Einschränkung der Redefreiheit führte unweigerlich zu Auseinandersetzungen zwischen den »Wobblies«, ihren Anhängern und den konservativen Bewohnern von San Diego, die von den lokalen Medien oft zur Gewalt aufgerufen wurden.

»Hängen ist nicht genug für sie«, stand in einem Leitartikel in der *San Diego Tribune*. »Sie wären besser tot, denn sie sind absolut nutzlos in der Gesellschaft; sie sind der Abfall der Schöpfung und sollten in die Kanalisation des Vergessens gespült werden, um dort zu verrotten«. Zusätzlich griffen umherstreifende Repräsentanten der Bürgerwehr diejenigen brutal an, die es wagten, sich der Verordnung zu widersetzen. Am 14. Mai 1912 erhielten die berühmte Anarchistin Emma Goldman und ihr Begleiter Ben Reitman, als sie in San Diego ankamen, um die

Proteste der »Wobblies« zu unterstützen, einen Vorgeschmack auf diese raue Durchsetzung des Rechts.

»Gib uns diese Anarchistin!«, schrie der Mob, als Goldman ankam. »Wir werden sie nackt ausziehen und ihr die Eingeweide herausreißen!« Goldman entkam der wütenden Menge, aber später in dieser Nacht wurde Reitman von einer Gruppe von Bürgerwehrlern aus seinem Hotelzimmer entführt und einer schrecklichen Tortur unterworfen. Er wurde an den Stadtrand gefahren und auf dem Weg dorthin gefoltert und seiner ganzen Kleidung beraubt. »Sie schlugen mich nieder«, erinnerte er sich, »traten und schlugen mich, bis ich fast keinen Schmerz mehr empfinden konnte. Mit einer angezündeten Zigarre brannten sie die Buchstaben I.W.W. auf mein Gesäß. Dann gossen sie eine Kanne Teer über meinen Kopf und rieben, da sie keine Federn zur Verfügung hatten, meinen Körper mit Beifuß ein. Einer von ihnen versuchte, einen Stock in mein Rektum zu drücken. Ein weiterer hat meine Hoden verdreht. Sie zwangen mich, die Flagge zu küssen und ›The Star-Spangled Banner‹ zu singen.« Dann ließen sie ihn mit dem Zug die Stadt verlassen – einfache Fahrt natürlich.

15. MAI 1998

Die ewige Zweite

Die Seifenoperndiva Susan Lucci gab dem Wort »Verlierer« am 15. Mai 1998 eine neue Bedeutung, als ihr der Daytime Emmy Award als beste Schauspielerin verweigert wurde – zum 18. Mal. Im darauffolgenden Jahr gewann sie die Trophäe dann allerdings.

16. MAI 1966

Maos Teenager-Terrorbrigaden

Nachdem Mao Zedong China mit seinem gescheiterten »Großen Sprung nach vorne« fast völlig ausgeblutet hatte, erlegte er seinem schon so lange leidenden Volk ein neues Elend auf: eine Reinigung durch den Kommunismus, die dazu bestimmt war, alle Überreste der alten Kultur oder des westlichen Einflusses zu zerstören. Schlimmer noch, diese sogenannte »Kulturrevolution« wurde von Teenagern durchgesetzt, die sich in Rote Garden verwandelten – Millionen von ihnen, die – wie der Reporter Robert Elegant schrieb –, »die riesige Nation wie Horden von wütenden Soldatenameisen belauerten«.

Teenager-Terroristen in der Ausbildung lesen Maos »Kleines Rotes Buch«.

Der traditionelle Respekt vor den Ältesten wurde in dieser jahrzehntelangen Spirale in Wahnsinn verkehrt, und ab dem 16. Mai 1966 hatten nun Kinder die Kontrolle über Leben oder Tod, persönliches Eigentum und Menschenwürde inne. Eine Macht, die unter Zustimmung Maos schwer missbraucht wurde. Zhang Hongbing, der seine eigene Mutter denunzierte, was 1970 zu ihrer standesrechtlichen Hinrichtung führte, war nur einer von Millionen von Teenagern, deren Verstand vergiftet wurde. Sie blieben mit den Auswirkungen ihrer Taten zurück, als China 1976 nach dem Tod Maos schließlich auf den nüchternen Boden der Tatsachen zurückkehrte. »Ich sehe sie in meinen Träumen«, sagte Zhang 2013, »genauso jung wie damals. Ich knie auf dem Boden und fasse ihre Hände, aus Angst, dass sie verschwindet. ›Mutter‹, schreie ich, ›ich bitte um Verzeihung!‹ Aber sie antwortet nicht. Niemals hat sie mir geantwortet. Das ist meine Strafe«.

17. UND 19. MAI 1536

Todesurteil mal zwei

Thomas Boleyn hätte am Hof von Heinrich VIII. nicht höher im Rang stehen können. Er war der Schwiegervater des Königs und genoss all die Vorzüge, die mit einer solchen Position einhergingen. Aber im Mai 1536 kam es zu einer schrecklichen Inzest-Anschuldigung, die seine beiden Kinder betraf: Königin Anne Boleyn und George, Viscount Rochford. Anne, wie in der Anklage gegen sie verlesen wurde, habe »ihren Bruder George mit ihrer Zunge im Mund verführt«. Zudem habe es auch Geschenke und Juwelen gegeben. Obwohl die meisten Historiker die Anschuldigungen für absurd halten – wie viele Zeitgenossen, die auf Georges Freispruch sogar Wetten abschlossen –, wurden die Geschwister in separaten Prozessen am 15. Mai verurteilt und für schuldig befunden.

Es wurde ihrem Onkel mütterlicherseits, dem Herzog von Norfolk, überlassen, die Todesurteile zu verkünden. So verlor Thomas Boleyn am 17. Mai seinen einzigen Sohn an die Axt des Henkers und seine Tochter Anne zwei Tage später an einen französischen Schwertkämpfer.

Viel zu alt für diesen Sch...ß, Teil I

Älteren Menschen wird in der Regel ein wenig Nachsicht entgegengebracht, nicht so allerdings Maria Barbara Carillo. 1721 wurde die 96-jährige Witwe ein Opfer der Spanischen Inquisition, die zwei Jahrhunderte nach der Gründung durch die Co-Monarchen Ferdinand und Isabella in Spanien umtriebiger war denn je – vor allem, als es darum ging, Juden ausfindig zu machen, die gewaltsam zum Katholizismus »bekehrt« worden waren und angeblich ihre alten religiösen Praktiken wieder aufgenommen hatten. Die arme Maria Barbara Carillo wurde für eine dieser Personen gehalten. Nachdem sie in einer Zeremonie (bekannt als »Autodafé«), an der Berichten zufolge auch König Philipp V. teilnahm, verurteilt worden war, wurde die alte Dame an den Stadtrand von Madrid gebracht und am 18. Mai 1721 lebendig verbrannt.

»Filet Mignonette«

Als der junge Richard Parker am 19. Mai 1884 an Bord der Yacht *Mignonette* ging, war es, als ob sein Schicksal bereits auf unheimliche Weise besiegelt worden wäre. Fast 50 Jahre zuvor hatte Edgar Allan

Poe seinen einzigen Roman, *Die Erzählung des Arthur Gordon Pym aus Nantucket* veröffentlicht – eine Geschichte über nautische Abenteurer, in der die hungernden Überlebenden eines Schiffbruchs Strohhalme ziehen, um festzustellen, wer von ihnen geopfert werden solle, um den anderen als Nahrung zu dienen. Eine Figur namens Richard Parker zieht dabei den Kürzeren und wird vom Rest der Mannschaft verschlungen.

Als ob die folgende Geschichte von Poe geschrieben worden wäre, wurde die *Mignonette* von Stürmen heimgesucht, als sie am Kap der Guten Hoffnung vorbeisegelte. Sie war auf dem Weg von Southampton, dem damaligen England, nach Sydney, Australien, und sank. Richard Parker überlebte den Schiffbruch, aber nicht lange. Der junge Mann und seine drei Gefährten trieben wochenlang an Bord eines Beibootes, kämpften gegen Haie und ernährten sich zunächst von zwei Dosen Rüben, die sie geborgen hatten. Die Männer fingen und aßen eine Meeresschildkröte, aber noch immer drohte der Hungertod. Und in ihrer Verzweiflung begannen sich die Überlebenden gegenseitig zu beäugen.

Das »Gesetz der See« kannte eine Lösung für eine solche Situation: Kannibalismus. Aber vorher mussten Strohhalme gezogen werden. Die Männer der *Mignonette* vernachlässigten diese wichtige Sitte, weil Richard Parker Meerwasser getrunken hatte und wahrscheinlich bald sterben würde. Anstatt dessen Ende abzuwarten und das verdorbene Fleisch eines Dahingesiechten zu essen, erstachen die drei anderen den jungen Mann und verspeisten ihn sofort.

»Ich kann Ihnen versichern«, erinnerte sich einer der Überlebenden, »ich werde nie den Anblick meiner beiden unglücklichen Gefährten bei dieser schrecklichen Mahlzeit vergessen. Wir alle waren wie verrückte Wölfe, die den größten Teil bekommen wollten, doch wir waren sicher im Unrecht, eine solche Tat zu begehen«.

Vier oder fünf Tage nach diesem mörderischen Akt der Notwendigkeit entdeckten die drei Überlebenden die Segel des deutschen Schiffes *Moctezuma* und wurden gerettet.

20. Mai 1875

Abgeschoben vom eigenen Sohn

Abraham Lincoln tolerierte ihren extravaganten Lebensstil und ihre gelegentlichen Zornausbrüche mit wohlwollender Gutmütigkeit – sein Sohn Robert weit weniger. Am 20. Mai 1875, über zehn Jahre nach der Ermordung des Präsidenten, ließ Lincoln Junior seine Mutter in die Psychiatrie einweisen. Es geschah tatsächlich in einer Art Überfall, auf den Mary Todd Lincoln völlig unvorbereitet war.

Am Tag, bevor sie eingewiesen wurde, kam Leonard Swett, ein Berater des verstorbenen Präsidenten, unerwartet im Chicago Hotel an, in dem Abraham Lincolns Witwe logierte. Von zwei Wachen begleitet, führte Swett sie in einen sehr vollen Gerichtssaal, wo Richter, Geschworenenjury und eine Reihe von Zeugen bereits auf sie warteten. Robert Lincoln war auch dort, er hatte das Ganze inszeniert. Der Sohn war seit Langem gedemütigt von den extremen Ausbrüchen seiner Mutter, die den tragischen Verlust von zwei Söhnen hatte hinnehmen müssen ebenso wie die Ermordung ihres Ehemannes. Doch am meisten ging es ihm ums Geld – und wie viel davon sie ausgab.

Die frühere First Lady saß an diesem Tag im Gerichtssaal, abwechselnd verwirrt und erzürnt, als eine ganze Reihe von Experten – viele von ihnen hatte sie nie getroffen – ihre unausgewogene Psyche bezeugten. Die Analysen basierten alleine auf Berichten, die sie von Robert erhalten hatten. Hotelzimmermädchen und andere wurden ebenfalls in den Zeugenstand berufen und boten so vernichtende Beweise an wie: »Mrs. Lincolns Benehmen war von extremer Nervosität geprägt«. Dann war Robert im Zeugenstand: »Ich habe keinen Zweifel daran,

dass meine Mutter verrückt ist«, erklärte er vor Gericht. »Sie bereitet mir seit Langem Sorgen. Sie hat kein Zuhause mehr und keinen Grund dafür, all diese Einkäufe zu tätigen«.

Die Verteidigung machte es sich einfach und erhob keinerlei Einsprüche. Robert hatte den Anwalt, der seiner Mutter zur Seite gestellt worden war, manipuliert. Während die Jury, die nur aus Männern bestand, sich zurückzog, um Mrs. Lincolns Schicksal zu besiegeln, näherte ihr sich der verräterische Sohn und versuchte, ihre Hand zu greifen. Während sie die Geste zurückwies, tätigte Mary Lincoln ihre einzige Aussage an diesem Tag: »Oh Robert, nie hätte ich gedacht, dass mein eigener Sohn mir das antun würde«.

Zehn Minuten später fiel das Urteil, dass sie geisteskrank sei, und am nächsten Tag wurde Mary Todd Lincoln eingewiesen.

21. Mai 1972

Heilige Mutter Gottes!

Am Pfingstsonntag 1972, als plötzlich ein Verrückter mit dem Schrei »Ich bin Jesus Christus« über eine Barriere sprang und mit dem Hammer eines der exquisitesten Kunstwerke der Welt, Michelangelos »Pietà«, angriff, war der Petersdom voll von Kirchgängern und Touristen. Der Schaden an der prächtigen Marmorskulptur, die einzige, die jemals vom Künstler signiert wurde, war groß. Die 15 Hammerschläge spalteten die Nase der Madonna ab, die den Körper ihres gekreuzigten Sohnes hielt, und sie trieben Furchen auf ihr linkes Augenlid, ihren Hals, ihren Kopf und ihren Schleier. Ihr linker Arm wurde abgebrochen, und die Finger zerbrachen, als die Figur zu Boden fiel. Papst Paul VI. war verständlicherweise entsetzt über eine solch mutwillige Zerstörung. Ironischerweise aber waren es einige seiner päpstlichen

Vorgänger, die fünf Jahrhunderte zuvor einen Angriff auf ein anderes Meisterwerk von Michelangelo gestartet hatten. Unter der Schirmherrschaft von Papst Paul III. hatte der Künstler »Das Jüngste Gericht« geschaffen, ein riesiges Fresko hinter dem Altar der Sixtinischen Kapelle. Aber schon während der Arbeit wandten sich einige prüde Mitglieder des Vatikans gegen die Nacktheit, die nun an einem solch heiligen Ort dargestellt wurde. Michelangelo rächte sich an einem jener Kritiker, Biagio da Cesena, indem er ihn als Richter in die Unterwelt des Freskos integrierte – mit Eselsohren und einer Schlange, die an seinen Genitalien knabbert. Als da Cesena sich beschwerte, konterte der Papst mit Humor und antwortete, er habe keine Zuständigkeit in der Unterwelt, und die Darstellung müsse daher bleiben, wie sie sei.

Die nachfolgenden Päpste waren jedoch nicht so kunstfreundlich. Paul IV., der große Inquisitor, »kastrierte«, wie der Renaissance-Schriftsteller Michel de Montaigne schrieb, »viele schöne antike Statuen in seiner Stadt« und wollte auch Michelangelos Fresko zerstören. Aber erst Pius IV. befahl dann dem Künstler Daniele da Volterra, die anstößigen Genitalien im »Jüngsten Gericht« mit Farbe zu bedecken, was ihm den abfälligen Spitznamen »Der Hosenmaler« einbrachte.

22. Mai 1856

Brutale Maßregelung

In den Jahrzehnten vor dem Bürgerkrieg – als sich die Differenzen über Sklaverei und Staatsrechte gefährlich zu verschärfen begannen – streiften nervöse Gesetzgeber mit Pistolen und Dolchen bewaffnet durch die Hallen des Kongresses und forderten praktisch jeden politischen Gegner heraus, sich ihnen zu widersetzen. Die Atmosphäre im Repräsentantenhaus war »heiß wie in einem kochenden Kessel«, schrieb ein Beobachter, als »angriffslustige Mitglieder der Südstaaten die der Nordstaaten wild anstarrten«. Gesetzgeber forderten sich gegenseitig zu Zweikämpfen heraus und gingen mit vernichtenden Reden aufeinander los. In einer Szene, die an einen Saloon im Wilden Westen erinnerte, reagierten sie wie Cowboys, nachdem die Waffe eines Mitglieds versehentlich losgegangen war. Es wurden sofort »30 oder 40 Pistolen gezogen«, berichtete der Repräsentant William Holman aus Indiana.

Die Spannung erreichte im Jahr 1856 ihren Höhepunkt, als Charles Sumner, ein Senator aus Massachusetts, der gegen die Sklaverei war, seine mitreißende »Crime Against Kansas«-Rede hielt, in der er sich vehement gegen die Ausweitung der Sklaverei auf dieses Gebiet aussprach und insbesondere Andrew Butler aus South Carolina, einen der Urheber des »Kansas-Nebraska Acts«, angriff. »Der Senator aus South Carolina hat viele Bücher über Ritterlichkeit gelesen und hält sich für einen Galant mit Sinn für Ehre und Mut«, donnerte Sumner. »Natürlich hat er sich eine Herrin ausgesucht, vor der er seine eigenen Gelübde abgelegt hat, und die, obwohl sie sich anderen gegenüber übel verhält, immer liebenswert zu ihm ist – in den Augen anderer ein verdorbener Charakter, in seinen Augen keusch – ich meine die Prostituierte der Sklaverei«.

Den Repräsentanten Preston Brooks, ein Neffe von Butler, erzürnte Sumners aufrührerische Rede. Zwei Tage später, am 22. Mai, holte er zum Vergeltungsschlag aus. Als Sumner leise an seinem Schreibtisch arbeitete, näherte sich Brooks ihm. »Mr. Sumner«, sagte er, »ich habe Ihre Rede zweimal sorgfältig gelesen. Es ist eine Verleumdung von South Carolina und Herrn Butler, der ein Verwandter von mir ist«.

Ohne Vorwarnung begann Brooks, Sumner mit seinem Rohrstock zu schlagen. Er stoppte den Angriff nicht, selbst nachdem Sumner auf dem Boden in einer Blutlache zusammengebrochen war. Seine Verletzungen waren so schwer, dass es Jahre dauern sollte, bis er sich erholt hatte und zu seinem Sitz im Senat zurückkehrte.

Der Norden reagierte entsetzt auf die Verprügelung: »Das ist ein Verbrechen nicht nur gegen die Freiheit, sondern auch gegen die Zivilisation«, schrieb die *Boston Evening Transcript*. Im Süden wurde Brooks jedoch als Held gefeiert. »Sumner wurde elegant verprügelt«, freute sich der *Charleston Mercury*. Einwohner der Südstaaten schickten Brooks »Gedenkstöcke« mit der Aufschrift »SCHLAG IHN NOCH MAL«.

23. Mai 1976

Fragwürdige Dienstleistungen

»Ich kann nicht tippen, ich kann nicht archivieren, ich kann nicht einmal ans Telefon gehen«.

Liz Ray, »Sekretärin« des Abgeordneten Wayne Hays aus Ohio, der zugleich der mächtige Vorsitzende des Ausschusses des Repräsentantenhauses der Vereinigten Staaten war, als sie zum ersten Mal ihre Fähigkeiten im Büro des Capitol Hill in einer Kolumne der Washington Post enthüllte. Diese wurde am 23. Mai 1976 veröffentlicht. Zwei Monate später kosteten die anderen Dienstleistungen, die Miss Ray auf Kosten des Steuerzahlers ihrem Chef angedeihen ließ, diesen seinen Job.

24. Mai 2014

Eine Minute zu wenig

F ür Geld, so heißt es, kann man sich kein Glück kaufen – oder, im Falle eines unglücklichen Milliardärs, irgendetwas anderes. Am

24. Mai 2014 wurde der iranische Geschäftsmann Mahafarid Amir Khosravi im Gefängnis erhängt, nachdem er als Drahtzieher in einem gewaltigen Bankbetrug verurteilt worden war. Einigen Berichten zufolge wurde die Strafe so schnell vollzogen, dass Khosravi nicht einmal eine Minute mit seinem Anwalt verbringen konnte. »Ich war nicht über die Hinrichtung meines Mandanten informiert worden«, wurde Gholam Ali Riahi auf der Nachrichten-Website *khabaronline.ir* zitiert.

25. Mai 1878

Eine postmortale Begegnung

Am 25. Mai 1878 starb der frühere Kongressabgeordnete John Scott Harrison – Sohn des neunten US-Präsidenten William Henry und Vater des 23., Benjamin, plötzlich an seinem Tisch. Es war ein Schock für seine Familie, aber nicht annähernd so groß wie der, als Harrison fünf Tage später »wiederauferstanden« zu sein schien.

Während der Trauerfeier am 29. Mai bemerkte man, dass das Grab von Augustus Devin, einem kürzlich verstorbenen Verwandten, aufgewühlt worden war und dass der Leichnam fehlte – keine ungewöhnliche Sache im späten 19. Jahrhundert, als Leichenhändler, oder vielmehr Leichenfledderer, wie sie manchmal genannt wurden, kürzlich beigesetzte Leichen ausgruben und sie an Medizinfakultäten verkauften – zu einer Zeit, als anatomisches Sezieren von Leichen noch illegal war.

Am nächsten Tag begleiteten einige Familienmitglieder einen Polizeibeamten und einen Detektiv auf der Suche nach Devins Körper ins Ohio Medical College. Es gab keine Spur des Vermissten, doch gerade als sie aufgeben wollten, bemerkte man ein Seil in einem Schacht. Als sie daran zogen, fanden sie die Leiche eines älteren Mannes, die an dem Seil baumelte, nackt, mit einem Tuch über dem Kopf. Es war nicht Devin, so viel wussten die Männer, weil dieser ein junger Mann gewesen war. Dennoch hob einer von Scott Harrisons Söhnen das Tuch an, um sicherzugehen. Zu seinem Entsetzen fand er nicht den Cousin vor, sondern seinen eigenen Vater, der offensichtlich nur wenige Stunden nach seiner Beerdigung aus seinem Grab geraubt worden war. Der zukünftige US-Präsident Benjamin Harrison kam nie über den »Vorgeschmack der Hölle hinweg, der einen überkommt, wenn man das Grab des eigenen Vaters geplündert vorfindet und der Körper am Genick, wie ein Hund, in einem Schacht der Medizinischen Fakultät hängt«.

26. Mai 1978

Tödliches Vergnügen

Um Nervenkitzel zu erleben, war der Action Park in New Jerseys Vernon Valley genau der richtige Ort. Keine lästigen Sicherheitsmaßnahmen schmälerten den Spaßfaktor der Attraktionen, die hochgradig gefährlich waren. Sie wirkten wie von unreifen Teenagern entworfen. Und um den Schmerz von gebrochenen Knochen und Hautabschürfungen zu dämpfen, gab es an den zahlreichen Erfrischungsständen sogar für minderjährige Kunden Bier, das von anderen beschwipsten Jugendlichen serviert wurde. Kein Wunder, dass der »Unfallpark« oder »Sammelklagenpark« so beliebt war – besonders bei Jugendlichen.

Es gab buchstäblich Hunderte von Möglichkeiten, wie man sich verletzen oder sogar getötet werden konnte in dem gefährlichen Vergnügungspark, der am 26. Mai 1978 eröffnet wurde und fast 20 Jahre lang verletzte und blutbesudelte Besucher wie am Fließband produzierte. Einige von ihnen erinnerten sich an ihre grauenvollen Erlebnisse in einem unterhaltsamen Buch: Weird N.J., Vol. 2: *Your Travel Guide to New Jersey's Local Legends and Best Kept Secrets.*

So gab es in dem Park etwa eine Monstrosität aus Beton und Fiberglas, die als »Alpine Slide« bekannt wurde: Dort waren Brandwunden und Hautabschürfungen die kleinsten Sorgen derer, die eine Schlittenfahrt wagten. »Man bekam eine niedrige Seifenkiste mit Rädern und einer Stange zum Steuern«, erinnerte sich Alison Becker in diesem Buch. »Dann bretterte man auf einer holprigen Rennbahn den Berg hinunter, seinem Schicksal entgegen. Kein Helm. Keine funktionierende Bremse. Keine Warnung davor, dass eine Hand an der falschen Stelle zu einem abgehackten Finger führen konnte … Sie besaßen sogar noch die Frechheit, eine Bahn als ›langsam‹ und eine als ›schnell‹ zu bezeichnen. Sie hätten es ›Verletzungsbahn‹ und ›Todesbahn‹ nennen müssen.«

Dann gab es da noch den berüchtigten »Cannonball Loop«, der während seiner Testphase eine Crashtest-Puppe enthauptet hatte. Andere Hochgeschwindigkeitswasserrutschen, die bei Weitem nicht reibungsfrei funktionierten, beförderten desorientierte Kinder über Steilhänge in schmutzige Teiche, in denen sie nicht selten übel zugerichtet ankamen, während schadenfrohe Schaulustige ständig Ausschau nach verrutschten Bikinis oder »lustigen« Verletzungen hielten.

»Wildwasser«-Kajakfahren war eine weitere Spezialität des Parks, bis das Boot eines armen Kunden (wie so oft) umkippte. Dabei wurde der

Im »Sammelklagenpark« setzten Abenteuerlustige ihr Leben aufs Spiel.

Gast, als er versuchte, das Gefährt wieder aufzurichten, durch einen Stromschlag getötet, ausgelöst durch ein Kabel, das sich unter der Wasseroberfläche befand. Dann gab es noch das Springen von Klippen, wie sich Chris Gethard erinnert. Viele Leute wollten einfach nur eine Runde Schwimmen gehen, ohne zu ahnen, dass menschliche Körper aus neun Metern Höhe auf sie herabstürzen würden.

Die Rettungskräfte passten besonders gut auf an dem übergroßen »Gezeitenwellenpool«, nachdem einige Leute in dessen künstlich erzeugten Wellen ums Leben gekommen waren. »Wissen Sie«, war allerdings ein Kommentar, »falls jemand hineinspringt und nicht schwimmen kann, ist das sein Problem«.

Während des ganzen Schlamassels fuhren »Erste-Hilfe-Wagen« wie Golfwagen durch den Park, wie sich Alison Becker erinnerte, darin »zwei Teenager, die T-Shirts mit der Aufschrift ›Rettungssanitäter‹ trugen. Die kleinen Wagen hüpften über Wege und Wiesen durch die Wäldchen, die den Park umgaben. Aber ihr Auftauchen bedeutete kein Kind mit aufgeschlagenem Knie. Man sah ein Kind, das ein blutdurchtränktes Handtuch auf eine große Kopfwunde presste oder eine klaffende Wunde am Bein hatte. Blut, Blut, überall Blut. Alles, an das ich mich erinnern kann, ist Blut. Und das alles für weniger als 25 Dollar pro Person«.

27. MAI 1541

Viel zu alt für diesen Sch...ß, Teil II

Es sollte eigentlich schwierig sein, die Erniedrigung von George, Herzog von Clarence, bei dessen Hinrichtung zu übertreffen – wurde er doch 1478 in einem Weinfass ertränkt, aber der Abgang seiner Tochter Margaret Pole, Gräfin von Salisbury, kam 1541 dem Ganzen ziemlich nahe. Heinrich VIII. ordnete die Exekution seiner einst geliebten Cousine an –

einer Überlebenden des mörderischen königlichen Familienkonflikts, der als »Rosenkrieg« des vorangegangenen Jahrhunderts bekannt wurde. Dies war vor allem ein Akt der Vergeltung für die heftige Opposition gegen seine Politik, die Margarets Sohn, Kardinal Reginald Pole, gegen ihn vertrat. Die Gräfin war stattliche 67 Jahre alt, als sie den Gang zum Henker antrat; war, der Legende nach, jedoch rüstig genug, um vor diesem davonzulaufen. Er jagte die alte Dame mit Axthieben über den Innenhof des Tower of London, bis sie schließlich stürzte und ordnungsgemäß von ihrem Kopf befreit wurde.

28. Mai 1940

Ein König als Prügelknabe

»Man wird vergeblich in den schwarzen Annalen der ruchlosesten Könige dieser Erde suchen, um ein schwärzeres und armseligeres Beispiel der Treulosigkeit und Feigheit zu finden als jenes, das der König der Belgier verkörpert.«

Der frühere britische Premierminister
David Lloyd George über König Leopold III. von Belgien

Der belgische Widerstand war beherzt, aber chancenlos, als die Nazi-Kriegsmaschinerie sich ihren Weg durch den kleinen, neutralen Staat bahnte. Am 28. Mai 1940 schließlich – nach 18 Tagen tapferen, aber vergeblichen Kämpfens, und nachdem die britischen und französischen Truppen sich bei Dünkirchen zurückgezogen hatten – sah sich König Leopold, Oberkommandeur der belgischen Armee, zur bedingungslosen Kapitulation gezwungen. »Die Geschichte wird bestätigen, dass unsere Armee ihre Pflicht voll erfüllt hat«, sagte der König seinen loyalen Mitstreitern an diesem Tag. »Unsere Ehre ist sicher«.

Zweifelsohne glaubte Leopold dies ebenso wie seine Truppen, denen er beigestanden hatte, bis er von den Deutschen gefangen genommen wurde. Doch die Geschichte meinte es nicht gut mit dem unglücklichen König. In der Tat begann der ungerechtfertigte Angriff auf Leopolds Ehre unmittelbar nach seiner Kapitulation. Er wurde von Männern, die Geschichte schrieben, gestartet, und zwar von solchen, die es eigentlich hätten besser wissen müssen – einschließlich Winston Churchill.

Als Frankreich am Rande einer Niederlage stand und Großbritanniens Kampf gegen Hitler sich gefährlich auf der Kippe befand, trat Churchill am 4. Juni vor das britische Unterhaus und attackierte Leopold für dessen »erbärmliche« Kapitulation. Plötzlich, ohne vorherige Beratung und fast ohne Ankündigung, habe er einen Bevollmächtigten zum deutschen Oberkommando geschickt, seine Armee zur Aufgabe gezwungen und »unsere gesamte Flanke und unsere Möglichkeiten zum Rückzug« aufs Spiel gesetzt.

Es war eine Lüge, und Churchill wusste das. Sowohl Frankreich als auch Großbritannien waren wiederholt vor der bevorstehenden Kapitulation Belgiens gewarnt worden. »Wir sind am äußersten Punkt der Möglichkeit angekommen, noch Widerstand leisten zu können«, hatte König Leopolds Militärberater, General Raoul Van Overstraeten, dem französischen Oberkommandanten gesagt. »Unsere Front löst sich auf wie eine Schnur, die nach Gebrauch komplett zerfällt«. Und in einem Telegramm an Feldmarschall Gort – nur einen Tag vor Leopolds Kapitulation – bestätigte der britische Premierminister selbst die prekäre Lage Belgiens: »Wir bitten sie, sich selbst für uns zu opfern«.

Doch trotz allem wiederholte Churchill später die Verleumdung gegen Leopold in seiner einflussreichen Abhandlung über den Zweiten Weltkrig. Warum? Wie der Autor in seiner Rede »Dies war ihre beste Stunde« bereits hatte verlauten lassen, ließ der französische Premierminister Paul Reynaud kein gutes Haar an König Leopolds Kapitulation, die er für unwürdig und verräterisch hielt – in der Quintessenz beschuldigte er den König, schuld an der französischen Niederlage zu sein – und er erwartete, dass sein Verbündeter, Churchill, dasselbe tun würde. Der britische Premierminister fügte sich, als er schrieb: »Ich dachte, es sei meine Pflicht, als ich vor dem Unterhaus am 4. Juni sprach, nach sorgfältiger Untersuchung der Fakten, die damals feststanden, und aus Gerechtigkeit nicht nur unseren französischen Verbündeten gegenüber, sondern auch der belgischen Regierung, die sich jetzt im Exil in London befindet, die Wahrheit deutlich zu machen«.

Churchills Bericht war jedoch weit von der Wahrheit entfernt, und sein Sohn Randolph widersprach ihm vehement. »Was du darüber gesagt und geschrieben hast, ist nichts als ein Haufen Lügen, und das weißt du«, soll der Sohn zu seinem Vater gesagt haben – laut Erzherzog Otto von Habsburg, der ebenfalls zugegen war. »Natürlich waren es Lügen«, antwortete Churchill provokativ, »aber man darf nicht vergessen, dass die Geschichte einer Ära von deren besten Autoren bestimmt wird. Ich bin dieser Autor und werde es bleiben, und daher wird das, was ich geschrieben habe, als Wahrheit akzeptiert werden müssen«.

29. Mai 1913

Frühjahrstumult

Zahlreiche Rockshows sind in Tumulte ausgeartet, und selbst ein Stück von Shakespeare hat schon blutiges Durcheinander ausgelöst (siehe 10. Mai). Aber ein Ballett? Nun, es geschah in Paris am 29. Mai 1913 – während der Premiere von Igor Strawinskys *Le Sacre du Printemps*. Der größte Teil des Publikums erwartete im Théâtre des Champs-Élysées eine traditionelle Darbietung wie *Schwanensee*. Stattdessen sah man sich unkonventioneller Musik, heidnischen Themen und einer avantgardistischen Choreografie ausgesetzt. Fast von der ersten Note des Fagotts an setzten Buhrufe ein, und schnell kam es zu Handgemengen zwischen den wenigen im Publikum, die Strawinskys bahnbrechendes Werk zu schätzen wussten und der Mehrheit, die das nicht tat. Selbst das Orchester wurde attackiert. »Alles, was greifbar war, wurde in unsere Richtung geschleudert«, erinnerte sich Dirigent Pierre Monteux, »doch wir spielten weiter«. Die Polizei wurde gerufen, und während einer Unterbrechung konnte die Menge beruhigt werden, aber schon als die zweite Hälfte begann, brachen erneut Kämpfe aus.

Der Komponist war so angewidert von dem spöttischen Gelächter, das die ersten Töne der Einleitung begleitete, dass er das Auditorium verließ und den Rest der Aufführung hinter den Kulissen verfolgte. »Nie wieder war ich so verärgert«, schrieb Strawinsky später. Die Meinung einiger, dass es die Choreografie und nicht die Musik gewesen sei, die die Menge zum Toben gebracht hatte, tröstete ein wenig.

Die Meinungen der Kritiker waren ebenso geteilt wie die Reaktionen des Publikums. Henri Quittard von *Le Figaro* nannte das Werk »eine mühevoll inszenierte und kindische Barbarei« und fügte hinzu: »Es tut uns leid, einen Künstler wie Strawinsky dabei zu sehen, wie er sich in ein so bestürzendes Abenteuer verwickeln lässt«. Gustav Linor auf der anderen Seite war verzaubert und notierte im führenden Theatermagazin *Comoedia*, dass die Tumulte zwar bedauerlich seien, aber auch eher

eine »rüpelhafte Debatte« zwischen zwei Parteien mit extrem schlechten Manieren.

Schließlich erkannte die Welt die Genialität von Strawinskys Meisterwerk, von dem der Musikkommentator Miles Hoffman einmal sagte, dass »es einen der größten kreativen Sprünge nach vorne darstelle – nicht nur innerhalb der Geschichte der Musik, sondern in der Geschichte der gesamten Kunst«.

Wider die Regeln

Es gab eine Zeit, besonders im frühen 19. Jahrhundert, in der Männer ihre persönliche Ehre für ähnlich wichtig wie die Heilige Schrift hielten. Jede vermeintliche Beleidigung oder jeder Affront konnte sich leicht als todbringend herausstellen, da man(n) sich gerne im sogenannten »Gericht der letzten Instanz« unerbittlich mit Pistolen duellierte. Dies lief nach einem streng vorgeschriebenen Protokoll ab – es handelte sich ja schließlich um zivilisierte Zeiten, in denen von Gentlemen erwartet wurde, sich gegenseitig mit Stil und Klasse abzuschlachten. Jede Abweichung vom sogenannten »Code Duello« galt als würdelos und verachtenswert. Mit seinem leicht reizbaren Temperament und seiner Überempfindlichkeit gegen die geringste Kränkung war der zukünftige US-Präsident Andrew Jackson einer der leidenschaftlichsten Anhänger des Duells. Aber wie einer seiner Gegner, ein Anwalt aus Tennessee namens Charles Dickinson, zu spät entdeckte, kämpfte Jackson manchmal nicht regelkonform.

Die beiden Männer gerieten in Konflikt durch einen dummen Streit, der mit Pferderennen zu tun hatte. Beleidigungen flogen hin und her, bis Dickinson einen Schritt wagte, den kein Ehrenmann ignorieren konnte: Er veröffentlichte eine Erklärung im *Nashville Review* und nannte Jackson einen »wertlosen Schurken … eine Memme und einen Feigling«. Nachdem dies so »bekannt gemacht« worden war, wie dies bei öffentlichen Feindseligkeitserklärungen genannt wurde, tat der zukünftige

Präsident, was unter solchen Umständen erwartet wurde: Er forderte Dickinson offiziell zu einem Duell heraus. Die Männer einigten sich darauf, ihre Differenzen am 30. Mai 1806 beizulegen …

Als Jackson Dickinson gegenüberstand, der für seine Fähigkeiten als tödlicher Schütze bekannt war, erkannte er, dass er deutlich im Nachteil war. Tatsächlich feierte der Anwalt auf dem Weg zum vereinbarten Treffpunkt bereits, in der Überzeugung, dass er mit seinem Gegner schnell fertig sein würde. Zur Freude seiner Gefährten schoss Dickinson einmal aus einer Entfernung von 22 Metern auf ein Stück Schnur, trennte es entzwei und ließ die Überreste bei einem örtlichen Gastwirt. »Wenn General Jackson auf dieser Straße entlangkommt, zeigt ihm das!«, freute er sich. Doch Jackson war schwer beschäftigt, als er sich auf den Weg nach Kentucky machte und mit seinen eigenen Begleitern eine Strategie entwarf. Es wurde entschieden, dass es besser sei, Dickinson zuerst feuern zu lassen, da er bei Weitem der überlegene Schütze war. Auf diese Weise konnte Jackson, sollte er überleben, dann selbst sorgfältig zielen und musste sich nicht damit befassen, wie schnell oder präzise er abdrückte, wenn die Reihe an ihm war.

Als sie am vereinbarten Ort ankamen, nahmen beide Männer ihre Positionen ein. Die Runde wurde freigegeben, Dickinson hob schnell seine Pistole und schoss Jackson in die Brust. Aber der General fiel nicht. Stattdessen umklammerte er mit zusammengebissenen Zähnen seine Brust (wo die Kugel, nur einen Zentimeter von seinem Herzen entfernt, eingeschlagen hatte und für den Rest seines Lebens stecken bleiben sollte). »Großer Gott!«, schrie ein entsetzter Dickinson. »Habe ich ihn etwa nicht getroffen?« Der fassungslose Anwalt wurde dann, wie es die Regeln vorschrieben, zu seiner Markierung zurückbeordert. Jackson war es nun freigestellt, nach Belieben nach ihm zu schießen. Langsam hob er die Pistole, zielte sorgfältig und drückte den Abzug. Der Pistolenhammer klemmte jedoch, was für Dickinson eine Gnadenfrist hätte bedeuten müssen. Aber so kam es nicht. Ohne Rücksicht auf die

Duell-Etikette hob Jackson erneut seinen Arm und feuerte. Die Kugel durchschlug Dickinsons Körper, und er verblutete. »Ich hätte ihn selbst dann noch getroffen«, scherzte Jackson, »wenn er mir durchs Gehirn geschossen hätte.«

Verschwendete Pause

Die ehemalige First Lady der Philippinen, Imelda Marcos – sie, die tausend Paar Schuhe besaß – hatte die Nase voll. »Ich bin es so leid, wenn ich höre eine Million Dollar hier, eine Million Dollar dort; es ist so kleinlich«, berichtete die *Times of London*, nachdem sie angeklagt worden war, ihre Heimat um Hunderte von Millionen Dollar bestohlen zu haben. Und als ob sie demonstrieren wollte, wie sehr sie es wirklich leid war, erlitt die arme Imelda im Gerichtssaal während ihres Bundesverfahrens wegen krimineller Geschäfte am 31. Mai 1990 einen Schwächeanfall. So zwang sie den Prozess zum Stillstand, da sie auf einer Trage weggetragen wurde. Sie erholte sich jedoch gut und konnte ihre Milliarden ausgeben, nachdem sie einen Monat später freigesprochen wurde. »Ich wurde als Verschwenderin geboren«, erklärte die Schuhfetischistin in der Folgezeit. »Sie werden meinen Namen eines Tages ins Wörterbuch aufnehmen. Sie werden das Wort ›imeldaisch‹ benutzen, um damit verschwenderische Extravaganz zu bezeichnen.«

Juni

»Den ganzen Juni habe ich Rosen in Bündel gebunden.

Jetzt streife ich, Rose um Rose, die Blätter ab

und habe sie dort ausgestreut, wo Pauline entlangkommen

könnte. Sie wird sich nicht zur Seite drehen? Oh je!

Lass sie liegen. Ich vermute, sie werden sterben?

Es bestand die Chance, dass sie ihr ins Auge fallen.«

ROBERT BROWNING

One Way of Love

---

1. JUNI 1809

Der Kopf eines Genies

Joseph Carl Rosenbaum war entsetzt über die wenigen Trauergäste, die seinem musikalischen Helden Joseph Haydn am 1. Juni 1809 die letzte Ehre erwiesen. Da Wien damals von Napoleon belagert wurde, waren viele potenzielle Trauergäste einfach andernorts beschäftigt.

Doch bei aller Empörung Rosenbaums über die zeremonielose Verabschiedung des Komponisten verbündete er sich noch am selben Tag mit dem Friedhofswärter, um das Grab des Komponisten zu schänden. Allerdings mit nobler Absicht, so glaubte er. Als ehemaliger Schüler Haydns wollte er, dass die Welt das Genie des großen Mannes verstand. Und dafür benötigte er Haydns Kopf.

Zum Zeitpunkt des Todes des Komponisten hatte eine relativ neue »Wissenschaft«, die als Phrenologie bekannt war, eine weit verbreitete Anerkennung erlangt, da sie es sich zur Aufgabe machte, den menschlichen Geist durch die Untersuchung des Schädels zu verstehen. Es wurde angenommen, dass die verschiedenen Formen und Konturen des Kopfes spezifische Eigenschaften bewiesen. Rosenbaums Absicht war es, die musikalische Brillanz des großen Komponisten anhand von dessen Kopf abzubilden.

Er hatte an Haydns Sterbebett geduldig auf seine Trophäe gewartet, und vier Tage nach der Beerdigung wurde er schließlich belohnt. Leider hatte die Sommerhitze die Verwesung bereits stark beschleunigt, und der Schädel verströmte einen so üblen Geruch, dass sich Rosenbaum, als er den vor sich hin faulenden Kopf in seine geschlossene Kutsche aufnahm, sofort erbrach. Dennoch ließ er sich von seiner heiligen Mission nicht abbringen.

Nachdem Rosenbaum bereits erfolglos versucht hatte, das Fleisch vom abgetrennten Kopf einer kürzlich verstorbenen Schauspielerin zu entfernen, vertraute er die Verarbeitung seiner neu erworbenen Reliquie Leopold Eckart an. Dies war ein Arzt, den er als Freund und Kollegen der Phrenologie kannte und dem er vertraute. In Eckarts erfahrenen Händen wurde Haydns Kopf methodisch von den Muskeln und Sehnen befreit, die den Schädel, der alles offenbaren sollte, verdeckten.

Niemand dachte damals an die verrottende graue Masse, die Haydns Gehirn war – an die Geheimnisse, die es enthalten könnte –, und dieses Organ wurde kurzerhand mit dem Rest des als unbrauchbar beiseite gelegten Gesichtsfleisches in den Krankenhausofen geworfen.

Rosenbaum war erfreut darüber, dass am 15. Juni eine weitaus großzügigere Gedenkfeier für sein verehrtes Idol organisiert worden war. »Es war«, schrieb er, »äußerst feierlich und Haydns würdig«. Doch er schien irgendwie die Tatsache außer Acht gelassen zu haben, dass der Komponist zwar angemessener gefeiert wurde, sein Kopf aber »in Kalkwasser in einem nahe gelegenen Krankenhaus eingeweicht wurde«, wie der Autor Colin Dickey in seinem Werk *Cr(nioklepty* schrieb.

Das zersetzende Bad verlieh dem Schädel eine strahlend weiße Farbe, und nun war er bereit, in die Vitrine gestellt zu werden, die Rosenbaum liebevoll dafür gebaut hatte. Und dort blieb er über ein Jahrzehnt lang – ein Objekt der Ehrfurcht und des Staunens, wenn auch geheim. Schließlich jedoch beschloss Haydns Gönner, Fürst Nikolaus II. aus dem Hause Esterhházy, dass der berühmte Komponist, dessen Musik seinen Hof in Eisenstadt lange Zeit zum Klingen gebracht hatte, eine würdige Grabstätte brauchte. Und so wurde nun eine grausige Entdeckung gemacht. Nach der Öffnung des Grabes – verziert mit der makabren Inschrift *Non omnis moriar* (Ich werde nicht ganz sterben) – fanden die Agenten des Fürsten eine geschändete Leiche vor: Es gab nur noch eine Perücke an der Stelle, an der der Kopf hätte sein sollen. Verärgert befahl Fürst Nikolaus eine gründliche Untersuchung des Falles, was Rosenbaum aber in keinster Weise zu beunruhigen schien. »Wir haben darüber gesprochen, dass der Fürst Haydns Überreste, abzüglich des Kopfes, nach Eisenstadt schickt«, schrieb er, »und alle lachen auf Kosten des Fürsten«.

Schließlich stellte die Polizei den Kopfräuber, der ihnen jedoch einfach einen Ersatz-Schädel gab, während er den echten Schädel im Bett seiner Frau versteckte, die vorgab, krank zu sein. So blieb »das wertvollste Relikt Joseph Haydns«, wie Rosenbaum es nannte, für den Rest seines Lebens bei ihm. Erst 1954 – 145 Jahre nach der Kopfabtrennung – wurde Haydns Schädel endlich wieder mit dem Rest von ihm vereint.

2. JUNI 1763

Doppel-Lacrosse

Die List war einfach, aber äußerst effektiv. Am Nachmittag des 2. Juni 1763 versammelten sich Hunderte von Chippewa und Sauk auf einem Feld außerhalb von Fort Michilimackinac (heute Mackinac City, Michigan), um unter dem Deckmantel eines freundschaftlichen Treffens eine Partie Lacrosse zu spielen.

Major George Etherington, Kommandant des Forts, das die Briten kürzlich von den Franzosen erobert hatten, gab nichts auf die Warnungen, die er erhielt und die besagten, dass die Indianer weitaus gefährlicher seien, als sie wirken mochten. Etherington ließ die Berichte hochnäsig außer Acht, überzeugt von seiner militärischen Überlegenheit über die sogenannten Wilden. Ahnungslos nahmen er und seine Garnison ihre Plätze an den Seitenlinien ein, um das Spiel zwischen den mit Tonerde bemalten Indianern zu beobachten. Auch die Frauen der Indianer, fest in Decken gewickelt, sahen zu. Und als der Ball inmitten des Spiels über die Mauer des Forts flog, waren sie bereit: Die Spieler jagten dem Ball hinterher, und die Frauen holten unter ihren Decken die Waffen hervor, die für ein Massaker nötig waren.

Alexander Henry, ein junger Pelzhändler, der das Glück hatte, ein Versteck auf dem Dachboden zu finden, erinnerte sich später an den Horror, dessen Zeuge er geworden war: »Durch eine Öffnung, die mir einen Blick über den Bereich um das Fort herum ermöglichte, beob-

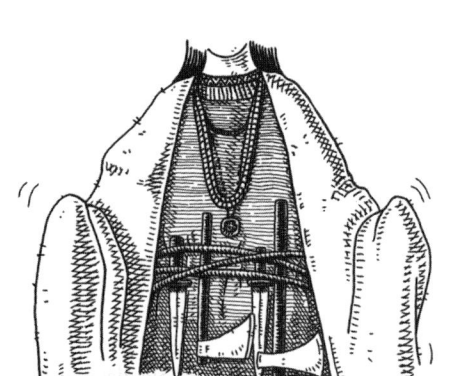

achtete ich den wilden Triumph der barbarischen Eroberer: Die Sterbenden schrien und krümmten sich unter den blutdürstigen Messern und Tomahawks, und von den Körpern einiger, die aufgeschlitzt worden waren, tranken ihre Schlächter das Blut, das sie mit bloßen Händen abschöpften, und sie schrien vor Wut und im Siegesrausch«.

3. JUNI 1956

Dieser teuflische Rock'n'Roll

Es war 1956, als Ike Eisenhower noch im Amt war, doch Rock'n'Roll wurde bereits gefährlich – vor allem für Beamte im kalifornischen Santa Cruz: Dort löste die Polizei kurz nach Mitternacht am 3. Juni eine Tanzveranstaltung auf, die außer Kontrolle geraten war. Schwarze Kids tanzten mit weißen und laut Leutnant Richard Overton war die Menge »in stimulierende, anzügliche und verführerische Bewegungen verwickelt, die durch die provokativen Rhythmen einer Band hervorgerufen wurden, die nur aus Schwarzen bestand«. Die Jugendlichen wurden nach Hause geschickt und als Reaktion auf ihr empörendes Verhalten machte Polizeichef Al Huntsman deutlich, dass »solche Tänze in Santa Cruz in Zukunft nirgendwo mehr toleriert werden« würden.

Doch nur zwei Tage nach Huntsmans Verbot brachte Elvis Presley den Rock auf einen neuen Höhepunkt der Ausschweifung – direkt im nationalen Fernsehen. Bei einem Auftritt in der Milton Berle Show stellte der aufstrebende »King of Rock'n'Roll« erstmals seinen aufreizenden Hüftschwung vor, während er seinen Hit »Hound Dog« sang.

Die Presse war entsetzt. »Seine einzige Spezialität ist eine akzentuierte Bewegung des Körpers, die bisher vor allem zum Repertoire des blonden Gifts auf den Laufstegen der burlesken Szene gehörte«, schrieb der Kritiker Jack Gould am nächsten Tag in der *New York Times*. »Die Bewegung hatte nie etwas mit der Welt der volkstümlichen Musik zu tun und hat es immer noch nicht«.

Ben Gross in der *New York Daily News* ging noch weiter in seiner Kritik und beschrieb Elvis' Prototyp einer bald sehr im Trend liegenden Bewegung als »gefärbt von der Art von Animalismus, die sich auf Clubs im Rotlichtmilieu und Bordelle beschränken sollte«. Bedenken Sie, dass Madonna noch nicht einmal geboren war.

4. JUNI 1629

Shit happens, Teil I

In der Rangliste der Schiffskatastrophen wird der Untergang der *Batavia* vom 4. Juni 1629 als nur sehr gering eingestuft. Die meisten der Männer, Frauen und Kinder an Bord überlebten die Katastrophe vor der Küste Westaustraliens und schafften es bis ans Festland. Jedoch war für sie das Auflaufen des Schiffes auf einem Korallenriff nur der Beginn einer abscheulichen Tortur. Denn sie waren mit wenig Proviant und Wasser gestrandet und hatten kaum Schutz. Zudem waren sie in den Händen eines größenwahnsinnigen Mörders.

Nach dem Untergang machten sich der Kapitän der *Batavia* und andere leitende Offiziere in einem Beiboot auf der Suche nach Rettung davon. Damit war der Unterhändler Jeronimus Cornelisz weitgehend für die Überlebenden verantwortlich – ein Tyrann, wie sich herausstellte, in seinem von der Zivilisation abgeschnittenen, kleinen, unbewohnbaren Reich.

Nachdem er bereits eine Meuterei an Bord der *Batavia* angezettelt hatte, die nur durch den Schiffbruch vereitelt worden war, plante Cornelisz nun, das Kommando über das Rettungsschiff zu erlangen, sobald es ankam. In der Zwischenzeit musste er jedoch überleben. Und das war ein Problem. Es waren Hunderte von Mündern zu stopfen, und nur die spärlichsten Rationen an Nahrung waren aus dem Wrack geborgen worden. Für Cornelisz war die Lösung einfach: Mord.

Die Morde begannen unter dem Deckmantel der Legalität – Anschuldigungen etwa wegen Diebstahls, gefolgt von kurzerhand ausgeführten Hinrichtungen. Aber diese üble Praxis wurde schnell aufgegeben, als Cornelisz seine mörderischen Kumpane mit absoluter Straffreiheit über das Wohlergehen der Überlebenden stellte: Dutzende von Männern, Frauen und Kindern wurden zerhackt oder zu Tode geprügelt – acht

Geschwister in einer besonders blutrünstigen Nacht. Und niemand wusste, wen es als Nächstes treffen würde.

»So erwarteten wir alle, dass wir jeden Moment ermordet würden und wir baten Gott inständig um barmherzige Gnade«, erinnerte sich der Vater der acht niedergemetzelten Kinder. Cornelisz selbst beteiligte sich nicht an den Morden: Die Macht über Leben und Tod zu haben (und das Ergreifen von Frauen als Sexsklavinnen) genügten ihm – obwohl er sogar einmal ein Baby vergiftete, dessen Weinen ihn störte.

Nach sechs Wochen endete die Terrorherrschaft von Cornelisz – als die leitenden Offiziere der *Batavia* an Bord eines Rettungsschiffes zurückkehrten, sich mit einer Gruppe von Überlebenden zusammenschlossen und ihn besiegten. Da auf dem Rettungsschiff wenig Platz und die Zahl der Überlebenden groß war, wurde beschlossen, Cornelisz und einige seiner Kameraden direkt auf der einsamen Insel hinzurichten, auf der sie so viel Schrecken verbreitet hatten. Der Anführer, mit abgehackten Händen und einer Schlinge um den Hals, blieb verächtlich und uneinsichtig: »Rache!«, rief er vom Galgen aus. »Rache!«

Der Groll einer Witwe

N ehmen Sie einen üblen Durchfall, fügen Sie einen schrecklichen Selbstmord hinzu, krönen Sie es mit einem tatenlosen US-Präsidenten und – voilà! – Sie haben alle Zutaten von Johanna Loewingers schlimmstem Tag. Alles begann während des Bürgerkrieges, als Mrs. Loewingers Ehemann sich im Juni 1861 als Soldat eintragen ließ, nur um weniger als ein Jahr später entlassen zu werden. Der Grund laut dem Armeearzt: chronischer Durchfall. Vierzehn Jahre später schnitt er sich selbst die Kehle durch, und nun ging das Chaos erst richtig los. Eine gerichtsmedizinische Untersuchung ergab, dass der Veteran sich selbst aufgrund seiner anhaltenden Darmprobleme getötet hatte.

Mrs. Loewinger jedoch bestand darauf, dass ihr Ehemann verrückt geworden sei durch seine Kriegserfahrungen. Sie forderte daher eine Witwenpension, die das Militär ihr verweigert hatte. Der US-Senat handelte auf eigenes Ermessen und gab der Bitte nach, doch am 5. Juni 1888 legte Präsident Grover Cleveland sein Veto gegen Gesetzesentwurf Nummer 739 ein, der den Titel trug: »Ein Vorgang, der Johanna Loewinger eine Rente gewähren soll«. Durchfall, nicht der Krieg, habe es verursacht, dass Mr. Loewinger sich das Leben nahm, so der Präsident. So wurden die Hoffnungen der Witwe regelrecht die Toilette hinuntergespült.

6. Juni 1867

Verunglückte Werbung

Die Londoner Produktionsfirma Bryant & May nutzte eine Tragödie perfekt für die Vermarktung ihrer Sicherheitsstreichhölzer aus, als die 18-jährige Erzherzogin Mathilde, ein Mitglied der königlichen habsburgischen Familie von Österreich, am 6. Juni 1867 ihren schweren Verbrennungen erlag. Diese hatte sie erlitten, als ihr Kleid Feuer fing. Während die meisten Berichte besagen, dass eine Zigarette, die sie vor ihrem Vater hinter ihrem Rücken versteckte, das Kleid entzündet hatte, mutmaßten andere, dass Mathilde mit sogenannten »Luzifer-Streichhölzern« in Kontakt geraten war – ein Typ, der dafür berüchtigt war, nach dem Anzünden oft unberechenbare Funken zu sprühen. Und das war die Auffassung, die Bryant & May mit ihrer durch und durch geschmacklosen Printwerbung »SCHUTZ VOR FEUER« nutzten, auf der ein Zeitungsauszug Erzherzogin Mathildes schreckliches Ableben beschrieb. Die Anzeige setzte noch eins drauf: »Der oben genannte Unfall hätte

unmöglich mit BRYANT AND MAY'S PATENTIERTEN SICHERHEITS-
STREICHHÖLZERN geschehen können«.

7. JUNI 1999

Eine geringschätzige Darstellung

Es ist nicht ungewöhnlich, ein sprachlich unbeholfener Tölpel im Kongress zu sein, aber es muss besonders ärgerlich sein, wenn die eigene Dummheit von einem erfahrenen Autor schriftlich herausgestellt wird. Nehmen wir Matt Labashs vernichtende Darstellung des Abgeordneten Patrick Kennedy am 7. Juni 1999 in der Ausgabe des *Weekly Standard*. Mit der Präzision eines Chirurgen reduzierte Labash den jungen Kongressabgeordneten, einen Spross des berühmten politischen Clans, auf einen quasselnden, überprivilegierten, unterbegabten Trottel, der sich großmäuligen Tiraden hingab. Jeder Satz seines Artikels war das journalistische Äquivalent des Todes durch tausend chirurgische Schnitte. Aber Labashs Porträt des unwürdigen Camelot-Prinzen –
»des Mitglieds des Kennedy-Clans, von dem man noch nicht einmal abschreiben würde, wenn man den Studieneignungstest absolviert« –
war vielleicht am verheerendsten, als er Patrick erlaubte, für sich selbst zu sprechen. Nun versuchte der gut vernetzte junge Schnösel, ein Junior-Mitglied des Komitees der US-Streitkräfte, den Sekretär der Marine mit seinen (wirren) Ideen zur Beseitigung rassischer Intoleranz seitens des Militärs vorzuführen: »Also, was passiert, ist, dass Dinge nicht gemeldet werden, weil, wissen Sie, lassen Sie uns nicht viel Lärm um nichts machen. Eine der Sorgen, die ich bezüglich einer fehlerfreien Mentalität in Bezug auf den Defekt habe – ich spreche jetzt nicht darüber –, ist, dass jeder anerkennen kann, dass, wenn es ein wenig Extremismus gibt, ich nicht sage, dass nicht gerade das ein Grund für, wissen Sie, den Auschluss

vom Militär ist. Aber wie gehen wir mit den Themen in weiterem Sinne um? Können Sie im Sinne sinnvoller Kommunikation antworten?«

8. JUNI 1863

Martha Washingtons Familienverräter

Die beiden Männer, die am Abend des 8. Juni 1863 in das Fort von Franklin, Tennessee, einritten, hatten einen beeindruckenden Stammbaum vorzuweisen. Beide waren direkte Nachkommen von Amerikas First Lady Martha Washington und durch Anheirat enge Verwandte von Robert E. Lee. Aber weder Colonel Orton Williams noch sein Cousin, Leutnant Walter G. »Gip« Peter, beide Offiziere der Konföderierten, identifizierten sich als solche. Tatsächlich handelte es sich um Spione, die sich als Offiziere der Union getarnt hatten, die mit der Inspektion von militärischen Außenposten beauftragt waren. Und genau dadurch kamen sie ums Leben.

Colonel John P. Baird, Kommandant des Unionsforts, war tief beeindruckt vom Verhalten und dem hohen Rang der Männer, insbesondere bei Williams, dessen Intelligenz und Sprechweise er faszinierend fand. Begeistert wie er war, untersuchte Baird die Befehle, die sie vorgaben, erhalten zu haben, nur flüchtig. Williams und Peter behaupteten unter Verwendung von Decknamen, sie seien auf dem Weg nach Nashville und benötigten Pässe. Sie baten auch um Geld, nachdem rebellierende Soldaten sie auf dem Weg ausgeraubt hätten. Baird stellte beides bereitwillig zur Verfügung. Nachdem sie das Angebot des Kommandanten, die Nacht im Fort zu verbringen, abgelehnt hatten, machten sich die Rebellenspione wieder auf den Weg.

Erst nachdem sie gegangen waren, kamen Baird Zweifel an ihrer Geschichte. Zum einen waren sie ohne Eskorte angekommen, was für

Offiziere der Armee auf einer solchen Mission höchst ungewöhnlich war. Außerdem hatten sie angeblich einen Rebellenangriff überlebt, bei dem nur ihr Geld verloren gegangen war. Und, am seltsamsten war, dass sie sich nicht einmal die Mühe gemacht hatten, die Inspektion durchzuführen, von der sie behaupteten, dass sie sie durchführen sollten. Von Panik befallen, befahl Baird, die Männer zurück ins Fort zu bringen.

Williams und Peter kehrten ohne Widerstand zurück, um unter Arrest gestellt zu werden. Durch eine Reihe von Telegrammen entdeckte Baird, dass es gar keine solchen Inspektoren gab. Er wurde angewiesen, die Männer sofort vor Gericht zu stellen und sie unverzüglich zu hängen, wenn sie für schuldig befunden wurden. »Mein Zorn ist erregt«, schrieb Baird, »und sie am Galgen hängen zu sehen würde mir gut tun«.

Noch in dieser Nacht wurden Williams und Peter bei Kerzenschein in einem Zelt vor Gericht gestellt und als Spione verurteilt. Die Cousins waren auf einer streng geheimen Mission gewesen, gaben sie zu, weigerten sich aber, zu enthüllen, was es war. Die Wahrheit wurde nie enthüllt, da beide Männer am nächsten Tag hingerichtet wurden.

9. JUNI 1689

Ein Zar als Mieter

Der berühmte englische Tagebuchschreiber John Evelyn beschwerte sich, dass er einen lausigen Mieter in Sayes Court, seinem geliebten Zuhause in London habe. Für dieses brächte er außerordentlich viel Zeit und Geld auf, insbesondere für die Gärten. »Ich habe mein Haus an Captain Benbow vermietet«, schrieb Evelyn in seinem Tagebuch, »und erlebe die Demütigung, jeden Tag zu sehen, dass viel von meiner früheren Arbeit und meinen Aufwendungen dort zunichte gemacht wird, weil ich einen so unhöflichen Mieter habe«.

Der Tagebuchschreiber war daher begeistert, als der Zar von Russland das Haus 1689 während eines längeren Aufenthalts in Großbritannien anmietete. Der arme Kerl dachte tatsächlich, dass durch Peter den Großen eine Verbesserung eintreten würde.

Unheilvolle gegenteilige Meldungen begannen jedoch bald durchzusickern. »Das ganze Haus ist voller Menschen, die richtig böse sind«, sagte ein Diener. Es war – kurz gefasst – eine Untertreibung. Der Zar, gut zwei Meter groß und ein Koloss von einem Mann, war äußerst trinkfest und neigte nicht besonders dazu, Feinheiten zu beachten: Einmal während seiner Tour durch Europa, um mehr über den Westen zu erfahren (er blieb dabei inkognito), ärgerte er sich über die Zimperlichkeit, die seine Gefährten während einer anatomischen Demonstration in Amsterdam zeigten, und ließ jeden von ihnen zur Strafe einen Bissen der Leiche entnehmen. Zar Peter und seine betrunkenen Freunde verwandelten Sayes Court in eine Unterkunft, die eher einer für Tiere als für Menschen glich.

»Ich ging nach Deptford, um zu sehen, in welch erbärmlichem Zustand der Zar mein Haus hinterlassen hatte, nachdem es drei Monate lang sein Hof gewesen war«, schrieb Evelyn am 9. Juni 1689. Was er vorfand, war erschreckend: Wertvolle Gemälde waren für Schießübungen verwendet worden, Möbel lagen zerbrochen herum, und Böden sowie Teppiche waren mit Fett befleckt. Das Schlimmste von allem war für Evelyn jedoch der traurige Zustand seines kostbaren Gartens. Ein Gärtner hat die Zerstörung detailliert beschrieben: »An den Bäumen und Pflanzen sind große Schäden entstanden, die nicht repariert werden können; so sind etwa die Äste der Spalierobstbäume zerbrochen, zwei oder drei der feinsten Steinlinden sind ruiniert, mehrere Beerensträucher und andere feingliedrige Pflanzen sind entzweigebrochen«. Dann war da noch die akkurate Hecke, die der Schriftsteller selbst gezüchtet hatte – »ein herrliches und erfrischendes Objekt«, wie er es nannte, »uneinnehmbar ... zu jeder Jahreszeit, wenn sie mit ihren dornigen und bunten Blättern glitzert«. Der Zar und seine Gefährten hatten offenbar Vergnügen daran gefunden, sie kaputt zu machen, indem sie in Schubkarren durch die Hecke brachen.

10. JUNI 1994

Völkermord in anderen Worten

Eine der wesentlichen Aufgaben eines Sprechers ist es, die Botschaft, die ein Unternehmen vermitteln will, um jeden Preis aufrechtzuerhalten. Aber als Zehntausende vom Volk der Tutsi systematisch von rivalisierenden Hutu im afrikanischen Ruanda abgeschlachtet wurden, demonstrierte die Sprecherin des US-Außenministeriums, Christine Shelly, durch ungeschickte bürokratische Doppelzüngigkeit, wie schwierig es war, sich um das Wort »Völkermord« herumzuwinden. Hier Shellys Dialog mit dem Reuters-Korrespondenten Alan Elsner auf einer Pressekonferenz am 10. Juni 1994:

Elsner: »Wie würden Sie die Ereignisse in Ruanda beschreiben?«

Shelly: »Basierend auf den Beweisen, die wir aus Beobachtungen vor Ort gewonnen haben, haben wir allen Grund zu der Annahme, dass es in Ruanda zu Fällen von Völkermord gekommen ist«.

Elsner: »Worin besteht der Unterschied zwischen ›Fällen von Völkermord‹ und ›Völkermord‹?«

Shelly: »Nun, ich denke, die – wie Sie wissen, gibt es eine rechtliche Definition davon ... Ganz deutlich gesagt sind nicht alle Morde, die in Ruanda stattgefunden haben, Morde, auf die Sie dieses Etikett anwenden könnten … Aber was die Unterscheidungen zwischen den Wörtern betrifft, so versuchen wir, das zu benennen, was wir wissen, soweit wir es können. Und wiederum auf der Grundlage der Beweise haben wir allen Grund zu glauben, dass es zu Fällen von Völkermord gekommen ist«.

Elsner: »Wie viele Fälle von Völkermord sind notwendig, damit wir von Völkermord sprechen können?«

Shelly: »Alan, das ist keine Frage, die ich beantworten kann«.

11. JUNI 1959

Wie man einen Klassiker erledigt

»Das Buch ist vollgepackt mit Beschreibungen von sexuellen Handlungen, die von den Hauptfiguren des Buches durchgeführt oder diskutiert werden. Diese Beschreibungen verwenden schmutzige, beleidigende und erniedrigende Wörter und Begriffe. Jeder literarische Wert, den das Buch haben mag, wird durch die pornografischen und schmutzigen Passagen und Worte überschattet, sodass das Buch als Ganzes gesehen ein obszönes und schmutziges Werk ist«.

US-Postmaster General Arthur E. Summerfields Rechtfertigung für das Verbot, den Klassiker von D. H. Lawrence »Lady Chatterley's Lover« per Post zu versenden. Die Entscheidung wurde später von einem Bundesrichter aufgehoben, der feststellte: »Der Postminister verfügt über keine besonderen Kompetenzen oder technische Kenntnisse auf diesem Gebiet, die ihn dazu qualifizieren, ein fundiertes Urteil mit besonderem Gewicht vor Gericht zu fällen«.

Eine zu dicke Lippe riskiert

»Hitler war am Anfang gut, aber er ging zu weit«.
Marge Schott, Eigentümerin der Cincinnati Reds

Nach Jahren unverblümter rassistischer Beleidigungen und anderer grob unsensibler Äußerungen sah sich Marge Schott, die im Baseball-Business ihren Mund am weitesten aufriss, schließlich gezwungen, am 12. Juni 1996 die Kontrolle über die Tagesgeschäfte bei den Cincinnati Reds aufzugeben. Ein paar weitere borniere Sprüche, die Marge aus dem Baseballstadion schoss:

- Über die Spieler Eric Davis und Dave Parker: »Meine One-Million-Dollar-Nigger«.
- »Nur Schwule tragen Ohrringe«.
- »Ich mag es nicht, wenn sie (Asiaten) hierherkommen … und so lange bleiben und dann unsere Kids übertreffen«.

Mieses Fernsehen

Von all den Schrecken, die in den 1970er-Jahren aufkamen – vom Zottelteppich bis zum Polyesterhosenanzug – konnte nichts mit einigen der abscheulichen Varieté-Shows im TV verglichen werden, die den Zuschauern systematisch von dummen, durchgeknallten Fernsehschaffenden zugemutet wurden. Howard Cosell hatte eine solche. Und sogar die Familienserie *Drei Mädchen und drei Jungen* wurde 1976 wiederbelebt, nur um sich mit grässlichen Song- und Tanznummern sowie

Comedy-Sketchen, die die ursprüngliche Serie vergleichbar exzellent erscheinen ließen, wieder ins Rampenlicht zu rücken.

Aber der Tiefpunkt der Varieté-Fauxpas erfolgte am 13. Juni 1977, als dem aus Ehemann und Ehefrau bestehenden Pantomimen-Team Shields and Yarnell eine eigene Varieté-Show auf CBS zugestanden wurde. Richtig, ein einstündiges Primetime-Programm mit

Shields und Yarnell: Durch schlechte Kritiken zum Schweigen gebracht.

Pantomimendarstellern in der Hauptrolle – gruselige, sprachlose Darsteller mit weiß bemalten Gesichtern und übertriebener Gestik und Mimik, die unablässig versuchten, ihren Weg aus imaginären Glashäusern zu finden – »Entertainer«, die so gründlich nervten, dass selbst der verrückte und verkommene römische Kaiser Nero genug Anstand gehabt hätte, sie aus dem Kolosseum zu verbannen.

14. Juni 1940

Finsternis in der Stadt der Liebe

Von dem anfänglichen Terror, der normalerweise mit einer Besetzung durch die Nazis einherging, war zunächst wenig zu spüren – tatsächlich schienen die deutschen Soldaten den wenigen Bürgern, die auf den stillen Straßen von Paris zu sehen waren, ungewöhnlich wohlwollend zu begegnen. Dennoch gab es am Morgen des 14. Juni 1940 keinen Zweifel darüber, dass die Stadt der Liebe gefallen war. Riesige rote Banner mit Hakenkreuz flatterten auf berühmten Bauwerken wie dem Triumphbogen oder dem Eiffelturm.

Am selben Nachmittag veranstalteten die Besatzer eine Siegesparade, bei der sie im Stechschritt die Champs-Élysèes entlangmarschierten, während die Radiosender auf Deutsch zu senden begannen. Bald darauf kam Hitler selbst an, um seine neueste »Errungenschaft« in Augenschein zu nehmen. »In der Vergangenheit habe ich oft darüber nachgedacht, ob wir Paris nicht zerstören müssten«, verriet der »Führer« seinem Lieblingsarchitekten Albert Speer. »Aber wenn wir in Berlin fertig sind, wird Paris nur noch ein Abklatsch davon sein. Warum sollten wir es also zerstören?« Hitler änderte 1944 seine Meinung, als Paris kurz vor der Befreiung stand, und erließ Berichten zufolge den Befehl zur Zerstörung der Stadt, der zum Glück nicht mehr ausgeführt wurde.

Toter Vater, neuer Kaiser

Friedrich III. lag im Sterben, doch dem ältesten Sohn, Wilhelm, ging es nicht schnell genug. Er kreiste um das Sterbebett und konnte kaum seine Aufregung darüber verbergen, dass er bald der Thronfolger sein würde. »Er sieht sich vollkommen als Kaiser und noch dazu als absoluten und selbstherrlichen«, schrieb seine Mutter voller Verachtung.

Als Friedrich III. am 15. Juni 1888 seinen letzten Atemzug getan hatte, setzte der neue Kaiser sofort eine im Vorfeld geplante militärische Operation in Gange, die den Palast in ein Gefängnis verwandelte. Niemandem war es erlaubt, diesen zu verlassen, während Wilhelm durch die Besitztümer seiner Eltern tobte. Nicht einmal seiner verwitweten Mutter war es gestattet, den Palast zu verlassen, und sie wurde rüde von Soldaten zurück nach drinnen gedrängt, als sie versuchte, ein paar Rosen zu schneiden, um das Totenbett ihres verstorbenen Ehemannes damit zu schmücken.

Wilhelm verschwendete keine Zeit darauf, den Leichnam seines Vaters unter die Erde zu bringen. Selbst sein Freund Philipp Friedrich Alexander, Fürst zu Eulenburg und Hertefeld, war entsetzt über diesen mangelnden Respekt: »Der Tote wurde eilends in seine Uniform gesteckt«, bemerkte Eulenburg, »keine Gedenkfeier, kein Trauergottesdienst, kein Gedanke an den religiösen Aspekt seitens Wilhelms«. Eilends für seinen Weg zur Beerdigung ausstaffiert, wurde der tote Kaiser in einem Sarg verstaut, der dann hastig zu einer nahe gelegenen Kapelle gebracht wurde, die für die rasch vorangetriebene Beerdigung am nächsten Tag vorbereitet worden war. »Unter Lärm und Staub«, so erinnerte sich Emil Ludwig, »stand der Sarg unter hämmernden Arbeitern wie eine Werkzeugkiste herum«.

Keine Staatsoberhäupter aus dem Ausland wurden zu dem Trauergottesdienst eingeladen, der ohne jegliche Feierlichkeiten stattfand. »Die

Soldaten waren ohne Ehrerbietung«, schrieb Eulenburg, »der Klerus lachte und unterhielt sich. Feldmarschall Blumenthal, mit einer Standarte über der Schulter, torkelte herum und unterhielt sich … es war schrecklich.«

Die würdelose Abfertigung war ebenso symbolisch wie ungehörig. Obwohl Friedrich III. nur 99 Tage regiert hatte – sein eigener Vater, Wilhelm I., war zu einem früheren Zeitpunkt im Jahr 1888 verstorben –, war Wilhelm II. darauf aus, das politische Vermächtnis seines liberalen Vaters ebenfalls zu begraben. Solch eine Herangehensweise war das Gegenteil des zur Schwülstigkeit neigenden und militaristischen neuen Kaisers – »ein Verrückter und eingebildeter Esel«, wie die Ehefrau seines Onkels, die Prinzessin von Wales, ihn nannte. Zudem war er ein Mann, der Jahre später eine bedeutende Rolle beim Ausbruch des Ersten Weltkrieges spielen sollte.

16. JUNI 1871

Fürsorge bis in den Tod

Clement L. Vallandigham nahm sein Leben als Anwalt in Ohio nach einer facettenreichen Karriere sowohl im Kongress als auch als führender »Kupferkopf« – eine Position, die zu seiner erzwungenen Ausweisung in die Konföderation als Strafe für seine lautstarke Opposition gegen den Bürgerkrieg und die Politik von »King Lincoln« geführt hatte –, wieder auf. Eloquent und überzeugend verlor er selten einen Fall. Und dies war bei seiner Verteidigung von Thomas McGehan, der wegen Mordes in einer Kneipenschlägerei angeklagt war, nicht anders. Allerdings verlor Vallandigham sein Leben, als er einen Freispruch für seinen Klienten erwirkte. Der Anwalt wollte beweisen, dass das Opfer, Tom Myers, sich während des Kampfes mit McGehan selbst erschossen habe.

Nach der Unterbrechung der Verhandlung am Nachmittag des 16. Juni 1871 fuhren Vallandigham und ein befreundeter Anwalt aufs Land hinaus, um herauszufinden, aus welcher Entfernung und in welchem Ausmaß Pulverspritzer sichtbar wären, wenn eine Pistole aus nächster Nähe auf ein Stück Stoff abgefeuert wurde. Dann kehrten sie in ihr Hotel zurück, überzeugt davon, dass die Pistole, die sie im Experiment verwendet hatten, noch drei Kugeln im Lauf habe.

Am Abend versammelte Vallandigham das Verteidigungsteam in seinem Zimmer, um seine geplante Demonstration im Gerichtssaal nochmals durchzugehen. Diese sollte beweisen, wie Myers sich versehentlich selbst umgebracht hatte. Vallandigham schnappte sich eine – wie er dachte – ungeladene Pistole und erwischte fälschlicherweise die vom Nachmittag. Dann stellte er die Szene, die die Geschworenen sehen sollten, nach. »So hat Myers sie gehalten«, sagte er. Er drückte den Abzug, aber anstatt eines Klicks gab es einen Blitz und ein Schuss ging los. »Mein Gott, ich habe mich selbst erschossen«, schrie Vallandigham und taumelte zu einer Wand, um sich abzustützen. Nach zwölf qualvollen Stunden erlag der Mann, den Lincoln einst den »schlauen Provokateur« genannt hatte, seiner Wunde.

17. Juni 1462

Der echte Dracula

»Es lag eine beängstigende Stille über allem. Aber als ich aufhorchte, hörte ich von unten im Tal das Heulen zahlreicher Wölfe. Die Augen des Grafen glommen auf, als er sagte: ›Hören Sie die Kinder der Nacht? Was für Musik sie machen!‹«

Bram Stoker, »Dracula«

Vier Jahrhunderte, bevor Bram Stoker seine Erzählung über den berüchtigten, blutdurstigen Grafen im Jahr 1897 veröffentlichte, kreierte Vlad III. aus der Walachei – der echte Dracula – ein Spektakel des Todes, das weit gruseliger war als Stokers Fiktion. Es begann passenderweise in pechschwarzer Finsternis, in der Nacht vom 17. Juni 1462, als Vlad, gefolgt von seiner johlenden Armee, aus seinem Versteck tief in den Bergen auftauchte und über ein Lager schlummernder Osmanen herfiel, die in sein Gebiet eingedrungen waren. »Während der gesamten Nacht fuhr er wie ein Blitz in jede Richtung und verursachte eine große Metzelei«, schrieb ein zeitgenössischer Chronist. Doch trotz all seines Wütens gelang es Vlad III. nicht, den Sultan selbst, Mehmed den Eroberer, zu töten.

Aber dafür hatte Vlad etwas anderes für seinen erhabenen Gegner auf Lager: Eine Horrorshow, die selbst den mächtigen Mehmed II. erzittern ließ. Als er sich bei der Verfolgung Vlads der Hauptstadt der Walachei, Tàrgoviste, näherte, wurden er und seine Armee mit einem speziell vorbereiteten »Spektakel« Draculas konfrontiert – ein Wald von Spießen, auf denen die verrottenden Leichen von etwa 20 000 gefangen genommenen Osmanen steckten. Auf dem höchsten Pfahl befand sich, als »Anerkennung« seines Ranges, Mehmeds General Hamza Pasha.

Der Anblick war so schrecklich, dass sogar der Sultan, der selbst nicht zimperlich war, was Barbarei anbelangte, zurückschreckte – auch wenn er auf seltsame Weise von der Unmenschlichkeit seines Feindes beeindruckt war. Da seine Armee völlig demoralisiert war, nachdem sie das grausame Werk von Vlad dem Pfähler gesehen hatte, führte Mehmed sie fort – er schüttelte seinen Kopf in Ehrfurcht und verschaffte sich den Aufschub, den er brauchte, um an einem anderen Tag zu kämpfen.

18. JUNI 1959

Der »verrückte« Onkel Earl

Es schien fast offensichtlich, dass Earl K. Long, Gouverneur von Louisiana, den Verstand verlor. Obwohl er immer schon eine schillernde Figur gewesen war, schien er nun »schlicht verrückt« geworden, wie es das *Time Magazine* formulierte. Denn er hatte zweimal binnen zweier Tage einen peinlichen Erguss von Obszönitäten und Beschimpfungen in einer gemeinsamen Sitzung von Senat und Abgeordnetenhaus losgelassen, hatte übermäßig getrunken und für jeden ersichtlich mit der Stripperin Blaze Starr verkehrt.

Wie ein Verwandter bemerkte: »Earl benahm sich wie ein Junge, der von strengen baptistischen Eltern aufgezogen worden war und noch nie in seinem Leben eine Zigarette, eine Flasche Whiskey oder eine liederliche Frau gesehen hatte«.

Die Frau des Gouverneurs, »Miz« Blanche, fühlte sich offensichtlich durch das Verhalten von »Onkel« Earl gedemütigt und ließ ihn ruhig stellen und zur Behandlung nach Texas fliegen.

Aber das ging schief, als der Gouverneur drohte, Anklage wegen Entführung auf Bundesebene gegen seine Frau und seinen Neffen, den US-Senator Russell Long, einzureichen. Schließlich war er gegen seinen Willen über die Staatsgrenzen gebracht worden. Als sein eigener Anwalt verfasste er eine Anweisung, dass der Fall sofort gerichtlich geprüft werden müsse, und unterschrieb die Petition: »Earl K. Long, Gouverneur von Louisiana, im Exil aufgrund von Gewalt und Entführung«.

Der angriffslustige Onkel Earl bekam schließlich doch noch seinen Willen, indem er versprach, ein Krankenhaus in New Orleans aufzusuchen. Er verbrachte dort jedoch nur eine Nacht und kündigte Miz Blanche am nächsten Morgen an, dass er auf seine Farm gehen und sich dort ausruhen wolle. Alarmiert sorgte sich Miz Blanche, dass der unausgeglichene Gouverneur auf freiem Fuß allerhand anstellen könne. Deshalb arrangierte sie, ihn rechtskräftig in eine staatlichen Psychiatrie einzuweisen.

Long reagierte wie ein tollwütiger Hund, als die Polizei sein Auto abfing und den unkooperativen Gouverneur nicht allzu zart herauszerrte. Dann, nachdem bei ihm von einem gerichtlich ernannten Psychiater paranoide Schizophrenie diagnostiziert worden war, wurde Onkel Earl im Southeast Louisiana Krankenhaus in Mandeville festgehalten, was rechtlich abgesichert war. Glücklich war er natürlich nicht darüber.

»Man musste zehn Türen öffnen, um zu mir zu kommen«, sagte er. »Ein Verlies in der Hölle kann nicht schlimmer sein als Mandeville, und das Essen ist wie in einem Armenhaus«.

Etwa acht Tage nach der gesetzlich abgesicherten Einweisung gelang es Long geschickt, seine Freilassung zu veranlassen, indem er seine noch vorhandenen Befugnisse als Gouverneur geltend machte, um den Leiter des Krankenhauses zu entlassen und ihn durch jemanden zu ersetzen, der ihm gegenüber gefügiger war. Und obwohl es so schien, als wäre sein Ruf nach einer solchen Schande dauerhaft zerstört, wurde Earl Long im folgenden Jahr tatsächlich in das Repräsentantenhaus der USA gewählt.

»Sie wissen, dass ich nicht verrückt bin«, sagte er vor seinem Tod durch Herzversagen, nur zehn Tage nach der Wahl, »und ich war nie verrückt, aber lassen Sie mich Ihnen eines sagen: Wenn man Ihnen das angetan hätte, was man mir angetan hat, wäre es genug gewesen, um Sie verrückt zu machen!«

Eine Krone aus Innereien

Es ist eine Sache, einen Mann zu treten, wenn er am Boden liegt – eine andere, dies zu tun, wenn er keine Chance hat, jemals wieder aufzustehen. Diese Behandlung wurde Maximilian zuteil, nachdem er von einem Exekutionskommando am 19. Juni 1867 hingerichtet worden war. Der österreichische Erzherzog war erst von den Franzosen als Kaiser von Mexiko eingesetzt und dann fallen gelassen worden. Anstatt den Leichnam anständig zu konservieren, sodass die Familie des Kaisers ihn in Europa ein letztes Mal vor der Beerdigung hätte sehen können, entweihte ein mexikanischer Militärarzt ihn mit einer Mischung aus Bosheit und Unfähigkeit. »Wie schön es doch ist, seine Hand im Blut eines Kaisers zu baden«, rief der Einbalsamierer, Dr. Licia, aus, als er Maximilians Eingeweide entnahm. Dann verteilte er die entnommenen Innereien rund um den Kopf des toten Kaisers. »Du mochtest doch Kronen, nicht wahr?«, freute er sich hämisch, »nun, jetzt hast du eine neue«.

Da er keine Flüssigkeit zur Einbalsamierung zur Verfügung hatte, improvisierte Dr. Licia mit einer Lösung, die für den Zweck völlig ungeeignet war. Maximilians Leiche wurde bald schwarz. Er schlug auch einen gewissen Profit für sich selbst heraus, indem er Maximilians Haar und Stücke seines Herzens verkaufte, die er in Phiolen konservierte.

Des Kaisers Leiche war so entstellt, dass selbst die republikanische Regierung, die die Exekution angeordnet hatte, betreten war. Nachdem Präsident Benito Juárez wiederholte Bitten, den Körper nach Europa zurückzusenden, ausgeschlagen hatte, arrangierte er eine Wiederholung des Einbalsamierungsprozesses, und diesmal sollte es gut gemacht werden. Maximilian wurde kopfüber aufgehängt, um die ungeeignete Lösung, die Dr. Licia injiziert hatte, aus der Leiche abfließen zu lassen. Gleich nachdem Juárez die neu einbalsamierte Leiche begutachtet hatte, wurde der arme Maximilian nach Hause zurückgeschickt – an Bord desselben Schiffes, das ihn überhaupt erst nach Mexiko gebracht hatte.

20. JUNI 1967

Casus Belli

»Ich werde nicht mit diesen Vietkongkriegern kämpfen«.

Muhammad Ali

Am 20. Juni 1967 wurde der Boxer Muhammad Ali, der sich aus religiösen Gründen geweigert hatte, in die Armee einzutreten, und dafür seinen Schwergewichtstitel im Boxsport einbüßte, wegen Wehrdienstverweigerung zu fünf Jahren Gefängnis verurteilt. Er zahlte schließlich 10 000 Dollar Bußgeld.

21. JUNI 1633

Der Tag, an dem die Erde stillstand

Nachdem er durch die Römische Inquisition nach der Veröffentlichung seines Meisterwerkes, dem Dialog über die zwei Weltensysteme, in die Knie gewzungen worden war, stand Galileo Galilei vor seinen Richtern und schwor allen Theorien ab, von denen er glaubte, dass sie die Ordnung des Sonnensystems bewiesen: »Ich betrachtete und betrachte die Meinung von Ptolemäus als unbestreitbar wahr, dass die Erde stillsteht und die Sonne sich bewegt«. Galileos Zurückweisung der Theorien des Kopernikus endete mit den Worten: »Ich bekräftige daher, mit reinem Gewissen, dass ich nicht mehr an die widerlegte Theorie glaube (dass die Sonne stillsteht und die Erde sich darum dreht), und habe diese Theorie nicht mehr seit der Entscheidung der Autoritäten darüber vertreten (siehe 26. Februar 1616) ... Mein Schicksal liegt in Euren Händen.« Da er als »äußerst verdächtig der Häresie« befunden wurde, verbrachte der große Astronom den Rest seines Lebens unter Arrest.

22. JUNI 1884

Überlebenskampf in der Arktis

Es war ein Unglück, das Geschichte schrieb. Eine Gruppe von Forschern steckte in der Arktis fest und musste über drei Jahre Hunger, Kälte und Verzweiflung erdulden. »Wir sind hierher gelockt worden, um zu sterben«, schrieb der Expeditionsleiter, Adolphus Greely. »Wir haben alles getan, was wir tun konnten, um uns zu helfen, und wir werden immer darunter zu leiden haben. Jedoch macht es mich fast verrückt, der Zukunft ins Auge zu blicken. Es ist nicht das Ende, das uns erschreckt, sondern der Weg, den wir gereist sind, um unser Ziel zu erreichen. Sterben ist leicht, aber es ist schwer, durchzuhalten und zu leben«.

Es ist unglaublich, aber sechs Männer überlebten, indem sie sich von Stiefelsohlen und Vogelexkrementen ernährten und, wie sich herausstellte, von den Leichen ihrer toten Kameraden. Und trotz all der Pein markierte die Rettung der ausgehungerten Männer am 22. Juni 1884 nur den Beginn von noch größerem Leid.

Greely und seine Gefährten wurden zunächst als Helden verehrt, robust und unerschrocken, überwältigenden Problemen trotzend. Doch dann bekam die Presse Wind vom mutmaßlichen Kannibalismus. Die sensationslüsterne Berichterstattung, die darauf folgte, schädigte die Überlebenden psychisch so sehr, wie es physisch die gnadenlose eiskalte Wildnis schon getan hatte.

»Es muss die gesamte Geschichte dessen, was sie in diesem schrecklichen Winter durchgemacht haben, erzählt werden«, erklärte die *New York Times* am 12. August, »und bislang verborgene Tatsachen werden über die Greely-Kolonie berichten … das schrecklichste und abstoßendste Kapitel in den langen Jahren der Polarforschung«. Der *Rochester Post Express* überzeugte die Familie eines der Teammitglieder, die die Expedition nicht überlebt hatten, Frederick F. Kislingbury, davon, eine Exhumierung der Leiche zu erlauben – dabei bot man großzügig an, für die Exklusivrechte an der Story den Aufwand hierfür zu bezahlen. Die Zeitung verbreitete dann triumphierend als »Beweis aus dem Grab«, dass große Teile von Fleisch aus dem Oberschenkel und dem Torso des toten Offiziers geschnitten worden seien.

Greely war untröstlich, als er und seine Kameraden nur noch als Menschenfleisch fressende Monster betrachtet wurden. Ihre wissenschaftlichen Errungenschaften wurden praktisch vollständig inmitten der makabren, von der Presse erzeugten Hysterie ignoriert. »Ich sage, das sind Neuigkeiten, und zwar schreckliche Neuigkeiten für mich«, sagte er, nachdem er den Bericht von der Exhumierung von Kislingbury gehört hatte. »All diese späteren Enthüllungen und schrecklichen Anschuldigungen treffen mich wie aus dem Nichts. Ich kann nur wahrheitsgemäß behaupten, dass ich in den letzten paar Tagen mehr Leid erfahren habe als während meines gesamten Aufenthalts im Norden«.

23. JUNI 1611

Henry Hudsons letzte Reise

Irgendwo in der großen Meeresbucht, die seinen berühmten Namen trägt, ruhen die Reste von Henry Hudson. Dennoch weiß keiner wo, denn das Schicksal des furchtlosen Forschers bleibt ein Rätsel. Nur eine

Sache ist sicher: Am 23. Juni 1611 endete Hudsons Suche nach der mysteriösen Nordwestpassage, die zu den Reichtümern der Inseln vor Südostasien führen sollte, abrupt durch eine Meuterei auf seinem Schiff, der *Discovery*. Nachdem er einen harten Winter im arktischen Eis verbracht hatte, streikte die hungernde Besatzung, die von Skorbut befallen war, bei dem Plan des Expeditionsleiters, die Mission fortzusetzen, als sich das Wetter besserte. Sie bevorzugten die Möglichkeit, zurückzusegeln. Also zwangen sie Hudson, seinen Sohn und einige andere loyale Mannschaftsmitglieder, in eine offene Schaluppe zu steigen, und segelten von dannen – dabei überließen sie die Männer einfach ihrem Schicksal.

24. Juni 1783

Gründerväter auf dem Rückzug

»Der hohe Rat der Nation (…) hat sich nach Princeton zurückgezogen und hat einen Staat zurückgelassen, der seine Weisheit lange infrage gestellt hat«.

Major John Armstrong in einem Brief an General Horatio Gates, in dem er den Kongress für seine plötzliche Abreise nach Princeton, New Jersey, verspottete. Der Kongress hatte sich normalerweise im Philadelphia State House versammelt, der heutigen Halle der Unabhängigkeit. Datiert auf den 24. Juni 1783.

Für eine neuformierte Nation, kurz nach ihrem Sieg über die Briten im Unabhängigkeitskrieg, war es eine etwas peinliche Flucht, denn man wurde von Soldaten bedroht, die Lohn für ihre Kriegsdienste einforderten. Alexander Hamilton, der den Umzug nach Princeton unterstützte, mutmaßte, dass der Kongress wegen »Leichtsinns, Feigheit und Voreiligkeit« angeklagt werden würde. Und behielt Recht damit.

Ruhe in Frieden in Bukarest

Von all den gigantischen Bauprojekten, mit denen sich Diktatoren des 20. Jahrhunderts befassten, kam keines dem Prunk des Präsidentenpalastes gleich, den Nicolae Ceaușescu für sich im Herzen von Bukarest erbauen ließ: »ein grotesker rumänischer Beitrag zu totalitären Stadtbildern«, wie Tony Judt es in der *New York Times* beschrieb. »Er ist so groß, so hässlich, so protzig und grausam und geschmacklos, dass sein einziger Wert metaphorisch sein kann«.

Die Konstruktion dieser Monstrosität – dem zweitgrößten Gebäude der Welt nach dem Pentagon –, die einmal als »gigantische Stalinistische Hochzeitstorte« bezeichnet wurde, hatte einen schrecklichen Preis: Dieser bestand nicht nur in den Baukosten von etwa 1 Milliarde US-Dollar, während die Bevölkerung Rumäniens hungerte, sondern auch in der mutwilligen Zerstörung des alten Bukarest. In der Tat, als Ceaușescu den Grundstein am 25. Juni 1984 legte, wurden Hektar um Hektar historische Gebäuden, Kirchen und Denkmäler mit dem Bulldozer plattgemacht. Dies verschandelte für immer das Gesicht der Stadt, die einmal als »das kleine Paris des Balkans« bekannt war.

Ceaușescu tat die Empörung der Bevölkerung über den Verlust der architektonischen Meisterwerke mit einem Schulterzucken ab. Schließlich hatte er lange eine Politik der betonierten Einheitlichkeit in ganz Rumänien verfolgt. Dabei hatte er ganze Dörfer und andere Kulturstätten ausradiert, was jenem Ziel dienen sollte, das er »Systematisierung« nannte. Leider kam er nicht in den Genuss seines gigantischen Bauwerks, während er noch an der Macht war. Der Bau an dem riesigen, kitschigen Gebäude war noch im Gange, als der Diktator und seine Ehefrau während der rumänischen Revolution standesrechtlich exekutiert wurden – genau fünfeinhalb Jahre, nachdem der Grundstein gelegt worden war.

26. Juni 1409

Unchristliche Christenheit, Teil II

Katholiken im späten 14. Jahrhundert hatten jeden Grund, um verwirrt und auch ein wenig verängstigt zu sein. Nicht nur dass die Päpste in jener Zeit außergewöhnlich unmoralisch waren – sie benahmen sich eher wie entartete Kaiser denn wie geistliche Hirten. Während einer Phase, die als »Abendländisches Schisma« bekannt wurde, wurde die Kirche auch in zwei unterschiedliche Lager mit zwei Päpsten geteilt. Beide beanspruchten die Herrschaft in der Kirche für sich.

Ein Papst regierte von Rom, der andere von Avignon in Frankreich aus – dabei hatte jeder sein eigenes Kollegium an Kardinälen und die loyale Unterstützung von verschiedenen europäischen Monarchen und gelernten Theologen. Selbst die zukünftigen Heiligen dieser Zeit bezogen Stellung: »Es sind zwei Herren an der Macht, die sich gegenseitig bekämpfen und widersprechen«, sagte Jean Petit auf dem Konzil von Paris im Jahr 1406.

Dreißig Jahre lang lebten die rivalisierenden Päpste in Streit, bis schließlich die Kardinäle auf beiden Seiten genug hatten. Sie setzten sowohl Gregor XII. in Rom als auch Benedikt XIII. in Avignon ab und wählten dann als Nachfolger von beiden Alexander V. Das einzige Problem war: Sowohl Gregor als auch Benedikt weigerten sich, abzutreten. Also gab es jetzt anstatt einer in einer Rechtsprechung geeinten Kirche drei rechtmäßig gewählte Päpste – alle mit schlechter Moral.

Der Tod von Alexander V., zehn Monate nach seiner Ernennung, trug nicht dazu bei, die unhaltbare Situation zu entspannen. Es wurde immer schlimmer. Johannes XXIII. (der nicht mit dem gleichnamigen Papst aus dem 20. Jahrhundert verwechselt werden sollte) nahm den Platz Alexanders ein. Noch immer herrschten drei Päpste, wobei Johannes bei Weitem der schlimmste der drei war: Ihm wurden alle möglichen

Laster angekreidet, doch – wie der große Historiker Edward Gibbon schrieb: »Die skandalöseren Vorwürfe wurden noch unterdrückt: Der Stellvertreter von Christus wurde nur der Piraterie, der Vergewaltigung, der Sodomie, des Mordes und des Inzests angeklagt«.

Johannes wurde im Jahr 1415 abgesetzt. Zwei Jahre später, auf dem Konzil von Konstanz, wurden die zwei anderen rivalisierenden Päpste ebenfalls entmachtet. Martin V. wurde an ihrer Statt gewählt, doch die Rückkehr zu einem Papst bedeutete keinesfalls bessere Zeiten (siehe 21. Januar, 21. Mai, 11. August, 26. November und 5. Dezember).

27. JUNI 1850

Die Bürde der Krone

Auf Königin Victoria wurde seit Beginn ihrer Regentschaft im Jahr 1837 von vier Möchtegern-Mördern geschossen. Aber der Angriff, über den sie am wenigsten amüsiert war, fand am 27. Juni 1850 statt,

Ein verrückter ehemaliger Offizier der Armee greift Königin Victoria in ihrer Kutsche an.

als eine Waffe verwendet wurde, die sich stark von den bisherigen unterschied. Die junge Monarchin fuhr gerade mit drei von ihren Kindern in ihrer Kutsche, als ein geistesgestörter früherer Offizier der Armee mit Namen Robert Pate aus der Menge hervorsprang und seiner Königin mit einem Gehstock, der mit Stahlspitzen versehen war, einen Schlag auf den Kopf versetzte. Die arme Victoria blieb benommen, blutend und äußerst wütend zurück. »Es ist sicher sehr hart und sehr schrecklich, dass ich, eine Frau, eine wehrlose junge Frau in Begleitung meiner Kinder, Angriffen dieser Art ausgesetzt bin und nicht einmal ungestört eine Kutschfahrt machen kann. Es ist äußerst brutal, wenn ein Mann irgendeine Frau angreift, doch es ist, und ich denke dabei wie jeder andere, weit schlimmer als irgendein Versuch, auf jemanden zu schießen. Auch wenn es schändlich ist, ist dies wenigstens verständlicher und mutiger«.

Zum »Glück« für die Königin sollten die nächsten drei Versuche, ihr Leben auszulöschen, wieder mit Feuerwaffen ausgeführt werden.

28. JUNI 1914

Fast ein Glückstag

Nennen wir es einen schlimmen Tag, der fast keiner gewesen wäre. Die Verschwörung einer Bande von serbischen Nationalisten, Erzherzog Franz Ferdinand, den Erben des österreichisch-ungarischen Throns, zu ermorden, war fehlgeschlagen. Als Franz Ferdinand und seine Frau Sophie in einer Autokolonne durch Sarajevo fuhren, warf einer von sechs Auftragsmördern eine Bombe auf ihren Wagen, doch sie prallte ab und detonierte unter dem Fahrzeug hinter ihnen – wobei die Insassen und einige Zuschauer schwer verletzt wurden. Das königliche Paar ging aus dem Attentat erschüttert, aber unverletzt hervor, nachdem ihre Autokolonne rasch an den vorher geplanten Rückzugsort beim Rathaus der Stadt gefahren war. »Herr Oberbürgermeister«, sagte der verständlicherweise verärgerte Franz Ferdinand nach seiner Ankunft, »ich bin hierhergekommen auf einen Besuch, und jetzt werden Bomben auf mich geworfen. Es ist empörend«.

Nach dem Empfang beim Oberbürgermeister entschied der Erzherzog, den Rest der geplanten Auftritte für diesen Tag abzusagen und stattdessen die Opfer des Attentats zu besuchen. Der Plan war, über eine Route zum Krankenhaus zu fahren, die das Stadtzentrum vermeiden sollte. Doch der Fahrer des Erzherzogs hatte falsche Informationen erhalten und bog rechts in die Franz-Josef-Straße ein. Dies war ein fataler Fehler, denn einer der Killer, der nach dem missglückten Bombenattentat von der Bildfläche verschwunden war, aß gerade etwas in einem Lokal in der Nähe. Da sah er das Auto des Erzherzogs, das gerade umkehrte, nachdem es falsch eingebogen war. Unglücklicherweise würgte der Fahrer dabei den Motor ab. Der junge Attentäter namens Gavrilo Princip nutzte die unerwartete Gelegenheit.

Princip sagte später im Zeugenstand aus, er habe wahllos um sich geschossen. »Ich weiß nicht mehr, worauf ich gezielt habe«, sagte er und fügte hinzu, er habe die Waffe »in Richtung des Wagens erhoben, ohne zu zielen«. Er habe sogar den Kopf abgewandt, als er schoss. Dennoch erreichte er sein Ziel: Es ist bemerkenswert, dass einer der »Zufallsschüsse« Franz Ferdinand in die Halsschlagader traf – der andere ging in den Bauch von Sophie. Das Paar blieb aufrecht im Wagen sitzen, als sie, um ärztlich versorgt zu werden, weggefahren wurden, doch ihre Leben waren verwirkt. »Sophie, Sophie! Stirb nicht!«, soll der Erzherzog Berichten zufolge geschrien haben. »Bleib am Leben für unsere Kinder!«

Der Rest der Geschichte ist bekannt. Die Ermordung von Franz Ferdinand und seiner Ehefrau löste den Ersten Weltkrieg aus, einen der blutigsten Konflikte in der Menschheitsgeschichte. Und all das, weil der Fahrer falsch abgebogen war.

29. JUNI 1796

Ein Jahr als Kuh

James Dinwiddie, ein britischer Professor für Mathematik, der in Indien arbeitete, bot in seinem Tagebuch einen kurzen Einblick in die Verehrung heiliger Kühe bei den Hindus. »Bei einer Feuersbrunst im Haus eines armen Mannes war auch eine Kuh verbrannt«, schrieb Dinwiddie in seinem Tagebuch. »Wegen seines Verlustes wurde der unglückselige Mann von den Brahmanen verurteilt, ein Jahr lang durch die Straßen zu laufen und wie eine Kuh zu muhen. Er kam dort vorbei, wo ich mich heute morgen aufhielt«.

30. JUNI 1920

Es war kein Foto, Sherlock!

Die junge Frances Griffiths hatte großen Ärger mit ihrer Mutter im Sommer 1917. Die Zehnjährige hatte sich schmutzig und nass gemacht, während sie – wie sie behauptete – »mit Feen gespielt habe«.

Dies habe an einem nahe gelegenen Bach hinter ihrem Zuhause stattgefunden, in dem winzigen englischen Dorf Cottingley. Weil sie Hausarrest hatten, heckten Frances und ihre Cousine, die 16-jährige Elsie Wright, einen Plan aus, um Mrs. Griffiths zu überzeugen, dass sie die Wahrheit über das Missgeschick mit den Feen gesagt hätten. Sie liehen sich eine Kamera von Elsies Vater aus.

Danach posierte Frances vor einer Gruppe von Feen, die die Mädchen aus einem Kinderbuch ausgeschnitten und mit Nadeln platziert hatten. Elsie fotografierte die Szene, die eines Tages eines der weltberühmtesten Fotos werden sollte. Mr. Wright durchschaute die amateurhafte Inszenierung sofort.

Doch die Mädchen produzierten noch mehr Feenbilder, und jemand, der es eigentlich hätte besser wissen müssen – Sir Arthur Conan Doyle –, war ganz bezaubert von ihnen. Der Erschaffer von Sherlock Holmes, einem der brillantesten Detektive der Geschichte, war in den letzten Jahren von einer neuen Form des Spiritualismus erfasst worden, die über Großbritannien im Zuge der Zerstörung und der Verluste durch den Ersten Weltkrieg hereingebrochen war. Für Doyle war die Existenz von Feen nicht zu weit hergeholt, und er war begeistert, Beweise dafür in Cottingley zu finden.

Am 30. Juni 1920 sandte er Einschreiben sowohl an Elsie als auch an deren Vater und ersuchte um Erlaubnis, die Feenfotos in einem Artikel zu verwenden, den er gerade über das Thema für das *Strand Magazine* schrieb: »Ich habe die wundervollen Fotos gesehen, die du und deine Cousine Frances geschossen habt«, schrieb er an Elsie, »und ich war seit Langem nicht mehr so interessiert an etwas«. Im Dezember wurde der Artikel veröffentlicht. »Wir werden dieses kleine Volk, unsere Nachbarn, die sich von uns nur durch die Tatsache unterscheiden, dass sie Flügel haben, den Menschen vertraut machen«, schwärmte Doyle. »Der Gedanke an sie, auch wenn sie noch nie gesehen worden sind, wird jedem Bach und jedem Tal Charme und jedem Spaziergang auf dem Land einen Hauch von Romantik verleihen«.

Doyles seltsames Faible für Feen blieb während seines ganzen Lebens ungebrochen, während sowohl Elsie als auch Frances ihr Geheimnis für nahezu 70 Jahre aufrechterhielten. Aber im Jahr 1983 lüftete die 76-jährige Frances es schließlich. »Ich dachte, es sei nur ein Scherz«, sagte sie damals, »doch jeder glaubte daran«.

Juli

»Was immer man auch tut,

es wird immer irgendeinen Nachteil geben«.

RALPH WALDO EMERSON

———✦———

1. JULI 1916

Am Strand des Todes

Charles Epting Vansant wurde unabsichtlich eine amerikanische Legende, und zwar auf schreckliche Weise. Als er am 1. Juli 1916 an der Küste von New Jersey schwamm, wurde der 25-Jährige von einem Raubfisch angefallen – der erste tödliche Haiangriff auf einen Badeurlauber in nichttropischen Gewässern.

Bevor er an jenem schicksalhaften Abend ins Meer ging, freundete sich Vansant mit einem Apportierhund an der Chesapeake Bay an. Die neuen Freunde schwammen dann zusammen über die Wellen der Brandung hinaus aufs Meer. Experten glauben, dass es das ungleichmäßige Paddeln des Hundes war, das den Hai als Erstes angezogen haben könnte. Vielleicht spürte der Retriever auch die Anwesenheit des Hais, da er plötzlich zurückschwamm und Vansants Rufe ignorierte. Und genau dann sahen Zeugen am Strand die dunkle Rückenflosse aus der Tiefe hinter dem Schwimmer auftauchen, die sich genau auf ihn zubewegte. »Pass auf!«, schrie jemand alarmiert. Doch Vansant hörte ihn nicht. Die Warnung von der Küste wurde zu einem Chor, als der König des Meeres sich seine Beute schnappen wollte.

Sofort kam ein Schmerzensschrei. Charles Vansant wurde bei lebendigem Leib und vor den Augen seiner eigenen Familie gefressen. »Jeder war entsetzt zuzusehen, wie mein Bruder im Wasser um sich schlug, als ob er mit einem Monster unter der Oberfläche kämpfen würde«, erinnerte sich seine Schwester Louise. »Er kämpfte verzweifelt, und als wir rasch zu ihm eilten, sahen wir große Mengen Blut im Meer«.

Vansant hatte es irgendwie fast ans Ufer geschafft, und ein Rettungsschwimmer lief ins flache Wasser, um ihn zu bergen. Doch der Hai blieb – er hatte Teile von menschlichem Fleisch in seinem mit messerscharfen Zähnen besetzten Maul – und griff erneut an. Immer mehr Leute eilten in das von Blut rot gefärbte Wasser. Es war ein Tauziehen um Leben und Tod. Der Hai biss sich fest, bis sein Bauch am Sand scheuerte – erst dann ließ er sein Opfer los und schwamm weg – auf der Suche nach seiner nächsten Mahlzeit. Vansants Vater, ein Arzt, versuchte vergeblich, seinen Sohn zu retten. Die Wunde und der Blutverlust durch sein fast abgetrenntes Bein waren zu schwer: Der junge Mann überlebte die Begegnung mit dem Monster des Meeres nicht.

2. JULI 1994

Das tödlichste Fußballtor aller Zeiten

Der Schmerz über eine Niederlage nahm tödliche Dimensionen an, als Andrés Escobar, der ehemals beliebte Kapitän der Nationalmannschaft von Kolumbien, in den frühen Morgenstunden des 2. Juli vor einem Nachtclub in Medellín erschossen wurde. Zehn Tage vorher hatte er einen fatalen Fehler bei der Weltmeisterschaft in einem Spiel gegen die USA begangen, als er ein Eigentor schoss. Kolumbien verlor das Spiel und schied infolgedessen aus dem Wettbewerb aus. Am

Boden zerstörte Fans wandten sich sofort gegen ihren ehemaligen Helden, genau wie auch einige Mitglieder kolumbianischer Drogenkartelle, die offensichtlich größere Beträge auf das Weiterkommen Kolumbiens gesetzt hatten. »Tolles Tor!«, so verspottete einer der Attentäter Escobar jedes Mal, wenn er einen Schuss auf ihn abfeuerte – zwölf insgesamt.

Auf ergreifende Weise war nur wenige Tage vor der Ermordung Escobars ein offener Brief an seine Landsleute im *El Tiempo* veröffentlicht worden, der bekanntesten Zeitung des Landes: »Bitte, bleiben wir respektvoll«, schrieb er. »Eine große Umarmung für jeden, und lassen Sie mich sagen, dass die Teilnahme an der Weltmeisterschaft die seltenste und phänomenalste Chance und Erfahrung war, die ich jemals hatte … also auf bald, weil das Leben hier nicht endet«.

3. JULI 1969

»Painted Black«
im Swimmingpool

Im Jahre 2012 feierten die Rolling Stones ein Jubiläum: Ein halbes Jahrhundert zusammen als »großartigste Rock'n'Roll-Band der ganzen Welt«. Aber eine Schlüsselfigur fehlte bei den Feierlichkeiten, denn sie hatte ein schlimmes Ende gefunden – am Boden eines Schwimmbeckens 43 Jahre zuvor, am 3. Juli 1969. Brian Jones war unverzichtbar für die Band – zumindest am Anfang –, denn er beherrschte viele Instrumente meisterhaft, hatte das Charisma eines Rockstars und einen zukunftsweisenden Musikgeschmack. »Er hat die Band geprägt«, schrieb Stones-Bassist Bill Wyman in seiner Autobiografie. »Er hat die Mitglieder ausgewählt. Er hat der Band ihren Namen gegeben. Er hat die Musik ausgewählt, die wir spielten. Er hat uns Auftritte verschafft … er war sehr einflussreich und wichtig, eine Rolle, die er langsam verlor – obwohl er hochintelligent war«.

Der Grund dafür, dass die Band, die Jones gegründet und nach oben geführt hatte, ihm langsam entglitt, war, dass der Sänger Mick Jagger und der Gitarrist Keith Richards sich als hervorragendes Team im Songschreiben herausstellten. Und obwohl Jones einzigartige Songs wie »Paint it Black« mit seiner unverwechselbaren Sitar prägte und bei »Ruby Tuesday« die Blockflöte spielte, waren die Lieder schließlich und endlich dominiert von den Melodien von Jagger und Richards. Das verlieh dem Duo Macht, als die Hits weiterhin große Erfolge waren.

Schon immer hatte Jones Drogen und Alkohol konsumiert, doch er tat es umso exzessiver, als er in der Band zu einer Randfigur wurde. Wie sich Pete Townshend von The Who erinnerte, »war er dekadenter als irgendjemand, den ich jemals getroffen habe.« Und all das ging einher mit launenhaften Stimmungsschwankungen. Jones »konnte der süßeste, sanfteste, freundlichste Mensch der ganzen Welt sein«, schrieb Wyman, »und zugleich der gemeinste, den Sie je getroffen haben«.

Als Jones die Stones mehr zu belasten als ihnen zu nutzen schien, wurde er von der Band am 8. Juni 1969 gefeuert. »Wir nahmen ihm das Wichtigste, nämlich dass er Mitglied in einer Band war«, erinnerte sich Schlagzeuger Charlie Watts in dem Dokumentarfilm *25 X5*. (Er hätte vielleicht hinzufügen können, dass Keith Richards Jones auch dessen Freundin, Anita Pallenberg, ausgespannt hatte.) Weniger als einen Monat später lag Jones tot auf dem Grunde seines Schwimmbeckens. Er war 27 Jahre alt. Der Bericht des Gerichtsmediziners führte den Fall als »Tod durch Unfall« auf, aber viele glauben, dass das ehemalige Stones-Mitglied möglicherweise ermordet wurde. »Um ehrlich zu sein, hatte er einige Züge eines Bastards«, sagte Richards dem Musikmagazin *Rolling Stone*. »Und es überrascht mich nicht, dass er ein unschönes Ende gefunden hat«.

Das allerletzte Aufglimmen des Zwielichts

Der Jahrestag der amerikanischen Erklärung der Unabhängigkeit von Großbritannien war todbringend für drei der ersten fünf US-Präsidenten: John Adams, Thomas Jefferson und James Monroe. Alle drei Gründerväter starben am 4. Juli – Adams und Jefferson nur wenige Stunden nacheinander im Jahr 1826 und Monroe fünf Jahre später.

Fehde auf dem Tennisplatz

Bei jedem Sieg muss es Verlierer geben. Und was für ein Verlierer Connors war, nachdem Arthur Ashe ihn vernichtend geschlagen hatte – nicht nur im Finale von Wimbledon am 5. Juli 1975, sondern auch in der finalen Schlacht zwischen Anstand und totaler Flegelei.

Kurz bevor sie sich auf dem Platz trafen, hatte Jimmy Connors eine Verleumdungsklage gegen Ashe eingereicht. Es war nur die letzte einer ganzen Reihe von Klagen seitens Connors gegen Ashe und die unterschiedlichen Tennisverbände, in denen dieser Mitglied war. Der launenhafte Tennisspieler verlangte Schadensersatz in Millionenhöhe, weil Ashe öffentlich behauptet hatte, dass die Weigerung von Connors, für das US-Team beim jährlichen Davis Cup zu spielen, »schier unpatriotisch sei«.

In seiner Autobiografie, zwei Jahrzehnte nachdem Ashe gestorben war, kritisierte Connors seinen Rivalen wegen der Art, mit der er auf die Anklagen gegen ihn reagiert hatte. »Arthur hatte nicht den Mumm, sich mir zu stellen«, schrieb Connors, als ob ihn seine eigene kleinliche Streitsucht irgend zum Inbegriff von Männlichkeit gemacht hätte: »Stattdessen hinterließ er mir in meinem Spind in Wimbledon eine Notiz, die seine Position darstellte. Nun, das spricht Bände, nicht wahr? Alles, was er hätte machen müssen, wäre gewesen, zur Sache zu kommen und von Mann zu Mann, von Angesicht zu Angesicht mit mir zu sprechen«.

Arthur Ashe macht eine Siegergeste vor Jimmy Connors in Wimbledon.

Doch was Connors wirklich verärgert hatte, war, dass Ashe, als er »auf den Centre Court gegangen war, seine Davis-Cup-Jacke getragen hatte, mit dem USA-Emblem darauf«. Welche Dreistigkeit! Dann schlug Ashe Connors auch noch 6:1, 6:1, 5:7 und 6:4 und gewann so als erster Schwarzer Wimbledon. Im Anschluss setzte Ashe noch einen drauf, indem er darauf hinwies, dass Connors bei etwa 70 Prozent seiner Fehler mitten ins Netz geschlagen habe. »Er bekam den Ball fast nie über die Grundlinie – das ist ein Zeichen, dass man versagt hat«.

Schließlich musste Connors noch eine weitere Beleidigung an diesem bereits schrecklichen Tag hinnehmen: Sein eigener Manager, Bill Riordan, hatte offensichtlich im Finale gegen ihn gewettet: »Ich war der absolute Favorit, und ich weiß, dass Bill das ziemlich gut verstanden hatte«, schrieb Connors. »Kann man das glauben? Und er hat nicht mal seinen Gewinn mit mir geteilt, der Geizhals«. Nicht lange Zeit später ließ der gedemütigte Connors Riordan ebenso fallen wie seine gerichtlichen Klagen.

6. JULI 2008

Jesse Jacksons kleiner Aussetzer

»Sehen Sie, Barack hat von oben herab über Schwarze geredet – ich möchte ihm die Eier abschneiden«.

Der Geistliche Jesse Jackson, als er im Fernsehen
mit einem Kollegen über den Präsidentschaftskandidaten
Barack Obama tuschelte. Dabei war er sich nicht bewusst,
dass sein Mikrofon während einer Sendepause noch immer
angeschaltet war. Jacksons unhöflicher, jedoch zweifelsfrei
schillernder Kommentar war keineswegs die erste leichtfertige,
hochbrisante Äußerung. Jackson hatte sich im Jahr 1984 äußerst

*unklug geäußert, als er die Juden während seiner eigenen
Präsidentschaftskampagne einfach so als »Hymies« und New York
City als »Hymie-City« bezeichnete.*

Verspätete Revision

Die gute Nachricht für Johanna von Orleans war, dass man ihre Todesstrafe aufhob, als sie schließlich von dem Vorwurf der Häresie am 7. Juli 1456 freigesprochen wurde. Die schlechte: Sie war bereits auf dem Scheiterhaufen zu Asche verbrannt worden – fast 25 Jahre zuvor.

Am Tiefpunkt der Weltwirtschaftskrise

Herbert Hoover ließ sechs Monate nach dem verheerenden Börsencrash von 1929 Folgendes verlauten: »Ich bin davon überzeugt, dass wir das Schlimmste jetzt hinter uns haben und dass wir mit geeinten Kräften schnell eine konjunkturelle Erholung erzielen werden. Eines lässt sich über die Zukunft der Menschen der USA sowie über ihre Ressourcen, ihre Intelligenz und ihren Charakter mit Sicherheit sagen – es wird wieder eine wirtschaftliche Hochkonjunktur geben!«

Der Präsident hatte Grund dazu, optimistisch zu sein. Schließlich hatte sich der Markt bis in die Mitte des Jahres 1930 erholt. Doch das Schlimmste stand noch bevor.

Am 8. Juli 1932 erreichte der Dow-Jones-Index seinen niedrigsten Stand in der großen Wirtschaftskrise der 1930er-Jahre. Er war nun 50 Prozent unter den Tiefstand gesunken, den er an jenem schrecklichen Tag im Oktober fast drei Jahre zuvor erreicht hatte.

Ein prekärer Beginn

Drei zwangsverpflichtete Arbeiter des Plantagenbesitzers Hugh Gwyn – zwei davon europäischer, einer afrikanischer Abstammung – brannten 1640 durch nach Maryland. Alle drei wurden bald wieder eingefangen und zu je 30 Peitschenhieben Strafe verurteilt. Doch sie wurden ungleich bestraft. Die Knechtschaft der beiden weißen Männer wurde um vier Jahre vom Gericht verlängert, während das Urteil über den Farbigen lautete: »Und da der Dritte ein Schwarzer ist – sein Name ist John Punch –, soll er seinem besagten Herren oder seinen Rechtsnachfolgern sein ganzes Leben lang hier oder anderswo dienen«. Also wurde durch die Anordnung des Gerichts am 9. Juli 1640 John Punch der erste offizielle Sklave in den ursprünglichen amerikanischen Kolonien.

10. JULI 1777

General ohne Kleider

Es war eine Geheimoperation in Zeiten der Revolution, die der Navy Seals würdig gewesen wäre – und ein fürchterlicher Schlag für das britische Prestige. Am frühen Morgen des 10. Juli 1777 legten der Patriot Colonel William Barton aus Rhode Island und eine Bande von etwa 40 Männern leise ihren Weg quer durch die Narragansett Bay zurück, wo es zu dieser Zeit von britischen Kriegsschiffen nur so wimmelte. Dann, nachdem sie einen Wachposten überwältigt hatten, schlichen sich die Männer in das Haus, in dem sich der britische General Richard Prescott aufhielt, und überraschten ihn in seinem Bett, um ihn zu entführen.

»Gentlemen«, soll Prescott laut dem Bericht eines der Männer, die ihn überfielen, gerufen haben, »ich weiß, dass Sie es eilig haben, aber lassen Sie mich um Gottes willen noch meine Kleidung anlegen«.

»Bei Gott, dafür haben wir keine Zeit«, antwortete Barton. Danach wurde der halb nackte Gefangene weggeführt und auf das wartende Boot geschubst. Seltsamerweise schafften es die Kidnapper, durch die Bucht zu fahren, ohne dabei erwischt zu werden.

»Wir bedauern ihn nicht allzu sehr«, bemerkte ein britischer Beamte hinsichtlich Prescotts Verlust. Trotzdem gab es später einen Austausch des gefangenen Generals für den amerikanischen General Charles Lee – dieser war im vorangegangenen Dezember von den Briten gefangen genommen worden, als er nur seinen Schlafrock trug.

11. JULI 1804

Kaum kirchlicher Beistand

Die Geschichte ist in den USA legendär: Wie der Vizepräsident der Vereinigten Staaten, nachdem er wiederholt von einem der Gründerväter beleidigt worden war, seinen politischen Feind auf einem Feld in Weehawken, New Jersey, zum Kampf um die Ehre traf. Und dort schoss Aaron Burr seinen Kontrahenten Alexander Hamilton regelkonform in einem Duell nieder. Adams beschrieb dies als »den dramatischsten Moment in der frühen Politik der Union«. Doch für Alexander Hamilton war die Angelegenheit noch nicht vorüber, als er von Weehawken mit einer klaffenden Schusswunde im Bauchbereich weggebracht worden war. Dies stellten zwei kleinliche, über die Maßen fromme Geistliche sicher.

Obwohl Hamilton nie besonders religiös gewesen war, suchte er spirituellen Beistand, als er blutend und gelähmt darniederlag. Schließlich musste er darum betteln. Der Sterbende rief zuerst nach Benjamin Moore, dem Episkopalbischof von New York, um mit ihm feierlich die heilige Kommunion abzuhalten. Doch Moore weigerte sich: Nicht nur, weil Hamilton nicht regelmäßig in der Kirche erschienen war, sondern auch, weil er sich zu einem Duell hatte hinreißen lassen, was in der Kirche als Frevel galt.

Nachdem er von dem scheinheiligen Prälaten abgelehnt worden war, wandte sich Hamilton verzweifelt an einen anderen – seinen Freund, den Geistlichen John M. Mason, einen Pastor der schottischen Kirche der Presbyterianer, die gleich neben seinem Haus stand. Obwohl Mason Mitleid mit dem tödlich verwundeten Mann zeigte, entschied auch er sich dagegen, die heilige Kommunion durchzuführen.

Schließlich, in einem letzten Versuch, religiöse Erlösung zu finden, bat Hamilton Moore noch einmal. »Als ich den Raum betrat und mich seinem Bett näherte, sagte er mit äußerster Ruhe und Selbstbeherrschung: ›Mein guter Herr, Sie sehen meine unglückliche Situation, und zweifelsohne sind die Umstände, die dazu geführt haben, bekannt. Es ist mein Wunsch, durch Ihre Hände die heilige Verbundenheit mit Gott zu erlangen. Ich hoffe, Sie gehen nicht davon aus, dass an meiner Bitte irgendetwas Unberechtigtes ist‹«.

Noch immer lehnte Moore ab: »Ich stellte für ihn fest, dass er äußerst sensibel mit der delikaten und herausfordernden Situation umgehen müsse, in der ich mich befand. Dass es noch immer meine Pflicht war, das heilige Gesetz Gottes aufrechtzuerhalten als über allen anderen Gesetzen stehend, ganz gleich wie sehr es mich dazu drängte, einem

Mann auf dem Sterbebett Trost zu spenden. Daher musste ich trotz solcher Gefühle unwiderruflich den Umstand verdammen, der ihn in seine gegenwärtig unglückselige Lage gebracht hatte. Er bestätigte, dass diese Gefühle berechtigt waren, und erklärte, dass er auf seine letzte Unternehmung (das Duell) mit Trauer und Reue zurückblicke«.

Zuletzt aber gab Moore nach und gestattete dem Büßer, Gottes Gnade zu empfangen. Am nächsten Tag, so berichtete der Pfarrer, »starb er ohne Todeskampf, und beinahe ohne dabei zu stöhnen«.

12. JULI 1979

Donnerstagnachtfieber

Die Rufe, die aus dem Comiskey Park, der Heimat der Chicago White Sox, drangen, hatten nichts mit Baseball zu tun. »Die Disco nervt!«, brüllte die Menge, und Banner mit derselben Botschaft prangten an den Stadiontribünen. In der Mitte des Spielfeldes würde gleich eine riesige Tonne mit Discoschallplatten explodieren – alles Teil einer verhängnisvollen Kampagne am 12. Juli 1979 namens »Disco-Zerstörungsnacht«. Wie sich herausstellen sollte, waren die Schallplatten nicht das Einzige, was während des Ereignisses kaputt gemacht werden sollte.

Die Anti-Disco-Kampagne war die brillante Idee von Mike Veeck, Sohn des White-Sox-Eigentümers Bil Veeck, der versuchte, das Stadion trotz der schwachen Leistungen seines Teams voll zu bekommen, in Kooperation mit dem örtlichen Radiosender WLUP, dessen DJ die Musik der 1970er-Jahre geradezu verabscheute. Die Idee war einfach. Wer eine Schallplatte mit Discomusik mitbrachte, um sie dann in der Pause in dem Doppelspiel zwischen den White Sox und den Detroit Tigers zerstören zu lassen, erhielt dafür eine stark ermäßigte Eintrittskarte für den

Comiskey Park. Viel zu viele Leute tauchten auf, und das Stadion war überfüllt – sowohl von Menschen als auch von Marihuana-Rauch. Chaos brach aus.

Rowdys – die wenigsten waren tatsächlich Baseballfans – unterbrachen das erste Spiel, indem sie Böller und leere Flaschen auf das Spielfeld warfen. Sie warfen auch mit Schallplatten, die nicht am Eingang eingesammelt worden waren. »Die Dinger schnitten alles um einen herum auf und steckten im Boden«, berichtete Außenfeldspieler Rusty Staub der *New York Times*. »Es war nicht nur eine, es waren viele. Bei Gott dem Allmächtigen, so etwas Gefährliches habe ich noch im Leben gesehen. Ich bat die Jungs, ihre Helme aufzusetzen«.

Dann, als die Sox das erste Spiel gegen die Tigers 4:1 verloren hatten, begann das Hauptevent. Steve Dahl kam auf das Feld: Er fuhr in einem Jeep vor und war in Tarnfarben gekleidet. »Dies ist jetzt offiziell die größte Anti-Disco-Demonstration der Welt!«, sagte er zu der johlenden Menge. »Jetzt hört zu – wir haben all die Discoschallplatten genommen, die ihr heute mitgebracht habt, haben sie in eine riesige Kiste gesteckt und werden sie *richtig schööööööön* hochgehen lassen«.

Danach wurden mit einer massiven Explosion glühende Schallplatten-Scherben 60 Meter hoch in die Luft geschleudert. Die Menge brüllte, und Tausende stürmten das Feld. Alles, was nicht durch die Explosion zerstört worden war, zerstörte die Menge, die wie wild um die brennenden Überreste der Disco-Hits herumtanzte.

»Heiliger Bimbam!«, rief der berühmte Sport-Radiomoderator Harry Caray der Menge über Lautsprecher zu und bat die Leute, ihre Plätze wieder einzunehmen. Als er nur höhnische Bemerkungen dafür erntete, fingen Caray und Bill Veeck, begleitet von der Comiskey Park Organisation an, das mitreißende Lied abzuspielen: »Take me Out to the Ball Game«. Dann wurde die Polizei gerufen, der Mob löste sich auf, und die Sox verloren das zweite Spiel gegen die Tigers.

13. JULI 1801

Shit happens, Teil II: Schiffe versenken

Kurz nach Mitternacht am 13. Juli 1801 explodierte das spanische Kriegsschiff *Real Carlos* mit 112 Kanonen an Bord vor der Küste Gibraltars. 15 Minuten später erging es dem Begleitschiff *San Hermenegildo* ebenso. In der Doppelkatastrophe verloren Tausende ihr Leben, und dies war einem feindlichen Angriff, britischem Einfallsreichtum und einer gehörigen Portion Pech geschuldet.

Der tödliche Fehler geschah inmitten einer kriegerischen Auseinandersetzung auf hoher See zwischen Großbritannien und den Verbündeten Frankreich und Spanien. Sechs Tage zuvor hatten britische Schiffe eine französische Flotte attackiert, die bei Algeciras, einer befestigten Hafenstadt in der Bucht von Gibraltar, vor Anker lag. Doch nach schwerem Beschuss von beiden Seiten waren die Angreifer zum Rückzug gezwungen – und dies ohne eines ihrer Schiffe, die *HMS Hannibal*, die von den Franzosen erobert worden war. Es war erniedrigend für die Briten, aber dies sollte bald gerächt werden.

Nach der ersten Schlacht von Algericas forderte der französische Kommandant Verstärkung an. Deshalb segelten fünf französische Kriegsschiffe durch die Meerenge von Gibraltar und blockierten die Zufahrt nach Algericas, während die Franzosen ihre Schiffe reparierten. Dann setzten die Schiffe der Verbündeten gemeinsam Segel in Richtung des spanischen Hafens Cádiz.

Obwohl er nur halb so viele Kriegsschiffe hatte, war der britische Kommandant James Saumarez, dessen Pläne vor Kurzem vereitelt worden waren, darauf aus, die Schiffe der Verbündeten nicht entkommen zu lassen. Die zweite Schlacht von Algeciras zeichnete sich ab, als die ziemlich angeschlagene britische Flotte hartnäckig die Verfolgung aufnahm. Die *HMS Superb*, die dem überaus fähigen Kapitän Richard Goodwin

Keats unterstand, war in der ersten Schlacht nicht auf die Franzosen gestoßen und war daher völlig unbeschädigt. Keats segelte vor dem Rest der Flotte, um den abziehenden spanisch-französischen Konvoi so gut er konnte zu behindern.

Die riesigen spanischen Kriegsschiffe *Real Carlos* und *San Hermenegildo* führten den Rest der Verbündetenflotte an und bildeten die Verteidigungslinie. Im Schutz der Nacht steuerte Keats still und leise die *Superb* neben die *Real Carlos* und eröffnete das Feuer. Der Schaden, den er verursachte, war beträchtlich, und bald schon brannte das spanische Kriegsschiff. Was jedoch schlimmer war: Einige der Geschosse der *Superb* verfehlten die *Real Carlos* und trafen die *San Hermenegildo*, die auf der anderen Seite des Begleitschiffs fuhr. Was als Nächstes passierte, war ein verblüffendes Ereignis in der Geschichte der Seefahrt.

Weil er in der Dunkelheit nichts sehen konnte, glaubte der Kapitän der *San Hermenegildo*, dass ein britisches Kriegsschiff zwischen ihn und die Real Carlos gefahren sei, und begann, auf das Phantomschiff zu schießen. Natürlich traf er dabei nur sein Schwesterschiff, das sofort zurückschoss. Die *Real Carlos* beschoss nun einen echten Feind auf der einen Seite und einen vermeintlichen auf der anderen, und die beiden spanischen Riesen versenkten sich gegenseitig.

14. Juli 1798

Die Sache mit dem First Amendment

Am 14. Juli 1798, weniger als ein Jahrzehnt nachdem er seine Unterschrift auf der sogenannten »Bill of Rights« geleistet hatte, bestätigte Präsident John Adams ein weiteres Dokument mit ziemlich entgegengesetzten Auswirkungen auf die Freiheit: den »Sedition Act«, eines aus einer Reihe von sehr restriktiven Gesetzen, die in diesem Jahr verabschiedet wurden. Unter den Bestimmungen, die von Thomas Jefferson als »so spürbar gegen die Verfassung« beschrieben wurden, erklärte es das Gesetz für illegal, »etwas zu schreiben, zu drucken, zu äußern oder zu veröffentlichen oder etwas zu veranlassen, etwas zu tun oder jemanden dabei zu unterstützen, ein falsches, skandalöses oder böswilliges Schreiben gegen die Regierung der Vereinigten Staaten oder das Abgeordnetenhaus oder den Präsidenten herauszubringen. Dies sei besonders dann verboten, wenn es mit der Absicht geschieht, die oben genannten Personen zu diffamieren oder in Verruf oder Misskredit zu bringen.«

Und so kam der Repräsentant Matthew Lyon von Vermont ins Gefängnis, nachdem er die Adams-Regierung des »lächerlichen Pomps, der törichten Lobhudelei und egoistischen Gier« beschuldigt hatte. Der radikal politische Journalist und Satiriker James Callender wurde ebenfalls nach dem Sedition Act verurteilt, mit einer Geldstrafe belegt und inhaftiert. In seiner Abhandlung *The Prospect Before Us* nannte Callender Adams unter anderem einen »groben Heuchler … einen abscheulichen, hermaphroditischen Charakter, der weder die Kraft und Festigkeit eines Mannes noch die Sanftmut einer Frau besitzt«.

Da John Adams tatsächlich das Aufwiegelungsgesetz und andere repressive Maßnahmen unterzeichnet hatte, könnte man argumentieren, dass James Callender nicht ganz Unrecht mit seiner Meinung über den Präsidenten hatte, den er so heftig angriff.

15. Juli 1972

Jane Fondas große Entgleisung

Inmitten eines Krieges, der schließlich mehr als 58 000 amerikanische Soldaten das Leben kostete – und Zehntausende weitere Leben schwer erschütterte –, stattete die Schauspielerin Jane Fonda einem feindlichen

Jane Fonda klatscht und singt während ihres umstrittenen Besuchs bei feindlichen Soldaten.

Lager in Hanoi einen freundschaftlichen Besuch ab. Dort lachte und sang sie und posierte fröhlich für ein Bild, auf dem sie die Beine über einer nordvietnamesischen Flugabwehrkanone spreizte. Die Amerikaner waren entsetzt über diese Aktion, und viele empfanden sie als Verrat. Fonda wurde wegen ihres Verhaltens verächtlich »Hanoi Jane« genannt. Wie sie in einem Fernsehinterview Jahrzehnte später sagte: »Ich werde das Bedauern über das Foto mit in mein Grab nehmen … es hat so viele Soldaten verletzt. Es hat eine solche Feindseligkeit verursacht. Es war das Schlimmste, was ich je hätte tun können. Es war einfach leichtsinnig«.

16. JULI 1858

Vielleicht verrückt, aber …

Menschen, die streng an den Wortlaut der heiligen Bibel glauben, haben über die Generationen bequemerweise eine Passage aus

Matthäus 19, 12 übersehen: »Und es gibt Verschnittene, die sich ver-
schnitten haben um des Himmelsreiches willen. Wer es fassen kann, der
fasse es.« Thomas P. Corbett hingegen schenkte dem Vers besondere Aufmerksamkeit. Sieben Jahre, bevor er Abraham Lincolns Attentäter John
Wilkes Booth in einer Tabakfabrik in Virginia erschoss, wählte Corbett
1858 einen rabiaten Weg, um sexuellen Versuchungen zu widerstehen.
Mit einer Schere und ohne Anästhesie hatte er sich die »Instrumente des
Bösen« abgeschnitten.

17. Juli 1955

Micky Maus mit Pannen

Am 17. Juli 1955, als Disneyland seine Tore öffnete, erwies sich
dieses Ereignis als nicht besonders bezaubernd. Tatsächlich war
die Eröffnung des Parks geradezu eine Katastrophe. 15 000 Gäste waren
an diesem Tag zu den Eröffnungsfeierlichkeiten eingeladen worden, aber
wegen einer Flut gefälschter Tickets kamen fast doppelt so viele – ein
überfüllter Park und Massenstaus auf den Zubringerstraßen waren die
Folge. Die Horden verschlangen schnell alle verfügbaren Lebensmittel
und brachten mit ihrer schieren Masse fast das »Mark-Twain-Riverboat«
zum Kentern. Streikende Klempner hatten Disney dazu gezwungen, sich
entweder für funktionierende Toiletten oder Trinkbrunnen zu entscheiden – daher funktionierten die Toiletten, aber der Wassermangel bei
brütenden 38 Grad machte den Parkbesuchern zu schaffen.

Die Hitze war so sengend, dass die kürzlich gepflasterte Main Street
zu einem gurgelnden Sumpf aus matschigem Teer wurde, in dem Schuhe
stecken blieben. Die Fahrten an den Fahrgeschäften klappten nicht wie
geplant, das Sicherheitspersonal schüchterte die Besucher ein, und ein
Gasaustritt erzwang die Schließung von Fantasyland. Kein Wunder also,

dass Walt Disney den Eröffnungstag als »Schwarzen Sonntag« bezeichnete. »Walts Traum ist ein Albtraum«, schrieb ein Reporter, »ein Fiasko, wie ich es in dreißig Jahren Showgeschäft nicht erlebt habe«.

Zu Onkel Walts Elend trug auch die Tatsache bei, dass die große Eröffnung von Disneyland live übertragen und von fast 90 Millionen Menschen gesehen wurde. Es war eine mit Stars besetzte Zauberposse, in der Ronald Reagan, Bob Cummings und Art Linkletter als Moderatoren auftraten, aber zahlreiche Pannen machten sie zu einem Fiasko.

Ein anderer Mann hätte sich von einem so trüben Tag vielleicht unterkriegen lassen, aber mit dem ganzen Mut der Micky Maus bahnte sich Walt Disney seinen Weg. Nur drei Monate später begrüßte Disneyland seinen einmillionsten Gast und wurde zum Urvater einer Reihe von Themenparks, die weltweit für ihre Effizienz, vor allem aber für Spiel und Spaß bekannt sind – und dies mit funktionierenden Trinkbrunnen.

18. JULI 1877

Eheprobleme

Am 18. Juli 1877 stand Peter Tschaikowski mit seiner Braut Antonina Miljukowa am Altar und weinte. Es waren jedoch keine Freudentränen, denn »eine Art Schmerz packte mein Herz«, wie der große Komponist erzählte. An Tschaikowskis Braut war nichts falsch – nur ihr Geschlecht passte ihm nicht. Tatsache war, dass keine Frau jemals eine gute Frau für Tschaikowski hätte sein können, denn er war sexuell anderweitig orientiert. Dennoch trieb ihn 1877 etwas vor den Altar: Tschaikowski nannte es Schicksal, aber wahrscheinlich war es eher väterlicher Druck sowie die Notwendigkeit, sich in einer Gesellschaft anzupassen, in der Homosexualität verunglimpft wurde. Und so entschied er sich für Miljukowa, eine ehemalige Studentin, die er kaum kannte und die seine Aufmerksamkeit durch liebevolle Briefchen geweckt hatte, die sie ihm hatte zukommen lassen. Als er ihr einen Antrag machte, sagte er ihr offen, dass er sie nicht liebe und listete seine negativsten Charakterzüge auf: »Meine Reizbarkeit, mein unausgeglichenes Temperament, meine Ungeselligkeit, schließlich meine Lebensverhältnisse«. Dennoch akzeptierte Miljukowa seinen Antrag.

Tschaikowski fürchtete seinen Hochzeitstag: »Nachdem ich 37 Jahre mit einer angeborenen Abneigung gegen die Ehe gelebt habe, ist es sehr bedauerlich, durch Zwang in die Position eines Bräutigams gebracht zu werden … In ein oder zwei Tagen wird meine Hochzeit mit ihr stattfinden. Was dann passieren wird, weiß ich nicht«.

War schon die Hochzeit schrecklich, waren es die Flitterwochen noch mehr. »Als die Kutsche losfuhr, hätte ich am liebsten geweint«, schrieb Tschaikowski.

Als die lieblose, sexlose Ehe in den nächsten Wochen andauerte, wurde der Komponist immer unzufriedener. Er fand seine Frau nicht nur »körperlich abstoßend«, sondern auch langweilig. Flatterhaft und oberflächlich, wie er sie beschrieb, teilte Antonina keiner der Interessen ihres Mannes – nicht einmal die Musik. Schlimmer noch, sie begann, körperlich mehr zu verlangen als die »brüderliche Liebe«, die er ihr versprochen hatte. Der intensive Druck der scheiternden Ehe trieb Tschaikowski zu Selbstmordgedanken. Anstatt sich jedoch umzubringen, ging er einfach weg – nur sechs Wochen nach der unglücklichen Hochzeit.

Und doch plagte ihn »das Reptil«, wie Tschaikowski seine Gattin nannte, immer noch. Er lebte in Todesangst, dass die verschmähte Frau das Geheimnis seiner Sexualität preisgeben würde, und so versetzte ihn jede Nachricht von ihr in Panik. An einem Punkt listete er ihre Vorwürfe seinem Bruder gegenüber detailliert auf: »Ich bin ein Betrüger, weil ich sie geheiratet habe, um meine wahre Natur zu verbergen … Ich habe sie jeden Tag beleidigt, ihre Leiden durch meine Schuld waren groß … sie ist entsetzt über mein schändliches Laster, etc. etc. etc«.

Tschaikowski hatte am Ende nur eine Erklärung für seinen unglücklichen Versuch in Sachen Ehe: »Es besteht kein Zweifel, dass ich einige Monate lang etwas verrückt war«.

Jane Greys Leidensgeschichte

Neun Tage lang diente der Tower of London als königlicher Palast für die unwillige englische Königin Lady Jane Grey. Dann, plötzlich, wurde er ein Gefängnis, aus dem das 16-jährige Mädchen nie wieder entkam. Als enger Verwandter der mächtigen Tudor-Herrscher wurde der protestantischen Jane von ihrem ehrgeizigen Schwiegervater John Dudley, Herzog von Northumberland, die Krone aufgezwungen. Dieser befürchtete, dass England wieder in den Einflussbereich des Papstes gedrängt würde, wenn der Thron an die legitime Nachfolgerin gehen würde, die erzkatholische Tochter von Heinrich VIII., Maria. Maria jedoch ging aus dem Konflikt als Siegerin hervor, und nach weniger als zwei Wochen »Herrschaft« wurde Jane am 19. Juli 1553 offiziell entlassen. Von diesem Tag an wurde der Turm für die »Neun-Tage-Königin« zu einem weitaus bedrohlicheren Ort – zuerst als ihr Gefängnis, dann als Ort ihrer Enthauptung und schließlich als ihr Grab.

Fatale Abkürzung

Vielleicht war keine Linkskurve jemals schicksalhafter als die, die eine Gruppe von Siedlern (bekannt als die »Donner-Party«) am

20. Juli 1846 auf ihrem Weg in den Westen nahm. Wären sie an der Abzweigung, die sie auf der Hälfte des Weges ihrer Reise vorfanden, rechts abgebogen und wären sie dem traditionellen Pfad nach Kalifornien gefolgt wie alle anderen auch, hätten die »Donners« vielleicht Milch und Honig eines neuen Kanaan in Kalifornien genießen können, anstatt sich in der eisigen Hölle der Sierra Nevada gegenseitig verschlingen zu müssen. Aber sie folgten dem Sirenenruf eines Abenteurers namens Lansford Hastings – dem »Baron Münchhausen des Reisens«, wie ihn ein Zeitgenosse nannte. Er war ein Zyniker, der »die Auswanderer offensichtlich als Freiwild betrachtete«. Mit dem ehrgeizigen Ziel, sich ein Lehen in Kalifornien aufzubauen, versuchte Hastings, Siedler dorthin zu locken, indem er ihnen eine bequeme Abkürzung auf einem neuen Pfad versprach: einem, auf den er selbst nie wirklich einen Fuß gesetzt hatte. Er ließ es in seinem Buch *The Emigrants' Guide to Oregon and California* so einfach klingen – als sei alles nur ein einfacher Walzer ins Paradies.

Die »Donner-Party« war von dem alten Bergsteiger James Clyman vor Hastings Fantasie-Pfad gewarnt worden. Clyman sah einige der Hindernisse und Gefahren voraus, auf die sie stoßen sollten. Er forderte sie auf, wie er sich erinnerte, den »regulären Weg zu nehmen und diesen nie zu verlassen« – andernfalls würden sie womöglich nicht durchkommen. Aber geblendet von der Aussicht auf eine leichte

Durchreise ignorierten die Anführer der »Donner-Party« Clymans Warnung und bogen links ab, direkt in ihren Untergang.

Als sie merkten, was für einen schrecklichen Fehler sie gemacht hatten, war es zu spät. Schlechtes Wetter hatte die Siedler eingeholt und eingeschlossen – nur rund 246 Kilometer vom sicheren Fort Sutters in Kalifornien entfernt. Dann verschärfte sich die Situation durch den heftigen Wintereinbruch, sodass die hungernde Gruppe vom Verzehr gekochter Ochsenhaut zum Verzehr des Fleisches ihrer Gefährten überging. Von den 87 Männern, Frauen und Kindern der »Donner-Party« entkamen nur 46 lebendig diesem kannibalistischen Albtraum.

»Ich habe dir nicht einmal die Hälfte der Schwierigkeiten beschrieben, die wir hatten, aber ich habe dir genug geschrieben, um dich wissen zu lassen, was Schwierigkeiten bedeuten«, schrieb eine der Überlebenden, Virginia Reed. »Aber Gott sei Dank sind wir die einzige Familie, die kein Menschenfleisch gegessen hat. Wir haben alles zurückgelassen, aber das ist mir egal. Wir sind mit dem Leben davongekommen«.

21. Juli 1961

Ruf eines Astronauten über Bord

Es war bestenfalls ein halbherziger Heldenempfang, nicht, weil Virgil Grissom nur der zweite Amerikaner im All war – daraus hätte man immer noch viel Prestige schlagen können –, sondern weil er sein teures Raumschiff *Liberty Bell 7* verloren hatte, nachdem es am 21. Juli 1961 im Atlantik versunken war.

»Es war besonders schwer für mich als Berufspilot«, erinnerte er sich. »In all meinen Flugjahren – auch während der Kämpfe in Korea – war dies das erste Mal, dass mein Flugzeug und ich nicht wieder zusammen zurückkamen«.

Aber es gab noch viel mehr, was Grissom in der Folgezeit verloren hat, nämlich seinen Ruf, der mit *Liberty Bell 7* versank. Der Astronaut, so hieß es, habe »Mist gebaut«, was im Sprachgebrauch von Astronauten bedeutete, dass er in Panik geraten war und die kleine Sprengstoffladung, die die Luke des Raumschiffs freigab, vorzeitig gezündet hatte. Experten mutmaßten, dass die *Liberty Bell 7* als Folge dessen Wasser aufnahm und, während Grissom wegschwamm, zu schwer wurde, um geborgen zu werden. Der Astronaut selbst überlebte die Sache nur knapp, da er sich in Leitungen verstrickt hatte und sein Raumanzug ihn nach unten zu ziehen begann, als ihn ein Rettungshubschrauber schließlich aus dem Ozean zog.

Grissom behauptete vehement, er habe den Lukensprengstoff nicht ausgelöst, und jener sei spontan explodiert. »Ich lag gerade da und kümmerte mich um meine eigenen Angelegenheiten, als sich mit einem PENG! die Lukentüre verabschiedete«, sagte er auf einer Pressekonferenz. »Und ich blickte auf und sah nichts als blauen Himmel und Wasser, das hereinlief«. Aber gleichzeitig antwortete er ehrlich, als er gefragt wurde, ob er jemals das Gefühl hatte, dass sein Leben während der Mission in Gefahr gewesen sei: »Nun, ich hatte einen Großteil der Zeit Angst«, sagte er. »Ich schätze, das ist ein ziemlich guter Hinweis«.

Die Medien machten gnadenlos ein Fest daraus und stellten den Astronauten, der sein Leben im All riskiert hatte, als eine Art Angsthase dar. Jahre später, in seinem Buch *The Right Stuff*, verfestigte der Autor Tom Wolfe die Vorstellung der Öffentlichkeit von Grissom als einen kleinen Clown, der in blinder Panik die Luke weggesprengt hatte. Und als *The Right Stuff* zu einem erfolgreichen Film wurde, bekamen Kinobesucher den gleichen Eindruck vermittelt. In der Flut an schlechter Pressearbeit ging die Tatsache unter, dass Grissom nach einer Untersuchung der Sachlage vollständig entlastet wurde. Tatsächlich war das Vertrauen der NASA in ihn so groß, dass er ausgewählt wurde, um zwei weitere Raumfahrtmissionen zu leiten. Dennoch war der vielfach verleumdete

Astronaut frustriert, weil es keine technische Erklärung für die spontane Auslösung des Mechanismus an der Luke gab.

»Wir haben wochenlang versucht herauszufinden, was passiert ist und wie es passiert ist«, sagte er. »Ich kroch sogar in Kapseln und versuchte, alle meine Bewegungen zu rekonstruieren, um zu sehen, ob das Ganze nochmals passieren würde. Es war unmöglich. Der Kolben, der die Bolzen zur Explosion bringt, ist so weit weg, dass ich mit Absicht nach ihm hätte greifen müssen, um ihn auszulösen, und das habe ich nicht getan. Selbst als ich mit meinen Ellenbogen herumschlug, konnte ich nicht zufällig gegen ihn stoßen«.

Grissom resignierte schließlich. »Es blieb ein Geheimnis, wie die Luke explodierte«, sagte er, »eben eines dieser Dinge, die ein Geheimnis bleiben«. Er bewies großen Sinn für Humor, als er in der Raumfahrtmission Gemini 3 das Kommando hatte und sein Schiff *Molly Brown* nannte – nach dem schwungvollen Broadway-Stück *The Unsinkable Molly Brown*. NASA-Beamte erhoben Einwände gegen den Namen, zögerten aber, als Grissom eine Alternative vorschlug: »Wie wäre es mit der *Titanic*?«

22. JULI 1934

Staatsfeind Nummer eins

Es war ein schlimmer Tag für den berüchtigten Gangster John Dillinger, als er, vom FBI »Staatsfeind Nummer eins« genannt, am 22. Juli 1934 hinter Chicagos Biograph Theater erschossen wurde. Aber für Melvin Purvis, den FBI-Mann, der ihn schließlich dingfest machte, war es fast noch schlimmer. Sein Handeln an diesem Tag und bei der anschließenden Tötung von Charles Arthur »Pretty Boy« Floyd machten ihn zu einem Nationalhelden, was allerdings bei seinem Chef und Mentor J. Edgar Hoover gar nicht gut ankam. Der größenwahnsinnige

FBI-Direktor beanspruchte alle Lorbeeren für sich und dazu Purvis für dessen Momente des Ruhms bezahlen lassen. Hoover wollte Blutrache und verfolgte seinen ehemaligen Freund die nächsten 25 Jahre lang.

Einst war Purvis der Liebling des Direktors gewesen – ein Gentleman aus dem Süden, solide Mittelklasse und sehr gut aussehend. »Alle Macht dem Clark Gable des FBI«, schrieb Hoover einmal an seinen jungen Schützling, und wie er dem Vater von Purvis anvertraute, war er einer seiner »engsten und liebsten Freunde«.

Unter der Führung von Hoover wurde Purvis schließlich zum Spezialagenten des FBI in Chicago ernannt. Es gab eine überwältigende Aufgabe: Es galt Dillinger zu fassen, den charismatischen Kriminellen, der den amerikanischen Mittleren Westen gleichermaßen terrorisierte und verzauberte, indem er seine Verfolger an der Nase herumführte. »Nun, Sohn«, schrieb der Direktor an Purvis, »halt die Ohren steif, schnapp dir Dillinger für mich, und die Welt gehört dir«. Er unterschrieb: »Mit freundlichen Grüßen und großer Zuneigung, Jayee«.

Purvis hatte den Hinweis erhalten, dass Dillinger am 22. Juli eine Filmvorstellung im Biograph Theater besuchen würde. Als der Gangster in dieser Nacht aus dem Theater auftauchte, entdeckte Purvis ihn und zündete sich eine Zigarre an – als vorher vereinbartes Signal an die anderen Agenten und die Chicagoer Polizisten. Dillinger wurde misstrauisch und lief in eine nahe gelegene Gasse. »Hände hoch, Johnny«, rief Purvis. »Wir haben dich umzingelt«. Der Gangster zog seine Waffe, aber er wurde getötet, bevor er einen Schuss abgeben konnte.

Ein legendärer Gesetzloser war tot, und ein neuer amerikanischer Held war geboren. Leider war dieser Held nicht J. Edgar Hoover.

Der Direktor gratulierte Purvis pflichtbewusst und schrieb: »Meine Wertschätzung für den Erfolg, mit dem deine Bemühungen in diesem Fall belohnt wurden, ist von Dauer und macht mich sehr stolz auf dich.« Aber privat schäumte er, als der Stern seines Top-Agenten am Himmel erstrahlte. Hoover »war eifersüchtig auf ihn«, erinnerte sich Purvis'

Sekretärin Doris Lockerman. »Wenn du dem König nicht weiterhin gefällst, bist du nicht sehr lange der Favorit … Sie sorgten dafür, dass Purvis keine Aufträge mehr erhielt, die die öffentliche Aufmerksamkeit erregten. Es wurde alles getan, um ihn zu verunglimpfen, ihn in Verlegenheit zu bringen. Er war schwer verletzt«.

Nur ein Jahr nach dem berühmten Ende des Falls Dillinger verließ Purvis das FBI. Aber »Jayee« war mit ihm noch lange nicht fertig. Hoover sorgte dafür, dass Purvis aus den offiziellen Annalen des FBI so gut wie gelöscht wurde. »Der eigentliche Star wurde Hoover, der die Ereignisse von seinem Büro in Washington aus kontrollierte«, schrieb der Autor Richard Gid Powers.

Und so ging es bis 1960, als Purvis an einem Schuss in den Kopf starb. Ob es ein Unfall oder vorsätzliche Tötung war, bleibt ungewiss, aber, wie sein Sohn Alston schrieb, war dies Hoover egal, der sofort verkündete, dass Purvis Selbstmord begangen habe.

»Sein Bericht erwähnte nicht die Leistungen meines Vaters, seine Opfer für das Präsidium, seinen Platz in der Geschichte. Es gab keine eleganten Phrasen, die Dankbarkeit ausdrückten, keine Bekundungen von Traurigkeit oder Mitgefühl. Die Spärlichkeit des Berichts sowie seine schnelle Niederschrift deuteten auf eine Spur von Schadenfreude hin. Hoover konnte es einfach nicht erwarten, zu veröffentlichen, was für ihn ein lang ersehnter Sieg war – das endgültige Schweigen eines Mannes, den er als seinen Widersacher betrachtet hatte«.

23. Juli 1982

Tragische Irreführung am Set

Seit der Filmstar Buster Keaton sich das Genick gebrochen hatte, als er seine Stunts in der Komödie *Sherlock Jr.* selbst durchgeführt hatte, stellte sich das Filmgeschäft wiederholt als gefährliches Berufsfeld heraus. Nie wurde das deutlicher als am 23. Juli 1982 am Set von *Twilight Zone: The Movie*, als ein Helikopter auf das Set herunterkrachte. Der Schauspieler Vic Morrow wurde bei dem Unfall enthauptet, genau wie eines der illegal unter Vertrag genommenen Kinder, die im Film mitspielten. Ein zweiter Nachwuchsschauspieler wurde durch den herabstürzenden Helikopter erdrückt. Der Regisseur John Landis hatte, wie viele der an der Produktion Beteiligten behaupteten, eklatant die Sicherheitsvorschriften vernachlässigt (obwohl er vom Vorwurf der »groben Fahrlässigkeit« freigesprochen wurde), aber Landis schien seltsam unbeeindruckt von der Tragödie – besonders, als er eine selbstherrliche Lobrede auf Morrow hielt: »Das Schicksal kann binnen eines Augenblicks zuschlagen«, erklärte Landis, »doch der Film ist unsterblich. Vic wird für immer weiterleben. Kurz vor der letzten Einstellung nahm mich Vic zur Seite und dankte mir für die Gelegenheit, seine Rolle spielen zu dürfen«.

24. Juli 1684

Von Debakel zu Debakel

D er französische Entdecker Robert Cavelier de La Salle wurde als »unerschrocken«, »mutig« und »fähig« gelobt, aber die Worte »unfähig«, »überheblich« und »widerwärtig« würden genauso gut passen. Mit überwältigendem Ehrgeiz, aber ohne grundlegende Überlebensfähigkeiten oder gar einen anständigen Orientierungssinn irrte der ehemalige Jesuitenpriester durch das Gebiet der Großen Seen und suchte Ruhm und Reichtum – gejagt von Gläubigern mit rebellischen Begleitern und geplagt von der Art von Unglück, die oft die Ahnungslosen begleitet. Kein Wunder also, dass La Salle eines seiner Forts »Crevecoeur« (Kummer) nannte – kurz bevor seine eigenen Männer den Ort plünderten und niederbrannten. Doch bei aller Unfähigkeit gelang es La Salle, den Mississippi bis zum Golf von Mexiko hinaufzufahren und die gesamte Region für den König von Frankreich zu beanspruchen. Bald darauf begannen seine Probleme wirklich.

König Ludwig XIV. war von La Salles Entdeckung, die er für nutzlos erklärte, unbeeindruckt. Angesichts der Gleichgültigkeit seines Herrschers war der Entdecker gezwungen, ihm ein paar Lügen aufzutischen, um genug Männer und Geld zu bekommen, um nach Louisiana zurückzukehren, eine Kolonie zu gründen und Profit machen zu können. Täuschung scheint für La Salle selbstverständlich gewesen zu sein. Zum Beispiel behauptete er im Rahmen seiner ersten Missionen in Nordamerika, fließend die Sprache der Irokesen zu beherrschen, obwohl er in Wirklichkeit kein Wort sprechen oder verstehen konnte. Aber die Lügen, die er jetzt König Ludwig auftischte, waren im Vergleich dazu geradezu aberwitzig, vor allem die Idee, dass die Mündung des Mississippi nahe läge und geeignet dazu sei, eine Invasion zu starten, um Mexiko für Frankreich zu erobern. Er gab nicht nur die tatsächliche Entfernung falsch an, sondern war außerdem unfähig, die Mündung des Flusses zu finden – was seinen Untergang bedeuten sollte.

Die unglückliche Expedition von vier Schiffen und 300 Soldaten und Kolonisten verließ Frankreich am 24. Juli 1684 – und kehrte dann für Reparaturarbeiten wieder um. Ein schlechter Start für eine Reise, die noch schlimmer wurde. Noch bevor sie den Golf von Mexiko erreichten, war ein Schiff von Piraten gekapert worden. Dann verließen einige Besatzungsmitglieder, die La Salle nicht länger ertrugen, die Expedition während eines Zwischenstopps in der französischen Kolonie Saint-Domingue undere erkrankten in der Karibik an Syphilis.

Und dennoch hielt La Salle an seinem Ziel fest, »den tödlichen Fluss zu finden«, wie Henri Joutel, ein Mitglied der Expedition, es nannte. Leider segelte La Salle direkt an der Mündung des Mississippi vorbei und landete gut 650 Kilometer weiter westlich, in der Matagorda-Bucht, in der Nähe der heutigen Stadt Corpus Christi, Texas. Mit der Vermessenheit eines Amateurs glaubte La Salle, an einem Nebenarm des Mississippi gelandet zu sein, und versuchte nun verrückterweise den Hauptstrom des mächtigen Flusses zu finden. Unterdessen war das Versorgungsschiff der Expedition, die *Aimable*, zerschellt, sodass die Kolonisten keine Nahrung oder Waffen hatten, um sich zu verteidigen. La Salle beschuldigte den Kapitän des Schiffes, Claude Aigron, das Schiff absichtlich und böswillig zerstört zu haben, als Aigron und seine Crew auf dem Kriegsschiff *Le Joly* nach Frankreich zurückfuhren. Die übrigen Kolonisten fühlten sich »einem wilden Land ausgesetzt«, umgeben von giftigen Schlangen und unwirtlicher Natur, die zu einem »ewigen Gefängnis« wurde. Nach und nach erlagen sie Krankheiten, Auszehrung und Angriffen feindlich gesonnener Eingeborener. Der finale Schlag kam, als das letzte ihrer Schiffe, *La Belle*, im Sturm zerstört wurde.

Inzwischen verachteten die Überlebenden La Salle. Und als er sich auf den Weg machte, um Hilfe zu suchen, wurde er von einigen seiner Leute überfallen und in den Kopf geschossen. Der Leichnam des gescheiterten Entdeckers wurde entkleidet und nackt in den Busch geworfen, sodass die Tiere ihn fressen konnten. Was La Salles Traum von der französischen Herrschaft über den unteren Mississippi betrifft – nun, wie Joutel schrieb: »Der Himmel verweigerte ihm diesen Erfolg.«

25. JULI 1471

Lebendig begraben

Thomas von Kempen war nach dem, was man weiß, ein heiliger Mann, ein bescheidener Mönch, der sein Leben in einem deutschen Kloster verbrachte, wo er heilige Texte übersetzte und eines der beliebtesten frommen Werke des Christentums, *De imitatione Christi*

(*Nachfolge Christi*), schuf. Dann, am 25. Juli 1471, starb er im Alter von 91 Jahren. Oder vielleicht doch nicht? Als Jahre später sein Grab geöffnet wurde, fanden sich im Sarg Kratzspuren – Anzeichen dafür, dass ein verzweifelter Mann vergeblich versucht hatte zu entkommen.

Die albtraumhafte Erfahrung, lebendig begraben zu werden, war nicht ungewöhnlich in den Jahrhunderten vor der Einführung der medizinischen Technik, mit deren Hilfe man sicherstellen konnte, dass der Tod tatsächlich eingetreten war. Es gibt viele historische Berichte über exhumierte Leichen, die sich vor Qual verrenkt und die Spuren verzweifelter Fluchtversuche hinterlassen hatten.

Der Komponist Frédéric Chopin bat, als er im Sterben lag, um Folgendes: »Die Erde erstickt einen … schwören Sie, zu veranlassen, dass ich aufgeschnitten werde, damit ich nicht lebendig begraben werde«

Um dieser relativ häufigen Angst, der »Taphophobie«, zu begegnen, wurden einige Särge mit einem Luftschlauch ausgestattet, der an die Oberfläche führte, oder einer oberirdischen Glocke, die von unten geläutet werden konnte, wenn der Begrabene plötzlich wieder lebendig wurde. Andere wurden mit Waffen begraben, um ihr Leben notfalls selbst beenden zu können.

Was die schreckliche Tortur von Thomas von Kempen betrifft: Die Legende besagt, dass dem heiligen Mönch die Heiligsprechung von der katholischen Kirche verweigert wurde, weil die Beweise für seine Versuche, sich aus dem Grab zu befreien, zeigten, dass er nicht ausreichend bereit war, Gottes Willen zu akzeptieren. Dabei scheinen einige vergessen zu haben, dass Thomas' Verdienst, der es nahelegte, ihn heilig zu sprechen, seine Schrift *Nachahmung Christi* war und dass einer der zentralen Glaubenssätze des Christentums darin besteht, dass Jesus selbst dem Grab entkommen ist.

26. JULI 1945

Was das Volk wirklich will

Das britische Volk jubelte seinem in Kriegszeiten unzähmbaren Anführer Winston Churchill am 8. Mai 1945 frenetisch zu, dem sogenannten V-E-Day (Victory in Europe, Sieg in Europa). Man begrüßte ihn als einzigartigen Helden, der Hitlers Drittes Reich zerschlagen hatte. Dann, nur zwei Monate später, vertrieben sie ihn aus dem Amt. Es war eine verblüffende Kehrtwende des Schicksals, die den großen Mann tief in der Seele verletzte, zumal er es nicht hatte kommen sehen.

Der Premierminister war gerade in Deutschland, als die Stimmen ausgezählt wurden, und führte heikle Verhandlungen über das Schicksal Europas mit dem immer aggressiver werdenden Stalin, dem Anführer der Sowjetunion. Es war ein entscheidender Moment in der Geschichte, und Churchill erwartete, dass er an den Tisch zurückkehren und die Verhandlungen leiten würde – nach einer kurzen Heimkehr, um die Wahl des britischen Volkes anzunehmen. Aber am 26. Juli 1945 erfuhr er, dass ihm und den Conservatives durch einen haushohen Sieg der Labour Party eine heftige Absage erteilt worden war.

»Ich habe es mit Zuckerbrot und mit Peitsche versucht«, bemerkte Churchill verwirrt, »und weiß trotzdem nicht, was sie wollen«. Dabei war es so einfach: Nach Jahren der wirtschaftlichen Depression, gefolgt von harten Kriegszeiten, freuten sich die Briten auf das komfortablere Leben, das ihnen die Labour-Party versprochen hatte. Wenn Churchill diese politische Realität erkannt hätte, hätte er die Wahlentscheidung vielleicht nicht so persönlich genommen. Aber er war ein Mensch, und Großbritanniens offensichtliche Undankbarkeit traf ihn tief. Als seine Frau Clementine tröstend anmerkte, dass die Niederlage vielleicht ein verborgener Segen gewesen sei, antwortete der Premierminister schroff: »Im Moment scheint dieser Segen ziemlich effektiv verborgen zu sein«.

Papst versus Pate

Die italienische Mafia hatte eine Botschaft für Johannes Paul II.,
nachdem der Papst »die Kultur des Todes«, die sie so brutal verfolgte, vehement verurteilt hatte. Und es war nicht so etwas Banales wie
ein abgetrennter Pferdekopf, wie er in *Der Pate* von der Corleone-Fami-
lie einem unkooperativen Kirchenvater ins Bett gelegt wurde. Nein, die
Mitglieder von Siziliens echtem Corleonesi-Clan wollten dem Papst auf
noch viel deutlichere Weise einen Schlag versetzen. So explodierte am 27.
Juli 1993 eine massive Autobombe (eine von drei Bomben, die an diesem
Tag von der Mafia gezündet wurden) direkt vor der Erzbasilika San Giovanni in Laterano, einer der bedeutendsten Kirchen und die älteste
des Bistums Rom. Es wurde viel zerstört, aber offensichtlich hatten die
Attentäter die Widerstandsfähigkeit der alten Kathedrale unterschätzt.
Seit ihrem Bau im vierten Jahrhundert immer wieder beschädigt und
restauriert, erhob sie sich Ende des 20. Jahrhunderts zuverlässig in
neuem Glanz.

Nicht gerade ein geschickter Schütze

Selbst Attentäter haben manchmal schlechte Tage. So etwa der arme
Gao Jianli, ein äußerst begabter Lautenspieler mit einem unver-
besserlichen Hass auf Qin Shihuangdi, den ersten chinesischen Kaiser,
der im dritten Jahrhundert v. Chr. regierte (und hoffte, für immer zu

leben – siehe 10. September). Nach einem gescheiterten Attentat seiner Mitarbeiter auf den Kaiser verbrachte Gao Jianli Jahre damit, sich zu verstecken, als vertraglich gebundener Arbeiter zu kämpfen und seine Fähigkeiten an der Laute zu verbessern. Die Nachricht von seinem Talent erreichte schließlich den Kaiser, der Gao Jianli einlud, für ihn zu spielen. Aber als er am Hof erschien, wurde er sofort als einer der Männer enttarnt, die sich zuvor gegen das Leben des Kaisers verschworen hatten. Dennoch war Qin Shihuangdi von den Klängen Gao Jianlis verzaubert und konnte sich nicht dazu durchringen, die Quelle dieser schönen Musik zu töten. Also blendete er den Musiker, um ihn unschädlich zu machen. Dann, im Laufe der Zeit, erlaubte der Kaiser Gao Jianli, ihm immer näher zu kommen, und versäumte es nie, sein Können zu loben. Der Lautenist und Killer wartete jedoch nur auf seine Gelegenheit, und nachdem er das volle Vertrauen des Kaisers gewonnen hatte, füllte er sein Instrument mit Blei und zielte damit auf Qin Shihuangdis Kopf. Da er blind war, verfehlte er jedoch sein Ziel und wurde kurzerhand standesrechtlich hingerichtet.

Ein weiterer unglücklicher Attentäter war Giuseppe Marco Fieschi, ein korsischer Gauner und Fälscher, der dachte, er hätte die perfekte Waffe geschaffen, um Louis-Philippe I. von Frankreich zu töten. Um eine maximale Wirkung zu erzielen, band Fieschi 20 Pistolen zusammen, und als der Herrscher und seine drei Söhne am 28. Juli 1835 am Pariser Boulevard du Temple vorbeikamen, feuerte er das tödliche Gerät aus einem Fenster im oberen Stockwerk ab. Eine Kugel tötete das Pferd des Königs, eine andere streifte des Königs Stirn. Aber Louis-Philipe und seine Söhne blieben relativ unversehrt. Andere hatten nicht so viel Glück. 18 Menschen wurden getötet, viele andere verletzt – vor allem Fieschi selbst. Anscheinend war eine seiner zusammengebundenen Waffen nach hinten losgegangen. Aber französische Ärzte flickten den gescheiterten Attentäter geschickt wieder zusammen – gerade noch rechtzeitig, damit er seinen Kopf auf der Guillotine verlieren konnte.

29. JULI 1981

Mit diesem Ring fürchte ich dich

»Ich fühlte mich, als wäre ich ein Lamm auf der Schlachtbank«.

Diana, Prinzessin von Wales, sich an ihre Hochzeit mit
Prinz Charles am 29. Juli 1981 erinnernd – eine Vereinigung,
die Millionen von Menschen auf der ganzen Welt beobachteten
und dabei glaubten, dass ein Märchen wahr wurde. Es endete aber
15 Jahre später in einer bitteren Scheidung. Diana starb am
31. August 1997 bei einem Autounfall in Paris.

30. JULI 1865

Nur Undank für die Wahrheit

Im Allgemeinen Krankenhaus der Stadt Wien stimmte etwas nicht. In einer der beiden Entbindungsstationen erlagen viele der dort gebärenden Frauen kurz nach der Entbindung dem Kindbettfieber, einer oft todbringenden bakteriellen Infektion. Seltsamerweise war die Sterblichkeitsrate in der zweiten Station jedoch fast vernachlässigbar gering, was viele Frauen dazu veranlasste, auf den Knien um die Aufnahme in diesen Bereich zu betteln. Als ihnen dies verweigert wurde, hielten es einige für sicherer, auf der Straße zu gebären, anstatt eine Geburt in der ersten Station zu riskieren.

Ignaz Philipp Semmelweis, der verantwortliche Arzt, war wegen der frappierenden statistischen Diskrepanz erschüttert und entschlossen, die Ursache zu finden. »Alles war unerklärlich«, schrieb er. »Alles war suspekt. Nur die große Zahl der Opfer war eine unbestreitbare Realität«.

Semmelweis war mit einer höchst rätselhaften Situation konfrontiert. Die Bedingungen in beiden Stationen schienen fast identisch zu sein. Aber nach sorgfältiger Beobachtung erkannte er schließlich, dass es einen signifikanten Unterschied gab: Werdende Mütter in der ersten Station wurden meist von Ärzten in der Ausbildung behandelt, die oft direkt nach dem Sezieren von Leichen ihre Runde machten – ihre Kittel waren noch mit Blut und anderen Körperflüssigkeiten befleckt und ihre Hände dreckverschmiert. Die Mütter auf der zweiten Station wurden dagegen weitgehend von Hebammen betreut.

Endlich dämmerte es Semmelweis, dass die Ärzte, die die Unglücklichen in der ersten Station untersuchten, mit ihren schmutzigen Händen den Tod brachten. Die naheliegende Lösung war eine gründliche Handreinigung mit antiseptischem Chlorkalk. Die Sterblichkeitsraten gingen in der Folge erheblich zurück. Überraschenderweise waren viele Mediziner jedoch skeptisch, ja, standen Semmelweis' Lösung sogar verächtlich gegenüber.

»Ärzte sind Gentlemen, und die Hände der Gentlemen sind sauber«, bemerkte der prominente amerikanische Geburtshelfer Charles Meigs missbilligend. Dies geschah Jahrzehnte bevor Pasteur den Zusammenhang zwischen Mikroben und Krankheiten aufzeigte, und die Hygieneregelung wurde als überflüssiges Übel angesehen.

»Es gab keinen Grund, sauber zu sein«, schrieb Sir Frederick Treves (der durch den »Elefantenmenschen« berühmt wurde) später. »In der Tat galt Sauberkeit vielen der damaligen Ärzte als pingelig und affektiert. Ein Henker könnte genauso gut seine Nägel einer Maniküre unterziehen, bevor er einen Kopf abhackt«.

Trotz des Widerstandes versteifte sich Semmelweis auf seine Sauberkeitsmaßnahmen und entfremdete sich dadurch von seinen Vorgesetzten im Krankenhaus. Schließlich wurde er gefeuert. Die schmutzigen Hände nahmen ihre Arbeit wieder auf und weitere Mütter starben erneut unter Qualen. Obwohl er ein paar angesehene Anhänger hatte, schadete

Semmelweis' Weigerung, seine Ergebnisse in medizinischen Fachzeitschriften zu veröffentlichen oder sie in Vorträgen zu erläutern, seiner Sache – ein Misserfolg, den einige Historiker seinem tiefen Gefühl der Unterlegenheit oder seinem mangelnden Verständnis dessen, was er entdeckt hatte, zugeschrieben haben. Ebenfalls kontraproduktiv war auch seine zunehmende Schärfe, die er in Form von heftigen Beleidigungen denjenigen gegenüber vorbrachte, die es wagten, mit ihm zu streiten.

Semmelweis begann allmählich Anzeichen von Verwirrung zu zeigen; ob nun durch die systematische Ablehnung seiner Vorstellungen über antiseptische Wirkungen, ob wegen einer psychischen Erkrankung oder vielleicht beidem, bleibt ungewiss. Am 30. Juli 1865 lockte ihn ein Freund unter dem Vorwand, dass er dort eine neue medizinische Einrichtung besuchen sollte, nach Wien. Dort wurde Semmelweis in eine Psychiatrie gesteckt und, wie eine Untersuchung seiner Leiche ergeben würde, heftig geschlagen. Zwei Wochen später war der medizinische Pionier, der eines Tages als »Retter der Mütter« verehrt werden sollte, tot.

Doch seine Rehabilitation sollte kommen, und Semmelweis hätte zweifellos – natürlich mit angelegten Handschuhen – die Anpassung von Krankenhäusern weltweit an seine Sauberkeitsordnung begrüßt.

31. JULI 1801

Kulturvernichtung

Im Genpool des schottischen Adelshauses Elgin muss es etwas gegeben haben, das das Plündern von Kunstschätzen unwiderstehlich machte. Alles begann am 31. Juli 1801, als Gesandte von Thomas Bruce, dem siebten Earl of Elgin, anfingen, antike Marmorfriese des Parthenon in Griechenland abzutragen und außer Landes zu bringen. Die Arbeit ging recht zäh vonstatten – kein Wunder, wenn man bedenkt, dass die Metopen und andere Friese des Tempels bereits mehr als 2000 Jahre überdauert hatten.

Giovanni Battista Lusieri, der die Aufsicht über die wahllose Zerstörung hatte, schrieb an Lord Elgin über ein besonders hartnäckiges Steinrelief: »Das Stück hat in jeder Hinsicht viel Ärger verursacht, und ich musste ein wenig grob werden«.

Der englische Reisende Edward Daniel Clarke beobachtete vor Ort eine katastrophale Episode, als eine Skulptur bei der Arbeit zu Boden stürzte: »Und die feinen Massen aus pentelischem Marmor fielen herunter und verstreuten ihre weißen Fragmente mit donnerndem Lärm zwischen den Ruinen … Als wir aufblickten, sahen wir mit Bedauern die

Ein Gipsmodell ersetzt den zerstörten Fries entlang des Karyatidenportikus.

entstandene Lücke; diese werden all die Botschafter der Erde, trotz all der Herrscher, die sie vertreten, und trotz aller Ressourcen, die Reichtum und Talent ihnen jetzt gewähren können, dennoch nicht mehr reparieren können.«

Die Kunstschändung, die auch von Lord Byron in seinem Versepos *Childe Harold's Pilgrimage* beklagt wurde, setzte sich in Etappen bis 1811 fort, als »die Trophäen der letzten Plünderung eines blutenden Landes«, wie Byron es nannte, nach England verschifft wurden und der einst ruhmreiche Parthenon, wie ein anderer Engländer schrieb, »zerstört und verwüstet zurückblieb«.

Eine Generation später, auf der anderen Seite des Erdballs in China, beaufsichtigte ein weiterer Elgin – Thomas Bruces Sohn James, der achte Earl of Elgin – die Zerstörung eines weiteren Schatzes: Yuanming Yuan, der prächtige kaiserliche Rückzugsort vor Peking, der Alte Sommerpalast. Ein ehemaliger britischer Offizier namens Charles George Gordon beschrieb die Plünderung, die auf Befehl von Lord Elgin am 8. Oktober 1860 begann: »Wir gingen hinaus und brannten nach der Plünderung den ganzen Ort nieder, zerstörten wie Vandalen das wertvollste Eigentum, das nicht für vier Millionen Pfund hätte ersetzt werden können … Man kann sich die Schönheit und Pracht der Orte, die wir verbrannt haben, kaum vorstellen. Es machte einem das Herz schwer, sie niederzubrennen – tatsächlich waren diese Orte so groß und wir so unter Zeitdruck, dass wir sie nicht sorgfältig plündern konnten. Große Mengen von Goldornamenten wurden verbrannt, die für Messing gehalten worden waren. Es war eine erbärmliche, demoralisierende Arbeit für eine Armee«.

August

» Im August nahmen die zahllosen Beeren, deren Blüten wilde
Bienen angelockt hatten, allmählich eine helle, sammetartige,
karmesinrote Farbe an; auch sie bogen und brachen
durch ihr Gewicht die zarten Stängel «.

HENRY DAVID THOREAU

1. AUGUST 1907

Ein geschickter Pfadfinder

Am 1. August 1907 gründete Lieutenant General Robert Baden-Powell offiziell die Pfadfinder – in einem Camp auf der britischen Insel Brownsea Island. Danach hatte »Selbstbefriedigung« ihre Unschuld verloren. Baden-Powell war geradezu besessen von diesem Thema, und dank ihm wurde Generationen von jungen Männern die Angst vor dem »abscheulichen« Laster der Masturbation eingeflößt.

»Das Ergebnis von Masturbation ist immer – denkt daran, immer –, dass der Junge gewisse Zeit danach schwach, nervös und schüchtern wird«, schrieb Baden-Powell in seinem berühmten Pfadfinderbuch *Scouting for Boys: A Handbook for Instruction in Good Citizenship.* »Er bekommt Kopfweh und wahrscheinlich Herzrasen, und wenn man es zu weit treibt, verliert man häufig den Verstand und wird ein Idiot. Eine große Zahl von Verrückten in unseren Psychiatrien hat sich selbst verrückt gemacht, indem sie diesem Laster frönten, obwohl sie einmal sensible, fröhliche Jungs wie ihr waren«.

Und es gab noch mehr zu berichten. Wenn ein Junge »sein bestes Stück missbrauche«, so warnte Baden-Powell, sei er »womöglich im

Erwachsenenalter nicht mehr fähig, es zu benutzen«, und es würde dann einfach nicht funktionieren. »Denkt auch daran, dass einige schreckliche Krankheiten von diesem Laster kommen – eine im Besonderen, die das Innere des Mundes von Männern, ihre Nasen und Augen etc. verfaulen lässt ... Das nächste Mal, wenn ihr ein Verlangen kommen spürt, gebt ihm nicht nach; widersteht ihm. Wenn ihr die Möglichkeit habt, wascht eure Genitalien in kaltem Wasser und kühlt sie ab. Feuchte Träume kommen besonders dann, wenn man reichlich oder zu viel Fleisch gegessen hat, oder wenn man mit einer zu warmen Decke über dem Körper schläft oder in einem zu weichen Bett, oder wenn man auf dem Rücken schläft. Deshalb vermeidet all das. Vermeidet es, euch Geschichten anzuhören, zu lesen oder an schmutzige Sachen zu denken«.

In anderen Worten: Seid keine Jungs mehr!

Robert Baden-Powell untersucht eine Pfadfindergruppe in England auf »beste Stücke«.

2. AUGUST 1830

Bourbonen auf Eis

D ie Hinrichtung Ludwigs XVI. im Januar 1793 und später im selben Jahr die von Königin Marie-Antoinette beendeten brutal das sogenannte Ancieme Régime in Frankreich. Aber für die übrigen Mitglieder der bourbonischen Königsdynastie war die Enthauptung des Königs und der Königin nur der Anfang ihrer Schwierigkeiten. Unglück und zerschlagene Hoffnungen plagten die Familie für die nächsten drei Jahrzehnte – bis sie im Jahr 1830 endlich wieder Glück hatten.

Für die überlebenden Bourbonen endete die Monarchie nicht auf der Guillotine. In der Sekunde, in der die Klinge den Kopf von Ludwig XVI. abtrennte, wurde aus seinem einzigen Sohn automatisch Ludwig XVII. Aber es sollte keine Krone für den siebenjährigen Thronfolger geben – nur Isolationshaft und abscheuliche Misshandlungen durch seine Peiniger. Das Kind »war Opfer des bittersten Elends und der größten Verlassenheit«, berichtete ein Arzt, der ihn sehen durfte, »ein Wesen, das durch die grausamsten Behandlungen zunehmend verrohte und das ich unmöglich wieder in ein normales Leben zurückbringen konnte … Was für ein Verbrechen!«

Als das unglückliche Kind 1795 einer Krankheit erlag, folgte ihm sein Onkel (der Bruder Ludwigs XVI.), der im Exil lebte, als Ludwig XVIII. nach. Doch es war Napoleon Bonaparte, der Frankreich regieren sollte. Als wenig subtile Ansage an die abgesetzten Bourbonen veranlasste Bonaparte die Entführung und standesrechtliche Hinrichtung eines ihrer Verwandten, von Louis Antoine Henri de Bourbon-Condé. Dennoch hoffte Ludwig XVIII., dass seine Zeit kommen würde. Er bewahrte seine königliche Würde so gut er konnte, als mittelloser Gast in anderen Königreichen – bis Napoleon schließlich bei der Invasion Russlands ins Straucheln geriet und ins Exil nach Elba getrieben wurde.

Die Wiederherstellung der Macht der Bourbonen schien gesichert, als Louis 1814 nach Frankreich eingeladen wurde, um als konstitutioneller Monarch zu regieren. Und abgesehen von einem weiteren kurzen Exil im folgenden Jahr, als Napoleon von Elba entkam und nach Frankreich zurückkehrte (nur um in Waterloo besiegt und auf der abgelegenen Insel St. Helena dauerhaft ins Gefängnis geworfen zu werden), herrschte der fettleibige und von Gicht befallene König bis zu seinem Tod 1824 ohne große Beeinträchtigungen. Louis wurde von seinem Bruder, dem ultrakonservativen Charles X., abgelöst, der die Bourbonen dann erst so richtig in den Schlamassel hineinritt.

Der neue König war dumm genug, jene verfassungsgemäßen Einschränkungen zu missachten, die sein Vorgänger akzeptiert hatte, und wollte am Absolutismus festhalten. Es war, als habe er aus der Revolution keinerlei Schlüsse gezogen. Und so lernte Charles X. auf die harte Tour, dass ein Volk, das bereit war, einen autokratischen König zu enthaupten, bereit war, einen anderen abzusetzen. Und somit sah sich am 2. August 1830, inmitten einer aufkeimenden zweiten Revolution, der letzte Bourbone der direkten Königslinie gezwungen, abzutreten.

3. August und 10. August 1943

Kriegsneurosen

Generalleutnant S. Patton traf am 3. August 1943 in einem Militär-Evakuierungskrankenhaus, während der heftigen Auseinandersetzungen im Rahmen der Sizilien-Invasion des Zweiten Weltkrieges, auf den Soldaten Charles H. Kuhl. Dieser saß auf einem Hocker und sah zu gesund aus für den Ort, an dem er sich befand. Patton verlangte zu wissen, wo er verletzt worden sei, worauf Kuhl Berichten zufolge mit einem Achselzucken antwortete, dass er nicht verwundet sei, sondern

»nervös«, und er fügte hinzu: »Ich schätze, ich kann das Kämpfen nicht ertragen«. Tatsächlich war Kuhl mit einer gesundheitlichen Beeinträchtigung ins Krankenhaus aufgenommen worden, die in seiner Akte als »psychoneurotischer Angstzustand, mittelschwer« beschrieben wurde – ein Zustand, der heute als posttraumatische Belastungsstörung bekannt ist. Der hartgesottene Patton hielt nichts davon.

»Der General wurde sofort wütend«, schrieb sein Biograf Martin Blumenson, »verfluchte den Soldaten, beschuldigte ihn aller Formen von Feigheit, schlug ihn dann mit den Handschuhen über das Gesicht und packte schließlich den Soldaten am Genick und warf ihn aus dem Zelt«. Der wütende General forderte Kuhl auf, sofort an die Front zurückzukehren: »Hörst du mich, du feiger Bastard? Du gehst zurück an die Front«.

Der in dieser Nacht noch immer vor Wut schäumende Patton machte seinem Ärger in seinem Tagebuch Luft: »Ich traf den einzigen Feigling, den ich je in dieser Armee gesehen habe. Wir sollten Institutionen haben, die mit solchen Männern umzugehen wissen, und wenn sie sich ihrer Pflicht entziehen, sollten sie wegen Feigheit vor Gericht gestellt und erschossen werden«. Zwei Tage später machte er diese Gefühle in einer Richtlinie offiziell.

Dann, fast so, als ob die Geduld des hartgesottenen Patton auf die Probe gestellt werden sollte, begegnete er sieben Tage später einem anderen »Scheinkranken« während eines Krankenhausbesuchs. Gegen seinen eigenen Wunsch war der Gefreite Paul G. Bennett von der Front entfernt worden und litt unter allen Symptomen einer Krankheit, die damals als »Kriegsneurose« bezeichnet wurde. Patton kam auf den zitternden jungen Mann zu, der außerdem hohes Fieber hatte, und fragte, was das Problem sei. »Es sind meine Nerven«, antwortete Bennett. »Ich kann die Granaten nicht mehr ertragen«.

Zu diesem Zeitpunkt verlor der General wieder die Beherrschung – und schlug dem Gefreiten ins Gesicht. »Zur Hölle mit deinen Nerven!«, schrie er. »Hör mit deinem gottverdammten Rumgeheule auf, du Feigling. Ich will nicht, dass diese tapferen Männer, auf die geschossen wurde, diesen feigen Bastard hier weinend sitzen sehen«. Mit diesen Worten schlug Patton Bennett noch einmal. »Du gehst zurück an die Front und wirst vielleicht erschossen, aber du wirst kämpfen«, fuhr der General in seinem verbalen Angriff fort. »Wenn du es nicht tust, stelle ich dich an eine Wand und lasse dich erschießen. Eigentlich sollte ich es selbst tun, du gottverdammter wimmernder Feigling«.

Mit diesen Worten zog Patton bedrohlich seine Pistole heraus, was den Kommandanten des Krankenhauses, Colonel Donald E. Currier, veranlasste, die beiden zu trennen. Patton verließ das Zelt und schrie die Ärzte an, sie sollen veranlassen, Bennett zurück an die Front zu schicken.

Pattons Vorgesetzter, General Dwight D. Eisenhower, war entsetzt über die Vorfälle und schrieb an den Generalleutnant, dass »ich Ihr gutes Urteilsvermögen und Ihre Selbstdisziplin ernsthaft infragestellen muss, was in mir ernsthafte Zweifel an Ihrem zukünftigen Nutzen weckt«.

Nach seinen gewalttätigen Ausbrüchen war Patton gezwungen, sich bei den Männern zu entschuldigen, die er misshandelt hatte – was er nur mit höchstem Widerwillen tat –, und er wurde für die nächsten elf Monate des Krieges effektiv kaltgestellt. Dennoch stand Soldat Kuhl Patton, der ihn am 3. August so übel angegangen hatte, relativ wohlwollend gegenüber: »Patton war ziemlich erschöpft«, sagte er später. »Ich glaube, er litt selbst ein wenig unter Kriegsneurose«.

4. AUGUST 1983

Ein geheimnisvoller Mord

Am 4. August wimmelte es nur so von Mutmaßungen. Hatten die Kennedys Marilyn Monroe an diesem Tag im Jahr 1962 ermorden lassen, um zu verhindern, dass die Schauspielerin, die in Schwierigkeiten steckte, ihre Affäre mit dem Präsidenten (und möglicherweise auch mit dessen Bruder, dem Generalstaatsanwalt) aufdeckte? Oder war es Selbstmord?

Und gleichermaßen fesselnd war folgende Frage: Hatte Dave Winfield, Spieler der New York Yankees, während des Spiels in Toronto gegen die Blue Jays bewusst eine Möwe getötet? Oder war es nur ein unglückliches Missgeschick? An diesem Sommerabend hatten sich mehr als 36 000 Menschen – und eine Möwe – im Exposition Stadium in Toronto versammelt, um das Spiel zu verfolgen. Plötzlich, am Ende der Aufwärmphase des fünften Innings, traf ein von Winfield geschleuderter Ball die ahnungslose Möwe mit tödlicher Geschwindigkeit im Mittelfeld. Sie brach zusammen und starb nach ein paar Zuckungen. Ein Balljunge bedeckte die Leiche mit einem Handtuch und entfernte sie vom Feld. Dann, unmittelbar nach dem Sieg der Yankees, wurde ihr Star-Außenverteidiger wegen des Verbrechens verhaftet. Aber was wurde ihm vorgeworfen? Hatte Winfield etwa bewusst auf die Möwe gezielt?

»Aus Berichten von Augenzeugen geht hervor, dass es ganz danach aussieht«, so Sergeant Murray Lee von der Polizei von Toronto. Der Polizist, Constable Wayne Hartery, der den Vorfall vor Ort beobachtet und die Entscheidung getroffen hatte, Winfield festzunehmen, stimmte zu. Auch 30 Jahre nach dem Mord blieb Hartery von der Schuld des Yankees überzeugt, wie er dem *Toronto Star* 2013 sagte. »Ich garantiere Ihnen zu 100 Prozent, dass er versucht hat, die Möwe zu treffen, er hat auf sie gezielt«.

Dennoch beteuerte Winfield, der nach etwa einer Stunde Haft auf Kaution entlassen wurde, seine Unschuld. »Don Baylor hatte mir den Ball zugeworfen … und ich drehte mich um und leitete ihn zum Balljungen weiter. Die Möwe war zufällig da, und der Ball traf sie im Genick«, sagte er den Reportern. »Es war ein Unfall«.

Das wären also die Geheimnisse des 4. August: eine tote Schauspielerin und eine autopsierte Möwe.

Ein ganz mieser Caddie

Einige Leute kapieren langsam. Und manche Leute kapieren es nie. So etwa Miles Byrne, Caddie des Profigolfers Ian Woosnam, der bei den British Open 2001 in Royal Lytham einen riesigen Fehler beging. Woosnams Leistung beim Spielen war seit Jahren rückläufig, seitdem er 1991 die Spitze der offiziellen Weltrangliste erreicht hatte. Aber das Glück schien dem Waliser beim Open noch einmal zuzulächeln, als er beim Eröffnungsschlag fast eingelocht hätte. Dann geschah das Undenkbare. »Du wirst ausrasten«, warnte ihn sein Caddie Byrne am zweiten Abschlag. Woosnams Tasche, wie sich herausstellte, enthielt 15 Schläger, einen mehr als erlaubt. Byrne hatte vergessen, den zusätzlichen Schläger nach einer Trainingsrunde zu entfernen – ein Fehler, der den einst großen Golfer zwei Strafschläge, die Chance auf seinen ersten British- Open-Titel und ein kleines Vermögen an verpassten Preisgeldern kostete.

Wie Byrne voraussagte, rastete Woosnam aus und schleuderte den besagten Schläger in Richtung seines Caddies. Aber erstaunlicherweise hat er ihn nicht auf der Stelle gefeuert.

»Es ist der größte Fehler, den er in seinem Leben machen wird«, sagte Woosnam dem *London Daily Telegraph*. »Es wird ihm nie wieder passieren. Er wird eine Standpauke aushalten müssen, aber feuern werde ich ihn nicht. Er ist ein guter Junge; er muss nur besser aufpassen«.

Es war eine wundersame Gnadenfrist für Byrne, aber leider verstand der Caddie die Botschaft nicht. Zwei Wochen später brach er eine der grundlegendsten Regeln seines Berufs: Er tauchte nicht auf. Byrne verschlief und verpasste Woosnams Startzeit bei den Scandinavian Masters am 5. August. Angestellte mussten dem Golfspieler helfen, seinen eigenen Spind aufzubrechen, um an seine Golfschuhe zu kommen, da sein verschlafener Caddie den einzigen Schlüssel hatte. Jetzt gab es keine Gnade mehr für Byrne: »Ich habe ihm eine Chance gegeben«, sagte Woosnam. »Er hatte eine Warnung. Das war's«.

Armageddon hoch zwei

Die Geschichte von Tsutomu Yamaguchi ist eine Frage der Perspektive: Entweder war er einer der unglücklichsten Männer der Geschichte oder einer der glücklichsten. Am 6. August 1945 war der 29-jährige Ingenieur von Mitsubishi Heavy Industries auf Geschäftsreise in Hiroshima, Japan, als die Vereinigten Staaten die erste Atombombe der Welt im Krieg abwarfen und die Stadt einäscherten. Yamaguchi war etwa zwei Meilen vom Epizentrum der Explosion entfernt, aber er war dennoch vorübergehend geblendet, hatte danach auch ein kaputtes Trommelfell und schreckliche Verbrennungen auf der oberen Hälfte seines Körpers. Am nächsten Tag setzte er sich noch größerer Strahlenbelastung aus, als er sich auf den Weg ins Stadtzentrum machte, um einen Weg nach Hause zu finden – nach Nagasaki.

Yamaguchi war drei Tage nach dem nuklearen Holocaust, der ihn fast getötet hätte, wieder bei der Arbeit. Dann geschah das Unglaubliche: während er die Ereignisse der letzten Tage seinem Chef gegenüber detailliert darlegte, wurde eine zweite Atombombe auf Nagasaki abgeworfen, die 70 000 Menschen tötete und die Stadt so gründlich zerstörte, dass nach den Worten ihres Bürgermeisters »nicht einmal Insekten überlebten«. Während Yamaguchi und sein Chef sprachen, erfüllte plötzlich gleißendes Licht den Raum. »Ich dachte, die Pilzwolke wäre mir aus Hiroshima gefolgt«, sagte Yamaguchi später dem britischen *Independent*. Unglaublich, dass er überlebte – wieder einmal – wenn auch nicht ohne Leiden.

»Viele Jahre lang war er wegen seiner Hautwunden in Verbände gehüllt, und er wurde vollständig kahl«, sagte seine Tochter Toshiko dem *Independent*. »Meine Mutter wurde auch von schwarzem Regen getroffen (dem radioaktiven Regen, der nach den Bombenangriffen fiel) und vergiftet«. Dennoch lebte Tsutomu Yamaguchi bis ins hohe Alter von 93 Jahren, seine Frau bis ins hohe Alter von 88 Jahren.

7. AUGUST 1974

Nixon in die Knie gezwungen

Wählen Sie irgendeinen Tag und die Chancen stehen gut, dass es ein schlechter Tag für Richard Nixon war. »Sie werden keinen tobenden Nixon mehr erleben«, erklärte der oftmals angegriffene Politiker einmal der Presse, nachdem er 1962 im Rennen um den Posten des kalifornischen Gouverneurs besiegt worden war. Aber der Mann, der später der 37. Präsident der USA werden sollte, blieb ständig unter Beschuss – oft von seinen eigenen Dämonen, und noch häufiger von äußeren Kräften der Dunkelheit, von denen er überzeugt war, dass sie ihn zerstören wollten. »Präsident Nixon ist so reich an lebenden Feinden, dass er sich selbst vermutlich nicht einmal der schlimmste ist«, schrieb der Journalist Kenneth Crawford einmal. Hier einige Beispiele derer, die den grüblerischen Präsidenten immer wieder unglücklich machten:

- Die Präsidenten der Eliteuniversitäten im Nordosten der USA: »Ich werde diese Hurensöhne nie wieder ins Weiße Haus lassen. Niemals, nie, nie, nie«.
- Sein eigenes Kabinett: »Ich habe die Nase voll von dem ganzen Haufen … Ein Haufen gottverdammter Feiglinge«.
- Afro-Amerikaner: »Diese kleinen Neger-Bastarde, die alle von Sozialhilfe leben«.
- Homosexuelle: »Schwuchteln«, »Ich kann niemandem aus San Francisco die Hand geben«.
- Die Medien: »Vergiss nie, dass die Presse der Feind ist, die Presse ist der Feind … Schreib das 100 Mal auf eine Tafel«.
- Ted Kennedy: »Wenn er erschossen würde, wäre verdammt schade«.
- Der Oberste Gerichtshof: »Du weißt schon, diese Clowns, die wir da haben, ich sage dir, ich hoffe, ich überlebe die Bastarde«.
- Das Außenministerium: »Scheiß auf das Außenministerium! Der Staat ist immer auf der Seite der Schwarzen. Zum Teufel mit ihnen!«
- Mark Felt, stellvertretender Direktor des FBI: »Jeder soll wissen, dass er ein gottverdammter Verräter ist, und ihn genau beobachten«.
- Die *New York Times*: »Ich werde gegen dieses miese Schundblatt vorgehen. Die wissen nicht, was ihnen jetzt blüht«.
- Und dann waren da noch die Juden: »Die Juden wollen mich mit ihren Intrigen drankriegen …«, »Die Juden sind eine ungläubige, atheistische, unsterbliche Bande von Bastarden …«,»Was zum Teufel ist los mit den Juden …«, »Die Juden sind überall in der Regierung …«, »Die meisten Juden sind illoyal … «, »Generell kann man den Bastarden nicht vertrauen. Sie wenden sich gegen dich«.

Alle Beleidigungen des Präsidenten, ebenso wie seine zahlreichen schmutzigen Geschäfte, wurden originalgetreu mit dem Tonbandsystem festgehalten, das er im Februar 1971 in seinen Büros installiert hatte. Die Enthüllung dieses Tonbands, das stichhaltige Beweise inmitten der Watergate-Untersuchungen lieferte, ließ die verbleibende Unterstützung, die Nixon im Kongress hatte, schwinden und führte zu dem vielleicht schlimmsten Tag seines Lebens.

Der Präsident hatte geschworen, nie vom Amt zurückzutreten, aber am 7. August 1974 blieb ihm keine andere Wahl, als sich vor Gericht zu verantworten und mit ziemlicher Sicherheit wegen seiner Verbrechen verurteilt zu werden. Nachdem er seiner Familie die Nachricht übermittelt hatte, zog sich Nixon in das Lincolnzimmer, seinen Lieblingsraum im Weißen Haus, zurück und rief Außenminister Henry Kissinger zu sich.

»Wird die Geschichte mich freundlicher behandeln als meine Zeitgenossen?«, fragte der fast schon betrunkene Präsident geistesabwesend den Minister. Nixon bat dann Kissinger, einen Juden, sich hinzuknien und mit ihm zu beten, woraufhin der Präsident auf den Knien blieb und anfing zu schluchzen. »Was habe ich getan? Was ist passiert?« Hilflos angesichts des durch Alkohol verursachten Zusammenbruchs tat Kissinger sein Bestes, um Nixon zu trösten, der sich nun in emotionaler Qual auf dem Boden zusammengerollt hatte.

Am nächsten Tag kündigte Richard M. Nixon seinen Rücktritt an, als der einzige Präsident, der dies jemals tat.

8. AUGUST 1588

Als Gott die Seiten wechselte

Offensichtlich war Gott ein fanatischer katholischer Spanier, der sich am Geruch brennender Häretiker weidete und einen ernsthaften

Streit mit der Königin von England hatte – etwa dieser Ansicht war jedenfalls Philipp II. von Spanien. Wie so viele Monarchen im Laufe der Jahrhunderte war er überzeugt, das lebende Instrument göttlichen Willens zu sein. Wie er einmal einem seiner militärischen Oberbefehlshaber sagte: »Ihr dient Gottes Willen und meinem – was dasselbe ist«. Aber Philipps Vorstellung sollte in einer epischen Seeschlacht am 8. August 1588 auf eine harte Probe gestellt werden.

Philipp (also auch Gott der Allmächtige) ärgerte sich über die Gaunereien der Königin von England, Elisabeth I., des Königs frühere Schwägerin. Diese hatte stillschweigend ihr Einverständnis gegeben, spanische Schiffe, die mit Schätzen aus Philipps Territorien in der Neuen Welt beladen waren, zu plündern –, und zusätzlich unterstützte sie die protestantischen Rebellen in den spanischen Niederlanden. Am Schlimmsten jedoch war, dass die Königin selbst, als Tochter von Heinrich VIII. aus seiner ungeweihten Ehe mit seiner zweiten Frau, Anne Boleyn, hervorgegangen, Häretikerin war und vom Papst bereits als regierungsunfähig bezeichnet worden war. Philip (und Gott) mussten also eine Invasion starten, um die Welt von dieser unmoralischen Engländerin zu befreien.

»Ich hänge so mit meinem Herzen an der Vollendung dieses Unterfangens, und ich bin so überzeugt, dass Gott unser Retter es aus seinen Gründen begrüßen muss, sodass ich weder davon abgebracht werden noch das Gegenteil akzeptieren oder glauben kann«.

Im Februar 1587 ordnete Elisabeth die Exekution von Maria, Königin der Schotten an (siehe 8. Februar) – die viele Katholiken als rechtmäßige Königin von England ansahen –, was Wasser auf die Mühlen von Philipps Kreuzzug gegen England goss.

Alonso Pérez de Guzmán, Herzog von Medina Sidonia, war Philipps erste Wahl, um den Feldzug anzuführen, aber er war keine vielversprechende. »Mein gesundheitlicher Zustand ist nicht ausreichend für so eine Reise«, protestierte der Herzog, als er von des Königs Plan erfuhr, »Aus meiner dürftigen Erfahrung auf See weiß ich, dass ich immer seekrank

Eine Lithografie zeigt Königin Elisabeths Sieg über die spanische Armada.

werde und mich erkälte ... ich kann es nicht nachvollziehen, dass ich in so einer wichtigen Mission den Oberbefehl haben soll, wo es mir doch an Erfahrung auf See und im Gefecht mangelt.«

Gott habe es abgesichert, sagte ihm Philipp: »Er wird in dieser Angelegenheit deine Hand führen und wird dir helfen«. Ende Mai 1588 startete die spanische Armada vom kürzlich annektierten Portugal aus: 130 Schiffe (und ebenso viele Priester) sowie beinahe 30 000 Soldaten und Seemänner stachen in See in Richtung England. Der Gegner sei äußerst furchterregend, gab ein Offizier gegenüber dem Gesandten des Papstes zu, denn er habe »schnellere und handlichere Schiffe als wir, und viele haben Kanonen mit enormer Reichweite. Sie werden niemals nahe an uns heransegeln, sondern uns aus der Entfernung in Stücke schießen mit ihren Kalverinen. Wir werden nicht in der Lage sein, ihnen Schaden zuzufügen. Wir ziehen gegen England in der Hoffnung auf ein Wunder«.

Doch es sollte keines geben. Nach einer Serie von unentschiedenen Scharmützeln endete Philipps göttlich inspirierte Mission am 8. August, während seine Armada im kleinen flämischen Hafen von Gravelines vor Anker lag und auf die Ankunft der Landstreitkräfte des Herzogs von

Parma wartete. Die Kanonen der Engländer richteten die Flotte gnadenlos Zugrunde. Die brennenden Nachbarschiffe versetzten die Spanier in Panik, sodass sie den Anker einholten. Die endgültige Niederlage gegen England kam allerdings nicht durch die Kanonen der Briten, sondern durch die Hand Gottes – wie man es nennen muss. Ein großer »Protestantischer Wind« trieb die zerstreute Armada weiter hinaus auf See, und als sie versuchte, um Schottland herum und die Westküste Irlands entlang nach Hause zurückzusegeln, zerstörten heftige Stürme einen großen Teil der Flotte. Könnte es sein, dass Philipps Gott zum Protestantismus konvertiert war? Die Engländer schienen das zu glauben, da auf ihren Siegesgedenkmünzen stand: »Gott ließ seine Winde wehen, und sie wurden auseinandergetrieben«.

9. AUGUST 1964

Schrullige Hosenbestellung

Am 9. August 1964 nutzte Präsident Lyndon B. Johnson den Vorzug seines hohen Amtes, um maßgeschneiderte Haggar-Hosen direkt beim Chef des Unternehmens zu bestellen. Leider wurde das Gespräch des Präsidenten mit Joe Haggar für die Nachwelt aufgezeichnet – und was seine Qualität betrifft, war es weit weniger würdevoll als die »Gettysburg Address«.

Nachdem er Spezifikationen für Taillenumfang und Taschentiefe angegeben hatte, fügte Johnson mit lautstarkem Rülpsen hinzu: »Der Schritt, wo mein Gemächt hängt, ist immer ein wenig zu eng. Also geben Sie mir einen Zentimeter mehr Spielraum«.

Glücklicherweise waren die Aufnahmen des Weißen Hauses auf Audio beschränkt und ersparten der Geschichte den Anblick von Präsident Johnson, während er mit seinen Geschlechtsteilen herumwedelte.

10. AUGUST 1628

Shit happens, Teil III: Flott gesunken

Durch Krieg und Eroberungen gelang es König Gustav II. Adolf Anfang des 17. Jahrhunderts, Schweden in eine beeindruckende europäische Großmacht zu verwandeln. Jetzt brauchte er eine Kriegsflotte, um die Herrlichkeit und Macht seines Königreichs widerzuspiegeln – die größte und beeindruckendste, die je gebaut worden war. Die *Vasa* sollte das erste Schiff jener Superflotte sein, und Gustav scheute bei ihrem Bau keine Kosten. Leider war der König bei seinen Anforderungen ebenso kompromisslos. Er wusste genau, wie sein Schiff sein sollte, was es absolut großartig machen würde – und komplett untauglich dafür, damit zur See fahren.

Überreich verziert und mit Kanonen beladen, lief die Galeone an einem schönen Augusttag im Jahr 1628 vom Stapel, als sich Tausende versammelt hatten, um die Jungfernfahrt zu beobachten. Aber als das zu schwer beladene Schiff den Hafen von Stockholm verließ, kippte es beim ersten Windhauch um. Die *Vasa* sank, und 30 bis 50 Seeleute ertranken, weniger als eine Seemeile vom Ufer entfernt. Das mächtige Schiff, das nur ein paar Minuten den Wellen trotzte, lag fast vier Jahrhunderte vergessen unter Wasser, bis es 1961 geborgen wurde. Die *Vasa* erstrahlt nun restauriert in neuem Glanz – und befindet sich sicher an Land.

11. AUGUST 1492

Päpstliche Orgie mit Kind und Kegel

Rodrigo Borgia war begeistert: Nachdem er ein Vermögen investiert hatte, um seine Kardinalskollegen in der Wahl zu bestechen, bestieg er am 11. August 1492 den Thron des Petersdoms. Der neue Papst mit dem Namen Alexander VI. hielt nun in seinen gierigen Klauen all die Macht und den Reichtum, der mit dieser erhabenen Position einherging. Das musste seine Heiligkeit natürlich feiern – zusammen mit seiner Geliebten und den unehelichen Kindern (von denen eines später zum Kardinal ernannt wurde).

Was folgte war heidnischer Prunk, wie er seit den Tagen der alten Kaiser von Rom nicht mehr zu sehen gewesen war. Die Welt gehörte der Familie Borgia, und obwohl der Preis hoch gewesen war, hatten sie, was sie wollten. »Alexander verkauft die Schlüssel, den Altar, Christus selbst«, wurde zum geflügelten Wort in jener Zeit. »Er hat ein Recht darauf, da er sie käuflich erworben hat«.

12. AUGUST 2009

Alles (doch) in Ordnung

Kaum eine Nachricht könnte schlechter sein. In einem Brief vom 12. August 2009 wurden mehr als tausend Veteranen aus dem Golfkrieg vom Kriegsveteranenministerium darüber informiert, dass sie ALS (Amytrophe Lateralsklerose) hätten, eine schwächende, ausnahmslos tödlich endende neurologische Krankheit.

Dann, nach einer Phase quälender Ungewissheit und in einigen Fällen äußerster Panik, erfuhren die Veteranen, dass die Diagnose ein Fehler gewesen war, erzeugt von einem Fauxpas beim Codieren. »Ich kann nicht einmal beschreiben, wie sich das angefühlt hat«, berichtete der frühere Sergeant Samuel Hargrove, Vater von zwei Kindern aus Henderson, North Carolina, der Associated Press von den Nachwirkungen des Debakels. »Ich wusste nicht, wie ich es meiner Familie sagen sollte«.

Und das ist für die Vier minus!

D ie meisten Lehrer mögen ein Klassenzimmer voller unhöflicher, widerspenstiger Kinder nicht. Aber der arme Cassian von Imola sah sich im vierten Jahrhundert einer besonders bösen Meute gegenüber. Als Christ weigerte sich der heute heilig gesprochene Schulmeister, den römischen Göttern ein Opfer darzubringen, wie vom Kaiser vorgeschrieben. Zur Bestrafung wurde er seinen eigenen Schülern ausgeliefert, die ihn an eine Stange banden und ihn mit ihren Schreibgeräten zu Tode stachen.

Eine Marine-Katastrophe

W enn es um Heimatliebe geht, genießen nur wenige Amerikaner einen patriotischeren Ruf als Paul Revere. Aber es sollte keine Lobpreisungen für ein späteres Kapitel in seiner bahnbrechenden Laufbahn geben, als der heldenhafte Schwarzseher 1779 mit einer Flut von ruinösen Anklagen konfrontiert wurde – darunter Pflichtverletzungen und sogar Feigheit –, die ihn entehrten und seinen Hausarrest bewirkten.

Die Vorwürfe ergaben sich aus einer der katastrophalsten militärischen Kampagnen, die während des amerikanischen Unabhängigkeitskrieges durchgeführt wurden. 1779 nahmen britische Streitkräfte eine Halbinsel in der Bucht Penobscot in Maine ein und beabsichtigten, dort eine Kolonie von Loyalisten unter ihrem Schutz zu gründen. Zudem wollten sie eine Basis schaffen, von der aus sie gegen Neuengland vorgehen konnten. Angesichts einer solchen Offensive beschloss Massachusetts, das damals für Maine zuständig war, eine Marineexpedition zu unternehmen, um den Feind zu vertreiben. Was ein relativ einfaches Unterfangen hätte sein sollen, wurde zu einem totalen Debakel.

Die riesige amerikanische Flotte, die am 25. Juli die Penobscot Bay hinaufsegelte, erschien so beeindruckend, dass die an Kanonen und Männern unterlegenen Briten, die ein noch unvollständiges Fort verteidigten, die Unvermeidlichkeit der Niederlage erkannten. Aber lähmende Unentschlossenheit und Meinungsverschiedenheiten darüber, wie man bei dem Angriff vorgehen sollte, machten den anfänglichen Vorteil der Amerikaner schnell zunichte.

Am 13. August notierte Paul Revere, ein Oberstleutnant und Anführer der Artillerie, die Ankunft britischer Verstärkung – fünf Schiffe – in seinem Tagebuch. Am nächsten Tag wurde ein schmachvoller Rückzug angeordnet. Die schlecht ausgebildete koloniale Miliz floh, während der größte Teil der Flotte bei der größten amerikanischen Marine-Katastrophe (vor Pearl Harbour) zerstört wurde.

Revere wurde auf der Suche nach Schuldigen nach dem Fiasko direkt angegriffen. Unter einer Flut von Anschuldigungen warf ihm ein befehlshabender Offizier Ungehorsam, des Verlassen seiner Truppen und Desertieren vor. Am 6. September 1779 wurde er verhaftet, von der Miliz entlassen und unter Arrest gestellt. Zu seinem Entsetzen wurde Revere jedoch nicht vor ein Kriegsgericht gestellt – die einzige Möglichkeit, wie er dachte, seine angeschlagene Ehre wiederherzustellen.

»Ich bitte Euer Ehren, zu gegebener Zeit eine genaue Untersuchung zu veranlassen, bei der ich meine Ankläger persönlich treffen kann«, schrieb er am 9. September an den Rat von Massachusetts. Diesem Schreiben folgte ein weiteres, in dem Revere erneut um eine offene Anhörung bat. »Es liegt in hohem Maße an Euch, aus den Beweisen, die für und wider mich sprechen, festzustellen, dass mir mein Charakter wichtiger ist als mein Leben«. Zweieinhalb Jahre später – nachdem er »unter jeder Schande leben musste, die die Bosheit seiner Feinde erfinden konnte« – wurde Revere endlich formell vor ein Gericht gestellt. Und, obwohl in allen Anklagen freigesprochen, brauchte es die Hilfe des Poeten Longfellow, der über acht Jahrzehnte nach der Penobscot-Katastrophe ein Gedicht schrieb, das ihm für immer ein Denkmal als makellose amerikanische Legende setzen sollte.

15. August 1434

Ein Kandidat für den Scheiterhaufen

Nachdem Gilles de Rais während des Hundertjährigen Krieges als hochdekorierter Mitstreiter von Jeanne d'Arc gedient hatte, zog er sich vom Schlachtfeld zurück, um andere Interessen zu verfolgen – insbesondere Kindesmissbrauch und Mord. Hunderte von Kleinkindern wurden auf die grässlichste Art und Weise missbraucht und getötet.

Vielleicht versuchte Gilles irgendwie, seine unaussprechlichen Taten zu sühnen, und finanzierte den Bau eines prächtigen, kathedralenartigen Gebäudes, das den Kindern gewidmet war und ironischerweise die »Kapelle der Heiligen Unschuldigen« genannt wird. Beim Bau der Wallfahrtskirche, die am 15. August 1434 eingeweiht wurde, wurden keine Kosten gescheut, wobei Gilles als selbst ernannter »Stiftsherr des Heiligen Hilarius von Poitiers« den Vorsitz führte.

»Die tragbaren Kerzenhalter und die Dinge für den Altar, die Weihrauchgefäße, die Kreuze und Kelche, die Ziborien, die Reliquien … waren aus echtem Gold und Silber«, erinnerten sich die Familienmitglieder in *Mémoire des Héritiers*, »geschmückt mit Edelsteinen, fein graviert, mit hervorragendem Email überzogen, und die Perfektion der Handwerkskunst übertraf noch den Wert des Materials.«

Aber wofür Gilles wirklich seinen Reichtum verschwendete, war die Beschaffung von Chorknaben mit engelsgleichen Stimmen. »Musik inspirierte Gilles«, schrieb der Biograf Leonard Wolf. »Besonders die Melodie von Knabenstimmen, wenn sie sangen oder Schmerzen hatten«.

16. AUGUST 1962

Eine Fußnote in der Pop-Geschichte

Nachdem sie jahrelang in kleinen, schmutzigen Clubs gespielt und von den großen Plattenfirmen entmutigende Absagen erhalten hatten, waren die Beatles im Sommer 1962 bereit, Musikgeschichte zu schreiben. Aber ohne ihren Schlagzeuger Pete Best, der am 16. August dieses Jahres kurzerhand aus dem Quartett entlassen worden war – reduziert auf eine Fußnote in der magischen Reise der Beatles, da Ringo Starr schnell seinen Platz einnahm. »Die Jungs wollen dich nicht mehr in der Band«, war angeblich alles, was ihm an diesem Tag gesagt wurde. Auch jetzt noch sind die Gründe für die plötzliche Entlassung von Best vage.

Der Produzent der Gruppe, Sir George Martin, bestätigte später, dass er eine Rolle bei Bests Entlassung gespielt hatte – jedoch versehentlich –, während die Beatles sich darauf vorbereiteten, ihre erste Single aufzunehmen. »Ich fand, dass der Schlagzeuger, der das Rückgrat einer guten Rockband ist, den Jungs nicht genügend den Rücken stärkte«, erinnert sich Martin. Er schlug vor, einen neuen Schlagzeuger im Studio einzusetzen. »Ich fühlte mich schuldig, weil ich das Gefühl hatte, dass ich vielleicht der Auslöser war, der sein (Bests) Leben verändert hatte«.

Brian Epstein, der Manager der Band, schrieb später in seiner Autobiografie, dass er »nicht bestrebt gewesen sei, die Zusammensetzung der Beatles in jener Zeit zu ändern, in der sie sich als Persönlichkeiten entwickelten … Ich bat die Beatles, die Gruppe so zu lassen, wie sie war«.

Aber die Band war bereit, ihren Schlagzeuger gehen zu lassen. Best hatte sich zwar wie die anderen Bandmitglieder am Kampf um Erfolg beteiligt, war aber nie wirklich einer von ihnen geworden. Während John Lennon, Paul McCartney und George Harrison einen ähnlichen Humor hatten, blieb ihr Schlagzeuger all den lustigen Possen der anderen fern. Als es also um die Frage nach den musikalischen Fähigkeiten ihres Bandkollegen ging, zögerten die Beatles also nicht lange, ihn loszuwerden.

»Es war eine rein berufliche Entscheidung«, sagte McCartney später. »Da er nicht den Anforderungen entsprach … gab es keine andere Wahl«. Dennoch äußerten sie alle ihr Bedauern darüber, wie die Sache ablief. Lennon gab zu, dass »wir Feiglinge waren, als wir ihn entlassen haben. Wir haben es Brian (Epstein) machen lassen.«

Der anschließende Erfolg der Band erwies sich für das fallen gelassene Ex-Mitglied als unerträglich schmerzhaft – zumindest für eine Weile. Best gab zu, nach seiner Entlassung versucht zu haben, Selbstmord zu begehen, aber am Ende ging er mit der Erfahrung geradezu philosophisch um. »Einige Leute erwarten, dass ich verbittert und abgedreht bin, aber das bin ich nicht. Ich bin glücklich mit meinem Leben«, sagte er 2007 der britischen *Daily Mail*. »Gott weiß, welche Belastungen und Anstrengungen die Beatles auf sich nehmen mussten. Sie wurden zu einem öffentlichen Gut. Und John hat das mit seinem Leben bezahlt«.

17. AUGUST 1661

Der Toast, das bin ich

Nicolas Fouquet lernte auf die harte Tour, dass es nie eine gute Idee war, den Sonnenkönig in den Schatten zu stellen. Unter der Schirmherrschaft von Kardinal Mazarin, der Frankreich bis zur

Volljährigkeit von Ludwig XIV. eigentlich regierte, war Fouquet in der französischen Regierung zu einer wahren Größe geworden und diente dem Reich schließlich als Vorsteher der Finanzen. Es war ein lukrativer Posten, vor allem unter Mazarin, als die Grenzen zwischen Bestechung, Klassenprivileg und der legitimen Verwaltung des staatlichen Vermögens verschwammen. Fouquet erwies sich als bemerkenswert geschickt darin, nicht nur für den stetigen Einkommensstrom zu sorgen, den Mazarin zur Finanzierung des französischen Krieges gegen Spanien benötigte, sondern auch für die enormen persönlichen Luxusbedürfnisse des Kardinals. Dabei machte der ehrgeizige Minister ein Vermögen und war bestrebt, seinen Status auf die auffälligste Weise bekannt zu machen.

Zu diesem Zweck startete Fouquet ein Projekt zum Bau eines grandiosen Barockschlosses außerhalb von Paris, wie es in Frankreich noch nie zuvor zu sehen gewesen war. Bei der Gestaltung, Konstruktion und Dekoration von Fouquets Schloss Vaux-le-Vicomte wurden keine Kosten gescheut. In all den reich ausgestatteten Räumen fällt immer wieder besonders ein Motiv auf: das Wappen der Familie Fouquet, das ein Eichhörnchen zeigt, das zwischen den Blättern eines Baumes herumklettert, und das begleitende Motto »Quo non ascendet?« (Wohin wird es nicht klettern?). Anscheinend fragte sich Ludwig XIV. selbst dasselbe.

Am 17. August 1661 veranstaltete der Minister seinem König zu Ehren ein großes Fest, um die Fertigstellung seines Anwesens zu feiern. König und Gefolgschaft wurden mit üppigen Speisen auf Silbertellern verwöhnt, und Molière (siehe 17. Februar) präsentierte ein neues Stück in den aufwendigen Gärten des Anwesens. Der Abend endete mit einem fulminanten Feuerwerk, das die große Kuppel des Schlosses in Licht und Flammen zu tauchen schien.

Die gesamte Vorstellung sollte den König beeindrucken und Fouquets Karriere weiter zum Premierminister vorantreiben. Doch König Ludwig erwies sich als der ultimative Partymuffel. Das große Fest von Fouquet schürte die schwelende Missgunst des Königs (auch wenn es ihn dazu inspirierte, Vaux-le-Vicomte mit seinem eigenen Palast von Versailles zu übertreffen) und bestätigte seinen Verdacht, dass der Vorsteher der Finanzen den Staat zu seinem eigenen Nutzen geplündert hatte. Infolgedessen wurde das immer höher kletternde Eichhörnchen in einen Käfig gesperrt. »Ich dachte immer, der König würde mich mehr schätzen als alle anderen im Königreich«, klagte der fassungslose Fouquet nach seiner plötzlichen Verhaftung. Voltaire merkte zu diesem steilen Absturz scherzend später an: »Am 17. August war Fouquet um sechs Uhr abends der König von Frankreich, um zwei Uhr morgens war er ein Niemand«.

18. AUGUST 1644

Ein Pakt mit dem Teufel

Am 18. August 1644 wurde ein französischer Priester mit dem Namen Urbain Grandier wegen Hexerei verbrannt. Doch es war keine Überreaktion religiöser Fanatiker, und es hatte nichts mit einer Racheaktion des äußerst mächtigen Kardinals Richelieu gegen den unverblümten Priester zu tun – wie einige Historiker behaupten. Nein, wie sich herausstellte, fraternisierte Pater Grandier tatsächlich mit einer Bande von Dämonen, die eine Gruppe von Nonnen in der Stadt Loudun betörten und sie zu äußerst unschwesterlichen Anfällen von extremer Ekstase trieben. Die Behörden hatten einen Beweis dafür durch den realen Pakt, den Pater Grandier mit Luzifer und seinen Teufeln geschlossen hatte – man hatte ihn erhalten, nachdem ein Dämon, Asmodeus, von den priesterlichen Mächten gezwungen worden war, den Beweis, der direkt aus Luzifers privatem Kabinett in der Hölle zu stammen schien, herauszurücken. In dem unterzeichneten und notariell beglaubigten Dokument (es wird heute in der Nationalbibliothek Frankreichs aufbewahrt) stand: »Wir, der mächtige Luzifer, gefolgt von Satan, Beelzebub,

Leviathan, Elimi und Astaroth, haben heute zusammen mit anderen einen Pakt mit Urbain Grandier geschlossen, der nun ganz uns gehört. Wir versprechen ihm die Liebe von Frauen, die Blüte der Jungfrauen, die Keuschheit der Nonnen, den Respekt von Monarchen, Ansehen, Lust und Macht. Er wird drei Tage lang der Hurerei frönen; Trunkenheit soll ihm ans Herz wachsen. Dafür bietet er uns einmal im Jahr ein Blutsiegel an, er wird auf den heiligen Gegenständen der Kirche herumtrampeln und wird uns viele Fragen stellen; mit diesem Pakt wird er 20 Jahre glücklich auf der Erde weilen und wird uns später in einer Gemeinschaft unterstützen, gegen Gott zu sündigen«.

19. AUGUST 1692

Apropos Teufel ...

Nach dem Pakt mit Urbain Grandier (siehe 18. August) wandten Luzifer & Co. ihre alten Tricks erneut an – dieses Mal jenseits des Atlantiks in Neuengland, wo sie sich mit einem puritanischen Pfarrer namens George Burroughs verbündeten. Wie scharfsinnige Behörden in Salem, Massachusetts, entdeckten, war Burroughs nicht nur ein Diener Satans. Eher war er geradezu die Quelle allen Übels – eine Tatsache, die von einer hysterischen jungen Frau aus Salem festgestellt wurde, die schwor, dass Burroughs Geist ihr erschienen sei und gesagt habe, dass er »noch oberhalb einer Hexe stünde; er sei ein Verschwörer«.

Der Pfarrer, der Salem ein Jahrzehnt früher aufgrund einer Gehaltsdiskussion verlassen hatte, wurde in der Stadt Wells (im heutigen Maine) unter Arrest gestellt, wo er auf diabolische Art Leute beeinflusst habe, denen er diente. Als er dies abstritt, wurden bei der Verhandlung Beweise dafür präsentiert, dass der Priester von dämonischen Mächten befallen sei. Das Urteil lautete natürlich Todesstrafe.

Doch am Galgen gab es Schwierigkeiten. Als die Schlinge schon um Burroughs' Hals lag, beteuerte er laut seine Unschuld und trug dann, liebe Güte, perfekt das Vaterunser vor. Die Repräsentanten Luzifers auf Erden sollten dazu eigentlich nicht in der Lage sein! Zeugen der Szene begannen, nervös zu werden. Sollte etwa ein Unschuldiger hingerichtet werden? Zum Glück war der geschätzte Pfarrer Cotton Mather bei der Exekution zur Stelle und unterdrückte schnell ihre Bedenken: »Der Teufel hat sich schon oft als Engel des Lichts getarnt«, erklärte er. Und mit diesen Worten wurde George Burroughs, des Teufels Rädelsführer in Salem, auf direktem Weg in die Hölle geschickt.

20. AUGUST 1968

Brutales Frühlingsende

Ein liberaler Wind fegte im Jahr 1968 durch die kommunistische Tschechoslowakei während eines Ereignisses, das als Prager Frühling bekannt wurde. Die einst unterdrückten Menschen – die hilflos im Satellitenstaat der Sowjetunion gefangen waren – freuten sich über die neu entdeckten Freiheiten, die von dem reformistischen Anführer Alexander Dubček eingeführt wurden. Doch später in diesem Sommer schlug der sowjetische Bär seine Krallen entschieden in das – wie Dubček es genannt hatte – »Gesicht des Sozialismus«. Die sowjetische Invasion am 20. August 1968 kam plötzlich und wurde schnell und entschieden durchgeführt – es war die größte Militäroperation in Europa seit dem Zweiten Weltkrieg. Der Widerstand war vergeblich, und die Welt konnte nur dabei zusehen, wie der Totalitarismus, unterstützt von Panzern, wiederhergestellt wurde. »Mein Problem war, dass ich die russische Invasion nicht vorhersah«, erinnerte sich Dubček. »Zu keinem

Zeitpunkt zwischen dem 1. Januar (ein paar Tage, bevor er der erste Vorsitzende der Kommunistischen Partei der Tschechoslowakei wurde) und dem 20. August konnte ich mir vorstellen, dass es passieren würde«.

21. AUGUST 1745

Genug von Peter

Bevor ihr Liebesleben Stoff für Legenden lieferte, lag Russlands zukünftige Herrscherin, Katharina die Große, als vor Scham errötende Jungfrau in ihrem Ehebett. Und dank ihres Einfallspinsels von Ehemann, dem zukünftigen Peter III., blieb sie es für die nächsten acht Jahre. Die Hochzeit, die am 21. August 1745 stattfand, war ein rauschendes Fest, wie es sich für eine zukünftige russische Herrscherin gebührte, aber die Flitterwochen waren für Katharina ein Albtraum.

»Die Hofdamen zogen mich aus und legten mich aufs Bett«, berichtete Katharina später schriftlich von ihrer Hochzeitsnacht. »Man ließ mich allein, und ich blieb es für über zwei Stunden, wobei ich nicht wusste, was von mir erwartet wurde. Sollte ich aufstehen? Sollte ich im Bett bleiben? Ich wusste es wirklich nicht. Zumindest kam Madame Krause, meine neue Zofe, herein und sagte mir ganz fröhlich, dass der große Fürst (Peter) noch auf sein Abendessen warte, das bald serviert werden würde. Seine Hoheit kam danach ins Bett und sagte, wie amüsiert die Bediensteten darüber seien, uns gemeinsam im Bett vorzufinden«. Dann legte er sich prompt schlafen. Nacht für Nacht wurde Katharina von ihrem noch sehr unreifen Gemahl ignoriert, der die Gesellschaft von Spielzeugsoldaten den Liebkosungen seiner Frau vorzog.

Die Situation wurde im Laufe der Jahre unerträglich für Katharina. Wenn er seine Frau nicht ignorierte, langweilte er sie mit seinem

unaufhörlichen Geschwätz. »Niemals haben zwei Leute weniger zueinander gepasst«, schrieb sie. Zu allem Übel spielte ihr Gemahl grässlich
Violine und begann dann auch noch damit, riesige Hunde auszubilden,
die er in den ehelichen Gemächern unterbrachte. »Also gingen mir von
7 Uhr morgens bis spät in die Nacht entweder der misstönende Klang,
den er gewaltsam der Violine entlockte, oder das schreckliche Geheul
unserer Hunde auf die Nerven, die er den ganzen Tag verprügelte. Ich
gebe zu, dass ich schon halb verrückt war … Nach den Hunden war ich
die elendste Kreatur der ganzen Welt«.

Peters Verhalten seiner Frau gegenüber wurde in zunehmender Weise
grausam, besonders als er im Jahr 1762 den Herrscherthron bestieg und
Katharina drohte, sie durch eine stolz zur Schau gestellte Geliebte zu
ersetzen. Für Katharina galt dennoch: Wer zuletzt lacht, lacht am besten.
Nach sechs Monaten desaströser Herrschaft durch Peter III., während
derer er sich von seinen Untergebenen durch sein bizarres Verhalten ent-
fremdet hatte, entmachtete ihn Katharina und bestieg selbst den Thron.

22. AUGUST 1983

Auf des Künstlers Prüfstand

Die New Yorker Prominente Cornelia Guest dachte an jenem
Montagabend im Jahr 1983, sie ginge nur in einen Kinofilm in
Begleitung Andy Warhols. Die Arme hatte keine Ahnung, dass der
Künstler sie genau unter die Lupe nahm. Auch wusste sie nicht, dass
Warhols Eindruck von ihr in seinem Tagebuch aufgezeichnet werden
würde: »Ich weiß nicht, ob sie schlau oder dumm ist«, notierte er am
22. August. »Aber (…) als ich sie später über den Film ausfragte, hatte
sie alles verstanden«.

23. AUGUST 1939

Monster frisst Monster

Was passiert, wenn sich zwei Teufel die Hände schütteln? Nun, ziemlich viel – so wie am 23. August 1939, als die Sowjetunion einen Nichtangriffspakt mit Nazideutschland unterzeichnete. Stalin und Hitler räumten einander darin ziemlich große Freiräume ein, ihre Nachbarn zu überfallen – was sie dann auch mit großer Begeisterung taten. Doch da böse Menschen nun mal böse Menschen sind, musste einer der Partner ja den Pakt brechen. Hitler griff Russland weniger als zwei Jahre später an. Stalin war fassungslos und, da er die meisten der führenden Militärkommandanten exekutiert hatte, auch machtlos. »Lenin hat unseren Staat gegründet«, sagte er niedergeschlagen, bevor er untertauchte, »und wir haben ihn zugrunde gerichtet«.

24. AUGUST 2006

Die Degradierung des Pluto

Pluto machte im Jahr 1930 sein schillerndes Debüt als der neunte Planet unseres Sonnensystems. Man war begeistert, dachte man doch, dass die neueste Entdeckung in unserer interstellaren Nachbarschaft womöglich die großartigste von allen sein könnte – ein stolzer Himmelskörper, größer sogar als der prächtige Jupiter. In all der Aufregung konnte sich kaum einer vorstellen, dass dem neuen »Planeten«, der nach dem römischen Gott der Unterwelt benannt wurde, eine schlimme Zukunft bevorstand. Je mehr die Wissenschaft über die

Pluto-Fans trauern, als dem Himmelsobjekt der Planetenstatus aberkannt wird.

Entdeckung in Erfahrung brachte, um so mehr ebbte das Interesse an Pluto allmählich ab. Der weit entfernte Himmelskörper war nicht der massive Planet, für den er gehalten worden war, sondern erwies sich als ein Winzling. Plutos unberechenbare Bahn und winzige Größe ließen schlussfolgern, dass er kein Planet sei, sondern eher ein Asteroid. Nachdem der Sachverhalt unter Astronomen heftig diskutiert worden war, nahm die Idee konkrete Züge an. Dann, am 24. August 2006, kam der finale Faustschlag: Der einst stolze Pluto bekam offiziell den Status eines »Zwergplaneten«. Da war es zumindest ein gewisser Trost, dass er von den mickrigen Planetoiden im Kuipergürtel hinter Neptun der größte zu sein schien – aber auch das stellte sich bald als Irrtum heraus: Ein weiterer Zwergplanet, Eris, erwies sich als größer.

25. AUGUSTB 1830

Ein Kampf in der Oper

Nennen wir es eine Geburtstagshommage, die misslang – und zwar gründlich. Am 25. August 1830 führte das Théâtre Royal de la Monnaie in Brüssel, Belgien, eine Produktion von Daniel Aubers Oper *La Muette de Portici* (*Die Stumme von Portici*) auf – zu Ehren von König Wilhelm I. der Niederlande, dessen Königreich auch Belgien einschloss. Doch das Geburtstagskind sollte eine böse Überraschung erleben. Anstatt zur Königstreue zu inspirieren, wie es eigentlich beabsichtigt war, entfachte die Oper, mit ihrer patriotischen Erzählung von einem kleinen Fischer, der im Jahr 1647 eine Revolte gegen die spanischen Herrscher von Neapel anzettelt, einen nationalistischen Aufstand, der sich schnell auf den Straßen von Brüssel ausbreitete. Wie sich herausstellte, mochte niemand König Wilhelm sonderlich, dessen Herrschaft als unterdrückend empfunden wurde. Ein Funke der Revolution war an diesem Abend im Theater entzündet worden, und binnen eines Jahres war Wilhelm I. nicht länger König des nunmehr unabhängigen Belgien.

26. AUGUST 1346

Schnapsidee eines blinden Königs

König Johann I. von Böhmen war ein tapferer Krieger, daran besteht kein Zweifel. Doch er war blind – ein entscheidender Nachteil in jeder Schlacht, und besonders in der am 26. August 1346, als Johann mit seinem französischen Verbündeten Philipp VI. von Frankreich der englischen Armee von Eduard III. bei Crécy gegenüberstand. Dank der Einführung des tödlich effizienten englischen Langbogens war Edward bei der Auseinandersetzung im Vorteil. Der blinde und mit dem Alter von 50 bereits über seine besten Jahre hinausgekommene Johann jedoch blieb unbeeindruckt und versammelte seine loyalsten Kameraden um sich. »Meine Herren«, sagte er zu ihnen, wie der zeitgenössische Chronist Jean Froissart berichtete, »ihr seid meine Männer, meine Kameraden und Freunde auf dieser Reise: Ich bitte euch, mich so weit nach vorne zu bringen, dass ich einen Schlag mit meinem Schwert anbringen kann«. Um dem Wunsch ihres Königs nachzukommen und ihn ins Zentrum der Schlacht zu führen, banden die Männer die Zügel all ihrer Pferde zusammen und griffen an. Wie Froissart in seinem Bericht schlussfolgert: »Sie setzten so viel aufs Spiel, dass sie alle erschlagen wurden, und am nächsten Tag wurden sie in der Nähe ihres Königs gefunden, und all ihre Pferde waren aneinandergebunden«. Opfer, so muss man sagen, von blindem Gehorsam.

27. August 1896

Eins, zwei, drei – Krieg vorbei

Sultan Chalid bin Barghasch von Sansibar verlor am 27. August 1896 nicht nur seinen Thron – nachdem er nur zwei Tage regiert hatte – sondern auch den wohl kürzesten Krieg in der Geschichte der Menschheit. Der extrem kurze Konflikt mit Großbritannien begann um etwa 9 Uhr morgens und dauerte weniger als eine Stunde.

Das Vereinigte Königreich hatte einst die Unabhängigkeit der Inselnation vor der Küste Afrikas anerkannt – bis 1890 Ali bin Said sein Sultanat unter den Schutz Großbritanniens gestellt und der Weltmacht ein

Vetorecht hinsichtlich der Thronbesteigung jedes zukünftigen Sultans auf Sansibar eingeräumt hatte.

Am 25. August 1896 starb unvermittelt der Nachfolger von Ali ibn Said, sein Neffe Hamad ibn Thuwaini Al-Busaid – sehr wahrscheinlich von seinem Cousin Chalid bin Barghasch vergiftet, der sofort Ansprüche auf das Sultanat erhob und den königlichen Palast besetzte. Die Briten jedoch wollten einen anderen Kandidaten auf dem Thron sehen – einen Sultan, der ihren Interessen wohlwollender gegenüberstand. Dementsprechend bestanden sie darauf, dass Chalid zurücktrat. Er ignorierte sie. Stattdessen ließ er eine Streitmacht von Palastwachen antreten, ebenso wie eine Heerschar von Dienern, Sklaven und Zivilisten. Er hatte auch das Kommando über Sansibars Flotte, die aus einer heruntergekommenen hölzernen Schaluppe bestand, der *HHS Glasgow*. Trotz wiederholter Warnungen verbarrikadierte sich Chalid im Palast, und seine Artillerie zielte auf die britischen Schiffe, die sich im nahe gelegenen Hafen versammelten.

Die kriegerischen Auseinandersetzungen begannen um 9 Uhr – dem letztmöglichen Zeitpunkt, zu dem Chalid noch seine Flagge herabholen und den Palastkomplex verlassen hätte können. Am Abend zuvor waren britische Einwohner der Hauptstadt in Sicherheit gebracht worden. »Die Stille, die über Sansibar schwebte, war entsetzlich«, berichtete der US-Konsul Richard Dorsey Mohun.

Am nächsten Morgen sandte Chalid eine Botschaft an den britischen Konsul Basil Cave: »Wir beabsichtigen nicht, unsere Flagge herabzuholen, und wir glauben nicht, dass Sie das Feuer auf uns eröffnen werden«. Darauf antwortete Cave: »Wir wollen das Feuer nicht eröffnen, aber wenn Sie nicht tun, was Ihnen gesagt wurde, werden wir es mit Gewissheit tun«. Da der Sultan den Briten nichts weiter mitteilte, begann wie angekündigt deren Beschuss. Und etwa 40 Minuten später, als die *Glasgow* versenkt worden war und Chalid sich auf der Flucht befand, war der Krieg auch schon wieder vorbei.

Geteilter Traum – für eine Gebühr

Die Rede von Martin Luther King Jr. »Ich habe einen Traum« ist eine der denkwürdigsten der amerikanischen Geschichte. Schade nur, dass Kings Erben sichergestellt haben, dass die inspirierenden Worte ihres Vaters nur nach dem Bezahlen einer saftigen Lizenzgebühr in ihrer Gesamtheit vorgelesen oder angehört werden dürfen.

Zwar wurde dem großen Menschenrechtler vor dem amerikanischen Kapitol ebenso ein Denkmal gesetzt wie Washington, Jefferson und Lincoln, jedoch war das seine das bei Weitem teuerste. Tatsächlich kostete es die Organisatoren der Gedenkstätte für King fast 800 000 Dollar, um seine Worte und sein Abbild zu lizensieren. So viel Geld steht den meisten Bildungseinrichtungen oder Gedenkstätten nicht zur Verfügung. Der Kongress sperrte sich gegen die 20 Millionen Dollar, die Kings Erben verlangten, um die Unterlagen ihres Vaters der Kongress-bibliothek zu »spenden«, aber Firmen wie Mercedes-Benz, Alcatel und Cingular Wireless brachten eine Menge Geld auf, um Kings Worte in Werbekampagnen zu verwenden (eine davon enthält auch Zitate von »Kermit dem Frosch« und »Homer Simpson«).

»Mein Vater hat alles hergegeben«, sagte Martin Luther King III. in dem Buch *Children of the Movement*. »Er hat sich um Geld keine Sorgen gemacht. Die Leute erwarten, dass wir genauso handeln«.

Diejenigen, die töricht genug waren, zu denken, dass die Kinder es dem Vater gleichtun würden, wurden durch die fleißig prozessierende Familie King eines Besseren belehrt. Sowohl CBS *News* als auch *USA Today* wurden verklagt, da sie die »Ich habe einen Traum«-Rede ohne Lizenz verwendet hatten. Und selbst enge Freunde der Familie wurden Opfer der Prozess-Sucht. Der Sänger Harry Belafonte etwa wurde daran gehindert, persönliche Erinnerungsstücke zu verkaufen, während Andrew Young, eine der wichtigsten Stützen von King, verklagt wurde, weil er Material verwendet hatte, das ihn und den Helden der Bürgerrechtsbewegung zeigt.

Und wenn die King-Kinder nicht gerade damit beschäftigt waren andere zu verklagen, verklagten sie sich gegenseitig. 2008 beschuldigten Martin III. und seine Schwester Bernice ihren Bruder Dexter, Immobilienfonds veruntreut zu haben. Und am 28. August 2013 – dem 50. Jahrestag des berühmten Marsches ihres Vaters nach Washington – taten sich Martin und Dexter zusammen, um gegen Bernice zu klagen. Der Vorwurf: angebliche Missetaten als Direktorin des Martin Luther King Jr. Zentrums für gewaltfreien sozialen Wandel.

29. AUGUST 1533

Apropos Habgier ...

Atahualpa, der letzte Inka-Kaiser, wurde vom spanischen Eroberer Francisco Pizarro überfallen und inhaftiert. Dann zahlte er buchstäblich ein königliches Lösegeld, um sich zu befreien: ein ganzer Raum wurde von Grund auf mit Gold gefüllt. Viel Gutes hat es ihm jedoch nicht gebracht. Pizarro nahm das Gold und ließ am 29. August 1533 Atahualpa trotzdem hinrichten.

Grund zum Gackern

Moorhühner hatten es im 19. Jahrhundert nicht leicht in Großbritannien, da jagdbegeisterte Aristokraten miteinander darum wetteiferten, an einem einzigen Tag so viele der Vögel wie möglich zu erlegen. Der Wettbewerb war intensiv, aber niemand konnte Thomas de Grey, den sechsten Lord Walsingham, übertreffen, der am 30. August 1888 in Yorkshires Blubberhouse Moor die erstaunliche Anzahl von 1070 Moorhühnern schoss.

Schönheit ohne Zunge

In einer Zeit, in der die Todesstrafe noch ein furchterregendes, oft brutal angewandtes Mittel war, gab Kaiserin Elisabeth von Russland das relativ aufgeklärte Versprechen, nie einen ihrer Untertanen hinzurichten. Bei Verstümmelung hatte sie allerdings weniger Skrupel, was eine unglückliche Frau vor Gericht durch eine schmerzhafte Lektion erfahren musste.

Natalia Lopukhina galt einst als »die hellste Blume des St. Petersburger Hofes«, eine gefährliche Auszeichnung in Hinblick auf eine missgünstige Kaiserin: Diese ärgerte schon die bloße Vorstellung, dass eine andere Frau mehr glänzte als sie. Und als die Frau, die unerträglich schön war, auch noch beschuldigt wurde, sich einer Verschwörung gegen die Kaiserin angeschlossen zu haben, war Elisabeth bereit, zuzuschlagen.

Wochenlange Folterungen bewiesen jedoch nur, dass die sogenannte Verschwörung »wenig mehr war als die unbedachten Diskurse einiger leidenschaftlich gehässiger Frauen«, wie der englische Minister Cyril Wych berichtete. Dennoch wurde Lopukhina für schuldig befunden. Und obwohl Elisabeth ihrer Rivalin »wohlwollend« das schreckliche Schicksal einer Verräterin – langsame Hinrichtung unter Folter – ersparte, fand sie einen anderen Weg, ihren Zorn zum Ausdruck zu bringen. Lopukhina wurde unter dem Johlen der Menge öffentlich nackt zur Schau gestellt, blutig geschlagen, und dann wurde ihr die Zunge aus dem Mund gerissen.

»Wer nimmt die Zunge der schönen Frau Lopukhina?«, soll der Folterer geschrien haben, als er mit dem blutigen Fleischstück wedelte. »Es ist ein schönes Stück, und ich verkaufe es billig. Ein Rubel für die Zunge der schönen Frau Lopukhina!«

September

» Trauer und feuerrotes Blatt,
traurige Gedanken und sonniges Wetter.
Ah, ich, dieser Ruhm und dieser Kummer
passen nicht gut zusammen!«

THOMAS WILLIAM PARSONS
»A Song for September«

---

1. SEPTEMBER 1904

Das Aus für die Wandertaube

Einst waren sie die am häufigsten vorkommenden Vögel Nordamerikas, die in großer Zahl die Wälder östlich der Rocky Mountains bevölkerten. Samuel de Champlain berichtete 1605 von »unzählbar vielen« Wandertauben, und Gabriel Sagard-Théodat von »unendlichen Mengen«. Berichten zufolge sollen die Vögel riesige, kilometerlange Schwärme gebildet haben, sodass es mehrere Stunden benötigte, bis solch ein Schwarm über einen hinweggeflogen war. Aber innerhalb von drei Jahrhunderten war die Wandertaube dann ausgestorben. Der allmähliche Verlust ihres Lebensraums, der Wälder, war nur der Anfang des Untergangs der Vogelart, massive Bejagung vollbrachte den Rest. Die natürliche Neigung der Vögel, in Gruppen zu schlafen, sodass ihr abendliches Gegurre meilenweit zu hören war, machte es besonders leicht, sie aufzuspüren. Jäger konnten Tausende der Vögel auf einmal mit Netzen fangen und dann billig auf dem Markt verkaufen oder zermahlen und als Düngemittel verwenden.

Gegen Ende des 19. Jahrhunderts erkannten die Menschen schließlich die Notlage der Wandertauben, aber die Bemühungen, sie zu schützen, kamen zu spät. Um sich erfolgreich fortzupflanzen, mussten die geselligen Tiere eine große Schar von Artgenossen um sich haben. Und da diese Gemeinschaften alle bis zum Ende des Jahrhunderts dezimiert worden waren, blieben die wenigen Nachzügler, die sich in Gefangenschaft befanden, im Wesentlichen ohne Nachkommen.

Die Wandertaube »Martha«, eine Bewohnerin des Zoos von Cincinnati, war die letzte dieser einst florierenden Art. Als sie am 1. September 1904 starb, war die anmutige Wandertaube für immer verschwunden. Alles, was jetzt noch übrig ist, sind Marthas ausgestopfte Überreste, die zusammen mit ihren konservierten Innereien in der Smithsonian Institution aufbewahrt werden.

2. September 1960

Schlechtes Timing für Surinam

Der Tag hätte nicht besser sein können für den neuseeländischen Läufer Peter Snell, als er am 2. September 1960 bei den Olympischen Sommerspielen in Rom beim 800-Meter-Lauf Gold holte und zum Nationalheld wurde. Für Siegfried Esajas aus Surinam war der Tag jedoch ein absolutes Fiasko.

Esajas war der erste Athlet aus dem kleinen südamerikanischen Land (damals noch eine niederländische Kolonie), der jemals zu den Olympischen Spielen fuhr. Aber er kam nie auf der Laufbahn an. Es war keine

Verletzung, die ihn lahmgelegt hätte, sondern ein außergewöhnlich schlechtes Timing. Er erschien am Nachmittag zum Qualifikationsrennen, um feststellen zu müssen, dass es bereits am Morgen stattgefunden hatte. Schnell verbreitete sich das Gerücht, dass Esajas verschlafen hatte, und er kehrte unter Schande nach Surinam zurück.

So wurde der arme Esajas, während Snell gefeiert wurde und sogar seine eigene Briefmarke bekam, zum Gespött der Sportwelt. Noch 1976 stellte der Moderator bei der Eröffnungsfeier der Olympischen Spiele in Montreal die surinamische Delegation als das Land vor, das seine ersten Olympischen Spiele verschlafen hatte.

Die Erlösung für Esajas kam spät, im Jahr 2005, zwei Wochen vor seinem Tod im Alter von 70 Jahren. Als das Olympische Komitee von Surinam erfuhr, dass der vielfach geschmähte Läufer unheilbar krank war, beschloss es, den Fall von 1960 erneut zu untersuchen. Wie sich herausstellte, hatte Esajas nicht verschlafen, sondern von Fred Glans, dem damaligen Generalsekretär des Surinamischen Komitees, die falsche Startzeit erhalten, aber aus irgendeinem Grund berichtete das Komitee nie darüber. Und so hatte Esajas viereinhalb Jahrzehnte in Scham und Schande gelebt.

»Die Ereignisse von Rom haben eine Wunde in der Seele meines Vaters verursacht, die nie geheilt ist«, sagte sein Sohn Werner Esajas. »Er fühlte, dass ihm der möglicherweise größte Moment seines Lebens geraubt worden war«.

Die verspätete Sühne des Olympischen Komitees erfolgte in Form einer Gedenktafel, die ihn als ersten Olympioniken Surinams würdigte, und eines Entschuldigungsschreibens. Am wichtigsten war, dass seine Würde wiederhergestellt wurde. »Seine Augen leuchteten auf, und er war glücklich«, sagte Esajas Sohn 2005 der *Australian Associated Press*. »Ich denke, es war nötig, damit er endlich seinen Frieden damit machen konnte«.

3. SEPTEMBER 1939

Besänftigung des Feindes

Ein jubelnder Premierminister Neville Chamberlain kehrte am 30. September 1938 von Deutschland nach Hause zurück. Er hatte gerade einen Pakt geschlossen, von dem er sicher war, dass er Großbritannien Frieden bringen würde. Die Menge, die sich versammelt hatte, um ihn am Flughafen Heston außerhalb Londons zu begrüßen, jubelte ihm zu, als er eine Passage aus dem Dokument vorlas, das er gerade mit Hitler unterzeichnet hatte. Darin bekundet war die Entschlossenheit »unserer beiden Völker, nie wieder Krieg gegeneinander zu führen«.

Nach dem offiziellen Empfang im Buckingham Palast mit König Georg VI. und Königin Elisabeth machte sich Chamberlain auf den Weg in die Downing Street. Aus einem Fenster im ersten Stock der offiziellen Residenz des Premierministers verkündete Chamberlain seine Botschaft an die Massen: Was an diesem Tag erreicht worden war, sei nichts weniger als »Frieden für unsere Zeit«.

Eine Auseinandersetzung mit Hitlers aggressivem Regime war durch das sogenannte Münchner Abkommen abgewendet worden. Hierin wurde im Wesentlichen festgelegt, dass Deutschland den größten Teil der Tschechoslowakei anschließen dürfe – im Austausch für die Garantie, dass die territorialen Ansprüche des Dritten Reiches hier enden sollten. Für eine Nation, deren Erinnerung an das Blutvergießen des Ersten Weltkrieges, in dem eine ganze Generation junger Männer abgeschlachtet wurde, noch frisch war, waren Chamberlains Friedensbemühungen eine Heldentat. Zwar hatte er den Nazis einen Verbündeten geopfert, aber wie er in seiner Rede sagte, mussten zumindest keine jungen Engländer sterben »wegen einer Auseinandersetzung in einem weit entfernten Land, zwischen Leuten, von denen wir nichts wissen«.

Neben all dem Lob gab es aber auch Kritik – vor allem von dem zukünftigen Premierminister Winston Churchill, der das Aufgeben der Tschechoslowakei als einen Akt betrachtete, der nicht nur unehrenhaft, sondern auch nutzlos sei, wenn man echten Frieden wolle. »Glauben Sie ja nicht, dass dies das Ende ist«, erklärte er, »das ist nur der Anfang der Abrechnung«.

Tatsächlich enthüllte Hitler bald seine wahre Gier und seinen Ehrgeiz. Weniger als ein Jahr nach dem Münchner Abkommen starteten die Nazis eine Invasion in Polen. Und am 3. September 1939 musste Chamberlain Deutschland den Krieg erklären. An diesem Tag legte er schmerzhaft und persönlich Rechenschaft vor dem Parlament ab: »Dies ist ein trauriger Tag für uns alle, und für keinen ist er trauriger als für mich. Alles, für das ich gearbeitet habe, alles, auf was ich gehofft habe, alles, an das ich geglaubt habe, ist ruiniert«.

Auf einen Schlag wandelte sich die öffentliche Meinung Chamberlain gegenüber. Der Mann, der dafür verehrt worden war, den Frieden gesichert zu haben, galt nun als naiver Abwiegler, der von einem unersättlichen Monster hinters Licht geführt worden war. »Für wenige Männer hat sich das Blatt in so kurzer Zeit auf so extreme Weise gewendet«, sagte er reumütig drei Wochen vor seinem Tod im November 1940.

4. SEPTEMBER 1957

Fords Versagen

Auf dem amerikanischen Markt gab es einige Produkte, um die ein großer Hype gemacht wurde, die aber dennoch floppten: so

Trotz umfangreicher Werbung brachte der Ford Edsel kaum Umsätze.

etwa die Snack-Produkte von Frito-Lay mit dem Fettersatzstoff Olestra (und der staatlich vorgeschriebenen Warnung darauf, dass der Verzehr »Bauchkrämpfe und Durchfall« verursachen könne). Dann wären da noch »New Coke«, Wackelpudding mit Selleriegeschmack, die United States Football League oder Susan-B.-Anthony-Dollar-Münzen.

Aber der spektakulärste Flop von allen – die ultimative Katastrophe in Sachen neue Produkte – war zweifellos der Ford Edsel. Dieser Multi-milliarden-Dollar-Reinfall war so kolossal, dass »Edsel« sogar zu einem neuen Wort in *Webster's New World Dictionary* wurde: »Ein Produkt, Projekt usw., das trotz hoher Erwartungen, kostspieliger Werbeaktionen usw. keine öffentliche Akzeptanz findet«.

Die Ford Motor Company ging sehr geschickt bei der Vermarktung ihrer neuen Autolinie vor, die nach dem Sohn des Gründers Henry Ford benannt worden war – nicht so jedoch bei deren Design. Die Marke-tingassistenten des Unternehmens bombardierten die Öffentlichkeit mit verlockenden Anzeigen, die den Edsel als das Auto der Zukunft ankün-digten, aber sie zeigten nie, wie er tatsächlich aussah. Diese große Ent-hüllung war für den 4. September 1957 geplant – oder den »E-Day«, wie das Unternehmen es nannte. Menschenmengen wurden durch den

Hype in die Ausstellungsräume gelockt, aber bei der Enthüllung erklang nicht das erwartete erfurchtsvolle Raunen, sondern Kichern. Der Edsel erwies sich als eine motorisierte Absurdität, deren hervorstechendes Merkmal ein überdimensionaler Kühlergrill in Form eines verlängerten O war – eine technische Notwendigkeit, um ausreichend Luft zur Kühlung des Motors anzusaugen. Das optische Ergebnis davon war, so das *Time Magazine,* dass der Edsel aussah wie »ein Oldsmobile, das an einer Zitrone lutscht«.

Und schlimmer noch, der Edsel hatte einige Mängel: sich ablösender Lack, Türen, die nicht richtig schlossen, und ein Druckknopfgetriebe, das dazu neigte, zu klemmen. Der Witz, dass Edsel für »Every Day Something Else Leaks« (Jeden Tag geht etwas anderes schief) stehe, machte die Runde.

Als die Verkäufe weiter zurückgingen, war Ford verzweifelt genug, um denjenigen, die bereit waren, eine Probefahrt mit dem Edsel zu unternehmen, die Chance zu eröffnen, ein Pony zu gewinnen. Die meisten Gewinner entschieden sich jedoch für den alternativen Geldpreis und ließen Ford nicht nur mit einem überfüllten Fuhrpark, sondern auch mit Tausenden von Pferden zurück. Schließlich wurde der Edsel 1959 von seinem Elend erlöst – der einzige Trost ist, dass die einst verschmähten Automobile mittlerweile begehrte Sammlerstücke sind.

5. SEPTEMBER 1921

Wer ist hier der Schurke?

Als einer der Lieblinge Hollywoods erfreute Roscoe »Fatty« Arbuckle, pfundiger Komödiant der Stummfilmära, das Publikum mit seinem Slapstick-Charme und stolperte dabei trotz seines beträchtlichen Gewichts mit bemerkenswerter Geschicklichkeit und Anmut von einer absurden Situation in die nächste. Doch Arbuckles steile Karriere wurde an nur einem Tag völlig ruiniert. Nachdem er drei Kinofilme gedreht hatte und einen neuen Dreijahresvertrag über 1 Million Dollar bei Paramount Pictures abgeschlossen hatte – ein damals unerhört hoher Betrag –, fuhr Arbuckle 1921 mit einer Gruppe von Freunden nach San Francisco, um das Wochenende, auf das der Tag der Arbeit fiel, zu feiern. Der Alkohol floss in Strömen, und die Party nahm kein Ende, aber am Montag, den 5. September geschah einem seiner Gäste, einem Filmsternchen mit Namen Virginia Rappe, etwas Schreckliches: Sie starb an einer akuten Bauchfellentzündung, verursacht durch eine geplatzte Blase. Die Berichte darüber, was genau passiert war, sind unterschiedlich. Laut Arbuckle fand er Rappe, die sich in seinem Badezimmer erbrach. Er habe sie aufs Bett gelegt, damit sie sich ausruhen konnte, und sei dann wieder zurück zur Party gegangen. Als er zurückgekommen sei, sei Rappe auf dem Boden gelegen. Arbuckle behauptete, er habe sie zurück aufs Bett gelegt, sie mit Eis eingerieben, um sie zu kühlen, und sei dann losgegangen, um Hilfe zu holen. Ein Doktor des Hotels habe gesagt, dass sie durch den Konsum von zu viel Alkohol in diese Lage gekommen sei, und habe empfohlen, dass sie ausschlafen solle. Arbuckle kehrte dann am nächsten Tag nach Los Angeles zurück.

Rappes Begleitung auf der Party, »Bambina« Maude Delmont, erzählte eine komplett andere Geschichte: Der Filmstar, so behauptete sie, habe die junge Frau brutal vergewaltigt. Und in einer Zeit, als die Regenbogenpresse mit solchen Dingen nicht zimperlich umging, stellte sich Delmonts Version als unwiderstehlich für die Journalisten heraus – unbeachtet blieb allerdings ihre lange Vorgeschichte als Erpresserin. Die Zeitungen waren voll von sensationslüsternen Geschichten über eine hilflose Schauspielerin, die von dem übergewichtigen und wollüstigen Filmstar vergewaltigt worden sei. Es sei sein Gewicht gewesen, behaupteten sie, das das arme Mädchen erdrückt habe. Zudem wurde in anzüglichen Berichten die Theorie aufgestellt, dass Rappe mit einer Flasche verletzt worden sei. Die Geschichte war so begehrt, dass der Pressebaron William Randolph Hearst vor dem Filmkomödianten Buster Keaton damit prahlte, dass sich durch sie mehr Zeitungen verkauft hätten als mit dem Untergang der *Lusitania*.

Arbuckle wurde am 11. September verhaftet verhaftet und wegen Totschlags angeklagt. Dank einer Jury, die zu keinem Mehrheitsurteil gelangen konnte (10:2 für Freispruch), kam es aber zu einem zweiten Prozess. Auch dieser endete ohne Urteil. Schließlich sprach eine dritte Jury Arbuckle frei. Während des Prozesses tauchten einige Fakten auf, die die Presse bewusst außer Acht gelassen hatte: Delmonts dubiose Geschichte, genötigte Zeugen und, vielleicht am wichtigsten, die Tatsache, dass Rappe vor Kurzem abgetrieben hatte, was sehr wahrscheinlich ihre geplatzte Blase verursacht hatte. Tatsächlich hatte die Jury das Gefühl, Arbuckle sei so stark verleumdet worden, dass sie einen ungewöhnlichen Schritt tat: Sie schickte ihm eine schriftliche Entschuldigung. Doch dies hatte wenig Wirkung auf die empörte Öffentlichkeit: Trotz seines Freispruchs wurde der einst geliebte Star gemieden und bekam, abgesehen von ein paar kleinen Rollen, nie wieder große Aufträge. »Ich verstehe es nicht«, sagte Arbuckle. »In einem Augenblick war ich der Mann, den jeder liebte, im nächsten der, den jeder hasst«.

6. SEPTEMBER 1657

Ein harter Weg zu Viagra

Der indische Großmogul Shah Jahan errichtete das prächtige Taj Mahal in Agra, als Hommage an seine verstorbene Frau. Ein weitaus weniger denkwürdiges Vermächtnis schuf der Kaiser durch eine andauernde Erektion. Am 6. September 1657 erkrankte er an einem

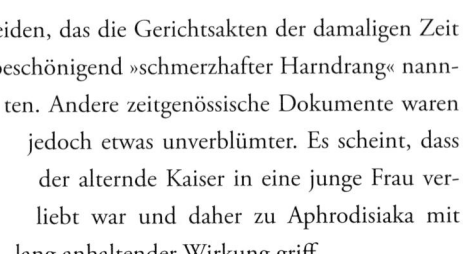

Leiden, das die Gerichtsakten der damaligen Zeit beschönigend »schmerzhafter Harndrang« nannten. Andere zeitgenössische Dokumente waren jedoch etwas unverblümter. Es scheint, dass der alternde Kaiser in eine junge Frau verliebt war und daher zu Aphrodisiaka mit lang anhaltender Wirkung griff.

»Shah Jahan war selbst schuld an seiner Erkrankung«, berichtete Niccolo Mannuci. »Er wollte sich wie ein Jugendlicher amüsieren, und mit dieser Absicht nahm er verschiedene stimulierende Medikamente ein. Diese verursachten drei Tage lang einen Urinrückstau, und er stand fast an der Schwelle des Todes«.

Die beschämende Episode hätte als Fußnote zu kaiserlichem Über-die-Stränge-Schlagen rasch in Vergessenheit geraten können, wären da nicht Shah Jahans vier zänkische Söhne gewesen. Diese buhlten, als sie von der Erkrankung ihres Vaters erfuhren hatten, sofort um seine Nachfolge und zettelten kriegerische Auseinandersetzungen an, sodass infolge die Herrschaftsverhältnisse in Indien erschüttert wurden. Der kranke Kaiser wurde abgesetzt und für den Rest seines Lebens in ein vergoldetes Gefängnis gesteckt. Zwei seiner Söhne wurden im Bruderkrieg geschlagen; ein dritter schaffte es, zu fliehen, während ein vierter, Aurangzeb, seine beiden besiegten Geschwister ermorden ließ, seinem Vater den Thron entriss und einen blutigen Religionskrieg in Indien auslöste, der schließlich Millionen tötete.

Shah Jahan rebellierte zunächst gegen seine Gefangenschaft und versuchte, die Ermordung des Usurpators Aurangzeb zu veranlassen, der so freundlich war, seinem Vater das abgetrennte Haupt eines seiner Brüder zu schicken. Am Ende blieb der abgesetzte Kaiser jedoch im Gefängnis und starrte von seinem Palast in Agra aus auf das Taj Mahal, bis er sich dort sieben Jahre nach dem Verlust seines Throns seiner verstorbenen geliebten Frau im Jenseits anschloss.

7. SEPTEMBER 1303

König gegen Papst

Papst Bonifatius VIII. war 1302 ein wenig zu sehr von sich selbst eingenommen, als er in der Bulle *Unam sanctam* verkündete, dass er das Oberhaupt der Welt und »jedes menschliche Geschöpf dem römischen Papst unterworfen« sei. Und dazu gehörten natürlich auch Könige.

Als Reaktion auf die Verkündigung seiner höchsten geistlichen und weltlichen Autorität deutete Philipp IV. von Frankreich, der lange Zeit mit dem Papst auf Kriegsfuß stand, schnell an, dass er nichts davon hielt. Er beschuldigte Bonifatius öffentlich einer ganzen Litanei von Sünden: Ketzerei, Blasphemie, Mord, Sodomie, Simonie, Hexerei – und sogar die Nichtbeachtung von Fastentagen. Bonifatius war wenig amüsiert und begann, Papiere vorzubereiten, um den französischen König zu exkommunizieren. Aber bevor er damit fertig war, stürmten Söldner, die Philipp geschickt hatte, den Rückzugsort des Papstes in Agnani und nahmen ihn gefangen. Als ob dies nicht genug Demütigung für den anmaßenden Papst gewesen wäre, schlug ihm einer seiner Entführer ins Gesicht – ein Akt von Majestätsbeleidigung, der durch Europa hallte. Nach drei Tagen wurde Bonifatius freigelassen, aber die beschämende Erfahrung der Gefangenschaft war zu viel für ihn, sodass er innerhalb eines Monats starb.

8. SEPTEMBER 1998

Der künstlich süße Geruch des Erfolgs

Obwohl viele enttäuscht waren, dass es Roger Maris war und nicht Mickey Mantle, der mehr Home Runs in einer einzelnen Saison erzielte als Babe Ruth (siehe 1. Oktober), war Maris' Leistung zumindest eine saubere Sache. Nicht so die von Mark McGwire, der am 8. September 1998 Maris' Rekord brach und später zugab, gedopt gewesen zu sein.

Königliche Eingeweide

Es muss wehgetan haben, als Wilhelm der Eroberer am 9. September 1087 auf den Knauf seines Sattels stürzte und sich tödliche Verletzungen zuzog. Doch dies war ein Klacks im Vergleich zu dem Unglück, das ihm nach seinem Tode zuteil wurde. Kurz nachdem Wilhelm seinen letzten Atemzug getätigt hatte, beeilten sich seine engsten Vertrauten, ihre Interessen anderswo durchzusetzen. Zurück blieben nur die Diener, die, wie der Chronist Ordericus Vitalis erzählte, »ihre Finger nach den Waffen, dem Tafelgeschirr, der Bettwäsche und dem königlichen Mobiliar ausstreckten und sich dann davonmachten. Sie ließen die Leiche fast nackt am Boden der Zelle zurück«.

Dann kam die Beerdigung. Wilhelm hatte zugelegt, seitdem er vor 20 Jahren in der Schlacht von Hastings Britannien erobert hatte – so viel in der Tat, dass er regelrecht in seinen Steinsarg gepresst werden musste, was dazu führte, dass seine inneren Organe aufplatzten. Der Gestank wurde so unerträglich, dass die Beerdigung kurz gehalten und hastig durchgeführt wurde. Doch hier endet die Geschichte nicht. Aus keinem ersichtlichen Grund ordnete Rom im Jahr 1522 an, das Grab des Eroberers zu öffnen. Angeblich war die Leiche so gut erhalten (abzüglich der geplatzten Eingeweide natürlich), dass es möglich war, die Leiche des Königs zu porträtieren. Vier Jahrzehnte später plünderten dann französische Calvinisten das Grab und zerstreuten die sterblichen Überreste.

10. September 210 v. Chr.

Des Kaisers
Lieblingselement

Er war ein mächtiger Kaiser, der erste, der China unter seiner Herrschaft vereinte. Aber leider war Qin Shihuangdi (siehe 28. Juli) nicht unsterblich – eine lästige Sache für einen Monarchen, der von seiner Überlegenheit allen anderen Menschen gegenüber überzeugt war. Er hatte so viel erobert. Warum sollte er nicht auch den Tod überwinden? Die Suche nach dem ewigen Leben wurde schließlich zu des Kaisers Besessenheit und machte ihn zum Opfer aller Arten von Quacksalbern, die ihm zig Elixiere aufschwatzten, durch die er dem Tod trotzen könne. Eines dieser »Wundermittel«, quecksilberhaltige Pillen, tötete den 49-jährigen Kaiser dann allerdings am 10. September 210 v. Chr.

Qin Shihuangdi hatte den Kampf ums ewige Leben verloren, aber zumindest gab es noch das Jenseits, auf das er sich extravagant vorbereitet hatte: Ein Mausoleum, groß wie eine ganze Stadt, wurde gebaut, um den Bedürfnissen des verstorbenen Kaisers gerecht zu werden, darin auch eine riesige Armee von Terrakotta-Kriegern. Sein Grab, so ein alter Text, »war gefüllt mit Modellen von Palästen und Pavillons sowie feinen Gefäßen, Edelsteinen und Raritäten«. Und anscheinend mit Quecksilber. Niemand schien damals die giftige Wirkung dieses besonderen Elements mit dem vorzeitigen Ableben des Kaisers in Verbindung gebracht zu haben. Wäre dies der Fall gewesen, hätten sie womöglich nicht das Weiterleben Qin Shihuangdis im Jenseits gefährdet, indem sie die künstlichen Flüsse aus giftigem Quecksilber erschufen, die angeblich durch sein unterirdisches Königreich strömten.

Mit Genehmigung von Marshall Ramsey und Creators Syndicate, Inc.

12. SEPTEMBER 1876

Ein falsches Spiel

König Leopold II. von Belgien hielt wenig von seinem Königreich. »Kleines Land, kleine Leute«, soll er einmal bemerkt haben. Daher heckte Leopold einen teuflischen Plan aus, um sich die heutige Demokratische Republik Kongo unter den Nagel zu reißen und sie zu seinem persönlichen Territorium zu machen.

Doch da er weder das Geld noch die Macht hatte, konnte der König nicht einfach als Eroberer nach Afrika stürmen. Er musste listig vorgehen – und sich der Welt als humanitär präsentieren, als eifrig darum bemüht, die Notlage dieser unzivilisierten, armen Menschen zu verbessern. Darin war er beängstigend erfolgreich, und so legte er den Grundstein dafür, was oft der »Afrikanische Holocaust« genannt wurde.

Die Zurschaustellung der königlichen Humanität erreichte ihren Höhepunkt, als Leopold am 12. September 1876 die Geographische Konferenz in Brüssel eröffnete, zu der er persönlich weltweit führende Afrikaforscher und Philantropen eingeladen hatte. »Ich bestehe auf der komplett wohltätigen, komplett wissenschaftlichen und philanthropischen Natur des Ziels, das wir erreichen wollen. Es ist keine geschäftliche Unternehmung«, schrieb der König in einer vertraulichen Anmerkung an die Delegierten, »es ist eine komplett spontane Zusammenarbeit zwischen all denjenigen, die sich darum bemühen, Afrika zivilisierter zu machen«. Leopold erklärte den versammelten Delegierten, dass Belgien sehr »glücklich und zufrieden« sei als kleines Land ohne koloniale Ambitionen. Er sei einfach froh darüber, dass er einen Beitrag für die so wertvollen Bemühungen um eine bessere Welt leisten könne.

Die Delegierten waren verzaubert von dem scheinbar so gütigen König. Sir Rutherford Alcock etwa berichtete der Royal Geographical Society von Großbritannien, dass »in keinem Land und bei keiner Gelegenheit jemals eine so bedeutende und königliche Gastfreundschaft ausgeübt worden sei. Wissenschaft und soziales Engagement hätten nicht unter einer höheren oder besseren Schirmherrschaft vereint werden können.«

Unter dem Deckmantel der Selbstlosigkeit infiltrierte König Leopold erfolgreich den Kongo und machte ihn zu seinem Privatbesitz. Für die nächsten drei Jahrzehnte versklavte, ermordete und verstümmelte er Millionen von Afrikanern – eine Zeit, die von dem Schriftsteller Paul Theroux beschrieben wurde als »eine der seltsamsten und gewalttätigsten Formen von Herrschaftsausübung, die die Welt je gesehen hat«. Und dies aus purer Profitgier, wegen Kautschuk und Elfenbein.

Tu das nicht, GI!

In der Politik ist ein gutes Image das Wichtigste. John F. Kennedys Image wurde bekanntermaßen durch die Macht des Fernsehens aufpoliert, als er mit Richard Nixon im Jahr 1960 debattierte. Der attraktive junge Senator wirkte selbstbewusst und stark, während die blasse Erscheinung und Förmlichkeit seines Gegners wenig vertrauenswürdig und irgendwie eines Präsidenten unwürdig erschienen. Die Fernsehzuschauer fanden, dass Kennedy die Debatte gewonnen habe, während die Radiohörer einen gegenteiligen Eindruck hatten.

Nixons Nachteile beim Fernsehauftritt waren gering im Vergleich zu einigen heftig am Image kratzenden Debakeln, die zahlreiche moderne Politiker ertragen mussten. Etwa George W. Bush, der auf dem Deck der *USS Abraham Lincoln* herumstolzierte – in einem Flugzeugoverall, unter dem Banner »MISSION ERFOLGREICH ABGESCHLOSSEN« – inmitten des verheerenden Irakkriegs. Oder Dan Quayle, der über die korrekte Schreibweise von »Kartoffel« aufgeklärt wurde. Oder Sarah Palin, ehemalige Gouverneurin von Alaska, in dem berüchtigten Interview bei Katie Couric, während dem sie keine Zeitschrift nennen konnte, die sie gelesen hatte, um auf dem neuesten Stand zu bleiben. Oder Jimmy Carter, dem fast alles misslingen wollte (siehe 29. Dezember).

Manchmal ist alles, was es braucht, um einen irreparablen Immage-Schaden anzurichten, ein Foto. Michael Dukakis musste dies auf die harte Tour lernen, als er am 13. September 1988 im Rahmen seiner Präsidentschaftskampagne an einem unglücklichen Fotoshooting teilnahm.

Der Kandidat der Demokraten, der lange als zu weich in Verteidigungsfragen verlacht worden war, wurde dabei fotografiert, wie er in einem M1-Abrams-Panzer durch Michigan fuhr. Anstatt aber wie ein militärischer Hardliner auszusehen, wirkte Dukakis wie ein Trottel. Der High-

Das Foto, das dem Image des Präsidentschaftskandidaten Michael Dukakis so schadete.

tech-Helm, den er trug, war viel zu groß und ließ sein Gesicht optisch schrumpfen – einige sagten, er sähe wie Snoopy aus –, während das platte »Daumen hoch«, mit dem er posierte, sein Image nur noch mehr zu schmälern schien. »Er meinte, dass er über den Funk im Helm hören wolle, was die anderen im Panzer sagten«, berichtete ein Helfer später der *Los Angeles Times*: »Schön und gut. Aber er sah aus wie ein Idiot«.

Für Dukakis Rivalen, George W. Bush, war dies ein gefundenes Fressen, und er brachte schadenfroh Wahlwerbung heraus, die das extrem unvorteilhafte Foto zeigte. Dukakis, der von Bush bei der Wahl vernichtend geschlagen wurde, reflektierte den berüchtigten Vorfall 1998 in einem Interview der *US-News & World Report*: »Nun, hätte ich in den Panzer steigen sollen?«, sagte Dukakis. »Rückblickend betrachtet: Wahrscheinlich nicht. Aber heutzutage, wenn die Leute mich fragen: ›Na, sind Sie mit dem Panzer da?‹, antworte ich immer: ›Nein, aber ich habe mich zumindest nie auf den japanischen Premierminister erbrochen.«

Indem er sich derart schadenfroh auf einen peinlichen Moment Bushs (siehe 8. Januar) bezieht, schneidet Dukakis heute jedoch fast ebenso schlecht ab wie damals im Panzer.

Ein übler Tag für Autofahrer

Am 14. September geschah viel Schreckliches – und zwar in Sachen Automobilgeschichte. An diesem Tag im Jahr 1899 wurde ein New Yorker namens Henry Bliss die erste Person in den Vereinigten Staaten (und eine der ersten auf der Welt), die von einem Auto (einem Taxi, um genau zu sein), getötet wurde. Dann war da noch die Schauspielerin Grace Kelly, die sich in eine Prinzessin von Monaco verwandelt hatte und am 14. September des Jahres 1982 starb, nachdem ihr Rover P6 in Frankreich einen Berg hinuntergestürzt war. Aber vielleicht am unheimlichsten war das plötzliche Ableben der berühmten Tänzerin Isadora Duncan an diesem unglücklichen Septembertag im Jahr 1927.

Sie trug ihren Lieblingsschal um den Hals – ein kunstvoll drapiertes Accessoire, das von einer Freundin entworfen worden war –, als sie in den Rennwagen eines Begleiters sprang und davonfuhr. Leider flatterten die Quasten des Schals im Wind nach hinten und verfingen sich im linken Hinterrad. Die Tänzerin wurde aus dem Auto gerissen, auf die Straße geschleudert und etwa 20 Meter hinter dem Wagen hergeschleift, bevor der Fahrer schließlich anhielt. Zum Glück war ihr Genick sofort gebrochen. »Affektierte Verhaltensweisen können gefährlich sein«, bemerkte Gertrude Stein über den tödlichen Schal. Aber vielleicht war es nur der 14. September, der sich als gefährlich erwies.

15. September 2008

Lehmansche Hybris

W as die unter ihm arbeitenden Führungskräfte anging, war Lehman Brothers CEO Dick Fuld äußerst penibel. Er erwartete, dass sie die bestgekleideten Männer und Frauen an der Wall Street waren, spezifizierte, für welche Organisationen sie spenden und wo und mit wem sie sich treffen sollten, und beobachtete sogar genau den Zustand ihrer Ehen, die glücklich verlaufen mussten.

Aber es gab eine Sache, die der anspruchsvolle Chef übersehen zu haben schien, trotz der fast vollständigen Kontrolle über seine Leute, und dies war die drohende Finanzkrise, die Lehman Brothers in den Ruin treiben sollte.

Fuld ignorierte unbekümmert die unheilschwangeren Anzeichen, dass Lehmans Vergabe von zweitklassigen Krediten und seine Art, mit zinsvariablen Schuldtiteln umzugehen sowie seine riskanten Immobilienprojekte das Reich, das er 15 Jahre lang regiert hatte, an den Rand des Zusammenbruchs gebracht hatten. In der Tat wies der selbstbewusste CEO verächtlich eine Reihe von Angeboten zum Kauf von Vermögenswerten von Lehman zurück, die das Unternehmen hätten retten können.

Am Ende konnten weder törichte Angeberei noch geschickte Buchhaltung das Unvermeidliche verhindern. Am 15. September 2008 meldete Lehmann Brothers Konkurs an – mit 613 Milliarden Dollar Schulden die teuerste Pleite der amerikanischen Geschichte.

»Ich könnte kotzen«, sagte Fuld damals – eine Stimmung, die zweifellos von den 26 000 Lehman-Mitarbeitern geteilt wurde, die nach Monaten beruhigender Zusicherungen ihre Arbeitsplätze, ihre Sozialleistungen und den gesamten Wert ihrer Firmenaktien verloren.

»Es gab hier Leute, die noch vor ein paar Wochen für Dick Fuld durch die Hölle gegangen wären«, sagte ein ehemaliger Lehman-Manager dem

Wirtschafts- und Finanznachrichtensender *CNBC*. »Das hat sich geändert. Jetzt wollen die Leute ihn jetzt tot sehen«.

Wie sich herausstellte, mussten sie sich mit einem Schlag ins Gesicht begnügen, mit dem ein Mitarbeiter Fuld bedachte, als der Konkurs bekannt gegeben wurde.

16. SEPTEMBER 2007

Endlich hinter Gittern

Bevor O.J. Simpson 1994 wegen Doppelmordes verhaftet wurde lieferte er sich medienwirksam eine stundenlange Verfolgungsjagd mit der Polizei. Seine zweite Verhaftung am 16. September 2007 wurde mit weit weniger Nebengeräuschen durchgeführt, jedoch mit deutlich schwerwiegenderen Folgen für den in Ungnade gefallenen ehemaligen Footballstar. Simpson wurde wegen mehrerer Raub-, Überfalls-, Einbruchs- und Verschwörungsdelikte angeklagt, die aus einem Vorfall stammten, den ein Zeuge als eine »militärische Invasion« eines Hotelzimmers in Las Vegas bezeichnet hatte, das einem Mann gehörte, der mit Sammlerstücken aus dem Sportbereich handelte. Simpson wurde aller zehn Anklagepunkte für schuldig befunden.

Das Urteil, das genau 13 Jahre nach seinem Freispruch in den Morden an Nicole Brown Simpson und Ron Goldman gefällt wurde, beendete abrupt die Tage, an denen der »Juice« seine Freizeit mit Golfspielen verbringen konnte. Und falls nicht noch etwas vollkommen Unvorhergesehenes passiert, stellt es sicher, dass er im Gefängnis verrotten wird, bis er mindestens 70 Jahre alt ist.

Verworrene Worte

»Es gibt ein altes Sprichwort in Tennessee – ich weiß, das gibt es in Texas, wahrscheinlich aber auch in Tennessee –, das besagt: ›Täuschst du mich einmal – schäm… – äh, schäme dich. Täuschst du mich – du … äh … wirst du nicht noch mal betrogen werden.«

Präsident George W. Bush

P räsident Bush stand während seiner beiden Amtszeiten vor enormen Herausforderungen, aber eine der größten für den selbst ernannten »Entscheider« war die Übersetzung seiner Gedanken in verständliches Englisch. Dem berühmt-berüchtigten »unterschätzten« Präsidenten hat die Sprache so mancher Rede, wie der vom 17. September 2002 in Nashville, Probleme bereitet. Korrekt wäre gewesen: »Täuschst du mich einmal: Schäm dich. Tust du's zweimal, muss ich mich schämen«.

Kaiser Domitian: Auszeit!

O bwohl er sich selbst zum Gott erklärte, hatte der römische Kaiser Domitian noch immer Angst vor dem Tod – zumal das genaue Datum und die genaue Zeit seines Todes längst vorhergesagt waren: die fünfte Stunde des 18. September 96 n. Chr. Als sich der gefürchtete Tag näherte, war Domitian verständlicherweise nervös. Er ließ seinen Sekretär Epaphroditus hinrichten, der Berichten zufolge Nero fast drei Jahrzehnte zuvor beim Selbstmord geholfen hatte – nur um die Menschen an seinem Hof daran zu erinnern, dass es nie in Ordnung war, die Tötung eines Kaisers zu billigen, egal unter welchen Umständen. Und wie der antike Geschichtsschreiber Sueton berichtete, verkleidete er seine Wandelhallen mit glänzend polierten Steinen, damit er sehen konnte, was hinter ihm geschah.

Am Vorabend des vorhergesagten Attentats wurden Domitian einige Äpfel überreicht. »Serviert sie morgen, falls morgen jemals kommt«, soll er gesagt haben. Am nächsten Morgen, nach einer Nacht des Grauens, verurteilte der Kaiser einen Wahrsager aus Germanien zum Tode, der erklärt hatte, dass eine Reihe von Blitzen über der Hauptstadt einen Regierungswechsel bedeutete. Dann, als er an einem Pickel auf seiner Stirn herumfingerte, der blutete, bemerkte er: »Ich hoffe, das ist alles Blut, das fließen wird«.

Nach einem außerordentlich angespannten Morgen war Domitian froh, als er feststellte, dass die festgesetzte Stunde seines Todes gekommen und vergangen war. Vergnügt ging er zum Baden – zweifellos überlegte er, wen er als Nächstes hinrichten würde. Aber was der Kaiser nicht wusste, war, dass ihn jemand hinsichtlich des genauen Zeitpunktes angelogen hatte. Und als er sich abtrocknete, betrat einer seiner Attentäter den Raum, unter dem Vorwand, ihn über einen geplanten Aufstand zu informieren. Dann, als Domitian den Bericht studierte, stach der Mörder ihm in die Leiste.

Es kam zu einem Kampf zwischen den beiden Männern, während dessen der verwundete Kaiser nach einem Diener schrie, der den Dolch, den er unter seinem Kissen versteckt hielt, bringen sollte. Aber die Waffe war bereits entfernt worden. Als sie den Lärm des verzweifelten Kampfes in Domitians Gemach hörten, betraten die übrigen Attentäter das Bad, stürzten sich auf den Caesaren und töteten ihn genau zu dem Zeitpunkt, zu dem sein Tod vorhergesagt worden war.

19. SEPTEMBER 1952

Schwarz-Weiß, rot angemalt

Charlie Chaplin war Amerikas beliebtester Komiker und Schauspieler, zumindest für eine Weile, aber für die US-Behörden gab es nichts Lustiges an ihm. Mit seinen Darstellungen des ewigen Außenseiters hatte der kleine Vagabund – Chaplins beliebteste Rolle – etwas Subversives, das die Behörden rotsehen ließ. Zu Beginn von Chaplins Filmkarriere nannte ihn J. Edgar Hoover, der Direktor des FBI, 1914 einen »Salonbolschewisten«. Hoover verfolgte Chaplin über Jahrzehnte und jagte ihn schließlich aus dem Land.

Die Magie, mit der der kleine Vagabund sein Publikum verzauberte, machte ihn für die Regierung zu einer äußerst beängstigenden Figur – Chaplin war jemand, der seine subversive Macht über das Volk nutzen konnte, um einen Klassenkampf anzuführen. Tatsächlich berichteten FBI-Agenten, die Chaplins Verhalten in Los Angeles beobachteten, ihrem Chef 1922 pflichtbewusst, dass er Teil einer kommunistischen Verschwörung sei, die einen »Propaganda-Aufruf für die Sache der Arbeiterbewegungen und der Revolution« tätigen wolle.

Als Hollywoods Stummfilmära zu Ende ging, begannen Chaplins Filme, ernsthaftere Botschaften über Frieden, Gerechtigkeit und Menschenwürde zu vermitteln. Einige nannten sie gefährlich politisch. Im Film *Der große Diktator* von 1940 etwa persifliert und verspottet Chaplin Hitler und Mussolini.

Der immer düsterere Ton dieses und anderer Chaplin-Filme passte nicht gut zum Publikum der damaligen Zeit, das in der Isolation des amerikanischen Kontinents vor dem Zweiten Weltkrieg wie in einem goldenen Käfig saß. Der Kritiker Bosley Crowther fasste die Stimmung später folgendermaßen zusammen: »›Welches Recht hat er, ein Komiker, ernsthafte Themen anzusprechen?‹, fragen sie erbittert. ›Steig zurück in dein Vagabundenkostüm‹, grollen sie. ›Hör auf, uns dazu zu bringen, uns unwohl zu fühlen, indem du uns zum Nachdenken bringst!‹«

Die Regierung gab sich jedoch nicht damit zufrieden, das Publikum über das Schicksal von Chaplins Filmen bestimmen zu lassen. Der Abgeordnete John Rankin forderte sogar seine Deportation. Chaplin »hat sich geweigert, amerikanischer Staatsbürger zu werden«, donnerte der Abgeordnete. »Sein Leben in Hollywood ist schädlich für das moralische Gefüge Amerikas. (Wenn er abgeschoben wird) … kann die amerikanische Jugend vor seinen abscheulichen Bildern bewahrt werden«.

1947 erfuhr Chaplin aus Zeitungsberichten, dass er vor das »Komitee für un-amerikanische Umtriebe« gerufen werden sollte, und er schrieb an den Ausschussvorsitzenden, J. Parnell Thomas: »Damit Sie über mein Denken auf dem Laufenden sind, schlage ich vor, dass Sie sich meine neueste Produktion *Monsieur Verdoux* genau ansehen. Sie ist gegen den Krieg und das sinnlose Abschlachten der Jugend gerichtet. Ich vertraue darauf, dass Sie ihre humane Botschaft nicht unangenehm finden werden. Während Sie Ihre Vorladung vorbereiten, gebe ich Ihnen einen Hinweis darauf, auf wessen Seite ich stehe. Ich bin kein Kommunist, ich bin ein Botschafter des Friedens«. Der Ausschuss verschob den Tag, an dem er aussagen sollte, dreimal, und Chaplin erschien schließlich nie.

Aber der letzte Angriff der Regierung stand noch bevor: Am 19. September 1952, als Chaplin zur Premiere eines neuen Films nach England fuhr, verbot Generalstaatsanwalt Thomas McGranery seine Wiedereinreise in die USA. »Wenn das, was über ihn gesagt wurde, wahr ist«, bemerkte McGranery, »hat er meiner Meinung nach einen abstoßenden Charakter. Als mutmaßliches Mitglied der der Kommunistischen Partei und als Person von fraglicher Moral lassen seine Aussagen darauf schließen, dass er die Gastfreundschaft eines Landes verlacht, das ihn bereichert hat.« Obwohl Chaplin 1972 für sein Lebenswerk einen Ehren-Oscar erhielt, kam er nie mehr in die Vereinigten Staaten. »Ich würde nicht dorthin zurückkehren, wenn Jesus Christus höchstpersönlich Präsident dort wäre«, sagte er zum Zeitpunkt seiner Verbannung. »Meine wunderbare Sünde war und ist es, nicht mit allen Regeln konform zu gehen«.

20. SEPTEMBER 1737

Unfaire Geschäftstaktiken

William Penn war ein relativ gütiger Gouverneur der königlichen Kolonie gewesen, die seinen Namen trug. Er bemühte sich darum, fair mit dem Volk der Lenni Lenape oder Delawaren umzugehen, aber seine Söhne eiferten ihm hierbei in keinster Weise nach. Begierig darauf, sich mehr Land der amerikanischen Ureinwohner unter den Nagel zu reißen, produzierten Thomas und John Penn ein (gänzlich gefälschtes, wie viele Historiker glauben) Dokument, demzufolge die Indianer so viel Land abzugeben hätten, wie ein Mann in eineinhalb Tagen abgehen könne.

Die Anführer der Lenni Lenape stimmten den Bedingungen des sogenannten Vertrages zögerlich zu, aber sie hatten nicht mit einem Plan vonseiten der listenreichen Siedler gerechnet, der jenen maximalen Gewinn einbringen sollte und unter dem Namen »Laufkauf« bekannt wurde. Von der Aussicht auf reiche Belohnung angelockt, wurden drei der tüchtigsten Männer in Pennsylvania berufen, den Laufkauf durchzuführen: Der Pfad war markiert und geräumt worden, um eine größtmögliche Strecke zurücklegen zu können. Dann, am 19. September 1737 flitzten die Männer los. Die Indianer reagierten mit Empörung: »Ihr lauft. Das ist nicht fair. Es war ausgemacht, dass ihr geht«. Aber der Protest war vergeblich, und bis zum nächsten Nachmittag waren mehr als 97 Kilometer zurückgelegt worden.

21. SEPTEMBER 1327

Ein unrühmliches Ende

A bgesehen von seinem guten Aussehen war fast alles an der chaotischen Herrschaft von König Edward II., knapp gesagt, erbärmlich. Er gab sich unterwürfig arroganten männlichen Liebhabern hin, lieferte sich heftige Fehden mit den Baronen Englands, wurde erniedrigend deutlich von den Schotten besiegt und schließlich von seiner eigenen Frau und deren Geliebten entthront. Und, falls man zeitgenössischen Geschichtsschreibern glauben darf, war das Schrecklichste von allem Edwards Ermordung im Berkeley Castle am 21. September 1327. Laut der *Historia Aurea* von 1346 (neben anderen Quellen aus dieser Zeit) »wurde der König getötet, indem man ihm ein heißes Eisen durch einen Trichter in sein Gesäß einführte«.

Es ist unglaublich, aber den Berichten zufolge war Edward nicht der erste englische Monarch, der auf so schändliche Weise getötet wurde. Nachdem er sich gezwungen sah, die Hälfte seines Königreiches an den einfallenden dänischen Prinzen Knut den Großen im Jahr 1016 abzutreten, regierte König Edmund II. die Überbleibsel seines früheren Reiches nur noch kurz. Denn dann musste er auf die Toilette. Henry von Huntingdon hat überliefert, was als Nächstes passiert ist:

»Eines Nachts, als dieser große und mächtige König die Gelegenheit hatte, sich in das Toilettenhaus zurückzuziehen, um einem natürlichen Bedürfnis nachzugehen, versteckte sich der Sohn des Grafschaftsvorstehers Eadric im Rahmen eines Plans, den sein Vater ausgeheckt hatte, in der Grube und stach zweimal nach dem König von unten mit einem scharfen Dolch. Dabei blieb die Waffe in seinen Eingeweiden stecken, und der Mörder entkam.«

Frauenpower?

Nach dem Mordversuch von Lynette Fromme (Anhängerin des mörderischen Kultanführers Charles Manson) war es geradezu undenkbar, dass eine weitere Frau in demselben Bundesstaat und im gleichen Monat versuchen würde, Präsident Gerald R. Ford zu ermorden. Und dennoch geschah es, genau 17 Tage später, am 22. September 1975.

Sara Jane Moore, eine kürzlich radikalisierte 45-jährige Hausfrau, schoss ohne erkennbaren Grund auf den Präsidenten, mit einem Revolver, den sie an diesem Morgen gekauft hatte, als der gerade ein Hotel in San Francisco verließ. Der Schuss, der aus zwölf Metern Entfernung abgefeuert wurde, flog knapp an Fords Kopf vorbei. Als sie einen zweiten

Präsident Ford nach einem weiteren Attentatsversuch im September.

Schuss abfeuern wollte, stieß ein Passant namens Oliver Sipple ihren Arm weg, während sich der Präsident in Sicherheit brachte.

Der Vorfall kostete Ford fast sein Leben, aber nicht seinen Sinn für Humor: »Ich werde meine Unterstützung für den Verfassungszusatz der Gleichberechtigung überdenken müssen«, witzelte er später. »Diese Weibsbilder versuchen dauernd, mich zu töten«.

23. SEPTEMBER 2008

Im Schoße des Luxus

Was soll man mit 85 Milliarden Dollar aus einem Regierungs-rettungspaket anstellen? Nun, weniger als eine Woche, nach-dem der totale finanzielle Ruin abgewendet worden war, zog es die leitenden Angestellten des Versicherungsgiganten AIG in das Luxus-resort am Monarch Beach in Kalifornien. Die Rechnung belief sich auf 443 343, 71 Dollar. Darin enthalten: Miete für die Räume, einschließ-lich 150 000 Dollar für Bankette, 10 000 Dollar für Barrechnungen, 3000 Dollar für Trinkgelder, 7000 Dollar für Golfplatzgebühren, 23 000 Dollar für Spa-Angebote des Hotels, 1400 Dollar im Schönheitssalon. »Sie haben sich ihre Maniküre, Pediküre, Massagen und ihre kosmeti-schen Gesichtsbehandlungen machen lassen, während die Bevölkerung Amerikas ihre Rechnungen bezahlt hat«, grollte der Abgeordnete Elijah E. Cummings während der darauf folgenden Anhörung auf dem Capi-tol Hill, während derer er veranlasste, dass den leitenden Angestellten ein geplanter weiterer Aufenthalt im protzigen Carlton-Badekurort in der Half Moon Bay von Kalifornien verweigert wurde. Doch zumindest bekamen sie weiter ihre Bonuszahlungen und weitere 37,8 Milliarden Dollar an Hilfsgeldern.

Nix wie runter vom sinkenden Schiff

Als Antwort auf den von ihm als Kränkung empfundenen Mangel an Anerkennung für seine großen Opfer für die Freiheit Amerikas, lieferte General Benedict Arnold das unter seinem Kommando stehende West Point an die feindlichen Briten aus. Als der verräterische Arnold begriffen hatte, dass seine Tat entdeckt worden war, floh er am Morgen des 24. September 1780 hastig, kurz vor einem geplanten Frühstück mit seinem früheren Kommandanten George Washington – dem Mann, den Arnold am meisten für sein chronisch niedriges Ansehen bei seinen Landsleuten verantwortlich machte.

Nachdem er von den Ufern des Hudson River losgerudert war, ging Arnold an Bord eines britischen Schiffes mit dem passenden Namen *HMS Vulture* (Geier) und segelte von dannen. »Man könnte trefflich sagen, dass ein Geier zu einem anderen Geier übergelaufen ist«, wie Thomas Paine schrieb. Aber Benedict Arnold, dessen Name zum Synonym für »Verrat« wurde, sollte zurückkommen – dieses Mal unter britischer Flagge – um einen Überfall auf seine früheren Nachbarn in Connecticut zu starten und die Stadt New London in Schutt und Asche zu legen.

»Roasted« am Freitag

Bei der *Friars-Roast-Show* in New York ging es übel zu, als man sich im Jahr 2002 spöttisch über Chevy Chase den Mund zerriss: ein ununterbrochener, zersetzender Angriff auf den verblassten Stern des Schauspielers und Komikers, seine Tablettenabhängigkeit und am häufigsten auf seinen völligen Mangel an Humor: »Chevy ist der lebende Beweis dafür, dass man die Fröhlichkeit tatsächlich aus sich heraus schniefen kann«. Diesen Giftstachel spuckte Greg Giraldo als eines von vielen anderen ähnlichen Zitaten aus – diese kamen nicht von Chases Kollegen, von denen sich nur wenige dazu herabließen, zu dem fragwürdigen Event zu erscheinen, sondern von weniger bekannten, besonders bösartigen Komikern. Doch egal, wie sehr die »Witzbolde« darüber herzogen, dass Chase seinen Humor auf schmerzhafte Weise habe vermissen lassen, der Filmstar Cary Grant hatte mehr als zwei Jahrzehnte zuvor bereits das Selbe durchgemacht, was eine Zehn-Millionen-Dollar-Klage zur Folge hatte.

»Du warst in über 40 Filmen, und der größte Filmstar hier oben (auf dem Podium) ist Al Franken«, zischte Giraldo während der Veräppelung, aber tatsächlich hatte es eine Zeit gegeben, in der der *Saturday-Night-Live*-Alumnus große Rollen gespielt hatte. Einige sagten, er stünde dabei in der Tradition von Cary Grant. Tatsächlich fragte Tom Snyder, Gastgeber bei *Tomorrow*, den *Caddyshack*-Star in einem Interview am 25. September 1980 nach dem Vergleich mit der Filmlegende. »Er war ein großartiger Slapstick-Komiker«, sagte Chase über Grant, »und soweit ich weiß, war er homosexuell … Was für ein Mädchen«.

Grant war von dem Spruch wenig amüsiert und klagte Chase prompt wegen Verleumdung an. Es war »das einzige Mal, dass ich hörte, dass Cary wirklich sauer war«, erzählte der Filmregisseur Peter Bogdanovich in seinem Buch *Who the Hell's in It: Conversations with Hollywood's Actors*. »Cary sagte mir, dass er ihm das nicht durchgehen lassen würde, und reichte Klage gegen Chase ein. ›Ich habe nichts *gegen* Homosexuelle‹, sagte Cary zu mir, ›ich *bin* aber zufällig keiner.‹«

Grant begnügte sich schließlich mit einer Million Dollar Schadensersatz, wie man berichtet. Das ist etwa zehnmal so viel wie der Betrag, den Chase verdiente, als er während der *Friars-Roast-Show* so gnadenlos abgefertigt wurde.

26. SEPTEMBER 1687

Der Beschuss des Parthenon

»Die Erde trägt den Parthenon als den schönsten Edelstein auf ihrer Oberfläche«, beschrieb der Dichter Ralph Waldo Emerson die prächtige Ruine auf der Akropolis von Athen. Dennoch war das verfallende Gebäude, dessen architektonische Perfektion von Emerson und anderen so gelobt wurde, nur ein Schatten dessen, was es eins gewesen war – und dies kann fast gänzlich auf die Ereignisse eines einzigen Katastrophentages im September 1687 zurückgeführt werden, als die Mächte des Krieges dieses Gebäude, das einen Marmorschrein der westlichen Zivilisation darstellte, praktisch zerstörten.

Athen wurde damals von den Osmanen belagert und die Venezianer waren Teil eines heiligen Bundes gegen das Osmanische Reich. Mitten im Kampf zwischen diesen Mächten zerfiel der antike Parthenon zu Ruinen. Die Türken benutzten ihn als Depot für Munition und zur Unterbringung von Frauen und Kindern – vielleicht, wie Historiker spekuliert haben, in dem Glauben, dass ihre Feinde niemals auf das antike Bauwerk feuern würden. Leider hatten die Belagerer keine derartigen Skrupel und beschossen das Gebäude.

Eine der vielen hundert Kanonenkugeln, die auf den Parthenon abgefeuert wurden, traf das Schießpulver, das darin gelagert wurde, und verursachte eine massive Explosion. Die Wände und perfekt proportionierten Säulen stürzten ein, genau wie das Dach, als dieses Zeugnis antiker Bildhauerkunst in Stücke gerissen wurde. Etwa 300 Menschen wurden getötet, und die Feuer, die die Explosion verursachte, wüteten zwei Tage lang. »Auf diese Weise wurde der berühmte Tempel der Minerva (Athene), der über so viele Jahrhunderte und während so vieler Kriege nicht zerstört werden konnte, ruiniert«, so ein Zeitzeuge.

Shit happens, Teil IV

Wenn man Schiffe mit Menschen vergleichen könnte, wäre die *USS William D. Porter* sicherlich der Trottel der US-Navy gewesen. Fast von dem Tag an, an dem der Zerstörer mit dem Spitznamen »Willie Dee« am 27. September 1942 vom Stapel lief, schien ein lächerliches Unglück dem anderen zu folgen.

Im November 1943 wurde dem gerade in Betrieb genommenen Schiff eine äußerst wichtige geheime Mission anvertraut – die Eskortierung des Schlachtschiffs *USS Iowa* mit Franklin D. Roosevelt an Bord über den Atlantik hinweg zum Präsidentengipfel der Alliierten auf der Teheraner Konferenz. Es schien einfach zu sein, aber für die *Willie Dee* war einfach relativ. Kurz bevor das Schiff den Konvoi erreichte, gelang es ihm, einen anderen Zerstörer zu rammen.

Nachdem es sich dann dem Konvoi angeschlossen hatte, für den Tarnung in einem Meer, in dem es von feindlichen U-Booten nur so wimmelte, von größter Wichtigkeit war, sorgte der Zerstörer *Willie Dee* für einen ziemlichen Lärm, da eine seiner Unterwasserbomben ungesichert losging. Dann fegte eine Monsterwelle einen Matrosen über Bord, und der Maschinenraum verlor für eine Weile die Energie, was dazu führte, dass die *Willie Dee* den Anschluss an die *Iowa* verlor. Kapitän Wilfred Walter, der äußerst karriereorientiert war, fühlte sich gedemütigt. Schließlich stand er unter den wachsamen Augen sowohl seines Oberbefehlshabers als auch des Oberbefehlshabers der Marine. Vielleicht könnten einige praktische Übungen die Situation verbessern?

Zu diesem Zweck organisierte Walter eine Torpedoübung als Kampfsimulation, mit der *Iowa* als »Ziel«. Die Besatzungsmitglieder entfernten die Zündhütchen, die notwendig waren, um die Torpedos tatsächlich zu starten – nun, fast alle von ihnen. Mit dem Befehl »Feuer frei!« wurde bei dem ersten Torpedo, bei dem das Zündhütchen entfernt worden war, ein Start simuliert, dann beim zweiten. Aber beim dritten passierte etwas Unerwartetes. Anstelle der Stille, die ein simuliertes Abfeuern begleiten sollte, hörte man plötzlich, wie der Torpedo tatsächlich startete. Die *Willie Dee* hatte gerade einen scharfen Torpedo auf den Präsidenten der Vereinigten Staaten und den Generalstab abgefeuert!

Panik brach aus. Die *Iowa* musste sofort vor dem Torpedo gewarnt werden. Aber wie? Es war Funkstille angeordnet worden, um nicht die Aufmerksamkeit des Feindes zu erregen, sodass nur ein Signalmann übrig blieb, der das massive Schlachtschiff alarmieren sollte, damit es aus der Schusslinie des Torpedos steuern konnte. Der unerfahrene Junge übermittelte jedoch die falsche Nachricht: dass der Torpedo von der *Iowa* wegschwömme. Dann, nervös geworden, signalisierte er, dass die *Willie Dee* mit voller Geschwindigkeit im Rückwärtsgang unterwegs sei.

Schließlich gab es keine andere Wahl, als den Bordfunk zu Hilfe zu nehmen. Die Nachricht wurde gerade noch rechtzeitig empfangen, und die *Iowa* drehte scharf nach rechts, mit voller Geschwindigkeit voraus – ihre Waffen waren auf die *Willie Dee* gerichtet. Der abrupte Richtungswechsel brachte das Schlachtschiff so extrem in Schlagseite, dass Präsident Roosevelt, der den Torpedo von der Seite des Schiffes aus beobachtete, fast aus seinem Rollstuhl gefallen wäre.

Nach dem Debakel und mit dem starken Verdacht, dass ein Attentäter an Bord gewesen sein könnte, wurde die *Willie Dee* aus dem Konvoi und zurück auf die Bermudas beordert. Dort wurde die gesamte Besatzung verhaftet. Das unglückliche Besatzungsmitglied, das vergessen hatte, das Zündhütchen zu entfernen, und dann gelogen hatte, wurde zu 14 Jahren Zwangsarbeit verurteilt, was aber von Roosevelt gnädig aufgehoben wurde.

Und obwohl alles der Unfähigkeit der Mannschaft zugeschrieben werden musste, blieb viel Schande an der *Willie Dee* hängen, die oft mit dem Ausruf begrüßt wurde: »Nicht schießen! Wir sind Republikaner!«

28. September 1597

Nasen als Kriegstrophäen

an nannte sie »Mimizuka« (Ohrenhügel), aber großteils waren es Abertausende von Nasen, die Soldaten und Zivilisten abgeschnitten worden waren, als Japan im 16. Jahrhundert auf der koreanischen Halbinsel einfiel. Normalerweise nahmen die Samurai ganze Köpfe als Trophäen, aber das erwies sich während dieses Einsatzes als unpraktisch, denn es gab zu viele Köpfe, als dass man sie hätte bequem den langen Weg nach Japan transportieren können. Also vereinfachten die Samurai die Angelegenheit, wie der Historiker Samuel Hawley in *The Imjin War* schrieb: »Nasen, die von den Gesichtern der Massakrierten abgetrennt wurden, wurden zu Tausenden an Stationen gesammelt, die für die Sammlung der Trophäen auf dem Weg eingerichtet worden waren, wo sie sorgfältig gezählt, aufgelistet, gesalzen und verpackt wurden«. Nachdem sie verschifft worden waren, wurden die mit eingelegten Nasen gefüllten Fässer dann am 28. September 1597 in einem Schrein in Kyoto bestattet. Und dort liegen sie noch heute, als Zeugnis der Raserei Japans im Krieg – doch so hat es die Regierung nicht immer gesehen. Auf einer Plakette an dem selten besuchten Mimizuka-Schrein, die jedoch mittlerweile entfernt wurde, stand einmal: »Niemand kann behaupten, dass das Abschneiden von Nasen zur damaligen Zeit als barbarisch galt«.

29. September 1227

Er ist ex-ex-ex-exkommuniziert

enn man von der katholischen Kirche exkommuniziert wurde, war das für einen mittelalterlichen Monarchen keine

Kleinigkeit. Es bedeutete, dass seine Untergebenen sich ihm gegenüber nicht länger zum Lehenseid verpflichtet fühlen mussten, und im Wesentlichen ermutigte man sie dazu, ihn vom Thron zu entfernen – mit allen notwendigen Mitteln. So bekam am 29. September 1227 auch Kaiser Friedrich II. die schwere Last des päpstlichen Zorns zu spüren, als er das erste Mal exkommuniziert wurde. Und vielleicht auch beim zweiten und dritten Mal. Aber beim vierten Mal begann sich der Einsatz der mächtigsten Waffe des Papstes zweifelsohne ein wenig überflüssig anzufühlen.

30. SEPTEMBER 2006

Ein falsch platzierter Ellenbogen

In den Annalen der großen »Oh nein!«-Momente gab es wenige, bei denen man eher die Hände über dem Kopf zusammenschlagen könnte als bei Steve Wynns Panne mit seinem eigenen Picasso-Gemälde im Jahr 2006. Der Kasino-Mogul aus Las Vegas hatte gerade einen Vertrag abgeschlossen, um das Meisterwerk »Le Rêve« aus dem Jahr 1932 zu verkaufen: Es war ein Porträt der jungen Geliebten des Künstlers, Marie-Thérèse Walter, für den rekordverdächtigen Betrag von 139 Millionen Dollar. Dabei ließ er ein paar Freunde in sein Büro, um ihnen das Bild vor dem Verkauf privat zu zeigen. Während er der Gruppe einen spontanen Vortrag über die Herkunft des Gemäldes und seine erotischen Komponenten hielt, einschließlich des Phallussymbols, das aus dem Kinn der gemalten Person ragte, gestikulierte Wynn wild mit seinen Armen. Dann, plötzlich, »gab es ein furchtbares Geräusch«, wie einer der Gäste, die Schriftstellerin Nora Ephron, der *Huffington Post* erzählte.

»Wynn trat von dem Gemälde zurück«, schrieb Ephron, »und da, direkt in der Mitte von Marie-Thérèse Walters drallem und angeblich

erotischem Unterarm, befand sich ein schwarzes Loch von der Größe eines Silberdollars – oder um genauer zu sein, der Größe der Spitze von Steve Wynns Ellbogen – mit einem Riss von etwa 8 Zentimetern in jede Richtung. Steve Wynn leidet unter Retinitis Pigmentosa, einer Augenerkrankung, die das periphere Sehen beeinträchtigt, doch er konnte ziemlich genau sehen, was passiert war. ›Oh, scheiße‹, sagte er, ›seht nur, was ich gemacht habe‹«. Man muss nicht hinzufügen, dass der Verkauf ins Wasser fiel. Wynn ließ das Gemälde reparieren, doch sein Verkaufswert fiel um den gigantischen Betrag von 54 Millionen Dollar. Doch nicht alles war verloren. Nachdem er sich mit seiner Versicherung geeinigt hatte, entschied sich der rechtlich gesehen blinde Kasinobetreiber dazu, das beschädigte »Le Rêve« zu behalten.

Oktober

»Schon zu Tagesbeginn bläst der Wind und lässt nicht nach. Er treibt
dich vorwärts, wenn du eine Straße entlanggehst, und wirbelt die Blätter
auf, die in bunten Haufen herabgefallen sind. Der Wind berührt dich
an einer Stelle, die tiefer liegt als das Mark deiner Knochen. Mag sein,
dass er etwas Uraltes in der menschlichen Seele berührt, eine Saite zum
Schwingen bringt, die sagt: Zieh fort oder stirb – zieh fort oder stirb.«

STEPHEN KING
»Brennen muss Salem«

---

1. OKTOBER 1961

Der mit * markierte Schläger

Es war ein vereitelter Triumph für Roger Maris von den New York Yankees. Am 1. Oktober 1961 brach der Außenfeldspieler Babe Ruths Rekord aus dem Jahr 1927 mit den meisten Home Runs (61!) in einer einzelnen Saison – ein sensationelles Ereignis, das dem Wort »bittersüß« eine neue Dimension verlieh. Der reservierte und manchmal mürrische Maris war relativ neu bei den Yankees und ganz anders als der legendäre Bambino, dessen Rekord von vielen als unantastbar angesehen wurde.

Maris stand von der Beliebtheit her auch unterhalb seines schillernden, charismatischen Teamkollegen Mickey Mantle, der in dieser Saison mit ihm darum wetteiferte, den historischen Rekord zu brechen. Die Baseball-Legende Rogers Hornsby beschrieb die Stimmung folgendermaßen: »Maris hatte kein Recht, Ruths Rekord zu brechen«. Und der

Baseball-Beauftragte Ford Frick, ein alter Kumpel von Ruth (und von dessen Ghostwriter, wie sich herausstellte), trat dafür ein, Ruths Vermächtnis im Juli 1961 zu schützen, als sich die Möglichkeit, dass Maris ihn übertreffen könnte, zu realisieren begann. Weil die Zahl der Spiele einer regulären Saison seit Ruths Zeiten von 154 auf 162 erhöht worden war, bestimmte Frick, dass jeglicher neue Rekord innerhalb von 154 Spielen erreicht werden müsse. Anderenfalls sollte er separat gewertet werden – mit einem Symbol, das als »das Sternchen« bekannt wurde (obwohl dieses Symbol eigentlich nie verwendet wurde).

Frick hüllte einen »Schutzmantel« um Ruths Rekord, wie die *New York Times* bemerkte – und zimmerte einen Sargnagel für den Rekord von Maris, bevor dieser ihn überhaupt erreicht hatte. Schlimmer jedoch als die Versuche, seinem Erfolg zu seinem Recht zu verhelfen – oder schlimmer noch als die Hassbotschaften, die Maris erhielt, als er sich der magischen Zahl allmählich näherte –, waren die Sportjournalisten: Die große Mehrheit von ihnen schien schon die Vorstellung abscheulich zu finden, dass Roger Maris den Durchbruch schaffen könnte. Sie zeichneten eine üble Karikatur von dem Mann, um ihrer Abneigung Ausdruck zu verleihen. »Ich finde seine ganze großspurige Einstellung unerträglich«, schnaubte Oscar Fraley und schrieb: »Eines ist ja mal klar: Maris ist kein Babe Ruth oder Joe DiMaggio. Er ist nicht einmal ein Mantle. Das ist, was Roger die Heulsuse am meisten zu verärgern scheint«.

Für einen von Natur aus schüchternen Mann wie Maris wurde die reißerische Presse bald ein echtes Problem: »Es war, als ob ich in der Falle säße und keinen Weg zum Entkommen fand«, schrieb er später. »Es begann wirklich, mir an die Nieren zu gehen. Ich hatte sogar Angst, zum Friseur zu gehen«. Der Stress hatte dazu geführt, dass Maris die Haare ausfielen. »Erst als Roger begann, seine Haare zu verlieren, verstanden wir wirklich, unter welchem Druck er stand«, erinnerte sich Teamkollege Clete Boyer.

Als er sich einmal an seinen guten Freund Mickey Mantle wandte, gestand Maris: »Ich werde noch verrückt, Mick. Viel davon halte ich nicht mehr aus«. »Sechs Wochen lang ging er durch ein Jammertal, das kein Sportler jemals mitmachen musste«, schrieb Arthur Daley im *Columbia Magazine*: »Er wurde schikaniert, in die Mangel genommen, gequält, gefoltert, verhext, belästigt und verrückt gemacht. Tag für Tag stand er unter schärfster Kritik von Journalisten sowie Radio- und Fernsehinquisitoren, die seine geheimsten Gedanken untersuchten. Einige Fragen waren scharf und penetrant, aber die meisten reichten von dumm bis beleidigend. Er musste sich durch die Fallen der ersteren Kategorie kämpfen und die Fragen der letzteren erdulden«.

Die Journalisten, die den Yankee-Emporkömmling ans Kreuz nagelten und zu seinem unschönen Vermächtnis beitrugen, trugen auch Schuld daran, dass nur Ball und Schläger seines legendären 61. Home Runs aus der Saison 1961 in der Baseball Hall of Fame ausgestellt sind. Roger Maris selbst wird nicht gezeigt.

2. Oktober 2013

Abenteuerliche Heuchelei, Teil I

Die Szene: Der Kongressabgeordnete Randy Neugebauer (R-Texas), die amerikanische Flagge am Revers seiner Jacke, stellt eine Angestellte des Nationalparks beim Denkmal des Zweiten Weltkrieges in Washington D.C. wegen eines Haushaltsnotstandes zur Rede, der vor Kurzem eingetreten war. »Wie können Sie zu ihnen (den Gefallenen) aufblicken und … ihnen (den Passanten) den Zugang verwehren?«, fragte Neugebauer die Rangerin inmitten einer Menge von Touristen, die sie gemäß Anweisung von dem geschlossenen Denkmal fernzuhalten versuchte. »Das ist schwer zu beantworten«, antwortete die Angestellte.

»Nun, das sollte es auch sein«, schnaubte der Abge-ordnete. »Es ist schwierig«, sagte die Rangerin, »Es tut mir leid, Sir«. »Die Angestellten des Parks soll-ten sich schämen«, übte Neugebauer erneut Kritik. »Ich schäme mich nicht«, antwortete der Rangerin.

Das Problem: Nur wenige Tage zuvor hatte Neu-gebauer für Finanzierungsmaßnahmen gestimmt, die zu einem Regierungs- und Verwaltungsstillstand geführt und unter anderem zur Schließung des Denkmals geführt hatten. Zum Pech für Neugebauer wurde die ganze Szene auf Video aufgenommen und zeigte seine dumme Heuchelei in vollem Ausmaß.

3. Oktober 1977

Keine Zugabe für Elvis

Elvis hatte das Glück, bereits tot zu sein, als CBS einige seiner letz-ten Auftritte am 3. Oktober 1977 zeigte, denn sonst hätte seine Karriere schlimmen Schaden erlitten. Seine Stimme war in recht gutem Zustand, aber mit dem »King« ging es abwärts – er war eine aufgedun-sene Masse aus Schweiß und Verwirrung, die einige Verse nur lallte und andere ganz wegließ. CBS hatte angeblich überlegt, das Projekt im August vor Elvis' Tod einzustampfen und der Welt das traurige Spektakel zu ersparen, aber die Gelegenheit, Einschaltquoten zu generieren, war dann doch zu verlockend. Zum Glück hatte der Nachlassverwalter des Sängers ein besseres Gespür und hatte sich unerschütterlich geweigert, die abgrundtief schlechte Sendung zu veröffentlichen; es gab nur die Musik zu hören – so blieb dem King ein wenig mehr Würde erhalten. Jetzt fehlt nur noch, dass man ein paar seiner schlechten Filme begräbt.

Auf Wiewersehen, Babawa!

D as Jahr 1976 sollte ein erfolgreiches für den Fernsehstar Barbara Walters werden. Aber so kam es nicht. In der Hoffnung, die schlechten Einschaltquoten für Harry Reasoners Abendnachrichten zu verbessern, lockte ABC Walters von der *Today Show* von NBC weg, die sie 13 Jahre lang mitgestaltet hatte.

Dann gab man ihr die Möglichkeit, die erste Frau zu sein, die jemals eine Nachrichtenübertragung des Senders moderierte, und bot ihr ein für damalige Verhältnisse atemberaubendes Gehalt von 1 Million Dollar pro Jahr an. Aber kaum war die Ankündigung im April dieses Jahres erfolgt, setzten schon die ersten Probleme ein.

Die Presse gab das Gehalt bekannt und vernachlässigte, dass die Hälfte davon von der Unterhaltungsabteilung des Senders für eine Reihe von Specials bezahlt werden sollte. »Ein 1-Millionen-Dollar-Baby, das 5- und 10-Cent-Nachrichten bearbeitet«, schrieb die *Washington Post*, während Richard Salant von CBS pointiert fragte: »Ist Barbara Walters eine Journalistin oder ist sie Cher?« Dann, gerade als die Presse eh schon dick auftrug, stellte die Komikerin Gilda Radner »Baba Wawa« vor, eine neue Figur in NBCs *Saturday Night Live*, die, wie Walters, einen kleinen Sprachfehler hatte.

«Hawwo! Hier ist Baba Wawa, um auf Wiewersehen zu sagen«, parodierte Radner Walters Abschied von der *Today Show.* »Dies ist wein wetzter Auftritt bei NBC. Ich wöchte sie ewinnern, dass sie weine Wendung mit Hawwy Weasoneh unter der Woche abends um sieben Uhr einwalten ... Ich wöchte die Gewegenheit nutzen, um mich bei NBC zu entschuldigen. Ich gehe nicht gerne. Bitte vertwauen sie mir, ich bin nicht wauer, sondern es ist eher der Wall, dass ein anderer großer Sender in mir großes Tawent darin erkennt, rewevante Neuigkeiten mit kristall-klarer Klarheit an Miwionen Amerikaner zu senden. Das ist der einzige Wrund, warum ich gehe«.

All der Hohn und Spott, dem Walters Anfang 1976 ausgesetzt war, war nur eine Vorschau auf die Zusammenarbeit mit Harry Reasoner, der seinen Unmut über die Aussicht, Moderatorenaufgaben mit einer Frau zu teilen, die er für ein Leichtgewicht hielt, nicht verheimlichte. Der erfahrene Nachrichtensprecher wandte sich entschieden dagegen, in eine Situation hineingezwungen zu werden, die Walters als so etwas wie eine arrangierte Ehe bezeichnete. Als sich das Datum ihrer ersten gemeinsamen Sendung näherte, war Walters ein Wrack. Sie erinnert sich in ihrer Autobiografie: »Nach all dem Hype und den Medienberichten über meinen Wechsel zu ABC sollten Millionen von Menschen im gan-zen Land zusehen, ob es glücken oder ob ich versagen würde«.

Am 4. Oktober 1976 gab das unglückliche Paar sein Debüt. In einer Zeit, die sich als vorübergehender Quotenschub der ABC-*News* heraus-stellte, kamen Hunderttausende neuer Zuschauer, um eine Sendung zu sehen, die voller Spannung war.

»Ich habe die Zeit für deine und meine Reportagen heute Abend gestoppt«, sagte Reasoner zu Walters vor den Zuschauern: »Du schul-dest mir vier Minuten«.

»Ich hoffte, er machte Witze«, schrieb Walters. »Das tat er aber nicht.«

Die On-Air-Atmosphäre wurde nur noch angespannter, als die Bezie-hung auf dem Bildschirm zusammen mit ihren Einschaltquoten ins Wanken geriet. Dann begannen einzelne Wortspiele die Todesglocke zu läuten. Nachdem das Magazin *New Yorker* das Paar als »Flop« deklariert hatte, erinnerte sich Walters daran, dass sie auf den Redakteur des Maga-zins, Clay Felker, traf. »›Was Sie geschrieben haben, hat sehr wehgetan‹, sagte ich zu ihm. ›Nun‹, antwortete er mit einem Achselzucken, ›Sie sind nun mal ein Flop‹«.

Er kannte Jack

»Senator, ich habe mit Jack Kennedy gedient. Ich kannte Jack Kennedy. Jack Kennedy war mein Freund. Senator, Sie sind nicht Jack Kennedy«.

Senator Lloyd Bentsens scharfe Antwort an seinen republikanischen Kontrahenten, Senator Dan Quayle, nachdem Quayle die Länge seines Dienstes im Kongress mit der von John F. Kennedy verglichen hatte. Dies geschah während der Debatte über die Kandidaten für den Posten des Vizepräsidenten am 5. Oktober 1988.

»Das war wirklich unangebracht, Senator«, war alles, was der sichtbar verwirrte Quayle unter dem jubelnden Applaus antworten konnte, der Bentsens vernichtende Erwiderung begrüßte.

Kaiser Wang Mangs tödlicher Behelf

Die Geschichte ist voll von Berichten über tapfere Männer und Frauen, die, als alle Hoffnung verloren war, Niederlage und Tod gelassen entgegensahen. Wang Mang, der erste und einzige Kaiser aus Chinas Xin-Dynastie, war keiner von diesen Menschen. Als er sich zu Beginn des 1. Jahrhunderts n. Chr. mit einer heftigen Rebellion konfrontiert sah, entschied er sich dafür, nicht zu kämpfen: Stattdessen zog er sich in seinen Harem zurück und bekiffte sich. In seinem von

Drogen geprägten Zustand der Verblödung lallte der einst energiegeladene und engagierte Reformist zusammen mit seinen Frauen und Konkubinen herum, begab sich in die Gesellschaft von Magiern und dachte sich schräge Namen für die Kommandeure seiner Armee aus – wie »der Oberst, der eine große Axt hält, um verrottendes Holz damit zu schlagen« oder »der General, dessen Jupiter im Zeichen des Shen ruht, mithilfe des Elementes Wasser«.

Vielleicht war es besser, dass Wang Mangs Verstand zu vernebelt war, um sein unausweichliches Ende zu erkennen, das sich als viel schlimmer herausstellte, als er es sich jemals vorgestellt haben mag. Nachdem die Rebellenarmee am 6. Oktober 23 n. Chr. seinen Palast gestürmt hatte, wurde der Kaiser in Stücke geschnitten und sein Kopf auf einem öffentlichen Markt ausgestellt. Dort wurde er mit Steinen und Müll beworfen, und jemand riss ihm die Zunge heraus – und verspeiste sie.

7. Oktober 1974

Der Abgeordnete
und die Stripperin

Der Abgeordnete Wilbur Mills und die Stripperin Fanne Foxe zechten in den frühen Morgenstunden des 7. Oktober 1974 gerade fröhlich in einer Limousine, als US-Parkpolizeibeamte das Auto in der Nähe der Nationalpromenade in Washington rechts ranfahren ließen. Dies versetzte Foxe in Panik, die aus dem Auto sprang und in einem künstlich angelegten Zufluss des Potomac River landete, dem »Tidal Basin«. Die sensationsgierigen Zeitungsartikel waren peinlich für den mächtigen Vorsitzenden des Haushaltsausschusses. Am nächsten Tag waren die Zeitungen voll davon, doch, was seltsam genug ist, dies zerstörte nicht seine Karriere. Die Wähler in Arkansas vergaben Mills und wählten ihn im nächsten Monat wieder. Im Dezember des selben Jahres hüpfte der betrunkene und offensichtlich reuelose Abgeordnete dann in Boston zu seiner alten Kumpanin Fanne Foxe auf die Bühne – die nun den Beinamen »Tidal Basin Bombshell« trug. »Ich habe ihm gesagt, dass er es nicht machen soll«, sagte die Stripperin in einem Interview mit der *Washington Post*. »Aber ich bin sicher, dass er wollte, dass man ihn sieht … Er sagte: ›Ich habe nichts zu verbergen.‹«

Nun, so schien es, war Mills schließlich doch zu weit gegangen – selbst für seine toleranten Wähler. »Wenn Mr. Mills auf seine öffentlichen Taktlosigkeiten nicht verzichten kann, und wenn er das Showbusiness seiner politischen Karriere vorzieht, dann lassen wir ihn doch das Showbusiness wählen und er soll seinen Sitz im Kongress aufgeben, um sich voll und ganz seiner neuen Arbeit zu widmen. Welchen Kurs Mills auch bevorzugt, es ist höchste Zeit, dass er eine Wahl trifft«.

8. OKTOBER 1871

Die Kuh, die Chicago ruinierte

Stellen Sie sich vor, Ihr Leben verläuft an einem Tag völlig normal – Sie sind nur ein gewöhnlicher Mensch, den kaum jemand außer Familie und Freunde kennt. Dann werden Sie plötzlich in Verruf gebracht und am nächsten Tag verachtet, verspottet und sogar gehasst wegen einer Lüge, die in den Nachrichten über Sie verbreitet wurde. So erging es Catherine O'Leary im Jahr 1871, als sie für schuldig befunden wurde, das fürchterliche Feuer verursacht zu haben, das 300 Menschenleben kostete und einen großen Teil der Innenstadt von Chicago zerstörte. Ihr Ruf war zerstört, genau wie die Stadt selbst.

Das Feuer brach in einer Scheune aus in der Mrs. O'Leary, eine arme Bäuerin, ihre Milchkühe hielt. Bis heute ist ungeklärt, wie der Brand ausbrach. Mrs. O'Leary behauptete, geschlafen zu haben, als das Großfeuer ausbrach. Das kümmerte die Presse von Chicago jedoch gar nicht. Sie fanden in der irischen Einwanderin den perfekten Sündenbock. Manche Zeitungen zeichneten Mrs. O'Leary als törichte Närrin, betrunken vor sich hinstarrend, als eine ihrer Kühe eine Laterne umwirft und den Brand auslöst. Die *Chicago Times* ging sogar so weit, ihr böse Absicht zu unterstellen: »Die alte Hexe (sie war erst 44) hat geschworen, Rache an einer Stadt zu nehmen, die ihr ein Stück Holz und ein Pfund Speck verweigert hatte«.

Eine darauffolgende Untersuchung kam zu keinem sicheren Schluss hinsichtlich der eigentlichen Ursache des Feuers. Trotzdem blieb Mrs. O'Leary in den Augen der Öffentlichkeit die Schuldige. Und für die nächsten 23 Jahre wurde sie mit diesem Vorwurf gequält, obwohl sie den beständigen Versuchen der Öffentlichkeit, sich über sie lustig zu machen, trotzen konnte. Irgendwann vor ihrem Tod im Jahr 1895 – aus gebrochenem Herzen, wie einer ihrer Nachkommen später sagte –, sprach ihr Arzt zur Presse: »Es wäre unmöglich für mich, Ihnen die Trauer und die Empörung zu beschreiben, mit der Mrs. O'Leary den Platz, der ihr in der Geschichte zugewiesen wurde, sieht. Dass sie als die Ursache, auch wenn es ein Unfall gewesen sein sollte, des Großen Feuers von Chicago gesehen wird, bedeutet für sie lebenslange Trauer. Sie ist schockiert von der Leichtfertigkeit, mit der die Sache behandelt wird«.

9. Oktober 1919

Der Verrat des mächtigen »Lefty«

Falls es einen Betrug gab – und die Leute verbreiteten diesbezüglich Gerüchte –, so gab es nur geringe Beweise, die zu Spiel 8 der berüchtigten World Series im Jahr 1919 führten. 8 angeblich gekaufte Spieler der Chicago White Sox wurden verdächtigt, für Gangster, die Interesse am Glücksspiel hatten, das Spiel zu manipulieren. Die Sox hatten gerade Spiel 6 und 7 gegen die Cincinnati Reds gewonnen, ebenso wie Spiel 3, was zu Spekulationen führte, dass eine gewisse Zahl von sogenannten schwarzen Schafen unter den White-Sox-Spielern nicht so bezahlt wurde wie abgesprochen. Da die Cincinnati Reds nun nur mit 4:3 führten, wollte Arnold Rothstein, die mutmaßliche Hauptperson der gesamten illegalen Operation, dass dieser Unsinn aufhörte – sofort. Zu diesem Zweck wurde ein zwielichtiger Charakter, den Eliot Asinof, Autor des Buches *Eight Men Out,* »Harry F«. nannte und als »Mann, der in den subtileren Methoden der Überzeugung geschult war«, beschrieb, dazu engagiert, den Sox-Werfer Claude »Lefty« Williams zu überzeugen, dass die Gesundheit seiner Frau und seiner Kinder von seiner Leistung am nächsten Tag abhinge. Ob Williams den mysteriösen Gangster beim Wort nahm oder nicht, kann nur vermutet werden. Aber Fakt ist, dass Chicago am 9. Oktober 1919 Spiel 8 verlor, und mit ihm die gesamte Serie.

Irrsinn im Namen der »Vernunft«

Im Nachklang der Französischen Revolution wurde im Rahmen der »Herrschaft des Terrors« kurzer Prozess mit denjenigen Personen gemacht, die man als Feinde des neuen Staates betrachtete – Gott eingeschlossen. Tausende wurden durch die Guillotine hingerichtet, während Gott der Allmächtige offiziell verbannt wurde. Der Grund dafür war, dass Frankreichs neue »Gottheit«, der Revolutionsführer Joseph Fouché, am 10. Oktober 1793 festlegte, dass die einzig annehmbare Religion die »universale Moral« sein solle. Fouché ordnete sogar an, Gott aus den Friedhöfen zu verbannen, wobei die christliche Botschaft der Auferstehung an ihren Eingängen ersetzt werden sollte durch die atheistische Botschaft »Tod ist ewiger Schlaf«. Dann, nachdem er die Kathedrale von Notre-Dame entweiht und zusammen mit anderen früheren Orten der Gottesverehrung in einen »Tempel der Vernunft« transformiert hatte, ging Fouché nach Lyon, um dort den Leuten seine besondere Form von »universaler Moral« einzubläuen.

Die Einwohner von Frankreichs zweitgrößter Stadt hatten die neue Weltordnung nur langsam angenommen und sogar den Wagemut zur Rebellion besessen. Fouché musste sie auf den Pfad der Vernunft zurückführen. Er begann damit, den Bischof vor Ort in einer Parade auf einem Esel vorzuführen, der in die Kleider eines Klerikers gekleidet war und eine Bischofsmütze auf dem Kopf hatte, mit einem Kelch um seinen Hals und einem Messbuch gebunden an seinen Schwanz. Dann machte er sich an die eigentlichen Vergeltungsmaßnahmen. »Lasst uns wie der Blitz zuschlagen«, verkündete Fouché, »und lasst von unseren Feinden sogar die Asche mit der Ankunft der Freiheit verschwinden!«

Männer und Frauen der rebellischen Stadt wurden in einer Linie aufgestellt und erschossen. Eine beeindruckende Art der Exekution, aber, wie der Historiker David Andress schrieb, »auf groteske Weise uneffektiv«. Die Rebellen fielen um, aber starben nicht alle, was in »Haufen von verstümmelten, schreienden, halb toten Opfern resultierte, die mit Säbeln zu Ende exekutiert werden mussten, und mit Musketenfeuer von Soldaten«. Des Weiteren verursachte all das vergossene Blut, das zum Teil bereits geronnen war, ein Chaos auf den Straßen von Lyon – ein Problem, das Fouché »vernünftig« dadurch löste, dass er die Massenmorde von nun an außerhalb der Stadt durchführen ließ.

Trotz der nervigen Unannehmlichkeiten war der »Metzger von Lyon«, wie Fouché fortan genannt wurde, entzückt von dem Fortschritt, der in der noblen Angelegenheit von Freiheit, Gleichheit und Brüderlichkeit erzielt worden war: »Terror, heilsamer Terror, ist wahrlich an der Tagesordnung«, schrieb er triumphierend. »Er unterdrückt die Bemühungen der Schlechten, denn er beraubt das Verbrechen all seines Glanzes und Zaubers … Wir lassen viel unreines Blut fließen, aber das müssen wir auch, denn es geht um das Wohlergehen der Menschheit!«

11. OKTOBER 1991

Abenteuerliche Heuchelei, Teil II

Seine Botschaft war die von Höllenfeuer und Schwefel, worin insbesondere jene seiner evangelikalen Prediger-Kollegen schmoren sollten, die dämonischer Lust erlagen, oder »dieser Sache«, wie er es in einem seiner öffentlichen Diskurse nannte. Als etwa der Fernsehprediger Jim Bakker dem Charme seiner Sekretärin erlag, schlug Jimmy Swaggart sofort zu und nannte den in Ungnade gefallenen Prediger »ein Krebsgeschwür am Körper Christi«.

Jimmy Swaggart vergießt im Fernsehen in geheuchelter Reue Tränen.

Was seine eigene moralische Verwerflichkeit anging, fühlte sich das Oberhaupt einer der größten pfingstkirchlichen Gemeinden weltweit unantastbar: »Es ist unmöglich, dass ich sexuell Verwerfliches tue«, insistierte Swaggart. »Meine Frau Frances ist stets bei mir. Wenn sie nicht mit mir auf einen Kreuzzug gehen kann, habe ich verschiedene Leute, die das können. Ich bin nie alleine«.

Bewaffnet mit solch offensichtlicher Reinheit, zielte Swaggart mit Gottes Zorn auf einen anderen ehebrecherischen Priester, Marvin Gorman, der in Rivalität zu ihm stand mit seiner eigenen im Entstehen begriffenen kirchlichen Fernsehsendung. Im Juli 1986 griff Swaggart Gorman wegen einer Reihe von außerehelichen Affären an und führte den Kreuzzug an, der ihn aus seinem Priesteramt vertreiben sollte. Es sollte keine Gnade für diesen verhassten Sünder geben, stellte Swaggart sicher, und Gorman war schließlich völlig ruiniert durch einen – wie er es beschrieb – brüderlichen Lynchmob. Aber schon bald sollte er seine Rache haben. Der gefallene Pfarrer bekam anonyme Hinweise, dass Swagart Umgang mit einer Prostituierten hatte: Dementsprechend begann er, Swaggart in einem schäbigen Motel nahe Swaggarts Gemeindezentrum zu überwachen, und wurde schließlich belohnt – durch ein vernichtendes Set von

Fotos, in denen Swaggart Umgang mit Prostituierten hatte. Jetzt kam die Abrechnung. »Ich habe gesündigt«, erklärte ein jammernder Swaggart vor seiner Kirchengemeinde, seiner Frau und der Welt am 21. Februar 1988: »Ich habe mich vor dir, Herr, versündigt und erbitte, dass dein wertvolles Blut jeden Fleck von mir abwasche, bis er im Meer von Gottes Gnade unterginge und bis die Vorwürfe gegen mich in Vergessenheit geraten seien«.

Es war ein Moment der atemberaubenden, wohlverdienten Strafe für den selbstherrlichen Priester, aber offensichtlich keiner, aus dem er entscheidend gelernt hätte. Drei Jahre später, am 11. Oktober 1991, wurde Swaggart erneut erwischt. Diesmal sollte es jedoch keine tränenreiche öffentliche Buße geben. Wie er vor der Kirchengemeinde, die ihm regelmäßig beträchtliche Summen von ihren Gehaltsschecks zukommen ließ, erklärte: »Gott der Herr hat mir gesagt, dass euch das gar nichts angeht«.

12. OKTOBER 1492

Kolumbus' Tag der Abrechnung

Christopher Kolumbus wurde aufs Herzlichste begrüßt, als er in der Neuen Welt ankam, die er am 12. Oktober 1492 sofort zum spanischen Besitztum erklärte. Die Eingeborenen der Bahamas waren bei seiner Ankunft so aufgeregt, dass sie zu seinem Schiff schwammen, um ihn zu begrüßen. Kolumbus wiederum war beeindruckt von ihrer großen Gastfreundschaft:

»Sie … brachten uns Papageien und Baumwolle und Speere und viele andere Dinge, die wir gegen Glasperlen eintauschten. Gerne tauschten sie alles, was sie besaßen … sie sahen gut aus, mit wohlgeformten Körpern und attraktiven Zügen … sie tragen und kennen keine Waffen, denn ich zeigte ihnen ein Schwert, sie nahmen es an der Schneide und schnitten sich aus Unwissenheit. Sie besitzen kein Eisen. Ihre Speere sind aus Bambusrohren gemacht«.

Kolumbus erkannte auch das riesige Potenzial der Eingeborenen, die er an diesem schicksalhaften Tag traf: »Sie würden wunderbare Diener abgeben … mit fünfzig Mann könnten wir sie alle unterwerfen und sie dazu bringen, alles zu tun, was wir wollen«. Genau das tat er dann auch.

13. Oktober 1992

Vielsagende Fragen

»Wer bin ich? Warum bin ich hier?«

Eröffnungsaussage des offensichtlich verwirrten Admirals James Stockdale, Vizepräsidentschaftskandidat von H. Ross Perot, der auf parteiloser Basis kandidierte, auf der Vizepräsidentschaftsdebatte am 13. Oktober 1992. Als Ergebnis seines verwirrten Auftritts wurde der politische Neuling sofort von einem hochdekorierten Offizier der Marine zu einer schlotternden, abgedrehten Witzfigur.

14. Oktober 2007

Der komplette Kulturkollaps

Es gab eine Zeit, als Ruhm von Leistung herrührte. Doch dann kamen die Kardashians, um zu beweisen, dass das romantische

Konzept vom verdienten Renommee tot war. »Die Serie *Keeping up with the Kardashians* ist, wie der Titel erahnen lässt, ein Spiegelbild dieser Familie«, schrieb Ginia Bellafante in der *New York Times* über die Show, die ihr Debüt am 14. Oktober 2007 feierte – »eine Familie, die sich nur über kollektiven Opportunismus definiert«. Da ist Kim, das Sternchen, das nur durch ihr »gestohlenes« Sex-Tape und durch ihren enormen Hintern berühmt wurde, zudem ihre geistlosen Schwestern Kourtney und Khloe, ihre Manager-Mutter Kris, die sich mit mütterlichem Instinkt darum kümmerte, ihre Tochter vor Ausbeutung zu beschützen, während sie gleichzeitig eine kindische Freude an dem potenziellen Geldregen von Kims bloßstellendem Video hatte. Und dann wäre da noch Kris' Ehemann, Bruce Jenner, der hilflos die ganze Blödheit mitansehen muss. Immerhin war er der Gewinner einer Goldmedaille bei den Olympischen Spielen und ist, wie Bellafante bemerkte, »die einzige Person in diesem Haushalt, die tatsächlich etwas erreicht hat«.

15. OKTOBER 1863

Shit happens, Teil V

Zu den vielen Fällen von Ironie in der Geschichte gehören die Vorfälle, bei denen große Erfinder, wie der fiktive Dr. Frankenstein, Opfer ihrer eigenen Kreationen geworden sind. Nennen wir es Tod durch tödliche Erfindung. Thomas Andrews, der Chef-Konstrukteur der *Titanic*, ging 1912 mit seinem eigenen Schiff unter. Marie Curie erhielt zwei Nobelpreise für ihre Studien zur atomaren Strahlung, nur um 1934 deren tödlicher Wirkung zu erliegen. Li Si, der erste Premierminister eines vereinten Chinas, entwickelte ein monströses Mittel zur Strafverfolgung – die Fünf Strafen (zu denen die Entfernung der Nase, das

Abschneiden von Hand und Fuß, dann der Genitalien und schließlich das Zerschneiden des Opfers in zwei Teile an der Taille gehörten) –, nur um mit genau dieser Methode exekutiert zu werden, als er 208 v. Chr. wegen Hochverrats verurteilt wurde.

Dann wäre da noch die traurige Geschichte von Horace Lawson Hunley, einem Patrioten der Konföderation, der bei der Finanzierung und Entwicklung des ersten erfolgreichen Kampf-U-Bootes geholfen hat. Es war ein schwieriges Gerät, das aus einem Zylinderkessel gebaut und von einer achtköpfigen Crew bedient wurde. Ein Mann steuerte, während die anderen sieben eine Kurbel drehten, die das U-Boot unter Wasser antrieb. Das »Fischboot«, wie es genannt wurde, funktionierte einwandfrei, als es in den ruhigen Gewässern der Mobile Bay von Alabama getestet wurde – so gut, dass General P. G. T. Beauregard von den Konföderierten davon überzeugt war, dass es einfach die perfekte Waffe sein könnte, um die Unionsblockade von Charleston Harbor zu durchbrechen.

Das U-Boot, das nach seinem Erfinder *CSS HL Hunley* benannt worden war, wurde mit dem Zug nach South Carolina transportiert, aber da begann der Ärger. Während eines Versuchslaufs verfing sich ein Besatzungsmitglied in einem Teil des Triebwerks, was dazu führte, dass das Boot mit offenen Luken untertauchte und sank. Nur ein Mann überlebte das Debakel. Und obwohl das U-Boot vom Grund des Hafens geborgen und gereinigt wurde, waren nur wenige bereit, ihr Leben in einer derartigen Todesfalle zu riskieren. Da mischte sich Hunley ein. Um das Vertrauen in das von ihm entwickelte Schiff zu stärken, stimmte er zu, es mit einer anderen Crew zu steuern. Am 15. Oktober 1863 glitt die *Hunley* vor einer großen Zuschauermenge unter die Meeresoberfläche. Und tauchte nie wieder auf. »ICH WILL NICHTS MEHR MIT DIESEM U-BOOT ZU TUN HABEN«, telegrafierte General Beauregard nach der Katastrophe. »ES IST FÜR DIE, DIE ES BENUTZEN, GEFÄHRLICHER ALS FÜR DEN FEIND«.

16. OKTOBER 1998

Oprahs »Baby«

»Mein Baby kommt endlich!«, kreischte Oprah Winfrey in einer von mehreren TV-Shows, die sie der anstehenden Veröffentlichung von *Beloved* widmete – jenes Films, den sie auf die Leinwand gebracht hatte, nachdem sie zehn Jahre vorher die Rechte an Toni Morrisons verstörendem Roman erworben hatte.

Und damit es keine Missverständnisse hinsichtlich ihres künstlerischen, 83 Millionen Dollar teuren Projektes geben würde, stellte die Talk-Show-Legende in einem Interview klar: »Dies ist mein *Schindlers Liste*«. Der Film bedeutete Oprah so viel, dass seine bloße Existenz für sie Erfüllung genug war. »Es kümmert mich nicht, ob zwei Leute kommen, um ihn anzuschauen, oder zwei Millionen«, sagte sie. Wäre diese Behauptung wahr gewesen, hätte sie Oprah vielleicht getröstet, als *Beloved* am Freitag, dem 16. Oktober 1998, seine Premiere feierte, nur um zu floppen. Oprahs »Baby« war, wie sich herausstellte, eine Totgeburt, die sich nur vier Wochen im Kino halten konnte.

17. Oktober 1733

Ein totgesagter Schriftsteller

Es gab nur eine Sache, die Benjamin Franklin im Weg stand, als er sich daran machte, den *Poor Richard's Almanack* herauszugeben: ein Mann namens Titan Leeds, der – was Franklin gar nicht passte – einen eigenen Almanach herausgeben wollte. Also tötete Franklin ihn – nicht körperlich, aber indem er ihn einfach für tot erklärte.

Mit der Stimme seines fiktionalen Alter Egos, dem treu ergebenen Richard Saunders, gab Franklin vor, großen Respekt »für meinen guten Freund und Mitstudenten, Mr. Titan Leeds« zu haben, was der Grund dafür sei, dass er – wie er behauptete – sich so lange zurückgehalten habe, seinen eigenen Almanach zu veröffentlichen. Doch dann fügte er hinzu, dass »dieses Hindernis bald aus dem Weg geräumt sein wird, da der erbarmungslose Tod, der nie dafür bekannt gewesen ist, Verdienste zu respektieren, bereits den giftigen Pfeil vorbereitet hat. Die todbringende Schwester hat bereits ihre zerstörerische Schere gewetzt und der begabte Mann muss bald von uns gehen«. Franklin ging so weit, dass er das genaue Datum und den genauen Zeitpunkt des »unaufhaltsamen Todes« seines Rivalen vorhersagte: 17. Oktober, um genau 15:29 Uhr.

Natürlich ließ es sich Leeds nicht nehmen, Franklin in seinem eigenen Almanach, der 1734 erschien, als »aufgeblasenen Schmierer« zu bezeichnen, der sich selbst zum »Narren und Lügner« abgestempelt habe. Jedoch war der arme Richard auf diese vorhersehbare Antwort vorbereitet. Sicherlich müsse der echte Titan Leeds tot sein, und ein Betrüger müsse seinen Platz eingenommen haben, da sein Freund ihn niemals derart grausam attackieren würde. »Mr. Leeds war zu gut erzogen, um mit irgendjemandem so unschicklich und in niederträchtiger Weise umzuspringen«, schrieb er, »und zudem waren seine Wertschätzung und seine Ergebenheit mir gegenüber außergewöhnlich«.

Franklin trug Leeds weiterhin wörtlich zu Grabe, bis ins Jahr 1738, als der arme Mann tatsächlich starb.

18. OKTOBER 1976

Ein Kult, der über allem steht

D as Jahr 1976 war ein gutes für den Geistlichen Jim Jones. Der »bedeutendste Vertreter des Humanitätsgedankens« wurde am 18. Oktober vom Senat des Staates Kalifornien für seine »Verdienste um seine Kirchengemeinde« ausgezeichnet. Der Senat lobte seine »hingebungsvollen Gottesdienste und seine Verdienste um die Menschen dieser Nation und der ganzen Welt«. Nur wenig mehr als zwei Jahre später sollte der »Vertreter des Humanitätsgedankens« allerdings den Massenselbstmord von über 900 seiner Kultanhänger in Jonestown, Guyana, beaufsichtigen.

19. OKTOBER 1938

Der »Lindy Flop«

W enn man sich das Leben von Charles Lindbergh ansieht, ist es schwierig, festzustellen, wann genau der große Flieger von seinem Status, den ein Kolumnist als »Staatsheld Nr. 1« bezeichnete, zu »Staatsfeind Nr. 1« überging. Von seinen bizarren Vorstellungen über rassische Reinheit bis hin zu dem heftigen Isolationismus, den er sich für Amerika wünschte, als Hitler einen Zug der Verwüstung durch Europa startete, entfremdete sich der Mann, der als der »einsame Adler« bekannt war, immer mehr von der ihn einst verehrenden Öffentlichkeit. Es gab viele geschmacklose Äußerungen, die man ihm vorwerfen konnte, aber zwei Ereignisse stachen im Besonderen heraus: Ein Jahrzehnt, nachdem er 1927 im *Spirit of St. Louis* erfolgreich über den Atlantik geflogen und als Held gefeiert worden war, unternahm Lindbergh mehrere Reisen nach Nazi-Deutschland. Dort pries er als Ehrengast bei den Olympischen Spielen in Berlin unter anderem die Stärke der deutschen Luftwaffe und die Führungsqualitäten Hitlers. »Die organisierte Lebendigkeit Deutschlands hat mich am meisten beeindruckt«, schrieb Lindbergh später in seiner Autobiografie, »die unaufhörliche Aktivität des Volkes und die überzeugte diktatorische Führung, die es ermöglichten, neue Fabriken, Flugplätze und Forschungslabors zu schaffen«.

Dann, am 19. Oktober 1938, nahm der weltberühmte Flieger »im Auftrag des Führers« Hermann Görings Verdienstorden des Deutschen Reiches an. Deutschland war formell gesehen noch kein Feind der Vereinigten Staaten, aber amerikanische Kritiker verurteilten, wie ihr Held die Gesellschaft der Nazis suchte, deren Angriffe auf die Werte der Humanität bereits weit fortgeschritten waren.

Lindbergh lehnte die Idee ab, das Ehrenabzeichen zurückzugeben. »Es scheint mir, dass die Rückgabe von Ehrungen, die in Friedenszeiten und als Geste der Freundschaft verliehen wurden, keine konstruktive Wirkung haben kann«, schrieb er. »Wenn ich die Anordnung bekäme, den Orden zurückzugeben, erschiene mir das als eine unnötige Beleidigung. Selbst wenn sich ein Krieg zwischen unseren beiden Nationen entwickelt, sehe ich keinen Vorteil darin, vor Kriegsbeginn an einem Wettbewerb teilzunehmen, in dem man sich gegenseitig bespuckt«.

US-Innenminister Harold Ickes widersprach neben anderem vehement: »Wenn es Herrn Lindbergh missfällt, wenn er zu Recht als Ritter des Deutschen Adlers bezeichnet wird«, schrieb Ickes, »warum schickt er die schändliche Medaille nicht zurück und macht Schluss damit? Die Amerikaner erinnern sich, dass er nicht gezögert hat, dem Präsidenten sein Offizierspatent in der Heeresreserve des amerikanischen Fliegerkorps zurückzugeben. Tatsächlich gab Herr Lindbergh sein Offizierspatent (1941) mit verdächtiger Schnelligkeit und völlig ohne Gnade auf. Aber er hängt immer noch an der Nazi-Medaille!«

Der Tiefpunkt von Lindberghs öffentlicher Karriere kam während einer Rede am 11. September 1941, in der er eine zutiefst hirntote Verurteilung der Juden in Großbritannien und der Roosevelt-Regierung kundtat. Die Reaktion auf die Rede kam promt und war verheerend für den Ruf von Lindbergh. Der einstige Held stand einer Situation gegenüber, die sein Biograf Scott Berg als »einen reißenden Fluss aus Schmähungen« beschrieb. »Nur wenige Männer sind in der amerikanischen Geschichte je so verunglimpft worden«. Das *Liberty Magazine* nannte ihn »den gefährlichsten Mann Amerikas«, während die Bewohner von Lindberghs Heimatstadt Little Falls, Minnesota, sogar seinen Namen von ihrem Wasserturm entfernten.

20. Oktober 1986

Der verschwenderische Bruder

Am 20. Oktober 1986 machte der Sultan von Brunei seinen Bruder Prinz Jefri Bolkiah, damals noch ein Kind, zum Finanzminister des kleinen, jedoch durch Öl reich begüterten Königreichs an der Küste von Borneo. Und aus diesem nahezu unerschöpflichen Schatzkistlein gelang es Prinz Jefri, den Staat um fast 15 Milliarden Dollar zu prellen. Die Gelder aus dem epischen Diebstahl gab der Prinz auf gleichermaßen beeindruckende Weise in einem Kaufrausch aus, während dem er bisweilen

50 Millionen Dollar pro Monat für essenziell wichtige Dinge wie Yachten (eine davon taufte er geschmackvoll *Tits*, die andern zwei Bei-schiffe *Nipple 1* und *Nipple 2*), Polo-Pferde, kiloweise Schmuck, Pri-vatflugzeuge und eine Flotte von über 2000 Bentleys, Ferraris und Rolls-Royces verschleuderte. Leider musste er alles zurückgeben, als sich der irritierte Sultan – endlich – die Bilanzen genauer angesehen hatte.

21. Oktober 1973

Frostige Familienbande

Ölbaron J. Paul Getty, einer der reichsten Männer der Welt, schien nicht ganz die Gefahr zu begreifen, in der sein Enkel John Paul Getty III. schwebte, als dieser von italienischen Entführern festgehalten wurde. Oder, was genauso gut sein könnte, er kümmerte sich einfach nicht darum. Schließlich ging das Talent des alten Mannes, riesige Besitztümer anzuhäufen, mit seiner chronischen Schwäche einher, liebevolle Bezie-hungen innerhalb seiner Familie zu entwickeln oder aufrechtzuerhalten –

eine Eigenschaft, die er offensichtlich seinem Sohn J. Paul Getty II. weiter-vererbt hatte, welcher der Idee, den Kidnappern das geforderte Geld aus-zuhändigen, ebenso ablehnend gegen-überstand wie sein Vater. »Du weißt schon, dass ich meine gesamte Biblio-thek für diesen nutzlosen Sohn ver-kaufen müsste, wenn ich das Lösegeld bezahle?«, soll er sich bei seiner Gelieb-ten beschwert haben. Frustriert über die aufmüpfigen Gettys, machten die Kidnapper ihre seit Langem im Raum stehende Drohung wahr, dem 16-jährigen Gefangenen Stück für Stück etwas abzuschneiden, bis man ihren Forderungen nachkam. Am 21. Oktober 1973 wurden John Paul Getty III. ein paar Steaks vorgesetzt, dann wurden ihm die Augen verbunden. Der entsetzte junge Mann wusste, was als Nächstes kommen würde. »Wird es wehtun?«, fragte er seine Kidnapper. »Natürlich wird es das«, antwortete einer von ihnen. Nach diesen Worten wurde dem Jungen das Ohr abgeschnitten, mit zwei Schnitten eines Rasiermessers. Dann wurde es an eine Zeitung in Rom geschickt mit der Warnung, dass bald mehr Körperteile auf den Weg gehen würden.

Die grausige Lieferung erweckte endlich die Aufmerksamkeit der Gettys. Der alte Mann stimmte zögerlich zu, das Lösegeld herauszurücken, aber nur den Teil davon, der von der Versicherungssumme abgedeckt sein würde. Den Rest würde er seinem Sohn leihen, mit einem Zinssatz von vier Prozent. Als er endlich freigelassen wurde, rief der scheußlich entstellte junge Mann seinen Großvater an, um ihm für seine Hilfe zu danken. Als dieser gefragt wurde, ob er den Anruf annehmen wolle, antwortete J. Paul Getty, ohne auch nur von seiner Zeitung aufzublicken: »Nein!«

22. OKTOBER 2012

Sieben verlorene Titel an einem Tag

Es gab einen Helden weniger auf der Welt, als Superstar und Radrennfahrer Lance Armstrong offiziell seine sieben Tour-de-France-Titel aberkannt wurden. Den ersten hatte er im Jahr 1999 gewonnen, nur drei Jahre, nachdem bei ihm Hodenkrebs diagnostiziert worden war.

Jahrelang wurde Armstrong vorgeworfen, leistungssteigernde Substanzen einzunehmen, ein Vorwurf, den er entschieden von sich wies, während er gleichzeitig seinen Erfolg beim Radfahren in eine erfolgreiche Krebsstiftung reinvestierte und großen Beifall für sein Durchhaltevermögen erhielt. Schließlich veröffentlichte jedoch die Anti-Doping-Agentur der USA einen 202 Seiten umfassenden Bericht, der Armstrong zu Fall brachte und den Medikamentenmissbrauch bei ihm und seinen Teamkollegen detailliert aufführte. Der internationale Radsportverband entschied sich dafür, gegen die Strafen keine Berufung einzulegen. »Lance Armstrong hat seinen Platz im Radsport verwirkt«, sagte Pat McQuaid, Präsident des Verbandes. »Er verdient es, ganz vergessen zu werden«.

23. OKTOBER 1812

Napoleons russischer Winter

Nach seinem sensationellen Aufstieg im postrevolutionären Frankreich blickte Napoleon Bonaparte gierig auf den Rest von Europa und verleibte sich große Teile des Kontinents ein. Dabei legte er kaum eine Pause ein. Aber der dickbäuchige Herrscher war ein wenig zu gierig, als ihn sein Appetit auf Eroberung in das klaffende Maul Russlands führte.

Am 24. Juni 1812 begann Bonaparte seine Reise entlang der Memel in das Land, das schließlich seine Grande Armée zugrunde richten sollte. Es gab keinen Feind, mit dem er sich messen konnte, als er in der niedergebrannten und verlassenen Stadt Vilnius in Litauen ankam, die von der russischen Armee auf dem Rückzug all ihrer Vorräte beraubt worden war. Es gab kaum Nahrung für die französischen Soldaten und Pferde. Ein Beobachter berichtete: »Sie starben wie die Fliegen«. So sollte es auch dem Rest der französischen Expedition ergehen – nur viel schlimmer. All dies war Teil der Strategie des russischen Zaren Alexander I. – alles auf dem Rückzug zu zerstören und sich von Napoleon tiefer und tiefer bis in das Herz Russlands verfolgen zu lassen. Das Wetter sollte der Armee Napoleons den Rest geben. Alexander erklärte: »Unser Klima, unser Winter wird für uns arbeiten«. Schließlich schafften es die Franzosen bis nach Moskau, dem Sitz der russischen Zaren, das von seinen Einwohnern praktisch aufgegeben worden war: Es gab keine Menschen dort, keine Vorräte und keinen Feind, mit dem man hätte kämpfen können. »Napoleon ist wie ein reißender Strom, den wir noch nicht aufhalten können«, verkündete das Oberhaupt der russischen Streitkräfte. »Moskau wird der Schwamm sein, der ihn aufsaugt«. Die französischen Soldaten hatten kaum Zeit, mit dem Plündern anzufangen, da brannte Moskau bereits. Das Inferno wütete tagelang, und den unheimlichen roten Schein, der von ihm ausging, konnte man meilenweit sehen.

»Jetzt also wird diese Horde von Barbaren in den Ruinen dieser herrlichen Hauptstadt eingesperrt«, schrieb die Kaiserin Elisabeth. »Jeder Schritt, den Napoleon in Russland tut, bringt ihn näher an den Abgrund. Wir werden sehen, wie er den Winter durchsteht!«

Bonaparte wollte den Russlandfeldzug verzweifelt beenden und irgendwie einen Waffenstillstand aushandeln, aber der Zar wollte dem »korsischen Oger« ein solch leichtes Ende nicht gewähren. Also blieb Napoleon nur die verhassteste aller Optionen: Rückzug. Und am 23. Oktober 1812 – nur vier Monate, nachdem er die Memel überquert hatte –, marschierte er aus den Trümmern von Moskau ab, um seinem Untergang entgegenzureiten.

Der Winter, Alexanders größter Verbündeter, näherte sich. Und der Zorn der wütenden Bevölkerung sollte seine tödliche Geißel noch unterstützen. Für die einstmals große Armee Napoleons wurde Russland in ganz einfachen Worten zum »großen Grab«. Insgesamt starben 400 000 französische Soldaten, 100 000 wurden gefangen genommen. Einige der

Napoleons Rückzug aus Moskau, dargestellt auf einer Radierung von Adolph Northens.

Überlebenden berichteten von dem Horror des gnadenlosen Rückzugs: Geschichten von gefrorenen Körpern, die halb von Wölfen aufgefressen wurden, von Bauern, die einen folterten und von so starkem Hunger, dass Tierkot schließlich zum Nahrungsmittel wurde.

»Der Weg, über den sich die Grande Armée nach Smolensk zurückzog, war übersät mit gefrorenen Toten«, schrieb ein französischer Soldat. »Aber der Schnee überdeckte sie bald wie eine riesiges Leichentuch, und kleine Haufen, wie die Gräber unserer Vorfahren, zeigten uns die einzigen schwachen Spuren unserer bewaffneten Brüder«.

24. Oktober 1601

Der Ruf von Mutter Natur

Tycho Brahe war einer der brillantesten Astronomen des späten 16. Jahrhunderts – und gleichzeitig ein Draufgänger, dem einmal in einem Duell die Nase abgeschnitten wurde. In einer Zeit vor Teleskopen näherte sich der nasenlose Brahe dem Geschehen am Himmel durch exakte Beobachtung und ebnete den Weg für die Gesetze der Planetenbewegungen, die von seinem Protegé, Johannes Kepler, entwickelt wurden. Leider hatte er jedoch kein offenes Ohr für den Ruf von Mutter Natur. Genauer gesagt, er war zu höflich, um zu pinkeln, was ihn teuer zu stehen kam. Der Wissenschaftler aß gerade in Prag zu Abend, als Gast eines bedeutenden Adligen, als der Drang zu urinieren überwältigend wurde. Laut den Sitten der damaligen Zeit jedoch sollte ein Gast nie vom Tisch verschwinden, bevor der Gastgeber seine Mahlzeit beendet hatte.

»Brahe blieb sitzen und hielt seinen Urin länger als gewöhnlich zurück«, erzählte Keppler. »Obwohl er viel getrunken hatte und den Druck auf seine Blase spürte, war er um den Zustand seiner Gesundheit weniger besorgt als um die Etikette. Als er nach Hause zurückgekommen war, konnte er gar nicht mehr urinieren«.

Brahe litt schrecklich in den nächsten elf Tagen, da er langsam von den nicht aus seinem Körper entfernten Toxinen, die sein Immunsystem zu schwächen begannen, vergiftet wurde. Schließlich, am 24. Oktober 1601, starb er und verfasste dabei seine eigene Grabinschrift: »Er lebte wie ein Weiser und starb wie ein Idiot«.

25. OKTOBER 1944

Der Schrecken der hohen Cs

Es war kein artistischer Triumph, als am 25. Oktober 1944 die 76-jährige »Opernstarsängerin« Florence Foster Jenkins zum ersten und letzten Mal in der berühmten Carnegie Hall von New York auftrat. Die Leute, die gekommen waren, saßen nicht im Publikum, um die Sopranistin zu hören. Sie kamen, um sie zu verspotten – genau wie bei all den anderen Auftritten, die die Sängerin bis zu ihrem großen Debüt gegeben hatte. Tatsache war: Jenkins konnte nicht singen – nicht die Bohne. Aber die wohlhabende Prominente glaubte, sie könne es, und darin lag der Knackpunkt – daher kamen die Zuhörer in Scharen zu ihren ernst gemeinten Auftritten, die nur komplett waren, wenn sie ihre aufwendigen Kostüme gewechselt und sich wie eine Diva aufgeführt hatte. Und der »Schrecken der hohen Cs«, wie Jenkins hinter ihrem Rücken genannt wurde, enttäuschte an diesem Abend in der ausverkauften Carnegie Hall das Publikum nicht. Da stand sie, eine Frau in ihren Siebzigern, in ihrem glitzernden Engelskostüm mit riesigen goldenen Flügeln, um ihre unverkennbare Nummer zu krächzen, »Angel of Inspiration«. Als sie das donnernde Gejohle hörte, das sie stets als entzückte Zustimmung interpretierte, verließ Jenkins endlich nach mehreren Zugaben die Bühne und wusste, dass sie wieder einer weiteren Zuhörerschaft Ehrfurcht eingeflößt hatte. Es war der Höhepunkt ihrer Karriere, und sie starb glücklich, nur einen Monat später.

26. OKTOBER 1928

Kein Mitleid für Goebbels

Nennen wir es Schadenfreude, aber es ist etwas Köstliches daran, wenn ein Nazi einen solch schlechten Tag hat wie Hitlers Propagandaminister Joseph Goebbels am 26. Oktober 1928, der in seinem Tagebuch festhielt: »Ich habe keine Freunde und keine Ehefrau. Ich scheine durch eine größere Gemütskrise zu gehen. Ich habe noch immer dieselben alten Probleme mit meinem Fuß, der mir permanent Schmerzen und Unbehagen bereitet. Und dann gibt es noch die Gerüchte, ich sei homosexuell. Aufrührer versuchen, unsere Bewegung im Keim zu ersticken, und ich bin ständig in kleinere Streitereien verwickelt. Es reicht, um mich zum Weinen zu bringen!« Buuhuu!

Turkmenistans verrückter Anführer

D er 27. Oktober ist ein besonderes Datum im turkmenischen Kalender. An diesem Tag im Jahr 1991 erlangte das zentralasiatische Land die Unabhängigkeit von der UdSSR. Aber Unabhängigkeit ist ein relativer Begriff, denn kaum hatte sich die junge Nation des sowjetischen Jochs entledigt, bekam sie einen Anführer, den der Schriftsteller Paul Theroux als »einen der wohlhabendsten und mächtigsten Verrückten der Erde« bezeichnete – ein diebischer Diktator (oder »Präsident auf Lebenszeit«) dessen Personenkult sogar den von Stalin in den Schatten stellte.

Die wenigen Journalisten aus dem Westen, die in Turkmenistan unter dem repressiven Regime von Saparmyrat Nyýazow zugelassen wurden, erhielten alle lebhafte Impressionen von einer verrückt gewordenen Nation: »Ein Land der Verrückten« nannte Theroux es in seinem Buch *Ghost Train to the Eastern Star: On the Tracks of the Great Railway Bazaar.* Er bezeichnete es auch als »weniger ein Land denn ein gigantisches Irrenhaus, das von seinem verrücktesten Patienten geleitet wird, auf den die Bezeichnung ›größenwahnsinnig‹ nicht zutrifft, da sie zu liebevoll und ungenau ist«.

Zeugnisse, die an Nyýazows Allmacht und Narzissmus erinnerten, waren praktisch überall anzutreffen, angefangen mit gigantischen Porträts: Die übergroße Visage des Mannes, der sich selbst Turkmenbaschi, Anführer aller Turkmenen nannte, war auf Bannern zu sehen, die von

Gebäuden hingen, und auf Werbetafeln, Geldscheinen, in Geschäften und Schulen – sogar auf den Kabinenwänden der Flugzeuge von Turkmenistan Airlines. Natürlich gab es auch Statuen in allen Größen und Formen. Die wohl geschmackloseste von allen stand auf dem Neutralitätsbogen in der Hauptstadt Aschgabat – eine 75 Meter hohe vergoldete Monstrosität, die rotierend dem Lauf der Sonne folgte.

»Ich gebe zu«, sagte Nyýazow zu einem Journalisten, »es gibt zu viele Porträts, Bilder und Monumente (von mir). Ich finde daran keinen Reiz, aber die Leute verlangen es«. Vermutlich verlangten die Leute auch von ihrem Anführer, den Monat Januar nach ihm zu benennen.

Der große Anführer stimmte stimmte den »Forderungen« seines Volkes zu, verlangte jedoch im Gegenzug viel. So enthielt die turkmenische Nationalhymne den Satz: »Falls ich Turkmenbaschi betrüge, möge ich sterben«. Bei vielen Menschen war dies auch der Fall, in den nasskalten Gefängniszellen, in denen sich unkooperative Bürger oft wiederfanden. Die Turkmenen wurden durch Nyýazows eigenwillige Gesetze, von denen die meisten seine geistige Umnachtung widerspiegelten, in die Unterwerfung gezwungen. Bärte und Ballett wurden verboten, genau wie Autoradios, Opern und sogar Goldzähne, die ihren Besitzern auf Nyýazows Befehl hin gezogen wurden.

Er versuchte die Leute von seinem Status als Gott zu überzeugen und erschuf wundersame Kreationen in der Wüste Turkmenistans, bzw. er versuchte es zumindest – mit Hilfe des großen Vermögens, das er aus den Erdgasvorkommen seines verarmten Landes plünderte. »Lasst uns einen Eispalast bauen«, erklärte er im Jahr 2004, »groß und stattlich genug für 1000 Menschen«. Außerdem gab es den riesigen, von Menschenhand geschaffenen See in der

Karakum-Wüste und das Anpflanzen eines riesigen Zypressenwaldes, der das raue Klima ändern sollte, der aber rasch ebendiesem erlag.

Mit einem Wink seiner mächtigen Hand veränderte der große Anführer hektarweise Land, siedelte Tausende dabei um und erbaute in einem neuen Stil einen Stadtteil, den ein Diplomat aus dem Ausland einmal als »Las Vegas der Sowjets« bezeichnete. Unter Nyýazows inspirierenden Projekten gab es noch weitere, die ja ach so hilfreich für die leidende Bevölkerung waren: eine etwa 40 Meter hohe Pyramide, ein Olympiastadion, in dem nie Olympische Spiele abgehalten wurden, ein riesiger Freizeitpark namens »Welt der turkmenischen Märchen« und die Gypjak-Moschee, eine riesige Anlage, die die meisten Muslime als Gotteslästerung empfinden. Tatsächlich sind in die Wände genau neben Exzerpten aus dem Koran lange Passagen des Geschwafels aus Nyýazows *Ruhnama* (»Buch der Seele«), eingemeißelt, laut Theroux ein »überdimensioniertes Mischmasch aus persönlichen Geschichten, turkmenischen Überlieferungen, Genealogien, Nationalkultur, Ernährungstipps, Abwertung der Sowjets, verrückten Angebereien, wilden Versprechungen und seinen eigenen Gedichten, von denen eines beginnt mit: ›Oh, meine verrückte Seele‹«. Zum Glück für seine Leute liegt er mittlerweile unter der Erde.

28. OKTOBER 1871

Nur ein Betrüger?

Ulysses S. Grant entwickelte sich von einem der beliebtesten Generäle seiner Zeit – aller Zeiten im Grunde – zu einem der unbeliebtesten Präsidenten, die die USA jemals hatten. Obwohl er niemals persönlich einen Vorteil aus irgendeinem seiner finanziellen Vergehen schlug, wurde das Wort »Grantismus« zu einem Begriff, mit dem der Senator Charles

Sumner die Desaster benannte, die in einer Reihe von Bundesministerien abliefen – einschließlich des Kriegsministeriums, des Finanzministeriums, des Innen- und des Außenministeriums –, was die Macht des 18. Präsidenten auf fatale Weise untergrub.

»Grant ist jetzt noch weniger beliebt, als es Andrew Jackson in seinen dunkelsten Tagen war«, sagte Vizepräsident Henry Wilson, selbst ein eher unseriöser Charakter, 1875 zum zukünftigen Präsidenten James Garfield. Seine politischen Anordnungen seien »immer schlechter« geworden, und Wilson fügte hinzu: »Er ist der Mühlstein am Genick unserer Partei, der sie zum Sinken bringt«.

Die kriminelle Energie war unter Grants Vertrauten schon so weit verbreitet, dass mit ziemlicher Sicherheit an jedem beliebigen Tag seiner 8-jährigen Präsidentschaft jemand aus Grants Umfeld etwas Betrügerisches plante. Nehmen wir etwa den 28. Oktober 1871. Der Kriegsminister William W. Belknap hatte sein Einkommen ziemlich gut durch Schmiergelder von einem John Evans erhöht, einem Marketender, den er dazu beauftragt hatte, den Handelsposten Fort Sill an der westlichen Grenze zu leiten. Aber dann zog Evans einiges an unerwünschter Aufmerksamkeit auf sich, als er große Mengen Alkohol in das Territorium der indigenen Ureinwohner brachte, um sie dort zu verkaufen.

Am 28. Oktober fragte das US-Finanzministerium, ob Belknap eine Lizenz zum Verkauf von Alkohol habe. Da sein illegales Einkommen bedroht war, reagierte der Minister, indem er Evans am selben Tag eine Erlaubnis ausstellte – eine Aktion, die, wie sein Biograf Edward S. Cooper schrieb, gut illustrierte »bis zu welchem Grad Belknap bereit war, sich selbst für seine 1500 Dollar im Quartal zu prostituieren«.

Weniger als zwei Wochen später schrieb Belknap an den Anwalt des Finanzministeriums: »Ich habe die Ehre, sie darüber in Kenntnis zu setzen, dass Mr. John Evans … sich weigert, Alkohol in das Gebiet der Indianer ohne Genehmigung einzuführen … Ich bitte daher, dass kein Verfahren gegen ihn angestrebt wird«.

Wahr für eine Weile

Viele Menschen verloren am Schwarzen Donnerstag ein Vermögen, doch einige Banker aus Washington verloren auch ihr Gesicht. Nur zehn Monate zuvor – als in den 1920er-Jahren noch Hochkonjunktur herrschte – befragte die *Washington Post* eine Gruppe von führenden Finanzkräften nach ihren Prognosen für das Jahr. Ihre Vorhersagen waren so optimistisch, dass die Zeitung sie auf die Titelseite nahm mit der Schlagzeile: »GUTE ZEITEN STEHEN FÜR 1929 INS HAUS«.

Die tödliche Lüge eines Chemikers

Thomas Midgley war ein »ausgebildeter Ingenieur«, schrieb Bill Bryson in seinem Buch *Eine kurze Geschichte von fast allem,* »und die Welt wäre zweifelsohne sicherer, wenn Midgley bei diesem Beruf geblieben wäre«. Natürlich wusste Midgley nichts von dem abscheulichen Effekt, den seine Erfindung auf Mutter Natur haben würde, als er entdeckte, dass Blei, wenn man es Benzin zufügte, die Leistung von Verbrennungsmotoren verbessern konnte. Aber wenn man die Vorstellung, die Midgley vor den Medien am 30. Oktober 1924 ablieferte, betrachtet, ist das ein gutes Anzeichen dafür, dass er sich einfach nicht darum geschert hatte. Mehr als ein halbes Jahrhundert bevor der schädliche Einfluss von giftigem Blei, das aus den Auspuffrohren von Automobilen strömte, zu einem größeren Umwelt- und Gesundheitsproblem wurde,

wurde im Jahr 1924 von den schwächenden Effekten des bekannten Neurotoxins auf Raffineriearbeiter berichtet. Und das war der Zeitpunkt, zu dem Midgley mit einem Trick aufwartete, um die Medien zu besänftigen. Als er vor einer Gruppe von Reportern im Hauptquartier von Standard Oil in New York City stand, goss sich der Wissenschaftler eine klare, giftige Flüssigkeit, die mit Blei versetzt war, über den Körper. Dann, nachdem er sich abgetrocknet hatte, inhalierte er dieselbe Flüssigkeit eine Minute lang kräftig – Beweis genug dafür, wie er erklärte, dass keine Gefahr von einer begrenzten Belastung mit verdünntem Blei ausgehe und dass die toten und sterbenden Raffineriearbeiter offensichtlich die grundlegenden Sicherheitsmaßnahmen nicht eingehalten hätten. Was Midgley jedoch nicht erwähnte, war, dass er selbst durch eine Bleivergiftung schwer krank geworden war und infolgedessen sechs Wochen lang nicht mehr arbeiten konnte. Und ein paar Wochen nach der Pressekonferenz litt Midgley wieder an den Folgen einer Bleivergiftung. Aber der Wissenschaftler kam frohen Mutes mit einem chemischen Kühlmittel zurück, das er entdeckt hatte: Fluorkohlenwasserstoffe, diese lästigen Verursacher des Ozonlochs, besser bekannt als FCKW.

31. Oktober 1961

Neues von Stalins Leiche

Nur wenige hätten es gewagt, sich mit dem sowjetischen Diktator Joseph Stalin anzulegen, solange er noch am Leben war – mit gutem Grund, denn dann hätten sie sich den Millionen anderer anschließen müssen, die der Despot ermorden, zu Tode hungern oder wegschicken ließ, um in den eiskalten sibirischen Gulags zu sterben.

Der ehemalige sowjetische Führer Joseph Stalin vor der »Entstalinisierung«.

Aber die Sachlage änderte sich, als das Monster 1953 an einer Hirnblutung starb und die Jagdsaison auf den einst unbesiegbaren Stalin eröffnet wurde. Sein Nachfolger, Nikita Chruschtschow, leitete den Wandel in seiner sogenannten »Geheimen Rede« ein, die er vor dem 20. Kongress der Kommunistischen Partei 1956 hielt: Chruschtschow verurteilte darin den Personenkult, den sein Vorgänger so eifrig gepflegt hatte, und die schreckliche Macht, die jener so skrupellos ausgeübt hatte.

»Es war«, so erklärte er, »dem Geist des Marxismus-Leninismus fremd, einen Menschen so hoch zu erheben, ihn in einen Übermenschen zu verwandeln, der übernatürliche Eigenschaften besitzt, die denen eines Gottes ähneln. Ein solcher Mann weiß angeblich alles, sieht alles, denkt für jeden, kann alles tun, ist unfehlbar in seinem Verhalten«. Der Stalin-Kult, so Chruschtschow weiter, »war die Quelle einer ganzen Reihe von äußerst ernsten Perversionen von Parteigrundsätzen, von Parteiendemokratie, von revolutionärer Legalität«.

Chruschtschow hatte damit den Prozess der sogenannten »Entstalinisierung« eingeleitet und machte auch vor Stalins Leiche nicht Halt. Stalins Körper war sorgfältig einbalsamiert und direkt neben Wladimir Lenin unter Glas beigesetzt worden, zugänglich für Parteianhänger, die die konservierten Leichen der beiden Revolutionsführer betrachten wollten. Öffentlichkeitswirksam inszeniert stand eine alte, hingebungsvoll bolschewistische Frau namens Dora Abramovna Lazurkina 1961 vor dem 22. Kongress auf und erklärte, dass sie in direktem spirituellen Kontakt zu Lenin stünde und dass er es hasse, neben Stalin zu liegen, »der der Partei so viel Schaden zugefügt hat«.

Nach diesem Auftritt wurde Stalins Leiche am 31. Oktober kurzerhand aus Lenins Grab entfernt und in der Nähe des Kreml stillschweigend begraben. Es war die äußerste Erniedrigung eines Mannes, dessen Präsenz einst praktisch jeden Aspekt des sowjetischen Lebens durchdrungen hatte – das heißt, bis die Stadt Stalingrad weniger als zwei Wochen später in Wolgograd umbenannt wurde.

November

»Keine Wärme, keine Heiterkeit, keine heilsame Ruhe,
kein angenehmes Gefühl in irgendeinem Teil des Körpers –
kein Schatten, kein Sonnenschein, keine Schmetterlinge,
keine Bienen, keine Früchte, keine Blumen, keine Blätter,
keine Vögel – November!«

THOMAS HOOD

»No!«

———

Allgemeine Inkompetenz

Am 1. November 1861 schuf sich Präsident Abraham Lincoln ein beträchtliches Problem. An diesem Tag übergab Lincoln General George B. McClellan, Kommandant der Potomac-Armee, zusätzliche Verantwortung, indem er ihn zum obersten Kommandanten der Unionsarmee ernannte. »Ich kann alles«, versprach McClellan dem Oberbefehlshaber. Doch als es darauf ankam, tat der »junge Napoleon«, wie McClellan genannt wurde, nichts – und das noch dazu mit einer schlechten Einstellung. Weniger als zwei Wochen nach McClellans Beförderung erhielt Lincoln einen Vorgeschmack auf den Ungehorsam seines Generals, als er ihn zu Hause besuchte. Bei seiner Ankunft wurde dem Präsidenten gesagt, dass der General auf einer Hochzeit sei, aber bald zurückkehren würde.

Nach etwa einer halben Stunde kehrte McClellan tatsächlich zurück und wurde von einem Diener darüber informiert, dass sein Oberbefehlshaber auf ihn wartete. McClellan ignorierte dies, marschierte direkt an dem Präsidenten vorbei nach oben in sein Schlafzimmer. Lincoln sah über die Sache großmütig hinweg, aber was er nicht ignorieren konnte, war die beunruhigende Tatsache, dass McClellan vier Monate nach der Niederlage der Union in Bull Run nicht im Geringsten geneigt schien, den Feind zu bekämpfen, der sich so nahe an der Hauptstadt niedergelassen hatte.

Nach monatelanger Trägheit hütete McClellan dann mit Typhus das Krankenbett. Nun hatte der Präsident endlich genug und berief ein Treffen mit den dem Kommandanten unterstellten Generälen Irvin McDowell und William B. Franklin ein. Lincoln sagte ihnen, dass er »sehr beunruhigt über die allgemeine Lage« sei. Dann ließ er verlauten, dass er sich die Armee gerne von General McClellan »ausleihen wolle, vorausgesetzt, er könne sie dazu bewegen, etwas zu tun«.

McClellan war misstrauisch gegenüber den Vorgängen, die hinter seinem Rücken vor sich gehen könnten, erhob sich aus seinem Krankenbett und nahm an der nächsten Sitzung in der Executive Mansion, Virigina, teil. Aber er wollte seine Kriegspläne nicht mit dem »Gorilla«, wie er den Präsidenten nannte, teilen.

Bei dem Treffen flehte Quartiermeister Montgomery Meigs McClellan an, seine Pläne dem Oberbefehlshaber anzuvertrauen, aber der Kommandant weigerte sich und behauptete, dass sie auf der Titelseite der Presse erscheinen würden, wenn er dies täte.

Stattdessen entschied sich McClellan, seine Kriegspläne am nächsten Tag zu verraten – dem *New York Herald*. Und als er im März 1862 von seiner neuen Position entbunden wurde, hatte der »junge Napoleon« noch immer keinen Finger gerührt.

2. November 1932

Und der Gewinner ist ...

Der Feind war gewaltig – 20 000 Gegner, jeder davon 1,80 groß, stolz gefiedert, mit wilden, rotbraunen Augen und Krallen, die einen Mann mit einem einzigen Schlag ausweiden konnten. Aber die Bauern im australischen Campion-Distrikt von Perth – die meisten von ihnen kampferprobte Veteranen des Ersten Weltkrieges – hofften, dass ihre gefiederten Feinde, die in riesigen Horden ihre Weizenfelder niedermähten, mit dem Maschinengewehr unterworfen werden könnten. Da sie dem wirtschaftlichen Ruin ins Auge blickten, wandten sich die Bauern an den australischen Verteidigungsminister Sir George Pearce. Dieser beauftragte sofort Major G. P. W. Meredith von der siebten Geschütztruppe der Royal Australian Artillery damit, einen militärischen Angriff gegen die großen Vögel zu führen. Und am 2. November 1932 begann der sogenannte »Große Emu-Krieg«.

Von Anfang an erwies sich die flugunfähige Vogelarmee als überlegen – vor allem wegen ihrer Ausweichtaktik. Beim Krachen der Maschinengewehre verteilten sich die Vögel sofort in kleinere Gruppen, sodass sie schwer zu treffen waren. Und die Tiere, die getroffen wurden, liefen weiter, als ob die Kugeln keine Wirkung auf sie hätten. Nur wenige wurden getötet.

Am dritten Tag des Konflikts planten Meredith und seine Männer einen Hinterhalt in der

Nähe eines Zauns. Aber als eine große Gruppe von Emus in Schussweite kam, klemmte das Maschinengewehr nach ein paar Schüssen, und die meisten entkamen. Zunehmend frustriert ordnete Meredith an, ein Maschinengewehr auf dem Dach eines Lastwagens zu platzieren. Aber die gefiederten Kreaturen liefen schneller als das Fahrzeug. Außerdem wurde der Truck so stark durchgerüttelt, dass der Schütze ohnehin kaum einen Schuss abgeben konnte. Sie verloren den Krieg gegen einen Haufen Vögel und sahen sich nach weniger als einer Woche gezwungen, sich zurückzuziehen. Hunderttausende von Schüssen waren abgefeuert worden, hatten aber nur wenige Opfern unter den Emus gefordert.

»Wenn wir eine militärische Division hätten, die so viele Schüsse aushält wie diese Vögel, würde sie gegen jede Armee der Welt bestehen«, bemerkte Meredith später. »Sie begegnen Maschinengewehren mit der Unverwundbarkeit von Panzern«.

3. NOVEMBER 1988

Miese Gäste, blutige Nase

Der Reporter Geraldo Rivera hatte den richtigen Riecher für Sensationsjournalismus. Nach der dummerweise eher unspektakulären Öffnung von Al Capones Tresor erhielt er seine eigene Fernsehsendung, in der menschliche Freaks im Namen der Einschaltquoten vorgeführt wurden. »Männer in Spitzenhöschen und die Frauen, die sie lieben«, war eine Episode des billigen Spektakels, aber zumindest schadeten die Herren in Dessous Rivera nicht.

Rassistische Skinheads hingegen taten es. Als Rivera die glatzköpfigen Rassisten – oder »Kakerlaken«, wie er seine schändlichen Gäste mit geheuchelter Empörung nannte –, am 3. November 1988 einlud, um sie mit dem Bürgerrechtler Roy Innis zu konfrontieren, kam es – wenig überraschend – zum Tumult. Als Rivera in das Gedränge sprang und mit einem der Skinheads kämpfte, schlug ihm ein anderer mit einem Stuhl ins Gesicht, sodass ihm zweifach die Nase gebrochen wurde.

4. NOVEMBER 1979

Ein folgenschweres Interview

Man sagt, dass dieses Interview Ted Kennedys Präsidentschaftskandidatur im Keim erstickte. Im Herbst 1979 präsentierte sich der Senator aus Massachusetts in mehreren Interviews bei CBS *News* und redete sich bei Roger Mudd um Kopf und Kragen. »Senator, warum wollen Sie Präsident werden?«, fragte Mudd »Teddy« in der Spezialsendung, die am 4. November ausgestrahlt wurde. Kennedy war offensichtlich verwirrt von der einfachen Frage: »Nun, ich ... äh ... sollte ... bekanntgeben ... äh, dass ich kandidieren werde«, stammelte der zukünftige Präsidentschaftskandidat, bevor er einen abschweifenden, inkohärenten Monolog startete, der ihn so dastehen ließ, als ob er die wichtige Frage zuvor nie ernsthaft in Betracht gezogen hätte.

Ähnlich unsicher und sichtbar aufgewühlt wirkte Kennedy, als Mudd ihn fragte, ob er irgendetwas Erhellendes über den berüchtigten »Chappaquiddick-Unfall« sagen könne, der ein Jahrzehnt zuvor für Furore gesorgt hatte. Für jene, die die Geschichte nicht kennen: Kennedy hatte sein Auto von einer schmalen Brücke ins Wasser gefahren, aber konnte unversehrt zurück in sein Hotelzimmer gelangen. Nicht so allerdings seine junge Beifahrerin, Mary Jo Kopechne, die in dem untergehenden Fahrzeug ertrank. Kennedy brauchte fast zehn Stunden, um die Polizei zu rufen. »Oh, es gibt ... das Problem ist ... von dieser Nacht an ... ich finde mein Verhalten ... ich habe mich so verhalten ... äh, dass ich es selbst kaum glauben kann. Ich meine, deshalb war es … aber ich glaube, dass … dass … es war so. Zufällig genau so war es. Jetzt glaube ich, dass ich angegeben habe, dass ich habe … dass mein Verhalten, dass … an diesem Abend … darin als Ergebnis der Auswirkung des Unfalls … im Sinne eines Verlustes, im Sinne der Hoffnung und der … Umstände, dass mein Verhalten äh … unerklärbar war«.

Zwei Monate nach dem TV-Debakel, für das Kennedy in der Presse ordnungsgemäß eine gebührende Abreibung erhalten hatte, wurde er das dritte Mitglied seiner berühmten Familie, das offiziell den Platz als Präsident im Weißen Haus anstrebte. Er verlor jedoch schon in den Vorwahlen.

In seinen posthum veröffentlichten Memoiren *True Compass* deutete Kennedy an, dass das Interview ein Hinterhalt gewesen sei. Er habe Mudd damit einen persönlichen Gefallen tun wollen, da jener sich damals um die Nachfolge von Walter Cronkite als der Moderator von CBS *News* bewarb. Zudem habe er erwartet, dass sich das Gespräch auf Smalltalk beschränken würde, wie etwa eine Lobeshymne auf seine Mutter Rose oder das Faible der Kennedy-Familie für das Segeln und das Meer. »Ich hätte meine politischen Fühler ausfahren müssen«, schrieb er. »Rückblickend ist es für mich fast undenkbar, dass ich es nicht getan habe.«

Mudd jedoch bestritt Kennedys Vorwurf in einem Brief an die *New York Times* und nannte ihn »eine komplette Erfindung«. Die Rahmenbedingungen für das Interview seien von Anfang an klar gewesen, darauf bestand Mudd. Zudem sei es weder in Betracht gezogen worden, Rose Kennedy noch das Meer zum Thema zu machen. »Ich bleibe verwirrt, perplex, verärgert und traurig darüber zurück, dass der Senator so eine falsche Darstellung in seinem Testament in die Welt gesetzt hat«.

Abtrünnige Töchter

Jakob II., König von England, Irland und Schottland, könnte aus der Enthauptung seines Vaters Karl I. geschlussfolgert haben, dass die Engländer das autokratische Verhalten ihrer Monarchen missbilligten. Aber leider entging ihm diese bittere Lektion und nach gut drei Jahren hatten seine Untertanen genug. Um sich von ihrem eigensinnigen Herrscher zu befreien, gingen sie sogar so weit, die Niederlande zu einer Invasion einzuladen.

Es war schlimm genug für Jakob II., dass sein eigener Neffe, Wilhelm von Oranien, die mächtigen niederländischen Truppen, die am 5. November 1688 in England landeten, anführte. Aber noch viel schlimmer war es, dass Wilhelm mit der Tochter des englischen Königs, Maria, verheiratet war.

»Ich glaube gerne, dass es dir peinlich ist und du nicht weißt, wie du mir schreiben sollst, jetzt, wo das unrechtmäßige Vorhaben des Prinzen aus Holland so allgemein bekannt ist«, schrieb Jakob an seine Tochter vor der Ankunft von Wilhelms Flotte. »Und obwohl ich weiß, dass du eine gute Ehefrau bist, und das solltest du auch sein, so muss ich aus dem gleichen Grund glauben, dass du immer noch eine gute Tochter eines Vaters sein wirst, der dich immer so zärtlich geliebt hat und der nie das Geringste getan hat, um dich daran zweifeln zu lassen … Mehr werde ich nicht sagen und glauben, dass du dich die ganze Zeit über sehr unbehaglich fühlen musst aus den Sorgen heraus, die du für Ehemann und Vater haben musst. Du wirst feststellen, dass ich dir wohlgesonnen bin, falls du es wünschst.«

Maria machte sich nie die Mühe, zu antworten. Unterdessen weigerte sich der König, seinem Neffen auf dem Schlachtfeld zu begegnen, und floh stattdessen zurück nach London, wo er entsetzt erfuhr, dass seine

Sir Peter Lelys Darstellung von Jakob II.. mit seinen Töchtern Maria und Anne.

jüngere Tochter Anne zum Feind übergelaufen war. »Gott steh mir bei!«, rief er. »Meine eigenen Kinder haben mich verlassen!«

Wenigstens blieb James das Wissen darüber erspart, dass Anne am Vorabend der Invasion Wilhelm geschrieben hatte und ihrem Schwager »viel Erfolg bei diesem so gerechten Unterfangen« gewünscht hatte. Oder dass sie seine Ankunft in einem mit orangefarbenen Bändern geschmückten Kleid begrüßt hatte.

Mittlerweile war der verratene König ins Exil nach Frankreich geflohen, sein Neffe und seine Tochter wurden in England als Königspaar Wilhelm III. und Maria II. gekrönt. Was Anne betrifft, die auch eines Tages regieren sollte, beeindruckte sie die unwürdige Flucht ihres Vaters offenbar wenig. Laut einem ihrer Onkel mütterlicherseits, dem Earl of Clarendon, »war sie nicht einen einzigen Augenblick lang bewegt«.

6. NOVEMBER 2012

Getrübter Blick in die Kristallkugel

»Ein haushoher Sieg für Romney, der sich der Größe von Obamas Sieg gegen McCain annähert. Das ist meine Vorhersage«.

Dick Morris, »The Hill«

»Kein Mensch machte so viele falsche, verpfuschte, gefälschte und dumme Vorhersagen über die Wahl 2012 wie Dick Morris«, schrieb Dave Weigel im *Slate Magazine* – eine statistisch nicht überprüfbare Behauptung, aber eine wunderbar pointierte. Der selbst ernannte politische »Insider« und unerbittliche Schwätzer beendete sein mit Irrtümern gefülltes Jahr am 6. November mit einem törichten Beitrag zum Wahltag in seiner Kolumne bei der Zeitung *The Hill*.

Der pummelige Experte schrieb mit selbstgefälliger Befriedigung: »Am Sonntag stellen wir unsere Uhren um. Am Dienstag werden wir einen neuen Präsidenten haben ... Mehr darüber, was Mitt (Romney) richtig gemacht hat, folgt in meiner Kolumne nach der Wahl am Donnerstag. Aber im Moment lasst uns den neuen Präsidenten feiern, den wir gleich wählen werden«.

7. NOVEMBER 1848

Eine Reihe von Verlierern

Am 7. November 1848 wurde Zachary Taylor zum zwölften Präsidenten der amerikanischen Nation gewählt – und startete damit eine beispiellose Reihe von wirklich schlechten Präsidenten – Männer, die von Historikern zu den zehn schlechtesten der Geschichte gezählt werden. Taylor, der im Amt starb, bevor er zu viel Schaden anrichten konnte, wurde von dem ebenso inkompetenten Millard Fillmore abgelöst, dem Verfechter des katastrophalen Kompromisses von 1850. Dann war da Franklin Pierce, ein chronischer Trinker, der von seinen politischen Gegnern als »der Held vieler hart niedergekämpfter Flaschen« verspottet wurde. James Buchanan, der tatenlos zusah, als die Nation in den Bürgerkrieg schlitterte, rundete dieses Quartett der Blindgänger unter den Präsidenten ab. Zum Glück ersetzte Abraham Lincoln ihn und beendete damit die katastrophale Serie der Verlierer im Weißen Haus – wenn auch nur kurz. Leider folgten auf den aufrichtigen Abe sofort zwei weitere historische Nieten: Andrew Johnson (siehe 24. Februar) und Ulysses S. Grant (siehe 28. Oktober und 17. Dezember).

8. NOVEMBER 1519

Hüten Sie sich vor Spaniern!

Der spanische Eroberer Hernán Cortés hatte bereits eine blutige Spur von Leichen hinterlassen, als er plündernd durch Mexiko zog, und sein selbstgefälliges Empfinden von kultureller Überlegenheit, die er bei jeder Gelegenheit demonstrierte, wurde nur noch von seiner unersättlichen Gier nach Gold übertroffen. Trotz alledem gestattete es der Aztekenherrscher Moctezuma II. Cortés aus irgendeinem Grund, die Hauptstadt Tenochtitlán zu betreten, als er am 8. November 1519 darum bat. Der Überlieferung zufolge glaubte Moctezuma, dass sein

Besucher die menschliche Inkarnation des großen Gottes Quetzalcoatl sei, obwohl viele Historiker das heute bestreiten. Was auch immer der Grund dafür gewesen sein mag, dass Moctezuma die Tore öffnete, es war ein kolossaler Fehler. Cortés nahm die gütige Gastfreundschaft des Königs dankbar an, ebenso wie üppige Geschenke – außer die Frauen, die ihm angeboten wurden, denn das wäre eine Sünde gewesen. Dann, als Dankeschön, ließ er seinen Gastgeber in seinem eigenen Palast einsperren. Weniger als acht Monate später war Moctezuma II. tot und das Aztekenreich bald ebenso.

9. NOVEMBER 2001

Kopulierende Enten?!

Wissenschaftsjournale bieten nicht immer eine spannende Lektüre, und der »Ablauf der Fortpflanzung des Sandflohs aus Sumatra« interessiert nicht jedermann. Doch *Deinsea*, das Journal des Naturkundemuseums in Rotterdam, hob am 9. November 2001 die Sache auf ein neues (manche würden sagen verstörend hohes) Level, als es den Artikel »Der erste Fall von homosexueller Nekrophilie bei der Stockente *Anas platyrhynchos* (Familie der Entenvögel)« veröffentlichte.

C. W. Moeliker, ein in diesem Museum beschäftigter Wissenschaftler, bezog sich in dem Artikel darauf, wie er sechs Jahre zuvor Zeuge davon geworden war, wie eine tote männliche Stockente – auf die er sich akribisch genau mit dem Kürzel »NMR 9997-00232« bezog – von einer anderen männlichen Stockente wiederholt vergewaltigt worden sei, und zwar »äußerst brutal«. Der unglückliche Enterich NMR 9997-00232 war offensichtlich in eines der verspiegelten Fenster des Gebäudes geflogen und infolgedessen tot zu Boden gefallen. Binnen weniger Augenblicke schoss sein Artgenosse auf den Leichnam herab und wurde aktiv.

»Eher erschrocken«, schrieb Moeliker, »beobachtete ich diese Szene bis 19:10 Uhr. Währenddessen (75 Minuten lang!) machte ich einige Fotos, und der Enterich kopulierte fast durchgehend mit seinem toten Artgenossen. Er stieg nur zweimal herab, blieb neben der toten männlichen Ente stehen und pickte ihr in den Nacken und in die Seite des Kopfes, bevor er sie wieder bestieg. Die erste Pause (um 18:29 Uhr) dauerte drei Minuten, und die zweite Pause (um 18:45 Uhr) weniger als eine Minute.«

10. NOVEMBER 1879

Sie haben es vermasselt STOP

Western Union war der Kommunikationsriese in den Jahren nach dem amerikanischen Bürgerkrieg – »das sensible System der Geschäftswelt«, wie William Orton, Präsident der mächtigen Telegrafenfirma, einmal prahlte. Da man über die Maßen auf den eigenen Status als eine der reichsten und mächtigsten Firmen der Welt vertraute, taten die Funktionäre das vor Kurzem patentierte Telefon als ein »Spielzeug« ab, als Alexander Graham Bell und seine Partner im Herbst 1876 an die Firma herantraten, um es für 100 000 Dollar zu verkaufen.

»Die Idee ist auf den ersten Blick idiotisch«, stand auf einem internen Memo der Western Union angeblich. »Des Weiteren, warum sollte irgendjemand dieses plumpe und unpraktische Gerät benutzen, wenn man einen Kurier zum Telegrafenamt schicken kann und von dort aus eine klare schriftliche Botschaft in jede Stadt der USA versendet wird?«

Die Zurückweisung tat weh, aber wie Bells Assistent Thomas Watson später bemerkte, war sie »Teil eines guten Schicksalsverlaufs für uns alle.

Zwei Jahre später hätten dieselben Patente nicht für 25 Millionen Dollar gekauft werden können«.

Watson hatte recht, wie Western Union schnell feststellen und bedauern musste. In einer vergeblichen Aktion, die von atemberaubend schlechtem Sportsgeist zeugte, versuchte die Firma, Bells Patent auf eine äußerst skrupellose Weise anzufechten: Dabei tat man sich mit Elisha Gray, der Verliererin in einem Wettbewerb mit Bell um ein früheres Telefonpatent, und selbst mit Thomas Edison zusammen. Gemeinsam behaupteten sie, dass Bell im Wesentlichen die Idee für das Telefon gestohlen habe, und sie begannen, ihr eigenes System zu vermarkten. »Je mehr Ruhm ein Mann für eine Erfindung bekommt, desto mehr wird er zu einer Zielscheibe für die ganze Welt«, klagte Bell in einem Brief an seine Frau.

Der Erfinder war so angewidert von dem ganzen hässlichen Geschäft, dass er bereit war, das Feld zu räumen. Doch die Partner, mit denen er die Bell Telephone Company gegründet hatte, waren keinesfalls bereit, nachzugeben. Stattdessen verklagten sie Western Union wegen Patentverletzung und überzeugten Bell schließlich, an dem Ganzen teilzunehmen. Seine zögerliche vorläufige Erklärung wurde gerade noch rechtzeitig beim Gericht eingereicht, und nachdem er sich für den Kampf gestärkt hatte, machte er als bemerkenswert effektiver Zeuge weiter. Western Union hatte nie eine Chance.

Am 10. November 1879 stimmte die Firma zu, sich aus dem Telefongeschäft zurückzuziehen. Und Bells Patent erwies sich als eines der wertvollsten, die jemals in der Geschichte der USA ausgestellt wurden.

Tödlich unaufdringliche Effizienz

D er Tod erwies sich als besonders feinfühlig, als Cixi, eine Witwe des verstorbenen chinesischen Kaisers Xianfeng, ihren unglaublichen Aufstieg von einer niederrangigen Nebenfrau zur Herrscherin von China erlebte und am 11. November 1861 die Regentschaft für ihren minderjährigen Sohn übernahm. Nachdem sie ohne Blutvergießen einen Staatsstreich gegen ein Gremium gestartet hatte, das der verstorbene Kaiser installiert hatte, um das Königreich zu leiten, musste Cixi die Regierungsbeamten nun entmachten. Da sie ihr im Weg standen, wurden die Männer des Hochverrates angeklagt – ein Verbrechen, auf das der »Tod durch tausend Schnitte« stand, was, wie der Name schon andeutet, sehr langsam und qualvoll war. Aber die Kaiserwitwe war geneigt, Milde walten zu lassen, und änderte die Strafe leicht ab. Anstatt langsam in Stücke geschnitten zu werden, wurde der Anführer der Regenten kurzerhand enthauptet. Er weinte im Augenblick seines Untergangs, aber nicht vor Schmerzen, sondern nur vor Bedauern, diese Frau unterschätzt zu haben. Zwei der anderen Regierungsbeamten wurde jeweils ein langes Tuch aus Seide geschickt mit der Botschaft, sie mögen sich doch bitte erhängen, um dem Hof den Trubel einer öffentlichen Exekution zu ersparen. Und damit war die tödliche Arbeit erledigt – auf unaufdringliche und höchst effiziente Weise.

Wenig übrig vom Wal

Zuschauer zu sein ist nicht immer einfach. Denken wir etwa an die armen Kerle, die in Stadien von verirrten Bällen am Kopf getroffen wurden, die bei Autorennen über den Haufen gefahren wurden, die bei Feuerwerken versengt wurden, oder, im Falle des alten Rom, im Kolosseum an wilde Bestien verfüttert wurden. Auch am 12. November 1970 erlitt eine Gruppe von Beobachtern in Oregon etwas Einzigartiges – und sehr Blutiges –, als sie von den Hautstücken, Knochen und Eingeweiden eines explodierenden Pottwals getroffen wurden.

Der acht Tonnen schwere und etwa 14 Meter lange Wal war am Strand des Pazifischen Ozeans südlich von Florence, Oregon, angespült worden und schon bald wurde der Verwesungsgestank, der von dem Leichnam ausging, überwältigend. Es war die Aufgabe der State Highway Division, etwas dagegen zu tun. Aber was? Die sterblichen Überreste am Strand zu beerdigen war keine Option, da die Gezeiten sie Schritt für Schritt wieder ausgebuddelt hätten. Also entschied man sich dazu, den verrottenden Giganten in Fetzen zu sprengen und den Möwen ein Festmahl zu bescheren. Eine gute Idee – zumindest in der Theorie.

Der stellvertretende Bezirksingenieur George Thornton wurde mit der Aufgabe betreut. »Nun, ich bin zuversichtlich, dass es funktionieren wird«, sagte er Paul Linnman, einem Reporter von KATU-TV in Portland. »Das einzige Problem ist, dass wir nicht genau wissen, wie viel Sprengstoff wir benötigen, um diesen Wal zu zerstückeln«. Und genau darin bestand das Problem. Thornton, ein Anfänger in Sachen Sprengstoff, dachte, dass eine halbe Tonne Dynamit die Sache erledigen würde.

Walter Umenhofer, ein Geschäftsmann auf Reisen, erkannte Thorntons Fehlberechnung sofort. Umenhofer war während seines Dienstes im Zweiten Weltkrieg im Umgang mit Sprengstoffen ausgebildet worden und wusste, dass Thornton entweder viel weniger Dynamit verwenden sollte, sodass der Wal nur aufs Meer hinausgestoßen würde, oder eine ganze Menge mehr, sodass er in winzige Stücke zerrissen werden könnte. Laut Umenhofer ignorierte Thornton jedoch seine Warnung.

»Der Kerl sagt: ›Auf jeden Fall will ich Zuschauer nur auf diesen Dünen ganz da hinten sehen‹«, berichtete Umenhofer dem Reporter Wayne Freedman von KGO in San Francisco 25 Jahre später in einem Interview. »Ich sage: ›Ja verdammt, ich werde mich mit Sicherheit so weit weg wie möglich davon aufhalten!‹« Leider ließ Umenhofer seinen brandneuen Oldsmobile 88 in der Nähe stehen.

Thornton sprengte die halbe Tonne Dynamit, die er in und um die Überreste des Walkadavers platziert hatte: »Plötzlich geschah es einfach«, erinnerte sich der ortsansässige Jim »Skip« Curtis im Interview mit dem Blogger Dave Masko vom *Oregon Examiner.* »Der Körper des Wals implodierte einfach, und es gab eine 30 Meter hohe Säule aus Sand und Staub. Dann erinnere ich mich an die Schreie, als sich jeder duckte, da überall Eingeweide und Knochen und Walstücke herumflogen. Es war ekelhaft und traurig zur gleichen Zeit«.

Während die Zuschauer Haar und Kleider von den ranzigen Walüberresten befreiten, ging Umenhofer zurück zu seinem neuen Auto, das von einem riesigen Stück Walfischspeck getroffen und ruiniert worden war. »Ich mag dieses Auto nicht mehr«, sagte er Tage später, »es stinkt immer noch nach Wal«.

Die Versicherung der Highway Divsion kam schließlich für Umenhofers Schaden auf, jedoch nicht für Thorntons Selbstwertgefühl. Jahre nach der verpfuschten Explosion verleugnete er immer noch, was geschehen war. Als Paul Linnman nochmals auf das Ereignis zurückkam, das nun Jahrzehnte zurücklag, fragte er Thornton, was damals schiefgelaufen sei. Thorntons Antwort: »Was meinen Sie mit ›schiefgelaufen‹?«

Ups, sorry. Hier ist Ihr Kopf.

Die Bande von syrischen Terroristen, die sich der Aufgabe verschrieben hatte, sich an der schiitischen Sekte von Präsident Baschar al-Assad zu rächen, hielt am 13. November 2013 triumphierend den abgetrennten Kopf von Mohammed Fares Maroush in die Höhe. »Sie werden kommen und die Männer noch vor den Frauen vergewaltigen«, schrie einer der al-Qaida-nahen Dschihadisten vor der versammelten Menge: »Möge Gott uns den Sieg schenken!« Es gab nur ein Problem bei der Demonstration: Man hatte zufällig einen der eigenen Leute enthauptet. Maroush war während eines Kampfes an der Seite seiner Rebellenfreunde gegen das Assad-Regime verwundet worden, aber – was unerklärlich war – er begann, schiitische Sätze zu murmeln, während er betäubt im Krankenhaus lag. Da taten seine sunnitischen Mörder natürlich das Einzige, was religiösen Fanatikern in den Sinn kommt: ihm den Kopf abschneiden.

Nach dem Vorfall äußerte sich der Rebellensprecher Omar al-Quahtani auf Twitter zu der Verwechslung: »Oh, respektvolle Leser, ich erinnere Sie daran, dass solch ein Fehler auf Schlachtfeldern geschieht und sich wiederholt an Orten des Dschihad«.

Des Kaisers neue Kleider

Das war das Letzte, was Kaiser Wilhelm II. gebrauchen konnte, nachdem homosexuelle Anschuldigungen nicht nur die höchsten

Kreise Deutschlands erschüttert hatten, sondern auch den Kaiser selbst. Am 14. November 1908 fiel Graf Dietrich von Hülsen-Haeseler, Leiter des kaiserlichen Militärkabinetts, bei einer privaten Party des Kaisers tot um, als er gerade, mit einem Tutu bekleidet, einen Balletttanz vorführte.

Homosexualität war in Deutschland lange Zeit ein von der Presse gemiedenes Tabuthema gewesen – bis 1906 der Journalist Maximilian Harden eine Kampagne startete, um die sexuellen Neigungen des kaiserlichen Hofes aufzudecken. Und ein großer Teil seiner Sensationsnachrichten wurde von keinem geringeren als Otto von Bismarck bereitgestellt, dem »Eisernen Kanzler«, der Wilhelms Politik gegenüber vehement in Opposition gegangen und deswegen vom Kaiser entlassen worden war. In einem Brief an seinen Sohn schrieb Bismarck von der Beziehung, die der Kaiser mit seinem ergebenen Freund Philipp Friedrich Alexander, Graf zu Eulenburg und Hertefeld unterhalte. Die Details seien »für die schriftliche Aufzeichnung ungeeignet«.

Harden war klug genug zu wissen, dass jegliche kompromittierende Andeutung über das Privatleben des Monarchen zu verwegen wäre, und so entschied er sich dafür, Wilhelm zu diskreditieren, indem er stattdessen die homosexuelle Beziehung zwischen Eulenburg und dem Adjutanten des Kaisers, Graf Kuno von Moltke, bzw. »Schatzi«, wie Harden den Militärkommandanten von Berlin nannte, aufdeckte. »Indem er das tat«, so schrieb die Historikerin Alexandra Richie, »brach Harden eines der heiligsten Tabus im Kaiserreich Deutschland«.

Wilhelm versuchte, sich gegen den Skandal abzuschirmen, indem er sich von Eulenburg distanzierte und Moltke entließ. Aber keiner der beiden war bereit, mit einem so beschädigten Ruf das Schlachtfeld zu räumen. Was folgte, war eine Flut an Beleidigungsklagen voll anzüglicher Details, um die sich die Reporter rissen wie die Geier.

»Die deutschen Zeitungen waren voll von der Geschichte«, schrieb der Historiker James Steakley, »und die Sache dominierte monatelang die Schlagzeilen – eine antihomosexuelle Hexenjagd von noch nie da gewesenem Ausmaß wurde entfesselt. Nahezu jeder Regierungsbeamte und Militäroffizier wurde verdächtigt oder angeklagt«.

Einige der Männer begingen Selbstmord im Angesicht einer solchen Beschämung. Und Wilhelm II. hatte einen Nervenzusammenbruch. »Es war ein sehr schwieriges Jahr, das mir unzählige Sorgen brachte«, schrieb der Kaiser im Dezember 1907. »Eine vertraute Gruppe von Freunden war plötzlich auseinandergerissen worden – durch Unverfrorenheit, Verleumdung und Lüge. Dabei zusehen zu müssen, wie die Namen von Freunden in ganz Europa durch den Schmutz gezogen wurden, ohne etwas dagegen tun zu können, war schrecklich«.

Dann, gerade als der Skandal abzuflauen schien, vollführte Graf Dietrich von Hülsen-Haeseler seine fatale Pirouette. Die Leichenstarre setzte ein, bevor er aus dem Tutu befreit werden konnte.

15. NOVEMBER 1986

Lucys letzte Chance

Es war ein trauriger Schlussakkord einer Karriere, als die arme Lucille zu dem Schluss gelangte, dass keiner sie mehr liebte. Am 15. November 1986, nach nur acht Episoden, strahlte ABC die letzte Episode von *Life with Lucy* aus, mit der Lucille Ball ihre Rückkehr ins Rampenlicht versuchte. Fünf weitere Episoden waren produziert worden, aber die Show war ein so übler Flop, dass der TV-Sender die Show absetzte, bevor die 75-jährige Comedy-Legende weitere Erniedrigungen erleiden musste. Lucille legte sich angeblich verzweifelt ins Bett, überzeugt davon, von ihren einst so zahlreichen Fans verlassen worden zu sein. Da konnte sie auch die Tatsache nicht aufmuntern, dass ihre besseren Tage für immer filmisch verewigt worden waren.

16. NOVEMBER 1849

Dostojewskis eisiger Tag in der Hölle

Zar Nikolaus I. von Russland hatte für Fjodor Dostojewski eine Überraschung parat – ein teuflischer Plan mit nur einer Absicht: zu traumatisieren. Am 16. November 1849 wurden der Schriftsteller und seine Gefährten – einige Intellektuelle, die die repressive russische Regierung aufgrund ihres Aktionismus als subversiv betrachtete – zum Tode durch Erschießen verurteilt. Für gut einen Monat hing das Damoklesschwert des Todes unerbitterlich über Dostojewski. Dann, am festgesetzten Tag, wurden die Verurteilten zum Ort der Exekution auf dem winterlichen Semenovsky-Platz in Sankt Petersburg gebracht, wo drei Pfähle für die Hinrichtung in den Boden gerammt worden waren.

»Die schrecklichen, unsagbar schrecklichen Minuten, die darin bestanden, auf den Tod zu warten, begannen«, schrieb Dostojewski. »Es war kalt, so schrecklich kalt. Sie nahmen uns nicht nur die Mäntel weg, sondern auch unsere Jacken. Und es hatte minus zwanzig Grad«.

Als Dostojewski und die anderen zitternd am Schafott standen und

Das Gemälde von Ralph Bruce zeigt Dostojewskis Begnadigung in letzter Minute.

ihr Schicksal erwarteten, wurden die Männer der ersten Gruppe an die Pfähle gebunden, und Kapuzen wurden über ihre Köpfe gezogen. »Wir wurden in drei Gruppen geteilt«, erinnerte sich der Schriftsteller. »Ich war in der zweiten Gruppe, und mir blieb weniger als eine Minute Zeit zum Leben«. Als das Erschießungskommando jedoch die Gewehre hob und zielte, wurde die Aktion plötzlich abgebrochen. Statt eine tödliche Lektion in Sachen Gefahren der freien Meinungsäußerung zu erteilen, hatte Zar Nikolaus höchstselbst diese grausame Scharade als Warnung aufgeführt.

»Ich erfuhr vom Abbruch der Exekution und war noch ganz benommen«, erinnerte sich Dostojewski. »Ich hatte keine Freude daran, unter die Lebendigen zurückzukehren. Die Leute um mich herum schrien und machten Lärm. Doch das kümmerte mich nicht. Ich hatte das Schlimmste überstanden. Ja, das Allerschlimmste. Der arme Grigoryev wurde verrückt ... Wie haben die anderen überlebt? Ich weiß es nicht. Wir haben uns nicht einmal eine Erkältung zugezogen«. Erst nachdem er in seine Gefängniszelle zurückgebracht worden war, überkam Dostojewski die Freude, dass sein Leben gerettet war – obwohl ihm nun vier harte Jahre der Zwangsarbeit in Sibirien bevorstanden und er danach für die Armee zwangsrekrutiert wurde. Doch er lebte. Und die russische Literatur lebte mit ihm – *Schuld und Sühne*, *Die Brüder Karamasow* und all die anderen Klassiker konnten noch geschaffen werden.

17. November 1968

Der »Heidi-Bowl«

Wie in aller Welt kann jemand *Heidi* hassen? Nun, mit einer schlecht getimten Umschaltung schaffte es der Fernsehsender

NBC, Millionen gegen das beherzte Mädel aus den Schweizer Bergen aufzubringen. Als am 17. November 1968 Millionen von Football-Fans eines der aufregendsten Spiele der Saison verfolgten – ein episches Aufeinandertreffen zwischen den New York Jets und den Oakland Raiders – und als gerade die letzte Spielminute lief, schossen die Jets ein Tor aus 24 Metern Entfernung, das ihnen einen Vorsprung von 32:29 verschaffte. Was dann folgte, war einer der verblüffendsten Höhepunkte in der Geschichte des American Football: Oakland punktete in neun Sekunden zweimal und gewann das Spiel mit 43:32. Doch kaum jemand sah es. Denn ab genau 19 Uhr sendete NBC ein Remake des Kinderfilmklassikers *Heidi*, basierend auf den Büchern von Johanna Spyri.

Die Football-Fans schäumten vor Wut, sowohl auf das kleine Waisenmädchen auf ihren TV-Bildschirmen als auch auf die unfähigen Fernsehmacher. »Männer, die ihren Sessel bei einem Erdbeben nicht verlassen hätten, stürmten zum Telefon, um den Mann mit Obszönitäten zu überschütten, der die Übertragung des Spiels vermasselt hatte«, schrieb der Journalist Art Buchwald.

Besagter Mann war der NBC-Programmgestalter Dick Cline, der sich an den von NBC vorgegebenen Plan hielt, die stark beworbene Sendung *Heidi* planmäßig beginnen zu lassen. Cline wusste jedoch nicht, dass die Führungskräfte des Senders während dem fesselnden vierten Viertel des Spiels ihre Meinung geändert hatten, ihn telefonisch aber nicht erreichen konnten. »Ich wartete und wartete«, sagte er später, »und ich hörte nichts. Wir kamen schließlich zu dem Punkt, wo die Sendungen gewechselt werden mussten, und ich dachte: ›Nun, mir wurde nichts Gegenteiliges angeordnet, also muss ich tun, was vereinbart wurde.‹«

Um den kolossalen Fehler wieder auszubügeln, blendete NBC einen Lauftext unter der *Heidi*-Übertragung ein, in dem die erstaunliche Wende, die die Raiders geschafft hatten, zu lesen war – just in dem dramatischen Moment des Films, als Klara, die gelähmte Cousine von Heidi, aus dem Rollstuhl fällt und zu laufen versucht. »Die Football-Fans waren empört, als sie sahen, was sie verpasst hatten«, schrieb der Sportjournalist Jack Clary. »Das Publikum von *Heidi* hingegen war sauer, weil ein eingeblendetes Football-Ergebnis einen der berührendsten Momente des Films gestört hatte.«

Noch schlimmer

als der »Heidi-Bowl«

Bei einem harten Spiel wie American Football muss ein Vorfall schon ziemlich spektakulär sein, damit der Sport-TV-Sender ESPN ihn zu einem der schockierendsten Momente in der Geschichte der National Football League wählt. Der eben genannte »Heidi-Bowl« etwa schaffte es in diese Liste. Oder der Unglücksmoment von Quarterback Joe Theismann, den am 18. November 1985 Millionen von Zuschauern in der Sendung *Monday Night Football* mitverfolgten und der Theismanns Karriere bei den Washington Redskins durch einen grotesken Beinbruch, bei dem die Knochen offen herausragten, beendete. In einem Sturz, den die *Washington Post* einen nannte, den »niemand, der ihn gesehen hat, je vergessen wird«, ging Theismann zu Boden, nachdem er von Lawrence Taylor, Linebacker der New York Giants, umgerannt worden war: Seine Beine waren seitlich verdreht und wurden unter ihm in den Boden gerammt. Dann, als sich eine Reihe von Spielern auf ihn warf, kam das schauerliche Knacken der Knochen. »Als ich das Zersplittern hörte, ging es durch meinen ganzen Körper«, sagte Taylor nach dem Spiel. »Es fühlte sich an, als sei es mir selbst geschehen. Es war unerträglich«.

Eine Nummer zu groß

Präsident Woodrow Wilson hatte schon genug Ärger damit, drei oft nur an sich selbst interessierte Alliierte (Frankreich, Großbritannien und Italien) zu einem Friedensabkommen zu bewegen, das seine eigenen großen Ideale im Vorfeld des Ersten Weltkrieges reflektierte. Doch egal, welch eine Tortur der Friedensprozess in Paris gewesen war, es war ein Witz verglichen mit dem vehementen Widerstand, auf den Wilson zuhause traf. Seine hart erarbeitete Vereinbarung wurde vom US-Senat am 19. November 1919 aufgehoben. Der Vertrag von Versailles, besonders der Artikel für einen Völkerbund, war kostbar für Wilson – »eines der großartigsten Dokumente in der Geschichte der Menschheit«, wie er es nannte. Es reflektierte nämlich seine große (einige sagen idealistische) Vorstellung einer neuen Weltordnung, in der sich Nationen in einer friedvollen Union gegen einen weiteren sinnlosen Krieg wie den, der gerade stattgefunden hatte, stellten. Und der Präsident trat für seinen Vertrag mit kompromisslosem, fast schon messianischem Eifer ein, was den französischen Premierminister Georges Clemenceau dazu veranlasste, Wilson als »Jesus Christus« zu bezeichnen.

Das Problem war, dass Wilson weit hinter den Erwartungen zurückblieb, als er mit seinen politischen Gegnern verhandelte – insbesondere mit Henry Cabot Lodge, dem Anführer der Republikaner, die die Mehrheit im Senat innehatten. Und das beruhte auf Gegenseitigkeit, wie Lodge seinem Freund und Vertrauten Theodore Roosevelt klarmachte: »Ich habe nie gedacht, dass ich irgendjemanden im Geschäft der Politik so hassen könnte, wie ich Wilson hasse«.

Dummerweise bezog Wilson weder Lodge noch irgendeinen anderen seiner republikanischen Gegner bei der Formulierung des Vertrages von Paris mit ein, und so war der Vertrag in den USA dem Untergang geweiht. Wie Franklin D. Roosevelt, damals stellvertretender Marineminister, berichtete: »Hayes, Lodge und andere hatten bereits entschieden, den Vertrag zu vernichten, bevor sie irgendetwas über ihn oder den Völkerbund wussten, ob es ihr Gewissen nun verlangte oder nicht«.

Am 10. Juli 1919 ging Wilson zum Capitol Hill, um den Vertrag persönlich vorzulegen. In seiner Rede vor dem Senat an diesem Tag bekräftigte er, dass der Vertrag »nichts weniger als eine weltweite Regelung der Vermeidung von Konflikten« und der Zusammenschluss eines Völkerbundes die Pflicht eines jeden Mannes mit gutem Willen sei. »Sollen wir oder irgendwelche anderen Menschen zögern, diese große Verantwortung anzunehmen?«, schlussfolgerte der Präsident. »Sollen wir es wagen, ihn zurückzuweisen und das Herz der Welt zu brechen?«

Die Antwort der Republikaner war eindeutig: Ja! Lodge äußerte sich dezidiert gegen den Bund, von dem er annahm, dass er die USA dazu zwingen würde, sich in internationale Konflikte einzumischen, an denen man gar kein Interesse hatte, und – schlimmer noch – dass man den Kongress dabei völlig überging. »Ich habe immer eine Flagge geliebt und kann die Hingabe und die Zuneigung an ein gemischtes Banner, das der Völkerbund schaffen würde, nicht teilen«, erklärte er.

Als der Vertrag in Gefahr war, entschied sich Wilson dazu, eine Reise in den Westen zu unternehmen und seine Visionen den Amerikanern direkt zu vermitteln. Der Präsident war jedoch eigentlich gar nicht in der Verfassung für eine so anstrengende Reise. Eine Reihe kleinerer Schlaganfälle und andere gesundheitliche Probleme hatten ihn geschwächt, und er wurde von seinem Arzt gedrängt, zu Hause zu bleiben.

Aber am 3. September begab sich der Präsident auf seine Mission, die er als die wichtigste seines Lebens ansah. Die Tour wurde ein beeindruckender Erfolg, denn Wilson wurde in jeder Stadt enthusiastisch begrüßt, und es gab starke Anzeichen dafür, dass das Schicksal des Vertrages sich zu seinen Gunsten verschob. Doch der Preis, den Wilson bezahlte, war hoch. Als nur noch wenige Auftritte übrig waren, machte dem Präsidenten seine Gesundheit schwer zu schaffen, und er sah sich gezwungen, nach Washington zurückzukehren. »Dies ist die größte Enttäuschung meines Lebens«, sagte er zu seinem Arzt. Kurz darauf erlitt er einen massiven Schlaganfall.

Nachdem Wilson praktisch gelähmt war, waren dies auch die Angelegenheiten, die den Völkerbund betrafen. Lodge sah eine neue Gelegenheit, den Vertrag entweder mit einer Reihe seiner Vorbehalte auszuweiden, von denen er wusste, dass der verbohrte Präsident sie niemals akzeptieren würde, oder ihn ganz zu vernichten.

Am 19. November stimmte der Senat zum ersten Mal in seiner Geschichte gegen einen Friedensvertrag, und im folgenden März wurde bei einer weiteren Abstimmung dasselbe Ergebnis erzielt. Was die USA anging war der Völkerbund also gestorben. Und vier Jahre später war auch sein eiserner Verfechter tot.

Als Wilsons Witwe erfuhr, dass Henry Cabot Lodge plante, das Senate Foreign Relations Committee bei der Beerdigung zu vertreten, sandte sie ihm eine kurze Nachricht: »Weil mir klar ist, dass Ihre Gegenwart peinlich für Sie und mir unwillkommen wäre, schreibe ich Ihnen, um Sie zu bitten, nicht teilzunehmen«.

20. November 1992

Feuersbrunst in Windsor Castle

Die Symbolik war unmissverständlich, als am 20. November 1992 Windsor Castle in Flammen aufging. Seit es von Wilhelm dem Eroberer im späten 11. Jahrhundert errichtet (und beständig von den nachfolgenden Herrschern verbessert) worden war, thronte die massive

Steinkonstruktion hoch auf der Spitze eines Hügels als physische Verkörperung der britischen Monarchie – ein beständiger Sitz von Königen und Königinnen für nahezu ein Jahrtausend und genau der Ort, von dem die aktuelle königliche Familie ihren Namen bezog und den sie ihr Zuhause nannte. Nun schien der Untergang des Schlosses zeitlich mit dem immer größer werdenden Pech für Königin Elisabeth II. zusammenzufallen, deren 40-jährige Regentschaft in den Monaten vor dem Inferno beständig von endlosen Skandalen in ihrer Familie erschüttert worden war – am bemerkenswertesten davon war das Ende der Ehe ihres ältesten Sohnes und Erben mit Diana, Prinzessin von Wales.

Das Feuer brach in der Privatkapelle der Queen aus, als eine Lampe einige Vorhänge in Brand setzte. Es breitete sich mit verblüffender Geschwindigkeit in andere Räume aus. Die Queen wurde gefilmt, wie sie mit finsterem Blick versuchte, dabei zu helfen, einige der Kunstwerke des Schlosses zu retten, während Dutzende von Feuerwehrleuten das Inferno bekämpften. Vier Tage später sprach Elisabeth im alten Rathaus in London: »1992 ist kein Jahr, auf das ich mit purer Freude zurückblicken werde«; eine für sie charakteristische Untertreibung. »In den Worten eines meiner mitfühlenden Korrespondenten: Es sich als ein ›annus horribilis‹ (Schreckensjahr) herausgestellt«.

21. NOVEMBER 1916

Todesstoß für Franz Joseph

Wenige Monarchen in der Geschichte regierten so lange wie der österreichische Kaiser Franz Joseph oder mussten ähnlich großen Kummer wie er ertragen. Während seiner fast siebzigjährigen Herrschaft musste der Kaiser erleben, wie seine Frau Elisabeth von einem

Anarchisten erstochen wurde und sein Sohn Rudolf nach einem schrecklichen Sexskandal zusammen mit seiner Geliebten Selbstmord beging. Sein Bruder Maximilian, der Marionettenkaiser von Mexiko, wurde von einem Erschießungskommando exekutiert (siehe 19. Juni); sein Neffe Franz Ferdinand wurde in Sarajevo ermordet (siehe 28. Juni). Zudem brachten zahlreiche andere Verwandte Schande über das ruhmreiche Haus der Habsburger – darunter sein Bruder Ludwig Viktor, ein auffälliger Transvestit, bekannt als Luziwuzi, dessen öffentlicher Unfug den Kaiser zwang, ihn schließlich aus Wien zu verbannen, genauso wie seinen syphiliskranken Neffen Otto, der eine Neigung dazu hatte, sich in der Öffentlichkeit nackt auszuziehen.

Die schier endlose Serie an schlechten Tagen, die der Kaiser zu ertragen hatte, ist womöglich einem Fluch der Gräfin Károlyi geschuldet, deren Sohn während des ungarischen Aufstandes zu Beginn von Franz Josephs Herrschaft exekutiert worden war, ausgesprochen hatte: »Mögen Himmel und Hölle dein Glück in Stücke schlagen!«, soll die Gräfin bei einem Staatsball in Wien in Richtung des jungen Kaisers gewettert haben. »Möge deine Familie vernichtet werden, mögest du von den Personen gequält werden, die du am meisten liebst, und mögest du in einsamer, ungebrochener, schrecklicher Trauer leben und erzittern, wenn du dich an den Namen Károlyi erinnerst!«

Der Fluch der Gräfin hatte so weitreichende Folgen – so schien es zumindest –, dass der arme Franz Joseph selbst im Tod noch davon betroffen war. Nachdem er am 21. November 1916 im Alter von 86 Jahren einer Lungenentzündung erlegen war, wurde der Kaiser mit einer neuartigen Technik einbalsamiert, die ihn so dermaßen entstellte, dass sein Sarg geschlossen bleiben musste und die trauernden Angehörigen keinen letzten Blick auf den Leichnam des Regenten werfen konnten, der so lange Jahre über sie geherrscht hatte – dies verschaffte der Gräfin Károlyi vielleicht ihren letzten Triumph.

22. NOVEMBER 1963

LBJ versus RFK

»Tun Sie es. Präsident Kennedy ist nicht länger Präsident. Ich bin es!«
Lyndon B. Johnson, als er Robert F. Kennedy barsch eine Anweisung gab.

Der Generalstaatsanwalt Robert F. Kennedy musste sich gegen einen neuen Vorgesetzten zur Wehr setzen, den er aufs Äußerste verachtete: Lyndon B. Johnson. »Dieser Mann«, sagte Robert nach der Ermordung von John F. Kennedy am 22. November 1963 über Johnson, »ist gemein, verbittert und lasterhaft – auf viele Arten und Weisen ein Tier«. Johnson hielt seinerseits von Robert nicht viel und nannte ihn einen »rotznäsigen Hurensohn«. Die Feindschaft der beiden resultierte in Roberts Amtsaufgabe als Generalstaatsanwalt und seiner Entscheidung, als Kandidat der demokratischen Partei gegen Johnson anzutreten.

23. NOVEMBER 1921

Abenteuerliche Heuchelei, Teil III

Als die Prohibition durchgesetzt wurde, schloss der Kongress mit dem Willis-Campbell-Act ein lange genutztes Schlupfloch, denn er limitierte die Menge an Alkohol, die Ärzte für medizinische Zwecke verschreiben durften. Am 23. November 1921 unterzeichnete Präsident Warren G. Harding den Gesetzesentwurf – zweifelsohne mit einem leisen Lachen, da der Mann, der in letzter Instanz mit der Durchsetzung des Alkoholverbots betraut war, gleichzeitig das Kabinett des Weißen Hauses, zum Vergnügen des Präsidenten und seiner korrupten, Poker spielenden Gefährten, mit alkoholhaltiger »Medizin« versorgte.

Alice Roosevelt Longworth, die scharfzüngige Tochter von Präsident Theodore Roosevelt, beschrieb einen Abend als Gast im Weißen Haus wie folgt: »Das Arbeitszimmer war gefüllt mit Zechkumpanen … Tabletts mit Flaschen, die jede erdenkliche Sorte von Whiskey enthielten, standen herum, Karten und Poker-Chips waren griffbereit – eine zwanglose Atmosphäre mit aufgeknöpften Westen; sie hatten die Füße auf dem Tisch, und die Spucknäpfe standen bereit«.

Ein Jahr nach dem einschränkenden Gesetz überbrachte der dem Alkohol nicht abgeneigte Präsident dem Kongress eine atemberaubend heuchlerische Botschaft: »Lassen Sie die Männer, die das moralische Gewebe der Republik durch einfache Verachtung für das Prohibitionsgesetz zerreißen, weil sie denken, es beschränke ihre persönliche Freiheit, sich daran erinnern, dass sie Vorbildfunktion haben und Missachtung des Gesetzes bewirken, was zu guter Letzt die Republik zerstören wird.«

24. November 1832

Rache an den Südstaaten

P räsident Andrew Jackson hatte es nicht leicht in diesem Herbst. Die schwelende Spannung zwischen South Carolina und der US-Regierung zum Jahresende 1832 spiegelt sich in der sich verschlechternden Beziehung zwischen Jackson und seinem aus South Carolina stammenden Vizepräsidenten John C. Calhoun wider. Der Konflikt, der die beiden Männer zu Widersachern machte, hatte tiefgreifende Auswirkungen auf die Zukunft der jungen Republik. Er betraf die Frage, ob ein individueller Bundesstaat das Recht hatte, das Bundesgesetz zu annullieren oder zu ignorieren. Calhoun glaubte ernsthaft, der Staat habe das Recht, abzulehnen, was er als abstoßend empfand, und zur Not sogar aus dem Bund auszusteigen. Für Jackson kam dieses Prinzip einem Verrat gleich.

Und so kam es, dass Jackson durch die Decke ging, als der Kongress von South Carolina am 24. November 1832 eine »Nullifikationserklärung« verabschiedete. Er drohte damit, die Rädelsführer der Nullifikation als Verräter erhängen zu lassen – einschließlich Calhoun, der klugerweise das Amt des Vizepräsidenten unmittelbar danach aufgab, um im Senat von South Carolina zu dienen. Angesichts der Geschichte des Präsidenten, die voll von Morden war, zweifelten wenige daran, dass er es ernst meinte.

»Die Boshaftigkeit, die Verrücktheit und die Torheit der Anführer und ihrer Mitstreiter im Versuch, sich selbst und unsere Union zu zerstören, ist in der Weltgeschichte noch nie da gewesen«, schrieb Jackson. »Die Union wird als Ganzes erhalten bleiben«. Und zu diesem Zweck war der Präsident in vollem Umfang bereit, das Militär einzusetzen, »um den Aufruhr im Keim zu ersticken«.

Trotz seiner Wut war Jackson politisch gesehen scharfsinnig genug, die Problematik der Situation zu erkennen. Überhastetes Handeln könnte einen Bürgerkrieg entfachen, wenn sich andere Südstaaten der Rebellion South Carolinas anschließen würden. Daher schluckte er seine Empörung herunter und versuchte, so freundlich er konnte, den aufrührerischen Staat wieder zur Besinnung zu bringen, wobei er die Menschen erinnerte, welche Vorteile ihnen die Union einbrachte und welche Gefahren die junge Nation hatte überstehen können, indem man zusammenhielt. Dennoch blieb er in einer Sache deutlich: Abweichende

Meinungen würden unterdrückt werden – selbst wenn das bedeutete das Blut von Landsleuten vergießen zu müssen. Die Krise wurde schließlich durch einen Kompromiss abgewendet: Ein verhasster bundesstaatlicher Zoll, der bei den Bewohnern von South Carolina Trotz hervorrief, wurde modifiziert, und der Bundesstaat widerrief seine Nullifikation. Es sollte keinen Bürgerkrieg geben – zumindest vorerst –, aber der Präsident schäumte noch immer vor Wut. Als er auf dem Sterbebett gefragt wurde, was er am meisten bedauere, sagte Jackson angeblich: »Dass ich John C. Calhoun nicht gehängt habe«.

25. November 1970

Freitod für Japans Ruhm

Es war schon ein Weilchen her, seit der erste japanische Samurai sich im 12. Jahrhundert selbst rituell den Bauch aufgeschlitzt hatte. Und obwohl diese Methode der Selbsttötung, bekannt als *seppuku*, acht Jahrhunderte später aus der Mode gekommen war, belebte der für den Nobelpreis nominierte japanische Romanautor Yukio Mishima sie am 25. November 1970 neu. Es gab dabei allerdings ein paar Störfaktoren: Zu jener Zeit brachte man einem Krieger, der einen solchen Weg einschlug, nicht mehr die Anerkennung entgegen, die er früher bekommen hatte – und das Wissen, das es brauchte, um einen solchen Freitod mit Geschick und Präzision auszuführen, wurde nicht mehr vermittelt.

Mishima, der noch einen Nebenjob als erfolgreicher Filmstar hatte, hatte sich als extremer Nationalist ins Rampenlicht gerückt, der dazu auserkoren sei, Japan zu dem Ruhm zu verhelfen, den es vor dem Zweiten Weltkrieg besessen hatte. Zu diesem Zweck sollte die Gottähnlichkeit des Kaisers wiederhergestellt, das Militär gestärkt und die schlaffe

Verfassung des Landes beseitigt werden. Es war eine ehrgeizige Agenda, sicherlich, aber eine, die Mishima mit wahrer Inbrunst verfolgte – indem er einen Staatsstreich versuchte. Er und eine Handvoll fanatischer Gefährten schafften es, das Verteidigungsministerium in ihre Gewalt zu bringen, indem der Star mitsamt Entourage mit Schwertern bewaffnet einfach hineinspazierte. Nachdem man den verblüfften Kommandanten an seinen Stuhl gefesselt hatte, trat Mishima aus dessen Büro heraus und auf einen Balkon. Dann versuchte er, eine mitreißende Rede zu halten, an die Soldaten gerichtet, die sich unten versammelt hatten, doch er wurde von spöttischen Rufen übertönt. Von der rauen Begrüßung

Der japanische Schriftsteller Yukio Mishima bei seiner nationalistischen Rede vor seinem seppuku.

befremdet, erklärte er dennoch unerschrocken: »Ich werde ein ›Hoch auf den Kaiser‹ rufen!« Dann ging er in das Büro des Kommandanten zurück, um sich selbst im Stil der Samurai zu opfern – für die gute Sache.

Sich würdig die Eingeweide herauszusäbeln stellte sich jedoch als problematisch heraus. Traditionellerweise war dabei ein anderer Samurai anwesend. Die Rolle dieses »Kaishakunin« übernahm Masakatsu Morita, der sich allerdings als unfähig entpuppte. Die Aufgabe wurde schließlich auf Hiroyasu Koga übertragen. Leider blieb das ganze Spektakel folgenlos und war so völlig umsonst.

26. NOVEMBER 1095 UND 1648

Unchristliche Christenheit, Teil III

Am 26. November 1095 äußerte Papst Urban II. seinen berühmten Aufruf zum Krieg, »Deus volt« (»Gott will es«), wobei er den ersten von sieben größeren Kreuzzügen ins Heilige Land (und eine endlose Serie von historisch schlechten Tagen) gegen Muslime ins Leben rief. Fünfeinhalb Jahrhunderte später rührte der Vatikan noch immer die Kriegstrommel – nur wurden dieses Mal Christen dazu gedrängt, Christen abzuschlachten – im Dreißigjährigen Krieg, einem der zerstörerischsten Konflikte in der europäischen Geschichte.

Wie sein Vorgänger im finsteren Mittelalter betrachtete Papst Innozenz X. den Krieg als Willen Gottes und war deshalb überhaupt nicht einverstanden, als dank des Westfälischen Friedens wieder einigermaßen Ruhe auf dem verwüsteten Kontinent einkehrte. In der Tat war der »Stellvertreter Gottes auf Erden« so unglücklich über den Frieden, der den Interessen des Papstes entgegenwirkte, dass er am 26. November 1648 – genau 553 Jahre nach dem Aufruf zum Gemetzel seitens

Urbans II. – den Vertrag scharf verurteilte: Er sei, wie er erklärte »null und nichtig, ungültig, ungerecht, verwerflich, verkommen, hirnverbrannt, bedeutungslos und ohne Wirkung für alle Zeit« – so hätte Jesus es gewollt.

27. November 1917

Waschen Sie diese Rotröcke weiß!

Der Film von D. W. Griffith *Die Geburt einer Nation* aus dem Jahr 1915 war ein gut gemachter, aber rassistischer Film, der die Entstehung des Ku-Klux-Klans nach dem Bürgerkrieg feierte. Kommerziell gesehen war er ein derartiger Erfolg, dass er Robert Goldstein, der mit Griffith an dem Film gearbeitet hatte, dazu inspirierte, sein eigenes historisches Spektakel zu produzieren, das sich auf den amerikanischen Unabhängigkeitskrieg fokussierte. *The Spirit of '76* kam ohne die kontroversen Themen aus, mit denen *Die Geburt einer Nation* in einigen Städten für Tumult gesorgt hatte. Goldsteins Film war eine ernsthafte (manche sagen schmalzige) Hommage an so »ur-amerikanische« Momente wie Paul Reveres »Mitternachtsritt« oder die Unterzeichnung der Unabhängigkeitserklärung. Daneben gab es darin Darstellungen der Briten als Bösewichte, die Babys mit Bajonetten aufspießten und brave amerikanische Mädchen an den Haaren wegzerrten, um sie zu vergewaltigen. Und genau deshalb gerieten Goldstein und der Film in Konflikt mit der US-Regierung, was – wie der Historiker David Hackett Fischer es bezeichnete – zu einem »der seltsamsten Akte von bundesstaatlicher Tyrannei in der amerikanischen Geschichte« führte.

Die USA waren gerade in den Ersten Weltkrieg eingetreten, als im Mai 1917 *The Spirit of '76* in Chicago Premiere feierte. Das Debüt des

Filmes mit seinen patriotischen, durch und durch amerikanischen Themen schien perfekt getimt zu sein. Goldstein wurde angewiesen, Szenen der britischen Grausamkeiten herauszuschneiden, damit sie die Öffentlichkeit nicht empörten in einer Zeit, da die Nation an der Seite der Briten in Europa kämpfte. Der Produzent willigte ein, doch als der Film am 27. November in Los Angeles anlief, waren die herausgeschnittenen Szenen wieder ergänzt worden. Goldstein wurde verhaftet und im Rahmen des kurz zuvor verabschiedeten Spionagegesetzes angeklagt. Seine gekünstelten Darstellungen britischer Grausamkeiten machten ihn zum Staatsfeind. Deshalb wurde Goldstein zu zehn Jahren Gefängnis verurteilt, zudem mit einer strengen Geldbuße bestraft und sein Film wurde konfisziert.

Obwohl Goldstein nach drei Jahren aus dem Gefängnis entlassen wurde, war er vollkommen ruiniert. »Ich bin nur ein einsamer Mann, der grundlos Unrecht erlitten hat – kann man da verweigern, mir zu helfen, damit mir Gerechtigkeit widerfährt?«, schrieb er an die Academy of Motion Picture Arts and Sciences im Jahr 1927. »Ich habe niemals auch nur das Geringste getan, um Strafverfolgung und Vorurteile zu verdienen. Was, im Namen des gesunden Menschenverstandes, kann der Grund für solch eine bodenlose Ungerechtigkeit sein?«

28. NOVEMBER 2000

Qualmende Wirtschaftlichkeit

Die Führungskräfte von Philip Morris sahen sich am 28. November 2000 in den Ergebnissen einer Studie, die der Zigarettengigant bei Arthur D. Little International Inc. in Auftrag gegeben hatte, bestätigt. Es stellte sich heraus, dass Rauchen in der Tschechischen Republik im

Grunde »positive Effekte« auf die Wirtschaft der Nation habe. So gab es etwa Einnahmen durch die Tabaksteuer, und, wie das Beratungsunternehmen berichtete, »Einsparungen bei den Aufwendungen im Gesundheitswesen, durch die erhöhte Sterblichkeitsrate der Raucher«. Würde man diese Ersparnisse gegen die Kosten aufwiegen, die entstehen, wenn man Raucherkrankheiten behandelt, ginge die Tschechische Republik mit einem Gewinn von etwa 147 Millionen Dollar hervor.

Natürlich konnte Philip Morris, Hersteller von circa 80 Prozent der Zigaretten, die in der Tschechischen Republik geraucht wurden, derart großartige Neuigkeiten nicht für sich behalten und verbreitete den Bericht in dem untersuchten Land. »Dies ist eine Studie, die wirtschaftliche Auswirkungen untersucht, nicht mehr und nicht weniger«, sagte Robert Kaplan, ein Sprecher für Philip Morris' Internationale Tabakdivision dem *Wall Street Journal.* »Wir versuchen nicht anzudeuten, dass die durch das Rauchen verursachten Krankheiten Vorteile für die Gesellschaft bringen«. Nein, natürlich nicht.

29. NOVEMBER 1968

Knackig nackig

Im November 1968 brachten die Beatles ihr berühmtes Doppelalbum heraus, das ein rein weißes Cover zierte. Hätten sich John Lennon und seine Geliebte Yoko Ono doch nur für ein ähnlich drastisches Design entschieden, als sie im gleichen Monat *Unfinished Music No. 1: Two Virgins* herausbrachten! Somit wäre der einzige Schrecken dieser Platte der musikalische Inhalt gewesen. John und Yoko jedoch entschieden sich für ein Cover, das sie als genauso fortschrittlich empfanden wie ihre Musik: ein unzensiertes frontales Nacktbild von sich selbst, mit einer anderen Aufnahme auf der Rückseite, die ihre blanken Hinterteile zeigte.

John Lennon sagte, das Album sei in jener Nacht aufgenommen worden, kurz bevor das Paar zum ersten Mal miteinander ins Bett gegangen war. »Sie machte lustige Geräusche, und ich drückte allerlei Knöpfe, um die Soundeffekte einzufangen«, erinnerte er sich, »und dann, als die Sonne aufging, haben wir Liebe gemacht, und so entstand *Two Virgins*.«

EMI, die Plattenfirma der Beatles, verneinte, irgendetwas mit dem Produkt zu tun zu haben. »Warum nehmen die nicht lieber Paul (McCartney) dafür?«, soll der EMI-Vorsitzende zu dem Nacktcover gesagt haben. »Er sieht viel besser aus«. Inzwischen tat die Polizei der Öffentlichkeit einen Gefallen, indem sie die Alben beschlagnahmte, die sie als pornografisch erachtete. Für diejenigen, die *Two Virgins* dennoch in die Finger bekamen, galt: Welche Botschaft John und Yoko auch immer zu übermitteln versuchten, sie ging in Lärm unter. »Dilettantischer Müll, ganz einfach«, schrieb Lester Bangs im *Rolling Stone*. Dennoch hatte das Paar in einer Hinsicht Erfolg: »Wir zielten mit Absicht nicht auf ein schönes Foto ab«, sagte Lennon später. »Wir wollten es nicht dadurch aufmotzen, dass wir sexy oder gut aussahen ... Wir haben das direkteste, unvorteilhafteste Bild genommen, um einfach nur zu zeigen, dass wir menschlich waren«.

Väter des Jahres

Die Gründung neuer Familien nach erneuter Hochzeit verursachte schon bei manchem Vater eine Art selektiven Gedächtnisverlust bezüglich der Kinder aus erster Ehe. Heinrich VIII. von England etwa

schob seine Tochter Maria – einst seine »allerwichtigste Perle« –, grausam beiseite, als er seine zweite Ehefrau, Anne Boleyn, heiratete. Deren Tochter Elisabeth erlitt dasselbe Schicksal, als Heinrich Anne enthaupten ließ. Erst als des Königs dritte Ehefrau, Jane Seymour, ihm den Sohn schenkte, den er so lange herbeigesehnt hatte, zeigte sich Heinrich als stolzer und beständiger Papa.

Auf ähnlich unfaire Weise war Russlands Zar Peter der Große in die Kinder vernarrt, die seine zweite Gemahlin ihm geschenkt hatte, ignorierte aber den Sohn, den er mit seiner ersten Gattin hatte – bis er einen guten Grund fand, den jungen Mann im Jahre 1719 zu Tode foltern zu lassen.

Auch in der Neuzeit zogen berühmte Väter in ihrer fürsorglichen Begünstigung manche Kinder anderen vor. John Lennon (ja, er schon wieder) verehrte seinen zweiten Sohn Sean von Yoko Ono, aber verstieß praktisch seinen erstgeborenen Sohn Julian. Der legendäre Redakteur der *Washington Post,* Ben Bradlee, berühmt durch die Watergate-Affäre, widmete seine Autobiografie seinem jüngsten Sohn Quinn, während er seine zwei anderen Söhne und seine Tochter aus vorherigen Ehen ignorierte. Bradlee verfasste sogar zusammen mit Quinn ein Buch, das er ironischerweise *A Life's Work: Fathers and Sons* nannte. Dann gab es da noch den beliebten Schnulzensänger Bing Crosby – einst zum »Filmvater des Jahres« gekürt –, dessen vier Söhne aus erster Ehe praktisch komplett vernachlässigt wurden, als der Star begann neue Kinder mit seiner zweiten Frau Kathryn in die Welt zu setzen. Genau diese neue Nachkommenschaft war es, mit der sich Bing Crosby in all seinen Weihnachtssendungen und omnipräsenten Werbesendungen zeigte.

Während eines der seltenen Fernsehauftritte mit seinem ältesten Sohn Gary im Jahr 1969 antwortete Crosby auf ein Kompliment des jungen Mannes mit unbeabsichtigter Schärfe: »Nun, das ist ein hohes Lob, wenn man bedenkt, dass es von einem komplett Fremden kommt.« Vater und Sohn sangen anschließend ein Lied zusammen: »Hey Jude« von den Beatles – ein Song, der von Paul McCartney für John Lennons verstoßenen Sohn Julian geschrieben worden war.

Am 30. November 1977 wurde die letzte Weihnachtssendung von Bing Crosby ausgestrahlt, in der wieder einmal nur seine drei jüngsten Kinder im Mittelpunkt standen. Der Star war einige Wochen vor der Sendung gestorben, und mit ihm jegliche Hoffnung, dass jemals eine Weiße Weihnacht mit all seinen sieben Kindern gefeiert werden könnte.

Dezember

1. DEZEMBER 2006

Schlägerei bei der Amtseinführung

D ie Amtseinführung von Felipe Calderón als Präsident von Mexiko hatte die Erhabenheit einer Kneipenschlägerei – was vielleicht daran lag, dass sie einer solchen stark ähnelte. Während draußen Randalierer Amok liefen, tauschten drinnen während einer Sitzung des mexikanischen Kongresses Abgeordnete, die gegen Calderóns Präsidentschaft waren, Faustschläge aus und warfen Stühle auf ihre politischen Rivalen – eine chaotische Szene, die der ehemalige Leinwandstar Arnold Schwarzenegger, der damalige Gouverneur von Kalifornien, der das Spektakel als Gast miterlebte, als »gute Action« bezeichnete.

Dann, als Calderón das Podium bestieg, um vereidigt zu werden, wurde er mit Pfiffen und mit »Hau ab!«-Rufen empfangen. Nach vier Minuten wurde der neue Präsident in Sicherheit gebracht. Seine Amtseinführungszeremonie war vielleicht die kürzeste, die es je gegeben hatte – und fast mit Sicherheit die gewalttätigste.

2. DEZEMBER 1974

Ab in den literarischen Boxring

Jahre bevor trashige Talkshows wie die von Jerry Springer im Fernsehen liefen, brach in der normalerweise ruhigen *Dick Cavett Show* im Jahr 1974 eine Schlacht aus. Und sie fand nicht etwa zwischen schwangeren Geliebten oder gehörnten Ehegatten statt, sondern zwischen zwei Literaturgiganten, Gore Vidal und Norman Mailer.

Es herrschte bereits dicke Luft, bevor die beiden Männer vor die Kamera traten. Mailer war etwas verstimmt wegen Vidals vernichtender Rezension seiner Polemik am Feminismus, *The Prisoner of Sex*, ein Werk, das sich, wie Vidal im *New York Review of Books* schrieb, »las wie eine Monatsblutung«. Bevor man mit der Aufzeichnung begann, hatte Mailer, der vor der Sendung bereits einige Cocktails gekippt hatte, Vidal im Aufenthaltsraum eine Kopfnuss verpasst.

Falls Mailer gehofft hatte, dass seine plötzliche Kopfnuss Vidal verwirren könnte und ihm auf der Bühne den Wind aus den Segeln nehmen würde, wie er später behauptete, lag er falsch. Vidal ließ sich nicht anmerken, dass er gerade hinter der Bühne angegriffen worden war, und spielte Mailers Versuche, ihn zu reizen, gekonnt herunter. Als Mailer behauptete, dass Vidals schriftstellerische Werke »sterbenslangweilig seien«, buhte ihn das Publikum aus. Doch Mailer war unbeirrt und deutete an, dass er zu Vidal aufblicken würde, wenn der ihm etwas über das Schreiben beibringen könne. Als Vidal erwiderte, dass er nicht die Famous Writers School sei, lachte das Publikum – und Mailer kochte vor Wut.

Nachdem er diese Runde verloren hatte, richtete Mailer den Fokus der Konversation wieder auf Vidals Rezension von *Prisoner of Sex*. Mailer nahm an sehr vielen Punkten der Rezension Anstoß, aber vor allem forderte er eine Entschuldigung dafür, dass Vidal ihn mit dem Mörder Charles Manson verglichen hatte. (Mailer hatte Jahre zuvor seine Ehefrau Adele niedergestochen, die zweite seiner sechs Ehefrauen.)

Vidal antwortete: »Ich würde mich dafür entschuldigen – wenn es deine Gefühle verletzt, würde ich das natürlich tun.«

»Nein«, gab Mailer zurück, »es verletzt meinen Sinn für die geistige Verschmutzung«.

»Nun«, antwortete Vidal unter dem Gelächter des Publikums, »ich muss sagen, du als Experte für intellektuellen Müll solltest über derartige Dinge Bescheid wissen«.

»Ganz recht«, kam Mailers schwache Erwiderung, »ich musste mich von Zeit zu Zeit mit deinen Werken beschäftigen, und das hat mir geholfen, ein Experte der geistigen Verschmutzung zu werden, ja«.

Und Mailers Lage wurde immer schlimmer, als er weiterhin nicht nur Vidal, sondern auch den Moderator, Dick Cavett, beleidigte – bzw. dies versuchte. »Warum schauen Sie nicht auf Ihr Spickblatt und stellen eine Frage?«, knurrte Mailer Cavett an, der prompt antwortete: »Warum falten Sie es nicht fünfmal zusammen und stecken es sich dahin, wo die Sonne nie hinscheint?«

Als das Publikum laut seine Anerkennung zu erkennen gab, fragte Mailer es: »Seid ihr die Idioten, oder bin ich es?«

»Sie!«, schrien sie, worauf Cavett sich zu Wort meldete: »Oh, das war eine deutliche Antwort«.

Kein »LOL« dafür

Am 3. Dezember 1992 versendete Neil Papworth die erste SMS der Welt und machte diesen Tag zu einem sehr schlechten für zwischenmenschliche Kommunikation. Seit diesem Tag haben Teenager im Grunde damit aufgehört, miteinander zu reden; Worte auszuschreiben ist verpönt – kein Grund zum Lachen also.

Von Kaisern und Kannibalen

Am 4. Dezember 1977 erklärte sich ein Mann, der des Kannibalismus beschuldigt wurde, zum König der Zentralafrikanischen Republik. Der Armut seines Volkes angemessen, hätte Jean-Bédel Bokassas Krönung vielleicht eine maßvolle Angelegenheit sein sollen. Aber seine Kaiserliche Hoheit duldete das nicht. Mit einem Ego, so groß wie das seines persönlichen Helden Napoleon, bestand er auf einer Zeremonie, die so üppig ausfiel wie die des französischen Kaisers über 150 Jahre zuvor. Bokassas »alberne Pracht«, wie eine Zeitung aus Kenia, die *Sunday Nation,* es verächtlich nannte, sollte fast 25 Millionen Dollar kosten, ein Viertel des Jahreseinkommens seiner Nation, was den selbst ernannten Monarchen weltweit zum Gespött machte.

Um seine narzisstische Zauberposse vorzubereiten, wandte sich Bokassa an Frankreich, das Land, das ihn und sein brutales Regime bei seinem Staatsstreich im Jahr 1966 unterstützt hatte. Der Bildhauer

Olivier Brice wurde angehalten, einen gewaltigen, zwei Tonnen schweren, vergoldeten Thron in Form eines Adlers zu konstruieren. Ein prächtiger Streitwagen im Stil eines Römischen Kaisers sollte den Herrscher und seine Lieblingsfrau zu der Zeremonie fahren. Dutzende von Soldaten aus dem vor Kurzem umbenannten Zentralafrikanischen Kaiserreich, die als »Napoleonische Husaren« dienen sollten, wurden in die Normandie gesandt, um zu lernen, wie man auf Pferden reitet.

An dem glühend heißen Krönungstag ließ Bokassa auf sich warten und seine Gäste erstmal in der Sonne schmoren. Als er schließlich ankam, war seine Kaiserliche Hoheit in eine majestätische Garderobe gewandet, die von der 200 Jahre alten Firma entworfen worden war, die einst Napoleon eingekleidet hatte. Da stand er, stolz wie ein Pfau, in einer bodenlangen Toga, die mit Zehntausenden von winzigen Perlen geschmückt war, über die ein neun Meter langer Mantel aus purpurrotem Samt gebreitet worden war, golden bestickt und gesäumt mit Hermelin. Um noch mehr Caesarentum hinzuzufügen, war des Kaisers Haupt geschmückt mit einem Kranz aus goldenem Lorbeer, der dann gegen die eigentliche Krone eingetauscht werden sollte – ein grandioses Schmuckstück, erschaffen von dem französischen Juwelier Arthus-Bertrand.

Der selbsternannte Kaiser Jean-Bédel Bokassa präsentiert sich vor seinem pompösen Thron.

Bokassa hatte gehofft, dass Papst Paul VI. zur Zeremonie kommen und bezeugen würde, wie er sich selbst krönte, so wie Pius VII. bei der Krönung Napoleons anwesend gewesen war. Es war nicht überraschend, dass Seine Heiligkeit die Einladung ablehnte, genau wie die Präsidenten anderer Länder weltweit – einschließlich derer anderer afrikanischer Nationen. »Sie waren neidisch auf mich, weil ich ein Kaiserreich hatte und sie nicht«, schlussfolgerte Bokassa später.

Als die kitschige Napoleon-Imitation zu Ende war, wurden die Gäste in einer Flotte von 60 neuen Mercedes-Benz-Automobilen abtransportiert, die extra für die Feier importiert worden waren. Die Bevölkerung konnte zwar wenig Begeisterung für den Konvoi des Kaisers aufbringen – ohne Zweifel ein Ergebnis des Hungers –, aber die geladenen Gäste labten sich beim Festessen an Bergen von Kaviar, Stör und anderen Delikatessen. Und zum Runterspülen floss der Champagner in Strömen … französischer natürlich.

Und eine weitere Besonderheit stand auf der Speisekarte: Nachdem sich die Gäste satt gegessen hatten, flüsterte der Kaiser dem französischen Minister Robert Galley ins Ohr: »Sie haben es sicher nicht bemerkt, aber Sie haben gerade Menschenfleisch gegessen!«

5. Dezember 1484

Unchristliche Christenheit, Teil IV

Heinrich Kramer hatte eine sehr schwierige Aufgabe. In Mitteleuropa wimmelte es nur so von Hexen, die in einer Vielzahl von Regionen wahres Chaos stifteten. Was noch schlimmer war: Die Würdenträger der Kirche vor Ort widersetzten sich aktiv seinen Bemühungen, derartiges Übel zu bekämpfen. Also musste sich Kramer als pflichtbewusster Inquisitor an den Papst wenden. Am 5. Dezember 1484 entsprach Seine Heiligkeit Innozenz VIII. dem Wunsch seines loyalen Hexenjägers, indem er die päpstliche Bulle *Summis desiderantes affectibus* veröffentlichte.

Die päpstliche Verlautbarung bestätigte nicht nur die Existenz dieser böswilligen Kreaturen, die, »auf Veranlassung des Feindes der Menschheit … nicht davor zurückschrecken, die faulsten Gräueltaten und schmutzigsten Exzesse zu begehen«, sondern warnte auch die Bischöfe vor Ort, sich Kramers heiliger Mission nicht entgegenzustellen. Als Strafe dafür sah der Papst »Exkommunikation, Suspendierung, einen Bannbrief und noch andere schrecklichere Urteile, Rügen und Strafen« vor.

Der fanatische Inquisitor – vom Historiker Edward Peters als »rasender Frauenhasser« beschrieben – war begeistert von der Maßnahme des Papstes und machte sich sofort daran, einen handlichen Leitfaden herauszugeben, um die (meist weiblichen) Dienerinnen Satans zu identifizieren, zu foltern und zu töten.

Malleus maleficarum bzw. der *Hexenhammer* (veröffentlicht im Jahr 1487 und mit Jakob Sprenger als Co-Autor) war gefüllt mit so aufschlussreichen Erklärungen wie »alle Hexenkunst kommt von der Fleischeslust, die bei Frauen unersättlich ist« und – was für Männer besonders interessant war –, dass »Hexen dazu in der Lage sind, den natürlichen Gebrauch jeden Gliedes zu verderben«.

Mit der Erfindung des Buchdrucks wurde *Malleus Maleficarum* zum Bestseller und zur verbindlichen Quelle, die den Hexenwahn über mehrere Jahrhunderte hinweg stützte und Tausende unschuldiger Menschen das Leben kostete. Und zudem enthielt jede Ausgabe dieses blutgetränkten Buches Papst Innozenz' Worte seiner sogenannten *Hexenbulle* und seine Billigung »unseres geliebten Sohnes« Kramer.

6. Dezember 1741

Das Unglück eines Baby-Zaren

Der arme kleine Iwan VI. hatte keine Ahnung, dass er einen schlechten Tag hatte, als er plötzlich am 6. Dezember 1741 vom russischen Thron gestoßen wurde. Schließlich war er noch keine 16 Monate alt. Aber das Unglück des Babys sollte sich in den darauffolgenden Jahren auf schreckliche Weise offenbaren.

Der kindliche Kaiser schlief tief und fest, als seine entfernte Cousine Elisabeth, eskortiert von bewaffneten Kaiserwachen, in den Winterpalast eindrang, um die Krone für sich zu beanspruchen. Es war ein Staatsstreich ohne Blutvergießen, doch von einem Augenblick zum nächsten wurde der junge Iwan vom Kaiser zum Gefangenen. Als sie das Baby an sich nahm, sagte Elisabeth zu ihm: »Du bist an gar nichts schuld, mein Kleiner!« Dann übergab sie ihn seinem schrecklichen Schicksal.

Die neue Kaiserin, Tochter von Peter dem Großen, war zunächst relativ wohlwollend und erlaubte dem abgesetzten Zaren, mit seinen Eltern und Geschwistern in Gefangenschaft zu leben. Doch mit vier Jahren wurde das Kind von seiner Familie isoliert. Die grausame Ironie bestand darin, dass Iwan für längere Zeit in demselben Gefängnis lebte wie seine geliebte Familie, wobei er keine Ahnung hatte, dass auf der anderen Seite der dicken Mauer, die sie trennte, zwei neue Brüder geboren wurden oder dass seine Mutter 1746 am Fieber starb.

Zwei Jahre später war der kleine Junge selbst tödlich erkrankt, sowohl an Masern als auch an Pocken, und Kaiserin Elisabeth weigerte sich, ihn behandeln zu lassen. Wie durch ein Wunder überlebte der Ex-Kaiser, doch nur, um allein in seiner düsteren Zelle sein Dasein zu fristen, jeglicher Freuden beraubt.

Eine derartig extreme Isolation manifestierte sich in ersten Anzeichen von Geisteskrankheit – insbesondere von dem Moment an, als Iwan im Alter von 15 Jahren in das berüchtigte Inselgefängnis von Schlüsselburg gebracht worden war. Eine Wache berichtete: »Seine Artikulation war dermaßen gestört, dass ihn selbst die, die ihn ständig sahen und hörten, nur schwer verstehen konnten ... seine geistigen Fähigkeiten waren schwer beeinträchtigt, er hatte nicht das leiseste Erinnerungsvermögen, keinerlei Gefühlsregungen, weder von Freude noch Trauer, und keine speziellen Vorlieben«.

Die Wache stellte auch fest, dass im Juni 1759 »seine Anfälle heftiger wurden. Der Patient schrie die Wachen an, stritt sich mit ihnen, versuchte, mit ihnen zu kämpfen, verzog den Mund, und drohte, die Offiziere zu schlagen«. Natürlich könnte sein Verhalten etwas damit zu tun gehabt haben, dass die Wachen den hilflosen jungen Gefangenen gerne gnadenlos folterten.

Drei Regentschaften überlebte Iwan in seinem Gefängnis. Peter III. kam sogar auf einen Besuch vorbei, kurz bevor er abgesetzt wurde (siehe 21. August). Aber unter Katharina der Großen ging er dann zugrunde. Die Kaiserin ordnete an, dass, sollte jemals der Versuch unternommen werden, den königlichen Gefangenen, genannt »der Namenlose«, zu befreien, dieser sofort getötet werden solle. Und als ein Offizier versuchte, genau dies im Jahr 1764 zu tun, fand Iwan VI. sein Ende.

7. Dezember 1941

»Ein Datum, das immer eines der Schande sein wird«.

Präsident Franklin D. Roosevelts Reaktion
auf den japanischen Angriff auf Pearl Harbor

8. Dezember 1941

Falsch eingeparkt

Was die Historie anbelangt, so ist das Ende dieser Geschichte bereits geschrieben. Es ist eine feststehende Tatsache, dass die Alliierten im Zweiten Weltkrieg über das Böse triumphierten. General Douglas MacArthur wurde zum Helden, der das tat, was er versprochen hatte, denn er kam zurück, um die Philippinen zu befreien. Doch am ersten Tag des Krieges war ein solcher Ausgang noch kaum vorhersagbar. Tatsächlich war es ein komplettes Desaster, da es einen weiteren verheerenden Luftangriff von Seiten Japans gab, der MacArthur vollkommen unvorbereitet traf – obwohl er Stunden vorher vor einem wahrscheinlichen Angriff auf die Philippinen nachfolgend auf Pearl Harbour gewarnt worden war.

Die japanischen Bomber waren überrascht, ein solch verwundbares Ziel vorzufinden, als sie über Clark Field, außerhalb von Manila, flogen – nahezu die gesamte U.S. Air Force des Nahen Ostens stand, friedlich geparkt, Flügel an Flügel, in fein säuberlichen Reihen. Die Angreifer zerstörten die Basis innerhalb weniger Stunden und mit ihr jegliche mögliche Verteidigung der Philippinen. Ein japanischer Offizier erinnerte sich später: »Wir waren sehr beunruhigt, weil wir uns sicher waren, dass ihr aus Pearl Harbour gerlernt hättet, eure Flugzeuge zu verteilen, oder dass ihr selbst einen Angriff auf unsere Basis bei Formosa (heutiges Taiwan) starten würdet«. Aus Gründen, wegen denen sich die Historiker noch heute verwundert die Augen reiben, hatte MacArthur jedoch nichts davon gemacht.

MacArthurs Biograf nannte die Untätigkeit des Generals »eine der seltsamsten Entscheidungen der amerikanischen Militärgeschichte. Er war ein begabter Anführer, und sein Versagen in diesem Notfall versetzt einen in Staunen. Seine Kritiker nahmen die Katastrophe zum Beweis dafür, dass auch er Fehler hatte. Sie haben recht – die hatte er«.

Viel zu erklären

J a, es war schlimm, als der Senator Trent Lott auf dem 100. Geburtstag seines Kollegen Strom Thurmond auftauchte, um in Erinnerungen an die guten alten Tage im Süden zu schwelgen, die der 100-Jährige einst repräsentiert hatte. »Als Strom Thurmond bei der Präsidentschaftswahl kandidierte (im Jahr 1948), haben wir für ihn gestimmt«, sagte Lott über den früheren »Dixiekraten«, dessen Hauptthema zur damaligen Zeit die strikte Rassentrennung gewesen war. »Wir sind stolz darauf. Und wenn der Rest des Landes unserer Führung gefolgt wäre, hätten wir nicht all die Jahre über diese Probleme gehabt«. Doch was wirklich peinlich war, waren Lotts in zunehmendem Maße uneffektiven Entschuldigungen inmitten des ganzen Traras, das von seinen rassistischen Bemerkungen verursacht worden war.

Den ersten Versuch, Reue zu zeigen, unternahm er am 9. Dezember 2002 – vier Tage nach der Feier. Er bestand darauf, dass seine Bemerkungen im Geiste einer »leichtsinnigen Partylaune« gemacht worden wären – eine Entschuldigung, die ihm nichts einbrachte. Und das taten auch die verirrten nächsten zwei Versuche nicht, die der Senator am 11. Dezember unternahm – sowohl bei Fox News als auch auf CNN.

Während einer Rede in seinem Heimatstaat Mississippi versuchte Lott es ein viertes Mal, doch selbst der konservative Feuilletonist George Will schien dem Mehrheitsführer Kontra geben zu wollen, als er ihn als den »Mehrfachentschuldiger« bezeichnete. In seiner Rede hatte Lott gesagt, dass er während der Party für Thurmond »laut gedacht habe, ohne darüber nachzudenken«, was erkläre, warum er sich völlig im Ton vergriffen habe. Will kritisierte ihn dafür scharf: »Es ist gefährlich für die Republikaner, einen Anführer zu haben, dem man nicht nur ohne ein Redemanuskript nicht trauen kann, sondern der auch noch absolut keine Scham dafür empfindet, dies als Entschuldigung für jede Peinlichkeit, die er verursacht, heranzuziehen.«

Schließlich versuchte es Lott am 16. Dezember noch einmal, diesmal bei *Black Entertainment Television*, wo er den Talkmaster darüber informierte, dass er nun einen Feiertag unterstütze, der Martin Luther King Jr. ehre – und dies einige Jahre nachdem der Gedenktag offiziell in allen 50 US-Staaten eingerichtet worden war. Leider schaffte es Lott trotz all dem Katzbuckeln nicht, seinen Kopf aus der Schlinge zu ziehen, und gab seine Position vier Tage nach seinem Fernsehauftritt auf.

10. Dezember 1918, 1949, 1994 und 1997

Gar nicht so nobel

Und der Oscar ging an Elizabeth Taylor, für ihre Leistung in *Butterfield 8*, einem Film, der so schrecklich war, dass die Schauspielerin selbst ihn als »Obszönität« verwarf. Baha Men erhielt einen Grammy für »Who Let the Dogs Out«, einen Song, der die bahnbrechende Frage stellte »Wer? Wer? Wer? Wer? Wer?«. Madonna, deren Darstellung von Eva Perón steifer daherkam als der Leichnam der einst gefeierten First Lady Argentiniens, gewann einen Golden Globe für ihre »schauspielerische Leistung« in *Evita*.

Aber egal, wie fehlgeleitet die Jurys bei der Auswahl all dieser Gewinner auch waren, störte sich kaum jemand all zu sehr an diesen Verirrungen.

»So ist das Showgeschäft«, sagt man. Der Nobelpreis jedoch ist eine andere Angelegenheit. Der Preis, der jedes Jahr am 10. Dezember verliehen wird, soll die besten Leistungen von Menschen verschiedener Betätigungsfelder ehren. Größen wie Einstein, Mandela, Churchill und Curie wurden ausgezeichnet, doch ebenso weit weniger verdiente Preisträger, wie etwa folgende Personen, die den Preis im Grunde entehrten:

- Fritz Haber im Jahr 1918 im Bereich Chemie für die Synthese von Ammoniak aus Stickstoff. Habers Entdeckung, die die Entwicklung von industriellem Pflanzendünger ermöglichte, leistete einen Beitrag zur effizienteren Nahrungsmittelproduktion. Jedoch wurde seine Erfindung kurz vor dem Ersten Weltkrieg in eine »Perversion verkehrt«, wie seine Frau es beurteilte, die »die Ideale der Wissenschaft als ein Zeichen von Barbarei aufs Äußerste korrumpierte« – nämlich durch die Vernichtung von Feinden Deutschlands mit Giftgas.

- António Egas Moniz im Jahr 1949 im Bereich Medizin, »Pionier« der Lobotomie. Abgesehen davon, dass seine radikale Form der Hirnchirurgie zahlreiche Patienten in zombieähnliche Kreaturen verwandelte, war nichts allzu Erfindungsreiches daran, Menschen Löcher in den Schädel zu bohren, um den Stirnlappen außer Funktion zu setzen. In der Tat war es eine mittelalterliche Methode und kein großes Verdienst – im Gegensatz zur Erschaffung des künstlichen Herzens (eine Leistung Robert Jarviks, die vom Komitee völlig übersehen wurde).

- Jassir Arafat, der im Jahr 1994 den Friedensnobelpreis erhielt (gemeinsam mit Schimon Peres und Jitzchak Rabin aus Israel); für den einen ein Terrorist, für den anderen ein Freiheitskämpfer. Aber wenn ein Massaker an Unschuldigen – zusammen mit Entführungen, Verschleppungen, politischen Morden und anderem Unglück – das Mittel zum Zweck wird, wie es bei dem palästinensischen Anführer der Fall war, macht dies tendenziell den

Friedensnobelpreis zum Gespött – besonders wenn man bedenkt, dass Mahatma Gandhi nie einen erhielt.

- Myron Scholes und Robert Merton im Jahr 1997, beides Volkswirtschaftler, die den Preis »für eine neue Methode, den Wert von Derivaten zu bestimmen« erhielten. Weniger als ein Jahr später verlor der Hedgefond der Preisträger, Long-Term Capital Management, vier Milliarden Dollar innerhalb von sechs Wochen.

11. DEZEMBER 1951

Streit um die Helix

Am 11. Dezember 1951, nachdem sie ein Modell vorgestellt hatten, von dem sie *dachten*, es entspräche der Struktur der DNA, wurde Francis Crick und James D. Watson von Sir Lawrence Bragg, dem Direktor des Cavendish-Laboratoriums, wo beide Männer arbeiteten, aufgetragen, ihre Forschung einzustellen. »Wir unternahmen keinen Versuch, das Urteil anzufechten«, schrieb Watson später. »Ein offener Aufschrei hätte aufgedeckt, dass unser Professor nicht einmal wusste, wofür die Initialen DNA standen. Es bestand kein Grund zu glauben, dass er es auch nur bruchteilhaft für so wichtig hielt wie die Struktur von Metallen, für die er sich begeisterte«. Watson gab jedoch zu, dass die passive Akzeptanz des Urteils auf Eigeninteresse basierte, nicht darauf, Sir Lawrence schützen zu wollen: »Sich tot zu stellen machte Sinn, weil wir mit Modellen, die auf Zuckerphosphatkernen basierten, nicht weiterkamen. Egal wie man sie betrachtete, es war nicht besonders aussichtsreich«.

Binnen weniger Jahre jedoch nahmen Watson und Crick ihre Arbeit an der Erforschung der DNA wieder auf und entschlüsselten bald im

Wesentlichen das Mysterium des Lebens – was oft als die wichtigste biologische Entdeckung des letzten Jahrhunderts bezeichnet wurde.

Schockierend sexy?

Am 12. Dezember 1937 war das Sexsymbol Mae West von der Radiosendung *Chase & Sanborn Hour* eingeladen worden, ihre üblichen Zweideutigkeiten ins Mikrofon zu schnurren. Als sie in einem Sketch die Verführerin spielte und mit Edgar Bergen (einem Bauchredner) und dessen Holzpuppe »Charlie McCarthy« flirtete, benahm sich die sexy Schauspielerin so verführerisch wie erwartet. Zum Einen erinnerte sie die Puppe etwa daran, dass sie sie bereits in ihrem Apartment geküsst habe: »Ich habe Flecken, die es beweisen«, sagte sie, »und Holzspäne.«

NBC hatte das Skript genehmigt, aber als die Legion of Decency und andere Gruppen, die sich der Moralität verschrieben hatten, gemeinsam protestierten, verstieß die Hörfunk- und Fernsehgesellschaft den Star und erklärte ihn für »ungeeignet, um im Radio aufzutreten«.

In einem rückgratlosen Versuch, die Anschuldigungen von sich zu weisen, behaupteten die Führungskräfte des Senders, West habe das Skript, das sie für akzeptabel befunden hatten, durch die Art und Weise, wie sie die Worte sprach, auf ein unerwartetes Niveau der Schamlosigkeit gesenkt. NBC verbot fortan sogar die Nennung von Wests Namen.

Zum Glück gab es auch vernünftigere Stimmen, wie die der *Chicago Daily News*, die die Feigheit des Senders in einem Leitartikel verurteilte: »NBC und die Werbesponsoren des Programmes kannten Mae West. Sie kannten ihre Vorgehensweise. Sie hatten sie zuvor gesehen und gehört. Sie haben sie bei Generalproben gecoacht. Aber als die

Mae West bereitet dem Radiosender NBC *mit der Verführung einer Holzpuppe Probleme.*

öffentlichen Proteste über sie hereinbrachen, gaben sie vor, sie hätten Mae West mit Mary Pickford oder Shirley Temple verwechselt«.

13. DEZEMBER 1974

Ein wortreicher Verriss

D ie Qualität von Kunst mag im Auge des Betrachters liegen, doch es muss auch gesagt werden, dass zahlreiche Kritiker anscheinend an

Hornhautverkrümmung und anderen Sinnesbeeinträchtigungen leiden – wie etwa die bei der *New York Times* (der Autor dieses Buches wurde in einer Rezension dieser Zeitung »vorsätzlich einfältig« genannt, doch er schweift ab …). Betrachten wir die kritische Sichtweise der Zeitung auf das Meisterwerk der Beatles, *Abbey Road*, das sie ein »absolutes Desaster« nannte und *Sgt. Pepper's Lonely Hearts Club Band*, das sie folgendermaßen kommentierte: »Es gibt nichts Schönes an *Sgt. Pepper's*«. Oder die Rezension von Nabokovs Klassiker *Lolita*: »Langweilig, langweilig, langweilig auf eine heuchlerische, blumige und neckisch töricht Weise«. Oder über Salingers *Der Fänger im Roggen*: »Wird mit der Zeit ziemlich monoton. Und er hätte viel über diese Idioten und diese bescheuerte Schule auslassen sollen. Das macht mich depressiv«.

Einer der größten Fauxpas eines Kritikers, am 13. Dezember 1974 in der *Times* veröffentlicht, war allerdings Vincent Canbys Kritik von *Der Pate II*, der seitdem weltweite Anerkennung als einer der großartigsten Filme aller Zeiten erhalten hat: »Das einzig Bemerkenswerte an Francis Ford Coppolas *Der Pate II*, ist die hartnäckige Art und Weise, mit der der Film daran erinnert, wie viel besser der Originalfilm war«, begann Canby. »Der Film gleicht Frankensteins Monster, das aus übrig gebliebenen Teilen zusammengesetzt ist. Es spricht. Es bewegt sich krampfartig und zuckt, aber kann nicht selbstständig denken … Alles von Interesse wurde sorgfältig in dem Originalfilm behandelt, aber wie viele Menschen, die nichts zu sagen haben, hält Teil II nicht die Klappe … Selbst wenn Teil II weit mehr Zusammenhang hätte, aufschlussreicher und aufregender wäre, als er ist, selbst dann würde er wahrscheinlich Gefahr laufen, als die Eigenparodie zu erscheinen, die er jetzt ist. Da der Film sehr teuer gemacht zu sein scheint, doch intellektuell ein hoffnungsloser Fall ist, hat Teil II die Atmosphäre eines sehr langen, sehr sorgfältig ausgearbeiteten Kabarettstückes. Nichts ist ihm heilig«.

Der *New York Times* zumindest nicht, behauptet »einfältig« der Autor.

14. Dezember 1861

In tiefer Trauer

Der Tod von Königin Victorias geliebtem Gemahl Prinz Albert am 14. Dezember 1861 stürzte die britische Monarchin in jahrzehntelange Trauer. Doch Alberts Tod war auch für seine Kinder nicht einfach – dafür sorgte die Mutter. Zuerst beschuldigte sie ihren Ältesten, im Wesentlichen schuld am Tode des Vaters zu sein. Der Prinz von Wales war vor Kurzem auf frischer Tat bei einer Affäre mit einer jungen Schauspielerin ertappt worden, was den prüden Albert dazu gebracht habe, sich aufs Äußerste zu genieren, woraufhin er bald darauf dem Typhus erlegen sei. Victoria bestand darauf, dass keine Krankheit, sondern das Trauma der Morallosigkeit ihres Sohnes ihren Ehemann getötet habe, und ließ verlauten, dass sie den jungen Mann nie wieder »ohne Schauder« anblicken könne. Und sie erschauderte jedes Mal – für die nächsten 40 Jahre.

Um sicherzustellen, dass jeder wusste, wie traurig sie war, ruinierte sie die Hochzeit ihrer Tochter Alice mit ihrem tränenreichen Auftritt. Die Königin beschrieb die kleine, private Zeremonie – die sieben Monate nach Alberts Tod abgehalten wurde – »eher als ein Begräbnis denn als eine Hochzeit«.

»Zum Glück für Braut und Bräutigam, die weit weniger im Mittelpunkt der Aufmerksamkeit standen als die zusammengekrümmte Gestalt in Schwarz, hielt der Erzbischof die Messe kurz«, wie der Biograf Stanley Weintraub schrieb. Als sich das junge Paar dann auf Hochzeitsreise befand, notierte die Königin in ihrem Tagebuch: »Ich vermisse sie kaum oder fühle mich schlecht, weil sie abgereist ist, so schrecklich werde ich von diesem furchtbaren Verlust verzehrt«.

Schwesterlicher Neid

Olivia de Havilland und Joan Fontaine waren Hollywoods zänkisches Schwesternpaar – und sie standen seit Kindertagen in Konkurrenz. »Ich habe zuerst geheiratet«, bemerkte Fontaine einmal während der ewigen Zänkerei zwischen den Geschwistern, »ich habe den Oscar vor Olivia gewonnen, und falls ich zuerst sterbe, wird sie zweifelsohne wütend sein, weil ich auch darin die Erste war!« Am 15. Dezember 2013 starb Fontaine in der Tat vor de Havilland, im Alter von 96 Jahren.

Pokémon greift
600 Kinder an!

Die klassische Ermahnung von Eltern, dass Fernsehen dem Gehirn schade, erhielt besondere Brisanz im Jahr 1997, als über 600 japanische Schulkinder Schwindel und Übelkeit verspürten, während sie eine Episode der berühmten japanischen Zeichentrickserie *Pokémon* ansahen – einige erlitten sogar Krampfanfälle. Die Krankenhäuser im ganzen Land waren überfüllt von würgenden, sich erbrechenden Kindern und besorgten Eltern. »Ich war schockiert, als ich sah, wie meine Tochter das Bewusstsein verlor«, sagte Yukiko Iwasaki, deren achtjährige Tochter einen Krampfanfall erlitt. »Sie begann erst dann wieder zu atmen, als ich ihr auf den Rücken klopfte«.

Die massenhaft auftretenden Krampfanfälle wurden etwa nach 20 Minuten der Episode 38 ausgelöst, die den Titel »Cyber-Soldat Porigon« trug. Die Episode wurde, wie andere der angesagten Animee-Serie, in einer intensiven Animationsart produziert, und die lebhafte Gestaltung mit pulsierenden Blitzlichteffekten hatte offensichtlich schädlichen Einfluss auf die fernsehenden Kinder. »Ich muss sagen, dass selbst ich als Erwachsener an dieser Stelle blinzeln musste, also muss für ein Kind der Effekt beträchtlich gewesen sein«, sagte Hironari Mori, Manager bei der Programmabteilung von TV Tokyo.

Die Serie wurde ausgesetzt, und die japanischen Behörden starteten eine Untersuchung, die sich allerdings als ergebnislos erwies.

17. DEZEMBER 1862

Ein echt mittelalterlicher Erlass

Auch während des amerikanischen Bürgerkrieges blieb Baumwolle noch immer das Wichtigste. Der Rohstoff war die wirtschaftliche Antriebskraft des Südens und das Überleben des Nordens war absolut abhängig davon. Und obwohl die US-Regierung nur begrenzt Handel erlaubte, der vom Finanzministerium und von der Armee kontrolliert wurde, blühte ein lukrativer Schwarzmarkt, der, wie General Ulysses S. Grant glaubte, von seinem zuverlässigsten Sündenbock, den skrupellosen Juden, betrieben wurde. »Erteilen Sie Anweisungen an alle Schaffner an den Bahngleisen, dass es keinem Juden erlaubt sein soll, mit der Eisenbahn südwärts zu reisen«, ordnete Grant im November 1862 an. »Sie dürfen nordwärts reisen und sollen darin auch ermutigt werden, aber sie sind so unerträglich lästig, dass mein Gebiet von ihnen gereinigt werden muss«.

Im folgenden Monat, am 17. Dezember, stärkte Grant seine restriktive Haltung gegenüber den »Israeliten« mit einem altmodischen Ausweisungsbefehl von der Art, die europäische Monarchen in ihren Königreichen jahrhundertelang herausgegeben hatten. Hier ein Ausschnitt aus der »Allgemeinen Anordnung Nr. 11«: »Die Juden, die die Handelsregulierung des Finanzministeriums und auch jegliche andere Anordnung des Ministeriums verletzt haben, werden hiermit aus dem Gebiet (von Tennessee, damals unter Grants Kommando) innerhalb von 24 Stunden nach Erhalt dieser Anordnung ausgeschlossen«.

Glücklicherweise hatte Grant einen Oberkommandanten, der weit mehr Sinn für Fairness hatte, und im folgenden Monat wurde die Anordnung offiziell widerrufen.

18. DEZEMBER 1912

Gefakter Fund

Begeisterung erfüllte das gut besuchte Treffen der Geological Society of London am 18. Dezember 1912, als der Amateurpaläontologe Charles Dawson das Podium betrat, um eine bemerkenswerte Entdeckung zu verkünden: die seit Langem schwer fassbare »fehlende Verbindung« zwischen Mensch und Affe. Es war ein wissenschaftlicher Glücksfall – »der beeindruckendste und bedeutendste Fossilienfund, der jemals zutage gefördert wurde«, schrieb der Wissenschaftler Ray Lankester in seinem Buch *Divisions of a Naturalist* 1919 –, umso erfreulicher angesichts der Tatsache, dass die uralten Überreste in England gefunden worden waren. *Eoanthropus dawsoni* (»Dawsons Mensch der Morgenröte«) – bzw. der Piltdown-Mensch, wie der Fund gerne genannt wurde – konnte nun stolz als ein wahrer Engländer betrachtet werden.

Inmitten all der Aufregung – Wissenschaftler verfassten bereits Publikationen über den Piltdown-Menschen und Archäologiefans pilgerten zu der Stelle, an der er entdeckt worden war –, tauchten ein paar Skeptiker auf. Einer von ihnen, Gerrit S. Miller vom Smithsonian Institut in Washington D.C., bemerkte, dass Schädel und der affenähnliche Kiefer nicht zusammenpassten. Eine solche Kombination, so schlussfolgerte er, würde ein sonderbares Wesen hervorbringen, das man niemals in der Natur finden könne. Für seine Bemerkung wurde Miller sofort heftig angegriffen.

Es war Charles Dawson selbst, der es schaffte, weitere Kritik im Keim zu ersticken, als er noch mehr Knochenfragmente vorzeigte, die zu den Knochen des Piltdown-Menschen passten. Er behauptete, sie etwa drei Kilometer von der ursprünglichen Fundstelle gefunden zu haben. Die Präsentation eines weiteren Exemplares derselben Spezies schien die Existenz des ersten zu bestätigen. Und als dies als herrschende Meinung etabliert war, sollte es für die folgenden Jahrzehnte keinerlei Infragestellungen mehr geben – bis Joseph Weiner, ein Professor für Physikalische Anthropologie an der Universität von Oxford, die Bühne betrat.

Einige Aspekte von Dawsons Entdeckung bereiteten Weiner, der mit einer sorgfältigen Untersuchung der Beweise begann, Kopfzerbrechen. Dies führte schließlich zur kompletten Enthüllung dessen, was er »einen äußerst gut durchdachten und sorgfältig vorbereiteten Betrug« nannte, »dessen Ausführung so völlig skrupellos und unerklärbar« sei, dass man »nichts Vergleichbares finden« könne »in der … Geschichte der Paläontologie«.

Kurz gefasst schlussfolgerte Weiner, dass die Zähne des Piltdown-Menschen beschliffen worden waren, um einem menschlichen Kaumuster zu entsprechen und mit einer Farbe, die gewöhnlicher Farbe zum Streichen von Häuserfassaden ähnelte, bedeckt worden waren, um sie alt aussehen zu lassen. Andere Fossilien, die an der Entdeckungsstelle gefunden worden waren, wie etwa uralte Zähne eines Elefanten und eines Flusspferdes, stellten sich schließlich als dorthin geschmuggelt heraus, genauso wie einige altsteinzeitliche Werkzeuge. Der Schädel, ähnlich bemalt wie die Zähne, wurde auf etwa 500 Jahren datiert, und der Kiefer gehörte offensichtlich einem Orang-Utan. Also, so mutmaßte John Walsh, »war der Piltdown-Mensch, die berühmteste Kreatur, die jemals die prähistorische Kulturlandschaft geziert hatte, auf geniale Weise aus einem Engländer aus dem Mittelalter und einem Affen aus dem fernen Osten zusammengezimmert worden«. Der Täuschung »mangelte es nicht an Abscheulichkeit. Es war ein hässlicher Trick von einem verzogenen und skrupellosen Menschen, der ahnungslose Gelehrte hinters Licht führte.«

Ein Schicksal wie im Märchen

Mutter zu sein war für Julia Domna, Gattin des römischen Kaisers Septimius Severus, sicher nicht einfach. Ihre beiden Söhne, Antoninus (Caracalla) und Geta waren Gören: Sie misshandelten Knaben, versetzten Frauen in Raserei, veruntreuten Geld, hielten sich oft in unfeiner Gesellschaft auf und hassten einander bis aufs Blut. Der römische Konsul und Historiker Cassius Dio berichtete, dass die beiden »voll von Eifer in ihren Rivalitäten waren – wenn einer sich einer bestimmten Seite anschloss, konnte man sicher sein, dass der andere die gegnerische Seite bevorzugte«. Beide Söhne beanspruchten auch den Thron ihres Vaters und standen nach seinem Tode bereit, um die Regentschaft zu übernehmen. Bevor Septimius Severus starb, bat er seine Söhne, »gut zueinander zu sein«. Aber die Mutter wusste es wahrscheinlich besser.

Nach weniger als einem Jahr gemeinsamer, spannungsgeladener Regierungszeit hatte Caracalla vor, seinen Bruder ein für allemal zu beseitigen.

Caracalla trug seiner Mutter auf, Geta in ihre Räumlichkeiten zu rufen, unter dem Vorwand, die Meinungsverschiedenheiten zwischen den Söhnen zu schlichten und Frieden zu stiften. Also kam Geta am 19. Dezember 211 n. Chr. in die Gemächer seiner Mutter, und zwar unbewaffnet. Eine Schar von Zenturionen erwartete ihn unter dem Kommando Caracallas. Als Geta seine Mörder den Raum betreten sah, floh er in die Arme der Mutter. Doch die Mörder waren von Julias schützender Umarmung unbeeindruckt, und Cassius Dio erzählt den Rest der Geschichte: »Und so, als sie derartig getäuscht worden war, sah sie ihren Sohn auf äußerst unfromme Weise in ihren Armen zugrunde gehen und hielt den Sterbenden an den Mutterleib gepresst, aus dem er geboren worden war. Da sie blutüberströmt war, nahm sie die Wunde, die sie an der Hand hatte, gar nicht wahr. Doch es wurde ihr nicht gestattet, um ihren Sohn zu trauern oder zu weinen, obwohl er ein so scheußliches Ende vor seiner Zeit gefunden hatte (er war nur 22 Jahre und neun Monate alt). Im Gegenteil, sie wurde gezwungen, zu jubeln und zu lachen, als wäre ihr etwas Großartiges widerfahren – so genau wurden all ihre Worte, ihre gesamte Gestik, und die Veränderung ihrer Hautfarbe beobachtet. Also war es allein ihr, der Erhabenen, Witwe des alten Kaisers und Mutter des jungen Kaisers, nicht gestattet, Tränen zu vergießen über so großes Leid«.

20. Dezember 2007

Das giftige Weihnachtsgeschenk

Es gab ein winziges Problem mit einem der beliebtesten Spielzeuge der Weihnachtszeit – ein winziges, jedoch hochgradig krebserregendes Problem: Asbest, gefunden in dem feinen Puder des

»CSI-Fingerabdruck-Sets«. Und obwohl man die giftige Substanz in dem Detektiv-Baukasten entdeckt hatte, der es Kindern ermöglichte, ihren ermittelnden Helden der erfolgreichen CBS-Fernsehshow nachzueifern, dauerte es fast einen Monat, bevor man den Baukasten am 20. Dezember 2007 still und leise zurückrief. Bis dahin jedoch landete das giftige Spielzeug unter zahlreichen Weihnachtsbäumen und wartete darauf, von den ahnungslosen Junior-Inspektoren ausgepackt zu werden. Frohes Mesotheliom!

21. DEZEMBER 1994

Eimer voll Hohn

K athie Lee Gifford, sich selbst parodierende Talkshow-Co-Moderatorin und Sängerin, versuchte sich zum ersten Mal im Jahr 1994 an einer speziellen Weihnachtssendung. Der Fernsehkritiker der *Washington Post*, Tom Shales, nahm die Sendung prompt vernichtend unter Beschuss. In der Rezension, die am 21. Dezember veröffentlicht wurde und den Titel »Kathie Lees Weihnachtsalbtraum« trug, beschrieb Shales die Sendung als »abscheulich und direkt albtraumhaft in ihrem verzweifelten Versuch, heiter zu wirken«, und schrieb über den beherzten Star: »Sie singt, singt und singt natürlich – oder vielmehr unnatürlich, in ihrer quälend faden und schalen Art.«

Die arme Kathie Lee könnte sich dadurch getröstet haben, dass sie glaubte, dass Shales nur in diesem Jahr den Krampus spielen würde. Sie konnte kaum gewusst haben, dass der den Pulitzer-Preis gewinnende Kritiker immer wieder neue Kampagnen vom Stapel lassen würde, mit denen er auch ihre darauffolgenden Weihnachtssendungen anging.

Hier ein paar Kostproben:

1995 Kathie Lee: Das Grinsen, das Weihnachten stahl

Geben Sie ihr genug Lametta, und sie wird sich selbst aufhängen. Wortwörtlich. Kathie Lee Giffords zweites jährliches CBS-Weihnachts-Special ist vielleicht noch schlechter als ihr erstes – eine krank machende, zuckersüße Produktion der Eitelkeit, die eigentlich den Titel hätte tragen sollen »Kommt, lasst uns mich anbeten!«

1996 Kathie Lees Weihnachten: Der mit Abstand schlechteste Mistelzweig

In einem kurzen Monolog sagte Gifford, Weihnachten sei, unter anderem, die Zeit des Jahres, in der wir darüber nachdenken, »für welche Dinge wir dankbar sein müssen«. Wie steht's mit Thanksgiving? Ah, natürlich: An Thanksgiving sind wir dankbar dafür, dass Kathie Lee kein Thanksgiving-Special herausbringt.

Es wurde oft gesagt, dass Weihnachten nicht Weihnachten wäre ohne Bing Crosby. Aber, oh Mann, wäre Weihnachten jemals Weihnachten ohne Kathie Lee Gifford?

1997 Eine weitere Kastanie zum Rösten: Kathie Lee Giffords »Kleines Weihnachten«

Kathie Lee Gifford singt Lieder, als ob sie wütend auf sie wäre. Was haben ihr die Songs jemals getan? Vielleicht hatte sie als Kind vor einem Song Angst. Und auch vor Weihnachten, da sie jedes Jahr im Fernsehen ein wenig mehr Rache daran übt.

1998 Kathie Lee? Bah, Humbug!

Was ist der Unterschied zwischen einer 24-stündigen Grippe und Kathie Lee Giffords Weihnachtssendung? 23 Stunden. Die Sendung verströmte mehr Horror als Weihnachtsglanz und war eine ähnliche Folter wie frühere Versuche. In anderen Worten: »Ich habe gesehen, was du letztes Weihnachten getan hast«. Und am Weihnachten davor. Bitte, mag man gebetet haben, im Namen von allem, was heilig ist: Lass es aufhören, lass es aufhören, lass es aufhören.

22. DEZEMBER 1995

Ein riesiger, spektakulärer ... Flop!

Der Regisseur Renny Harlin hatte hinsichtlich seiner Inszenierung für den Film *Die Piratenbraut* sehr genaue Vorstellungen. In einem Memo an die Führungskräfte des Studios bestand er auf Folgendem: »Egal, ob das Budget limitiert ist oder ob es physische Einschränkungen gibt, wir müssen dem Publikum einen noch nie da gewesenen Meilenstein des Actionfilms präsentieren. Unsere Vorstellungskraft und unser Sinn für Erfindungsreichtum können nicht durch banale Realität begrenzt werden«.

Des Weiteren schrieb er: »Ich will nicht das Große, ich will das Riesige. Ich will nicht das Überraschende, ich will das Fantastische. Ich will keine Unfälle, ich will Desaster. Ich will keinen Dreck, ich will eine Sauerei. Ich will keinen Sturm, ich will einen Orkan. Ich will keine Hügel, ich will Berge. Ich will keine Gruppen, ich will Mengen. Ich will keine Furcht, ich will Panik. Ich will keine Spannung, ich will Terror. Ich will keine Kämpfe, ich will Schlachten. Ich will nicht das Schöne, ich will das Atemberaubende. Ich will keinen Humor, ich will Hysterie. Ich will keine Pferde, ich will Hengste. Ich will keine Boote, ich will Schiffe. Ich will keine Ereignisse, ich will Action. Ich will nicht das Gute, ich will das Großartige. Ich will nicht das Interessante, ich will das Unglaubliche. Und ich will keine Liebe, ich will Leidenschaft«.

Was Harlin bekam, als *Die Piratenbraut* am 22. Dezember 1995 in die Kinos kam, war nicht nur ein Reinfall, sondern die größte, teuerste Katastrophe in der Geschichte Hollywoods. Die Karriere der Hauptdarstellerin Geena Davis war durch den Flop nicht bloß beschädigt, sondern unwiederbringlich zerstört. Und das Studio wurde nicht nur an den Rand des finanziellen Ruins getrieben, sondern erlitt den totalen Bankrott.

23. Dezember 1883

Das zweite Opfer

Die psychischen Narben, die die Ermordung von Abraham Lincoln in der Nation hinterließ, waren tief, aber bei den Begleitern des Präsidenten an diesem schicksalhaften Abend im Ford's Theatre – Major Henry Rathbone und seine Verlobte, Clara Harris – stellte sich das Trauma als besonders tragisch heraus.

Rathbone hörte nicht, wie sich John Wilkes Booth während der Vorstellung von *Our American Cousin* in die Loge des Präsidenten schlich und, gleich nachdem er Lincoln erschossen hatte, ihn sofort mit einem tiefen Messerschnitt in den Arm ausschaltete. Rathbone stand blutend und hilflos da, während Booth die Flucht antrat, indem er auf die Bühne sprang und aus dem Theater verschwand. Es war ein Moment des Schreckens, von dem sich der Veteran des Bürgerkrieges niemals erholen sollte.

Als Präsident Lincoln in einem Haus gegenüber des Theaters im Sterben lag, verlor Rathbone immer wieder das Bewusstsein durch den Blutverlust – sein Kopf ruhte auf dem Schoß seiner Verlobten. Wie sich herausstellte, hatte Booths Attacke eine Arterie verletzt. Nichtsdestotrotz erholte er sich schließlich zumindest physisch und heiratete Clara Harris.

Im Jahr 1882 zog das Paar zusammen mit seinen drei Kindern ins deutsche Hannover, wo Rathbone ein Amt als US-Konsul antrat. Aber es gab wenig Linderung der mentalen Pein, die von der Ermordung herrührte und seiner Unfähigkeit, sie zu verhindern. »Ich verstehe sein Leid«, schrieb Clara an einen Freund. »In jedem Hotel, in das wir kommen, fühlen wir, dass wir Objekte morbider Schaulust werden, sobald die Leute Wind von unserer Gegenwart bekommen ... Wann immer wir im Speisesaal waren, fingen wir an, uns wie Zootiere zu fühlen. Henry … stellt sich vor, dass das Flüstern stichelnder und boshafter ist, als es überhaupt sein kann«.

Am Abend des 23. Dezember 1883 drehte Rathbone, dessen geistiger Zustand stets fragil war, schließlich durch. Clara fühlte, dass etwas nicht stimmte, als ihr Ehemann versuchte, sich Zugang zum Schlafzimmer der Kinder zu verschaffen. Als sie ihn stoppen wollte, schoss er auf sie und stach dann wiederholt auf sie ein, bevor er das Messer gegen sich selbst richtete. Clara starb, doch Rathbone überlebte und verbrachte die übrigen 27 Jahre seines Lebens in einer deutschen Psychiatrie.

24. Dezember 1865

Weihnachtsübel

»Es war Heiligabend,
in einer Stadt im Süden,
dort versammelte sich eine Bande von Ex-Konföderierten,
und sie ließen die Köpfe hängen;
dass der schwarze Mann nun frei war,
das hielten sie für unfair,
eine Schande, die sie mit Terror

vergelten wollten;

sie verbrannten Kreuze,

mit Kapuzen auf ihrem Kopf,

und verbreiteten ihre Botschaft von Hass

mit Schrecken und Furcht«.

So festlich läutete man die Weihnachtszeit ein, als am 24. Dezember 1865 in Pulaski, Tennessee, offiziell der Ku-Klux-Klan gegründet wurde.

Ein Unheil bringender Glücksfall

Nehmen Sie Ärger und multiplizieren Sie ihn mit 315 Millionen Dollar, und Sie haben das Weihnachtsgeschenk, das Jack Whittaker im Jahr 2002 erhielt. Zwar gibt es haufenweise Horrorgeschichten von plötzlichen Lotteriegewinnen, die sich als etwas Schlechtes herausstellten – zerbrochene Beziehungen, unbesonnene Käufe und schneller Bankrott –, doch die Todesspirale und die Zerstörung, die Whittakers atemberaubenden Glücksfall begleiteten, erweckten den Anschein, als habe der Teufel selbst das Glückslos geliefert. Dabei hatte alles so gut angefangen.

»Ich will mit gutem Beispiel vorangehen«, sagte Whittaker, als er der größte Lotteriegewinner der Geschichte wurde, »ich möchte die Leute stolz auf das machen, was mit diesem Gewinn geschieht. Ich will meinen guten Willen zeigen und den Leuten helfen«.

Allem Anschein nach hielt sich der 55-jährige, in West Virginia geborene Mann zunächst an seine noblen Absichten. Er hatte sich selbst emporgearbeitet und war bereits wohlhabend dank seiner Baufirma. Alles schien perfekt, als Whittaker seine Runden in den Morgenshows der Fernsehsender drehte, begleitet von seiner Ehefrau Jewell, der Tochter Ginger und seiner geliebten 15-jährigen Enkelin Brandi. Den Gewinn auf christliche Weise zu teilen, so schien es, würde Whittakers Vermächtnis sein.

»Wir bezahlen den Zehnten an drei Kirchen«, sagte er Matt Lauer von NBCs *Today Show*, »und wir werden zehn Prozent des Gewinns an diese Pastoren spenden«. Ein anderer Teil sollte in seine eigene Wohltätigkeitsorganisation fließen.

Doch dann wendete sich das Blatt zum Schlechten. Jack Whittaker fing damit an, ein lokales Striplokal namens Pink Pony zu besuchen. Dort warf er mit Geld um sich und sorgte für Wirbel, indem er die Stripperinnen betatschte. Es war, als ob ihm sein unvorstellbarer Reichtum die Erlaubnis erteilt habe, zu tun und zu lassen, was er wolle.

»Es war, als ob das Geld all das Gute, was in ihm steckte, zersetzte«, sagte ein Angestellter des Pink Pony der *Washington Post*. »Es erinnert mich daran, wie in *Herr der Ringe* dieser kleine Typ – wie war sein Name noch mal, Gollum? – mit seinem Schatz umging. Es verzehrt einen einfach. Man wird zu Geld. Man ist nicht länger eine Person«.

Verhaftungen wegen Trunkenheit am Steuer und Autounfälle folgten, doch Whittaker war unbeirrbar. Trotzdem verlangte das Geld ihm einen schrecklichen Tribut ab: zahlreiche Fremde, die finanzielle Erlösung bei ihm suchten, eine Kaskade von Klagen, mehrere Raubüberfälle – einschließlich des Diebstahls von 500 000 Dollar in bar aus seinem Auto, das vor dem Pink Pony geparkt war – und sogar das Ende seiner 40-jährigen Ehe mit Jewell. »Ich weiß nicht, ob mein Leben jemals wieder normal sein wird«, sagte Whittaker einem Reporter von Kanal 13 in Charleston.

Das Schlimmste von allem war jedoch die vernichtende Wirkung, die Whittakers Reichtum auf diejenigen hatte, mit denen er ihn teilte. Das traf in besonderem Maße auf seine Enkeltochter Brandi zu, die auf Kosten ihres Opas lebte, während ihre Mutter an einem Lymphom litt. »Sie war der Stern meines Lebens«, sagte er später. »Von dem Tag an, an dem sie geboren wurde, ging es nur noch darum, für sie zu sorgen, sie zu schützen und mich um sie zu kümmern«. Und später darum, sie mit Geld einzudecken.

Die blonde junge Frau mit den einst strahlenden Augen, die glücklich erklärt hatte, dass ihre einzigen Wünsche seien, einen neuen Mitsubishi Eclipse zu bekommen und den Rap-Star Nelly zu treffen, wurde eine abgestumpfte, paranoide Drogenabhängige mit unbegrenzten finanziellen Mitteln. Sie hatte jede Menge falscher Freunde. »Sie mögen sie wegen ihrem Geld und nicht wegen ihrem guten Charakter«, beklagte sich Whittaker bei einem Reporter der Associated Press ein Jahr nach seinem Lotteriegewinn. »Sie ist die verbittertste 16-Jährige, die ich kenne«. Nur zwei Jahre, nachdem Whittaker den Jackpot gewonnen hatte, war Brandi an einer Überdosis gestorben. Der Tod seiner Enkelin beraubte Jack Whittaker seines letzten bisschens Lebensfreude. Rückblickend sagte er traurig: »Ich wünschte, ich hätte das Los zerrissen«.

Ein echt dummer Deal

Vielleicht war es wirklich »der Fluch des Bambino«, wie manche es nannten – oder nur ein schrecklicher Zufall. Doch mit den Boston Red Sox ging es, nachdem Harry Frazee am 26. Dezember 1919 seinen Superstar Babe Ruth an die New York

Yankees verkauft hatte, so steil bergab, dass die Ereignisse offensichtlich miteinander verknüpft zu sein schienen. Nach dem Verkauf waren die »Dead Sox« eines der am meisten gebeutelten Teams in der Major League Baseball, während die Yankees mit Ruth gewaltigen Ruhm einheimsten.

Frazees Gründe dafür, seinen wertvollsten Spieler zu verkaufen, waren vielseitig. Sicherlich sollte die außergewöhnlich hohe Summe, die der Deal einbrachte (mehr als zweimal so viel, wie bisher jemals für einen Spieler bezahlt worden war), die wahre Leidenschaft des Clubbesitzers finanzieren, nämlich Broadway-Musicals zu produzieren – aber es gab da noch etwas anderes: Frazees Feindseligkeit gegenüber seinem Starspieler, den er öffentlich als »Ein-Mann-Team« herabwürdigte, nachdem der Deal mit den Yankees besiegelt worden war.

»Zwar ist Ruth zweifelsohne der beste Schlagmann, den das Spiel je gesehen hat«, erklärte Frazee, »aber ebenso ist er der egoistischste und unbesonnenste Man, der jemals eine Baseball-Ausrüstung getragen hat. Hätte er das richtige Naturell gehabt, hätte er guten Willen gezeigt, Anordnungen nachzukommen für das Wohlergehen des Clubs, wie die anderen Männer, hätte ich nie gewagt, ihn gehen zu lassen«.

Der »Sultan des Schmetterns«, wie Ruth schließlich genannt wurde, bezichtigte seinen ehemaligen Boss sofort des Regelverstoßes. »Wenn Frazee nicht gewesen wäre, hätte ich mit den Red Sox gerne bis ans Ende meiner Baseballtage gespielt«, sagte er der Presse. »Frazee hat mich verkauft, weil ich nicht willens war, meine Gehaltsansprüche zu mäßigen. Und um sich bei den Fans einzuschleimen, versucht er, die Schuld auf mich zu schieben«.

Frazees Versuch, sich selbst zu rechtfertigen, gelang nicht. Man verlachte den Zug als »Zweites Massaker von Boston«, und die *Boston Post* nannte ihn »einen heftigen Schlag gegen eine ganze Armee von loyalen Fans«.

Der vernichtend geschlagene Besitzer der Red Sox hatte zum Zeitpunkt des Verkaufes gesagt, dass die Yankees ein großes Risiko eingingen,

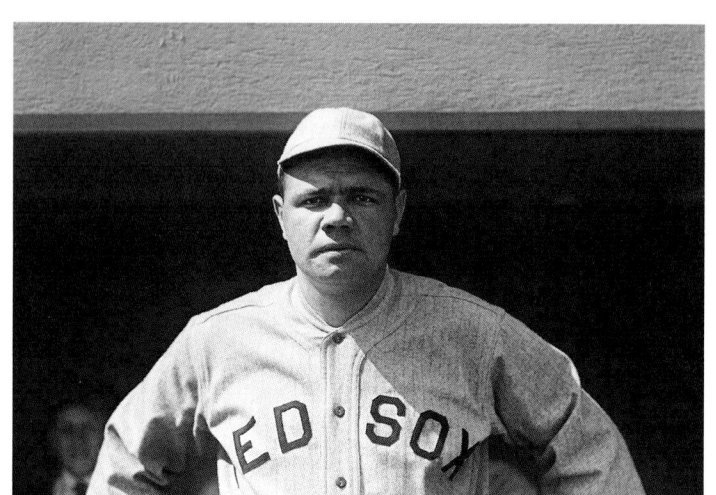

Babe Ruth 1919 in seiner letzten Saison im Trikot der Boston Red Sox.

indem sie eine solch hohe Summe für Ruth bezahlten. Doch das Risiko zahlte sich aus – durch sieben Wimpel und vier Titel in der World Series, während Babe Ruths 14-jähriger Laufbahn in New York. Währenddessen wurden die Sox in neun der nächsten elf Saisonen abgeschlagene Letzte.

27. DEZEMBER 1979

Und hier lecker Suppe ...

»Die Sowjets werden uns helfen«.
*Präsident Hazifullah Amin von Afghanistan, als er noch keine
Ahnung hatte, dass die Sowjets an demselben Tag versuchen würden,
ihn durch eine vergiftete Suppe zu ermorden.
Dann, Stunden später, erschossen sie ihn.*

»Du glaubst, es ist ein Schwindel?«

Es war eine prima Aufgabe für den Reporter John Stossel, dem amerikanischen Profi-Wrestling im Rahmen des Fernsehnachrichtenmagazins *20/20* auf den Zahn zu fühlen. Bei Dave »Dr. D«. Schultz wurde er dann allerdings ein wenig zu aufdringlich, sodass er nach der Begegnung mit dem 1,98 Meter großen und 121 Kilogramm schweren Wrestler ein scharfes Klingeln im Ohr zurückbehalten sollte. »Ich werde Ihnen eine Standardfrage stellen«, erdreistete sich Stossel. »Wissen Sie: Ich glaube, das alles ist ein Schwindel«.

»Sie glauben, es ist ein Schwindel?«, antwortete Schultz und boxte dem Reporter auf das rechte Ohr, sodass er zu Boden ging. »Ist das ein Schwindel? Was zur Hölle stimmt nicht mit dir? Das ist eine Ohrfeige. Ich geb dir deinen Schwindel!« Als Stossel wieder auf die Beine kam, schlug Schultz ihn erneut und brachte ihn noch einmal zu Fall. Als der sorgfältig gezüchtigte Reporter versuchte, Schultz zu entkommen, folgte ihm der Wrestler: »Na?«, verhöhnte er ihn. »Glaubst du immer noch, es ist ein Schwindel?«

Lust in Translation

Jimmy Carters Regierungszeit als Präsident war eine der schwierigsten in der Geschichte der USA. In die Höhe schnellende Inflationsraten, eine lähmende Ölkrise und die Geiselnahme von Teheran machten dem glücklosen Präsidenten schwer zu schaffen, der außerdem mit seinem peinlichen Bruder Billy fertig werden musste – einem hinterwäldlerischen Trinker, der für seine Possen bekannt war und dafür, eine »Anleihe« über 200 000 Doller von Libyen angenommen zu haben.

Und nicht nur, dass sich die Ereignisse gegen Präsident Carter zu verschwören schienen – es gab auch etwas an dem Mann selbst, das ihn ins Lächerliche zog. Da war dieses breite Grinsen, das bei den unpassendsten Gelegenheiten aufblitzte, zusammen mit einer schier endlosen Flut von peinlichen Äußerungen – angefangen bei dem »Killerkaninchen«, von dem der Präsident behauptete, es habe versucht, ihn anzugreifen, als er in Georgia beim Fischen war. 1976 gab es dann noch das Interview mit dem *Playboy*: »Ich habe viele Frauen lüstern angesehen. Im Herzen habe ich oft Ehebruch begangen. Gott weiß das, und er vergibt mir.«

Carters Lüsternheit wurde am 29. Dezember während eines Staatsbesuches in Polen erneut zum Thema. Natürlich musste der Präsident mithilfe eines Dolmetschers kommunizieren, aber der Mann, den er dafür ausgewählt hatte, war komplett unfähig. Was dabei herauskam, kann man als die peinlichste Auslandsrede bezeichnen, die jemals von einem US-Präsidenten gehalten wurde. »Ich habe die USA heute morgen verlassen«, sagte Carter, was der Dolmetscher als »Ich habe die USA heute im Stich gelassen« übersetzte, und es wurde noch schlimmer. Als der Präsident erklärte: »Ich bin gekommen, um Ihre Zukunftshoffnungen zu verstehen«, wurde daraus: »Ich verspüre Fleischeslust nach den Polen« – das Publikum kicherte.

30. DEZEMBER 2013

Und dann kam Snyder

Am 30. Dezember 2013 hatten die Washington Redskins ihre schlechteste Saison seit mehr als 50 Jahren und feuerten Mike Shanahan –

den siebten Trainer in 14,5 Jahren, seitdem ein Milliardär namens Daniel Snyder die Mannschaft im Jahr 1999 gekauft hatte. Im Stil eines Diktators und schamlosen Wucherers bat er die Fans bei allem kräftig zur Kasse – von Parkgebühren rund um das Stadion bis hin zu überteuerten Erdnüssen. »Mister« Snyder, auf diesem Namen bestand er, war also äußerst unbeliebt und wurde sogar in dem Comicstrip *Tank McNamara* an den Pranger gestellt, wo er zum »Trottel des Jahres im Bereich Sport« gekürt wurde. Wie der Journalist Thomas Boswell von der *Washington Post* schrieb, nachdem Shanahan gefeuert worden war: »Was Washington in über 14 Jahren unter Daniel Snyder erlitten hat, ist ein morbides Laborexperiment, in dem den Leuten die Liebe zum American Football abtrainiert wurde«.

31. Dezember 1926

Tödliche Getränke

Die Prohibition war seit sieben Jahren in Kraft, aber die Leute schluckten noch immer illegal Alkohol. Frustriert sah sich Vater Staat dazu gezwungen, ihnen die Party zu verderben – auch wenn dies bedeuten sollte, die Bowle zu vergiften, die Millionen von Amerikanern tranken.

Der Volstead Act aus dem Jahr 1919 erlaubte nur die Produktion von »giftigem« Alkohol für industrielle Zwecke, der »ungeeignet für den Genuss« war. Schädliche Substanzen wie Kerosin und Brucin (ein pflanzliches Alkaloid), Benzin, Kadmium, Zink, Quecksilber, Salze, Nikotin, Äther, Formaldehyd, Chloroform, Kampfer, Karbolsäure, Chinin und Aceton wurden hinzugefügt, um den Alkohol ungenießbar zu machen. Das Problem war jedoch, dass eine große Menge dieses gesetzlich verdorbenen Alkohols an Alkoholschmuggler geriet, die wiederum

Chemiker anheuerten, um eine Reihe dieser Gifte zu entfernen. Dennoch, die Regierung hatte noch eine besonders tödliche Spezialität in der Hinterhand – einen berüchtigten Holzspiritus, der Methyl enthielt und schon in kleinen Mengen Blindheit, Halluzinationen, Lähmungserscheinungen und nicht selten sogar den Tod verursachen konnte.

Am Neujahrsabend des Jahres 1926 ließ die Regierung verlauten, dass man den bereits gefährlich hohen Methylanteil im industriellen Alkohol verdoppeln wolle und, falls nötig, auch vervierfachen, um das Alkoholverbot durchzusetzen. Die Ankündigung kam, als bereits einige Trinkfreudige ins Krankenhaus schwankten, sprichwörtlich sternhagelvoll durch die Auswirkungen des Methyls, oder schon halb tot. Alkoholpanscher hatten es nicht für nötig befunden, giftigen Alkohol, den sie nicht vollständig hatten reinigen können, zurückzuhalten. Charles Norris, der Chefbeauftragte der medizinischen Untersuchungen, war entsetzt über das Blutbad, das durch die staatlich sanktionierte Vergiftung hervorgerufen worden war – besonders bei den ahnungslosen Armen.

»Die Regierung weiß, dass sie den Alkoholkonsum nicht stoppen wird, indem sie Gift hineinfüllt«, sagte er auf einer Pressekonferenz. »Sie weiß, was die Alkoholschmuggler damit machen, und fährt dennoch mit dem Vergiftungsprozess fort, ohne zu berücksichtigen, dass Menschen, die dem Trinken verfallen sind, täglich das Gift absorbie-

ren«. Später fügte er hinzu: »Es gibt quasi keinen puren Whiskey mehr. Alle Menschen, die vor dem Alkoholverbot tranken, trinken auch jetzt – vorausgesetzt, sie leben noch.«

Der Bericht von Norris über den schwindelerregenden Tribut, den die Vergiftungspolitik bereits gefordert hatte, und über die schrecklichen Folgen, die die neuesten Pläne der Regierung begleiten würden, erregte vielerorts Empörung. »Der 18. Verfassungszusatz ist der einzige, der die Todesstrafe enthält«, schrieb der Journalist Heywood Broun in der *New York World*.

»Mord!«, nannte es Nicholas Murray Butler, Präsident der Columbia University. »Geradezu eindeutiger, unverfälschter Mord, von unserer glorreichen Regierung begangen, sind diese Todesfälle, die auf den Konsum von aus vergiftetem Alkohol hergestellten Spirituosen zurückgeführt werden können!«

Mitglieder des Abgeordnetenhauses zeigten ähnliche Reaktionen. Wie Senator James Reed aus Missouri der *St. Louis Post-Dispatch* mitteilte: »Noch nicht einmal ein wildes Tier würde einen Mann töten oder erblinden lassen, nur weil der einen Schluck Alkohol zu sich genommen hat«.

Dennoch gab es noch immer diejenigen, die darauf bestanden, dass die Scharen von kranken und dahinsiechenden Amerikanern genau das bekommen hätten, was sie verdienten: »Muss Vater Staat die Sicherheit für Suffköpfe garantieren?«, fragte man in der Zeitung *Omaha Daily Bee*. Wayne Wheeler, Anführer der Anti-Saloon League, der vehement für das Alkoholverbot eingetreten war, antwortete auf den Aufruhr mit folgendem Pressestatement: »Für die Regierung besteht keinerlei Verpflichtung, Menschen mit Alkohol auszustatten, der trinkbar ist, wenn die Verfassung dies verbietet. Eine Person, die diesen industriellen Alkohol trinkt, begeht freiwillig Selbstmord«.

Obwohl Wheeler und seine Bewegung durch derart herzlose Bemerkungen in großem Umfang an Glaubwürdigkeit verloren, sollte es bis zur Aufhebung des Alkoholverbots noch sieben Jahre dauern – dann konnten die Amerikaner wieder ohne Gefahr Silvester feiern und unbesorgt auf die Gesundheit anstoßen.

Bibliografie

Januar

Ambrose, Stephen E. *Eisenhower: Soldier and President*. New York: Simon & Schuster, 1990.

Carter, Bill. *Desperate Networks*. New York: Doubleday, 2006.

Durant, Will. *The Story of Civilization: The Reformation*. New York: Simon & Schuster, 1957.

Hastings, Max. *Armageddon: The Battle for Germany, 1944–1945*. New York: Knopf, 2004.

McCullough, David. *The Great Bridge: The Epic Story of the Building of the Brooklyn Bridge*. New York: Simon & Schuster, 1972.

Pry, Peter Vincent. *War Scare: Russia and America on the Nuclear Brink*. Westport, Conn.: Praeger, 1999,

Stumbo, Bella. »Barry: He Keeps D.C. Guessing«. Editorial. *Los Angeles Times,* 7. Januar 1990.

Tuchman, Barbara. *A Distant Mirror: The Calamitous 14th Century*. New York: Knopf, 1978.

Februar

Cohen, Jon. *Almost Chimpanzees: Redrawing the Lines That Separate Us From Them*. New York: Henry Holt and Company, 2010.

Goodrich, Lloyd. *Thomas Eakins*. Cambridge, Mass.: Harvard University Press, 1982.

Harrison, George. *I, Me, Mine*. New York: Simon & Schuster, 1981.

Macaulay, Thomas Babington. *The History of England From the Accession of James II*. Philadelphia: Porter & Coates, 2000.

Pepys, Samuel. *The Diary of Samuel Pepys: A New and Complete Transcription*. Berkeley: University of California, 1970.

Wise, David. *Spy: The Inside Story of How the FBI's Robert Hanssen Betrayed America*. New York: Random House, 2002.

März

Dundes, Alan, ed. *The Blood Libel Legend: A Casebook in Anti-Semitic Folklore*. Madison: University of Wisconsin, 1991.

Offit, Paul A. *The Cutter Incident: How America's First Polio Vaccine Led to the Growing Vaccine Crisis*. New Haven, Conn.: Yale University Press, 2005.

Onoda, Hiroo. *No Surrender: My Thirty-Year War*. Annapolis, Md.: Naval Institute, 1999.

Park, Robert L. *Voodoo Science: The Road From Foolishness to Fraud*. New York: Oxford University Press, 2000.

Roberts, Sam. *The Brother: The Untold Story of Atomic Spy David Greenglass and How He Sent His Sister, Ethel Rosenberg, to the Electric Chair*. New York: Random House, 2001.

Updike, John. *Endpoint and Other Poems*. New York: Knopf, 2009.

April

Matovina, Dan. *Without You: The Tragic Story of Badfinger*. San Mateo, Calif.: Frances Glover, 1997.

Munn, Michael. *John Wayne: The Man Behind the Myth*. New York: Penguin, 2003.

Prawy, Marcel. *The Vienna Opera*. New York: Praeger, 1970.

Rivera, Geraldo und Daniel Paisner. *Exposing Myself*. New York: Bantam, 1991.

Wilde, Oscar. *De Profundis*. New York: Vintage, 1964.

Mai

Churchill, Winston. *Their Finest Hour: The Second World War*. Boston: Houghton Mifflin, 1949.

Elegant, Robert S. *Mao's Great Revolution*. New York: World Publishing Company, 1971.

Harris, Robert. *Selling Hitler: The Story of the Hitler Diaries*. London: Arrow, 1986.

Moran, Mark und Mark Sceurman. *Weird N.J., Vol. 2: Your Travel Guide to New Jersey's Local Legends and Best Kept Secrets*. New York: Sterling, 2006.

Rivera, Diego. *My Art, My Life: An Autobiography*. New York: Dover, 1991.

Juni

Dash, Mike. *Batavia's Graveyard: The True Story of the Mad Heretic Who Led History's Bloodiest Mutiny*. New York: Crown, 2002.

Davies, Peter J. *Mozart in Person: His Character and Health*. Westport, Conn.: Greenwood Press, 1989.

Dickey, Colin. *Cranioklepty: Grave Robbing and the Search for Genius*. Denver: Unbridled Books, 2009.

Dinwiddie, James. *Biographical Memoir of J. Dinwiddie*. Liverpool, England: Edward Howell, 1868.

Evelyn, John. *Diary and Correspondence of John Evelyn*. London: H. Colburn, 1854.

Gibbon, Edward. *The Decline and Fall of the Roman Empire, Volume 3*. New York: Knopf, 1993.

Juli

Connors, Jimmy. *The Outsider: A Memoir*. New York: Harper, 2013.

McCullough, David. *John Adams*. New York: Simon & Schuster, 2001.

Powers, Richard Gid. *Broken: The Troubled Past and Uncertain Future of the FBI*. New York: Free Press, 2004.

Purvis, Alston und Alex Tresniowski. *The Vendetta: Special Agent Melvin Purvis, John Dillinger und Hoover's FBI in the Age of Gangsters*. Philadelphia: Perseus, 2005.

Bibliografie

Wyman, Bill und Ray Coleman. *Stone Alone: The Story of a Rock 'n' Roll Band*. New York: Viking, 1990.

August

Baden-Powell, Robert. *Scouting for Boys: A Handbook for Instruction in Good Citizenship*. Oxford: Oxford University Press, 2004.

Blake, John. *Children of the Movement*. Chicago Review Press, 2004.

Blumenson, Martin. *The Patton Papers: 1940–1945*. Boston: Houghton Mifflin, 1974.

Coleman, Ray. *The Man Who Made the Beatles: An Intimate Biography of Brian Epstein*. New York: McGraw-Hill, 1989.

Froissart, Jean. *Froissart's Chronicles*. Ed. John Jolliffe. New York: Penguin, 2001.

Warhol undy. *The Andy Warhol Diaries*. Ed. Pat Hackett. New York: Warner, 1989.

Wolf, Leonard. *Bluebeard: The Life and Crimes of Gilles de Rais*. New York: Crown, 1980.

September

Bogdanovich, Peter. *Who the Hell's in It: Conversations With Hollywood's Legendary Actors*. New York: Knopf, 2004.

Bonner, Kit. »The Ill-Fated USS *William D. Porter*«. Retired Officer Magazine, März 1994.

Hawley, Samuel. *The Imjin War: Japan's Sixteenth-Century Invasion of Korea and Attempt to Conquer China*. Seoul: Royal Asiatic Society, Korea Branch, 2005.

Hochschild, Adam. *King Leopold's Ghost: A Story of Greed, Terror und Heroism in Colonial Africa*. New York: Houghton Mifflin Harcourt, 1999.

Oktober

Andress, David. *The Terror: The Merciless War for Freedom in Revolutionary France*. New York: Farrar, Straus und Giroux, 2006.

Asinof, Eliot. *Eight Men Out: The Black Sox and the 1919 World Series*. New York: Ace, 1963.

Berg, A. Scott. *Lindbergh*. New York: Putnam, 1998.

Bryson, Bill. *A Short History of Nearly Everything*. New York: Broadway, 2003.

Cooper, Edward S. *William Worth Belknap: An American Disgrace*. Madison, N.J.: Fairleigh Dickinson University Press, 2003.

Lindbergh, Charles A. *Autobiography of Values*. New York: Harcourt Brace Jovanovich, 1992.

Maris, Roger and Jim Ogle. *Roger Maris at Bat*. New York: Duell, Sloan und Pearce, 1962.

Theroux, Paul. *Ghost Train to the Eastern Star: On the Tracks of the Great Railway Bazaar*. Boston: Houghton Mifflin, 2008.

Walters, Barbara. *Audition: A Memoir*. New York: Knopf, 2008.

November

Clary, Jack. *30 Years of Pro Football's Greatest Moments*. New York: Rutledge, 1976.

Fischer, David Hackett. *Liberty and Freedom: A Visual History of America's Founding Ideas*. New York: Oxford University Press, 2005.

Kennedy, Edward M. *True Compass: A Memoir*. New York: Twelve, 2009.

Richie, Alexandra. *Faust's Metropolis: A History of Berlin*. New York: Carroll & Graf, 1998.

Steakley, James D. *The Homosexual Emancipation Movement in Germany*. New York: Arno, 1993.

Dezember

Cassius, Dio. *Roman History, Volume IX, Books 71–80*. Trans. Earnest Cary. Cambridge, Mass.: Harvard University Press, 1927.

Manchester, William. *American Caesar: Douglas MacArthur, 1880–1964*. Boston: Little, Brown, 1978.

Peters, Edward. *Inquisition*. New York: Free Press, 1988.

Slansky, Paul und Arleen Sorkin. *My Bad: The Apology Anthology*. New York: Bloomsbury, 2006.

Walsh, John Evangelist. *Unraveling Piltdown: The Science Fraud of the Century and Its Solution*. New York: Random House, 1996.

Watson, James D. *The Double Helix: A Personal Account of the Discovery of the Structure of DNA*. New York: Atheneum, 1968.

Weintraub, Stanley. *Victoria: An Intimate Biography*. New York: Dutton, 1987.

Bildnachweis

—

Register

Register

Dank

Es war mein Glückstag, als Lisa Thomas mit ihrer Idee für dieses Projekt zu mir kam, das sie im Folgenden mit so viel Anmut und Humor geleitet hat. Ich bin auch dankbar für die wertvollen Beiträge von zwei anderen Frauen mit wunderbarem Humor: Marguerite Conley und Pat Myers.

Eine große Zahl von Menschen bot freundlicherweise großartige Vorschläge für *Schlimmer geht immer* an: Mein tiefster Dank gilt Tom Dodd, Lee Doyle, Mary Farquhar, Billy Foote, Johnny Foote, Ann Marie Lynch, Paul Maloney, Nelson Rupp, Kevin Tierney und Evan Wilson.

Ein großes Dankeschön auch an das Team von *Schlimmer geht immer* bei National Geographic: Amy Briggs, Anne Smyth, Melissa Farris, Katie Olsen, Susan Blair, Zachary Galasi, Erin Greenhalgh und Susan Nguyen, und an Giulia Ghigini für ihre wundervollen Illustrationen.

Last but not least bin ich überglücklich, eine Freundin wie Sarah Hennessey an meiner Seite zu haben, die sich von ihren eigenen schlimmen Tagen der Krankheit erholt hat, um mich so enthusiastisch bei diesem Buch zu unterstützen. Vielen Dank, Leute!